Schulfach Religion

Jahrgang 31/2012 • Nr. 1–4

Kompetenzorientiert Unterrichten

Diakonie und Schule

LIT

Umschlagbild:
Evangelisches Gymnasium und Werkschulheim in Wien (Foto: Mag. Margit Ulreich). Diese Schule hat einen diakonisch-sozialen Schwerpunkt.

Gedruckt mit Förderung der Evangelischen Kirche in Österreich.

Herausgeber:
Arbeitsgemeinschaft der evangelischen Religionslehrer*innen* an Allgemeinbildenden Höheren Schulen in Österreich
Dr. Katja Eicher im Auftrag des Vorstandes der Arbeitsgemeinschaft
Institut für Religionspädagogik der Evangelisch-Theologischen Fakultät der Universität Wien, 1010 Wien, Schenkenstraße 8 – 10
Tel.: +43-1-4277-32901 Fax: +43-1-4277-9329
Email: schr@univie.ac.at
    Univ.-Prof. DDr. Martin Rothgangel
    Ao.Univ.Prof. Dr. Robert Schelander
    em. o. Univ.-Prof. Dr. Dr. h.c. Gottfried Adam

Schulfach Religion wird regelmäßig in der Datenbank Religionspädagogik – Kirchliche Bildungsarbeit – Erziehungswissenschaft des Comenius-Instituts in Münster/Westf. (http://www.comenius.de und auf CD-ROM) ausgewertet.

Bibliografische Information der Deutschen Nationalbibliothek
Die Deutsche Nationalbibliothek verzeichnet diese Publikation in der Deutschen Nationalbibliografie; detaillierte bibliografische Daten sind im Internet über http://dnb.d-nb.de abrufbar.

ISBN 978-3-643-99852-1

©LIT VERLAG GmbH & Co. KG
Wien 2013
Krotenthallergasse 10/8
A-1080 Wien
Tel. +43 (0) 1-409 56 61
Fax +43 (0) 1-409 56 97
E-Mail: wien@lit-verlag.at
http://www.lit-verlag.at

LIT VERLAG   Dr. W. Hopf
Berlin 2013
Verlagskontakt:
Fresnostr. 2
D-48159 Münster
Tel. +49 (0) 2 51-62 03 20
Fax +49 (0) 2 51-23 19 72
E-Mail: lit@lit-verlag.de
http://www.lit-verlag.de

Auslieferung:
Deutschland: LIT Verlag Fresnostr. 2, D-48159 Münster
Tel. +49 (0) 2 51-620 32 22, Fax +49 (0) 2 51-922 60 99, E-Mail: vertrieb@lit-verlag.de
Österreich: Medienlogistik Pichler-ÖBZ, E-Mail: mlo@medien-logistik.at
Schweiz: B + M Buch- und Medienvertrieb, E-Mail: order@buch-medien.ch

INHALTSVERZEICHNIS

THEMA:

KOMPETENZORIENTIERT UNTERRICHTEN

THEMA:

DIAKONIE UND SCHULE

THEMA:

EMPIRISCHE FORSCHUNG

REZENSIONEN

Editorial

Kompetenzorientierung ist ein wichtiges Stichwort in der aktuellen bildungspolitischen und fachdidaktischen Diskussion. Die gesamtösterreichische Fortbildungstagung 2012 in Mariazell war diesem Thema gewidmet. Der erste Teil des nachfolgenden Heftes dokumentiert Vorträge und Arbeitsergebnisse dieser Tagung.

Thomas Weiß brachte in seinem Grundsatzreferat viel von seiner Erfahrung in verschiedenen Forschungsprojekten zu Kompetenzmodellen und -orientierung ein. Der Workshop mit ihm beleuchtet die kompetenzorientierte Matura, jener mit Katja Eichler die Arbeit zur „Kompetenz F. Vielfältige Gottesbilder". Thomas Weiß betont in der zusammenfassenden Dokumentation des Workshops die Wichtigkeit einer neuen Aufgabenkultur, welche im Hinblick auf eine kompetenzorientierte Unterrichtspraxis sich entwickeln müsse. Katja Eichler beschreibt in ihrem Beitrag ausgehend von den kirchlichen Vorgaben zur „Kompetenz F: Vielfältige Gottesbilder" gemeinsam erarbeite Vorschläge für die praktische Umsetzung im Unterricht.

Mit zwei weiteren Beiträgen dokumentieren wir die Mariazeller Tagung. Michael Bünker hat mit seinem Vortrag über den Humor, das Lachen und die Religion nicht nur die TeilnehmerInnen humorvoll angeregt, sondern auch grundsätzliche theologische Überlegungen zum Verhältnis von Religion und Humor entfaltet. Er stellt fest:„Die Menschen im Reich Gottes haben Humor, weil Lachen eine Antwort des Menschen auf die Heilstat Gottes ist."

Barbara Rauchwarter berichtet von einem Workshop, welcher sich mit Vorträgen von Irmtraud Fischer auseinandersetzt. Leider konnten diese Beiträge nicht dokumentiert werden. Ausgehend von Betrachtungen zur „heilige Familie", wie sie sich gerade in Weihnachtsdarstellungen finden, berichtet sie von der gemeinsamen Lektüre zur biblischen Überlieferung von Frauengeschichten.

Die Andacht von Stefan Welzig über Schneckenhäuser, sinnenfällig mit Weinbergschneckenhäusern zum in die Hand nehmen – dies können wir ihnen leider nicht bieten – beschließt diesen ersten Teil.

Der andere Schwerpunkt des Heftes ist genauso aktuell: das diakonische Lernen. Petra Jens, Mitarbeiterin der Öffentlichkeitsarbeit und Bildung der Diakonie Österreich berichtet von einer „Online-Umfrage zu Sozial-Diakonischen Projekten" und deren Ergebnissen. Es zeigt sich, dass die Projektmethode gut geeignet ist, um bei SchülerInnen das „Interesse für Politik" zu wecken und sie für sozialpolitische Themen zu sensibilisieren.

Katja Eichler berichtet von einem Spendensammelprojekt im Rahmen der „Aktion Schulanfang" der Stadtdiakonie Wien mit SchülerInnen der Religionsunterrichtsklassen und Johanna Zeuner von einem Schulprojekt im Rahmen der Aktion „Schüler helfen Schülern". Ruth Schelander-Glaser beschreibt ein interreligiöses Dialogprojekt mit SchülerInnen von drei Wiener Gymnasien: dem Akademischen Gymnasium, dem Zwi Perez Chajes Gymnasium und dem Evangelischen Gymnasium Wien-Simmering. Der Dialog über Generationengrenzen verbindet sich dabei mit dem Austausch zwischen den Religionen.

Reiner Andreas Neuschäfer setzt sich in seinem Beitrag mit der Theorie des diakonischen Lernens auseinander. Unter Rückbezug auf biblische Motive und Begriffe entfaltet er „Grundfragen sozial-diakonischen Engagements in christlicher Perspektive". An Beispielen aus der Geschichte der christlichen Liebestätigkeit zeigt er einerseits die Vielgestaltigkeit dieser Aktivitäten, aber auch die Verbindung mit geistlichem Leben und Spiritualität. Schließlich werden aktuelle Herausforderungen (z.b. ehrenamtliche Tätigkeit und Professionalisierung) und Trends (z.B. Inklusion) benannt.

Zwei weitere Artikel aus der Forschungsarbeit führen über das Thema der Diakonie hinaus. Gottfried Adam erinnert an eine frühe evangelische Schulgründung in Österreich, der evangelischen Schule in Loosdorf. Die überlieferte Schulordnung ermöglicht Einblicke in pädagogische Vorstellungen und das schulische Leben jener Zeit. Er analysiert die Schulordnung auf die in ihr zutage tretenden Bildungsziele als auch dem erkennbaren Schulprofil und vergleicht diese mit dem reformatorischen Bildungsanliegen.

Religion und Schule ist ein Dauerbrenner in den Medien und in der bildungspolitischen Diskussion. Peter Pröglhof, Fachinspektor für den evangelischen Religionsunterricht in Salzburg und Tirol, entfaltet grundsätzliche Überlegungen zum Religionsunterricht und zur religiösen Erziehung in einem ökumenischen und interreligiösen Kontext. In vier Thesen entfaltet er Begründungsargumente für einen schulischen Religionsunterricht.

Mit „Karl May – Begnadet und begnadigt" von Reiner Andreas Neuschäfer liefert Schulfach Religion einen Beitrag zum diesjährigen Karl May Jahr (170ster Geburtstag und 100ster Todestag). Karl May und die Religion ist ein vielfach bearbeitetes Thema, wie Neuschäfer aufzeigt. Er analysiert Mays Bezug auf „Grundlagen christlichen Glaubens und konservative Vorstellungen" in biographischen Stationen und anhand seiner Publikationen. Verschiedene Ansätze der Interpretation dieses Verhältnisses werden vorgestellt und gewürdigt.

Ein drittes Schwerpunktthema ist methodischer Natur: es versammelt empirische Arbeiten, welche für die Religionspädagogik immer wichtiger werden. Durch einen glücklichen Umstand kreisen drei Beiträge um das Thema evangelische Schulen.

Robert Schelander berichtet von einer Untersuchung im Auftrag des evangelischen Schulwerkes Wien und Umgebung über Motive von Eltern, ihre Kinder auf evangelische Schulen zu schicken. Auf dem Hintergrund von empirischen Untersuchungen in Österreich und einer Befragung von Eltern in Deutschland zum selben Thema wird die österreichische Studie vorgestellt und erste Ergebnisse präsentiert. Ein zweiter Teil, welcher im nächsten Heft veröffentlicht werden soll, wird sich den Detailauswertungen widmen.

Karin Kirchtag und Benjamin Battenberg haben ihre Beiträge zu den evangelischen Schulen und den Motiven der Eltern im Rahmen der Pfarramtsprüfung ausgearbeitet. Kirchtag beschäftigt sich mit den Schulen des evangelischen Diakonievereins in Salzburg. Ausgehend von acht Merkmalen evangelischer Schulen, welche sie den „verschiedenen Leitbildern evangelischer Schulen in Österreich und Bayern" entnimmt, erhebt sie an ihren Schulen Aussagen von Experten zum evangelischen Profil etc. Die Ergebnisse werden in sieben Thesen präsentiert.

Benjamin Battenberg befragt die Eltern des evangelischen Gymnasiums Wien-Simmering zu ihrer Einschätzung von Vor- und Nachteilen einer konfessionellen Schule und kommt so zu einer Liste von „Vorteilen" welche evangelische Schulen gegenüber staatlichen Schulen haben.

Der Artikel von Julia Spichal zur Lehrplan- und Schulbuchanalyse ist ein Beitrag zur Forschungsmethodik. Anhand eines Dissertationsprojektes werden Grundzüge der „qualitativen Inhaltsanalyse" vorgestellt. Das Forschungsprojekt fragt nach der Darstellung des Judentums im christlichen Religionsunterricht. Detailliert werden die Analyseschritte und -beispiele anhand von Auszügen aus Lehrplänen und Schulbüchern vorgestellt. Die „qualitative Inhaltsanalyse" erweist sich dabei „aufgrund ihrer regelgeleiteten Vorgehensweise (als) das Instrumentarium erster Wahl".

Eine besondere Freude ist es uns, die prämierte Fachbereichsarbeit in evangelischer Religion abdrucken zu können. Sie ist dem Thema „evangelisches Kirchenlied" gewidmet.

Reformatorische Aussagen zur Bedeutung der Kirchenmusik werden mit der gegenwärtigen Praxis konfrontiert. Dazu hat der Preisträger eine kleine Umfrage unter fünf Experten zur evangelischen Kirchenmusik in Österreich durchgeführt.

Eine Reihe von Rezensionen zu aktuellen religionspädagogischen Veröffentlichungen beschließt das Heft.

Wien im Dezember 2012

Im Namen der HerausgeberInnen
Robert Schelander

THEMA

KOMPETENZORIENTIERT UNTERRICHTEN

LACHT GOTT? ÜBERLEGUNGEN ZUR HEITERKEIT IN DER KIRCHE[1]

Michael Bünker

> *Du weißt nicht, wie es zugeht, dass dein Mund lacht.*
>
> *Martin Luther*

Vorbemerkung

Dass in der Kirche gelacht werden darf, ist nach wie vor ungewöhnlich. Nicht so allerdings, wenn Peter Karner den Gottesdienst leitet. Dann rechnen die Mitfeiernden in der Reformierten Stadtkirche in Wien beinahe schon damit, dass ihnen Grund zum Gelächter geliefert wird. Zu Ostern gehört das Lachen überhaupt zum Gottesdienst dazu. So auch in der Osternachtfeier mit Peter Karner. Einige Überlegungen sollen dazu angestellt werden, ist es doch nicht ohne Pikanterie, dass ausgerechnet ein reformierter Landessuperintendent an der Wende vom 20. zum 21. Jahrhundert das Ostergelächter in seiner Kirche einführt, wo doch seine Vorfahren in Basel es rund 500 Jahre zuvor gewesen waren, die es aus der reformierten Kirche vertrieben haben. Dass dies ausgerechnet in Österreich geschieht, mögen manche bloßem geographischem bzw. biographischem Zufall zuschreiben. Vielleicht ist es aber gar nicht abwegig, hier auch konfessionelle und kulturelle typisch österreichische Ursachen am Werke zu sehen, denn „im Lachen setzt sich der widersetzliche Lebensimpuls eines Volkes frei, das sich seit der Gegenreformation als therapieresistent erwiesen hat." (K.-M. Gauß 1998, 34)

---

[1] Der vorliegende Artikel ist erschienen unter dem Titel: „Lacht Gott? Überlegungen zur Heiterkeit in der Kirche" in: Michael Bünker/Evelyn Martin (Hgg.), Der Himmel ist ein Stück von Wien. Eine Festschrift für Peter Karner, Innsbruck-Wien 2004, 137-147.

Was ist Lachen?

Lachen ist eine Körperreaktion, die automatisch abläuft und sich kaum steuern lässt. Während sich das Zwerchfell und die Gesichtsmuskulatur rhythmisch anspannen, bleiben andere Muskelpartien auffällig entspannt, sie werden, wie die Schultern, passiv ins Lachen einbezogen. Die Stimme bleibt auf einem der Vokale, die Arterien weiten sich, das Gesicht wird rot, der Körper neigt sich zurück, bis Ermattung und Schmerz in Zwerchfell und Bauch eintreten.

Auch wenn diese medizinische Beschreibung des Lachens nicht danach klingt: Lachen ist eindeutig gesund. Der Anthropologe Helmut Plessner hat das Lachen (und das Weinen) von anderen Gefühls- und Stimmungsäußerungen unterschieden. Während Zorn, Freude, Liebe, Hass, Mitleid, Neid usw. am Körper immer nur eine symbolische Ausprägung gewinnen und daher kulturell unterschiedlich ausgeprägt sind, bleibt die Äußerungsform des Lachens weitgehend in ihrem Ablauf festgelegt. In diesem Sinn – so Plessner – *hat* Mensch im Lachen keinen Körper mehr, der unter seiner oder ihrer Regie ist, sondern er/sie *ist* Körper, der Körper selbst führt die Regie. Lachen und Weinen treten als unbeherrschte und ungeformte Eruptionen des gleichsam verselbstständigten Körpers in Erscheinung. Der Mensch fällt ins Lachen und lässt sich fallen ins Weinen. Er antwortet mit dem ganzen Körper, als wäre es unmöglich, noch selber eine Antwort finden zu können. Aus der Tatsache dieser engen Bindung des Lachens an den Körper lässt sich schon jetzt die Vermutung anstellen, warum das Lachen im Christentum so schlecht angesehen war bzw. ist. Der Grund könnte in der allseits bekannten Körperfeindlichkeit des Christentums zu finden sein. Auf die Frage, ob denn auch Gott lache, ist eine positive Antwort schwierig, wenn Gott *per definitionem* körperlos gedacht wird.

Neben anderen großen Philosophen wie Aristoteles oder Henri Bergson hat sich auch kein Geringerer als Immanuel Kant mit dem Lachen beschäftigt. In seiner „Kritik der Urteilskraft" (1790) schreibt er, dass sich im Lachen der Körper heilsam schüttelt. Er erinnert an Voltaire, der gemeint hat, dem Menschen seien zwei Dinge gegen die Mühseligkeit des Lebens gegeben, die Hoffnung und der Schlaf. Kant setzt hinzu: „Er hätte noch das Lachen dazurechnen können." Kant versucht auch, dem tieferen Sinn des Lachens auf den Grund zu gehen und behauptet: „Es muss in allem, was ein lebhaftes erschütterndes Lachen erregen soll, etwas Widersinniges sein (woran also der Verstand an sich kein Wohlgefallen finden kann). Das Lachen ist ein Affekt aus der plötzlichen Verwandlung einer gespannten Erwartung in Nichts. Eben diese Verwandlung, die für den Verstand gewiss nicht erfreulich ist, erfreut doch indirekt auf einen Augenblick sehr lebhaft."

Freilich muss bei aller positiven Bewertung des Lachens bedacht werden, dass letztlich über alles gelacht werden kann. Das Lachen berührt das Höchste und Niederste im Menschen, es gibt keinen Affekt, mit dem sich das Lachen nicht verbinden könnte. Es gibt das Gelächter des Spottes, des Hohns, das von Herzen kommende Lachen. Es gibt ein Lachen aus Verzweiflung ebenso wie aus Verlegenheit, es gibt das unbekümmerte und das hysterische Lachen, das Lachen des Triumphes und das Lachen der Verachtung, das Lachen in den Tod und – wie Christen/Christinnen auch wissen – das Lachen über den Tod.

Lachen im Alten Testament

Die klassische Geschichte ist die von Sarahs Lachen, an die hier im Wesentlichen unter Aufnahme von Gedanken von Gerhard Marcel Martin erinnert werden soll. Die Erzählung vom Besuch der drei Männer bei Abraham aus Genesis 18 gilt als die klassische Lachgeschichte des Alten Testaments. Sarah hört, wie die Männer Abraham ankündigen nach einem Jahr wieder zu kommen. Dann hätten sie einen Sohn.

Abraham und Sarah aber waren alt, vorgerückt an Jahren, und Sarah ging es nicht mehr nach der Frauen Weise. Da lachte Sarah bei sich und dachte: Nun ich verbraucht bin, soll ich noch Liebeslust empfinden, und mein Herr ist alt! Da sprach Gott zu Abraham: Warum lacht denn Sarah und denkt: Sollte ich wirklich noch Mutter werden, wo ich doch alt bin? Ist denn irgend etwas zu schwer für Gott? Übers Jahr um diese Zeit werde ich wieder zu dir kommen, dann hat Sarah einen Sohn. Sarah aber leugnete: Ich habe nicht gelacht!; denn sie fürchtete sich. Aber er sagte: Nein du hast gelacht. Dann aber machten sich die Männer auf von dort.
Genesis 18,11-16

Die Geschichte von der lachenden Sarah hat in erster Linie die Aufgabe, den Namen des Isaak („Lachen") herleitend zu erklären. Verschiedene Aspekte in der Auslegung geben aber Einblicke in die Grundfrage: In den klassischen Kommentaren kommt meistens Abraham gut weg, Sarah hingegen weniger. Abraham als der Vater im Glauben, Sarah hingegen als diejenige, deren Zweifel sich sogar in einem Gelächter ausdrückt. Um dem die Spitze zu nehmen, wird manchmal auch erklärt, dass Sarah nur in sich hineingelacht (gewissermaßen nur gelächelt) hätte. Aber ein Kapitel vor Genesis 18 wird davon erzählt, dass im selben Zusammenhang auch Abraham lacht. So heißt Genesis 17, als Gott zu Abraham sagte, dass er nicht nur von Hagar sondern auch von Sarah einen Sohn empfangen sollte:

Da warf sich Abraham auf sein Angesicht und lachte und sprach bei sich selbst: Einem 100jährigen sollte noch ein Sohn geboren werden? Und Sarah sollte mit 90 Jahren noch gebären?
Genesis 17,17

Im Unterschied zu Sarah wird Abraham nicht auf sein Lachen angesprochen, ihm wird kein Vorwurf gemacht, es wird einfach konstatiert und in gewisser Weise darüber hinweggegangen. Die Kommentatoren sind auch hier meist der Meinung, das Lachen wäre ein Zeichen des Unglaubens gegenüber der Verheißung Gottes. Eine gewichtige Ausnahme ist Franz Delitzsch, der zur Stelle schreibt: „Da fällt Abraham auf sein Angesicht und lacht, denn die Verheissung ist so gewaltig gross, dass er anbetend zu Boden sinkt, und so gewaltig paradox, dass er unwillkürlich lachen muss."[2] Hier wird also eingeräumt, dass der Körper dort autonom zu sprechen beginnt, wo es dem Menschen schlicht die Sprache verschlägt. Wenn dies für Abraham gilt, warum nicht auch für Sarah? Aus diesem Grund wäre das Lachen Sarahs und Abrahams kein Zeichen für Unglauben, sondern genau umgekehrt ein Zeichen des Glaubens. Nur weil eben Sarah sich des Widerspruches zwischen ihrer realen Existenz und der für genauso real gehaltenen Verheißung bewusst ist, weil sie diesen Widerspruch zulässt und auf sich wirken lässt, muss sie lachen. Ganz genau so bei Abraham. Anbetung und Lachen schließen sich offensichtlich nicht aus. Das heißt also, dass das Lachen Sarahs nicht eine unangemessene, sondern eine der Verheißung Gottes höchst angemessene Reaktion ist. Die Verheißung betrifft und widerspricht ihrer ganzen auch und gerade ihrer körperlichen Existenz. Und im Lachen antwortet der Mensch *als* Körper, weil er/sie keine andere Antwort weiß. Isaak bleibt seinem Namen, dem Gelächter, treu:

Einmal schaute Abimelech, der König der Philister, durch das Fenster und sah gerade, wie Isaak mit seiner Frau Rebekka lachte und scherzte. Da rief Abimelech Isaak und sagte: Sie ist ja deine Frau! Wie konntest du behaupten, sie sei deine Schwester?
Genesis 26,8f

Lacht auch Gott?

Wo vom Lachen Gottes die Rede ist, geht es natürlich um eine menschliche Redeweise von Gott, um den Anthropomorphismus. Denn wie sollte Gott, der doch keinen Körper hat und kein Körper ist, lachen können? Diese Unmöglichkeit gilt dann wohl auch vom Fleisch gewordenen Sohn Gottes, von Jesus Christus.

Im Alten Testament gibt es zumindest vier Stellen, an denen vom Lachen Gottes und von seinem Spott gegenüber den Gottlosen die Rede ist:

Psalm 2, 4 spricht vom Sieg Gottes und der Herrschaft seines Sohnes über die Völker und die Könige der Erde. Da heißt es: „Aber der im Himmel wohnt, lachet ihrer, und der Herr spottet ihrer."

Psalm 59 ist ein Gebet mitten unter Feinden, wo Gott gebeten wird, die Völker heimzusuchen. Ganz ähnlich wie in Psalm 2 heißt es Psalm 59, 9: „Aber du, Herr, wirst ihrer lachen und aller Völker spotten."

In Psalm 37 ist vom scheinbaren Glück der Gottlosen die Rede. Scheinbar triumphieren sie über die Gerechten. Doch Vers 13 steht: „Aber der Herr lacht seiner; denn er sieht, dass sein Tag kommt."

---

[2] Franz Delitzsch, Die Genesis. (Dörffling und Franke) Leipzig, 1852, S. 277.

Das Buch der Sprüche beginnt mit einer Bußpredigt der göttlichen Weisheit, die zur Umkehr zu ihren Weisungen aufruft. Denen aber, die ihren Rat und ihre Zurechtweisungen ausschlagen, ruft sie zu (Sprüche 1,26): „Dann will ich auch lachen bei eurem Unglück und euer spotten, wenn da kommt was ihr fürchtet."

Wenn die Definition des Lachens, die oben entwickelt wurde, zutrifft, dann heißt das, dass auch Gottes Lachen ein Ausdruck dafür ist, dass Gott in Widersprüchen steht, die durch Sprache, Gestik, Gebärde, Handlung nicht mehr lösbar sind, dass es Situationen gibt, die auch ihm die Sprache verschlagen. Dieser Widerspruch zwischen seiner Wirklichkeit und den menschlichen Wegen und Verhältnissen ist so ungeheuerlich, dass dem nur noch durch ein unmittelbares Lachen Ausdruck verliehen wird. Es geht in diesem Lachen um die Entladung einer vorläufig bleibenden und unlösbaren Spannung.

Lachen im Neuen Testament

Während in der Bibel, genauer: In der Hebräischen Bibel das Lachen in der Geschichte Gottes und der Menschen einen durchaus prominenten Platz erhalten hat, ist es darum im sogenannten Neuen oder Zweiten Testament eher dürftig, um nicht zu sagen: kläglich bestellt. Im Neuen Testament kommt das Lachen nur drei Mal vor:

Selig seid ihr, die ihr jetzt weint, denn ihr werdet lachen.
Lukas 6,21

Wehe euch, die ihr jetzt lacht! Denn ihr werdet weinen und klagen.
Lukas 6,25

Jammert und klagt und weint; euer Lachen verkehre sich in Weinen und eure Freude in Traurigkeit.
Jakobus 4,9

Diese Beobachtung am Neuen Testament und vor allem die Tatsache, dass gemäß den Evangelien Jesus selbst nie gelacht zu haben scheint, haben ausgezeichnet dazu gedient, dass das Christentum die miesepetrige Tradition der griechischen Philosophie aufnehmen, weiterführen und verstärken konnte, bis hin zum tödlichen Ernst, der die Geschichte des Christentums umweht. Die Zähmung von Spaß und Lachen setzt schon vorchristlich bei Platon und Aristoteles ein, beide wandten sich gegen „groben Humor und Ferkeleien", zur *political correctnes* der platonischen *Politeia* zählte offenbar völlige Humorlosigkeit, in seiner Akademie war das Lachen generell verboten.

Schließlich brachten die Pythagoräer ihren heftigen Widerstand gegen den Humor und das Lachen in die Kulturgeschichte ein. Pythagoras selbst soll – als ein Vorläufer von Jesus und der Heiligen Antonius, Martin und vieler anderer – nie gelacht haben, seine Schüler (nur Männer!) wurden in der athenischen Komödie wegen ihres typischen freudlosen Gesichtsausdrucks verspottet. Nichts vermag den Bruch in der europäischen Geschichte des Lachens deutlicher werden zu lassen als die Tatsache, dass im 20. Jahrhundert ausgerechnet einer, der nie lachte – Buster Keaton – zum genialen Komödianten werden konnte.

So war durch die griechische Philosophie der Boden schon bereitet für die Kirchenväter, für Ignatius und Origenes und all die anderen, die sich auf den Epheserbrief beriefen, in dem es heißt:

Auch schandbare, närrische oder lose Reden stehen euch nicht an, sondern vielmehr Danksagung.

Epheser 5,4

Mit dem Spaßmachen wurde auch der Witz und mit dem Witz schließlich das Lachen verpönt. Clemens von Alexandrien konnte daraus schon ein komplettes bildungs- und gesellschaftspolitisches Programm entwerfen: Da das Lachen nicht ganz unterdrückt werden kann, soll zumindest äußerste Mäßigung einkehren. Ein Lächeln ist dem Christen wohl erlaubt, mehr aber nicht. Frauen aber sollten darum bemüht sein, gar nicht zu lachen.

Die Lachkultur des Mittelalters

Es ist nicht zutreffend, die Lachfeindschaft und Humorlosigkeit auf das angeblich „finstere" Mittelalter zu beschränken und erst der Renaissance eine gelöste und humorvolle Einstellung zuzuschreiben. Dies hatte ja der sowjetische Ethnologe Michail Bachtin in seiner Theorie des Karnevals, die er besonders aus einer Analyse des Werkes von Rabelais entwickelt hatte, behauptet. In seinem Buch aus dem Jahr 1965, das 25 Jahre lang nicht erscheinen durfte („Rabelais und seine Welt"), geht er davon aus, dass die herrschenden Schichten der mittelalterlichen Welt, also Klerus, Adel und Gebildete, das Lachen vermieden und sogar hassten. Sie waren furchtsam und daher selbst furchterregend. Umberto Eco hat in der Gestalt des Jorge von Burgos in seinem Klosterkrimi „Im Namen der Rose" dieser Art Mönch ein bleibendes literarisches Denkmal gesetzt. Daneben – oder darunter – gab es aber immer die Traditionen, die vom Lachen dominiert waren. Für sie steht zum Beispiel der Karneval. Er steht im ungebrochenen Strom einer „Kultur des Lachens", der von den römischen Saturnalien herrührt. Lachen stellt in diesem Strom die herrschenden Werte und Deutungsregeln in Frage, besonders dann, wenn es wie im Karneval durch Verkleidung, Verfremdung und Übertreibung die vertrauten Personen und die gewohnten Rollen und Funktionen aufs Korn nimmt, also: wenn es sich lustig macht.

Zu Jesus dem Narren passt natürlich auch die Tradition des sogenannten *rex facetus* von der Jacques LeGoff berichtet. Einer der ersten dieser Art war Heinrich II. in England, von dem es heißt, dass das Lachen zu einem Instrument seiner Herrschaftsausübung geworden ist. Zu einigen seiner Untertanen gab es genau regulierte Scherzbeziehungen. Ähnliches tat auch der Heilige Ludwig im Frankenreich, der sich allerdings schon mit dem von manchen Mönchen vorgebrachten Vorwurf auseinandersetzen musste, dass der König ständig gut aufgelegt sei. Er löste das Problem auf seine Weise und lachte fortan nicht mehr an Freitagen.

Die Kodifizierung des Lachens und seine Verdammnis in mönchischen Kreisen, die gerade im Mittelalter so deutlich war, hängt mit der schon erwähnten gefährlichen, aber unlöslichen Verbindung des Lachens mit dem Körper zusammen. In der Regel des Heiligen Benedikt heißt es zum Beispiel (6,8): „Albernheiten aber, müßiges und zum Gelächter reizendes Geschwätz verbannen und verbieten wir für immer und überall". Und weiter (7,60): „Der Mönch spricht, wenn cr redet, ruhig und ohne Gelächter, demütig und mit Würde [...]"

Das Osterlachen

Aber nicht nur der Karneval war so ein Punkt, an dem der untergründige Strom der „Kultur des Lachens" (Michail Bachtin) die furchterregende Welt der Kirche durchbrechen konnte. In diese Tradition gehört natürlich auch das Osterlachen, der *risus paschalis*. Erste Erwähnungen des Brauches finden sich im Jahr 852 von Bischof Hinkmar von Reims, die jüngsten stammen aus dem Jahr 1911 aus der Steiermark. Der Brauch bestand darin, dass am Ostermorgen der Priester oder Prediger die Aufgabe hatte, die Anwesenden zum Lachen zu bringen. Gerechtfertigt wurde das mit dem Psalmwort: „Dies ist der Tag, den der Herr macht, lasset uns freuen und fröhlich an ihm sein!" (Psalm 118,24). Freilich hat gerade das Osterlachen zu heftigen Auseinandersetzungen geführt. Es war nämlich üblich geworden, dass die Pfarrer mit derben und sexistischen Scherzen, Geschichten und vorgespielten Handlungen die Menschen (Männer?) erheiterten. Seit dem Mittelalter war der Gang der Frauen zum Grabe eine ständige Kette von komischen, manchmal auch derben Szenen. Die Frauen sind zu den Krämern gekommen um ihre Salben zu kaufen. Dabei gab es Ehebruchsburlesken zwischen der Krämersfrau und irgendeinem Knecht. Der Lauf der Apostel zum Grab wird in ein komisches Wettrennen umgewandelt, Petrus muss hinken, hat einen krummen Rücken, hat verschlafen, ist überhaupt nur faul und durch einen kräftigen Schluck aus der Flasche in Bewegung zu bringen. Die Erscheinung Christ vor Maria Magdalena wird zu einem Versteckspiel, der Auferstandene, der sich als Gärtner verkleidet, treibt Schabernack mit ihr, beschimpft sie, weil sie ihm die Kräuter zertrampelt, unterstellt ihr, dass sie wohl in seinem Garten ein Rendezvous mit ihrem Liebhaber habe usw. Turbulenter noch die Wächterszenen, hier gibt es Streit der Kriegsknechte um den Sold, Prügeleien und ähnliches mehr. Ökolampad, der Reformator aus Basel, mit bürgerlichem Namen Johannes Hausschein, beschreibt den Brauch, der in seinen Augen nichts als Missbrauch des Glaubens war: „Einer schrie immer Kuckuck wie der gleichnamige Vogel, ein anderer legte sich auf Rindermist und tat, als wäre er im Begriffe zu gebären, ein anderer trieb die Näherkommenden nach Art der Gänse durch Schnattern von sich weg, wieder ein anderer zog einem Laien die Mönchskutte an, machte ihm nun vor, er sei der Priester und führte ihn zum Altare". Missbrauch des Glaubens war das Osterlachen für Ökolampad deshalb, weil es für ihn nicht zusammenpasste, den auferstandenen Christus, der „für uns den Tod erlitten hat, mit Possen zu empfangen". Ökolampad war auch nicht bereit, das Osterlachen aus pragmatischen Gründen zu dulden, weil sonst, wie Wolfgang Capito gegen Ökolampad zur Verteidigung des Osterlachens ins Treffen führt, „der Prediger in leeren Kirchen sprechen" würde. Das Osterlachen musste weg, der Protestantismus versteht bekanntlich besonders wenig Spaß.

So hielt sich der Brauch in katholischen Gegenden, wurde freilich immer wieder „gereinigt", gleichsam entschärft und verharmlost, wozu etwa eine autorisierte Sammlung von 40 komischen Geschichten unter dem hübschen Titel *Ovum paschale novum* („Neues Osterei"), gedruckt 1698 in Salzburg, im bayerischen Raum diente. Ist es diese Verbreitungsgegend, die dem Osterlachen das Lob höchster theologisch-kirchlicher Autorität verschaffte? Wie dem auch sei, Kardinal Joseph Ratzinger fand jedenfalls: „Das [Osterlachen] mag eine etwas oberflächliche und vordergründige Form christlicher Freude sein. Aber ist es nicht eigentlich doch etwas sehr Schönes und Angemessenes, daß Lachen zum liturgischen Symbol geworden war?" (Joseph Ratzinger 1984, 100) Ostern ist für ein Gelächter aus theologischen Gründen genau der richtige Zeitpunkt, denn das Lachen gehört zur Wende vom Tod zum Leben. In der Ethnologie ist sogar die Vorstellung belegt, durch Gelächter entstünde das Leben im Leib der Mutter. Die frühesten Belege für diesen Zusammenhang von Fruchtbarkeit und Gelächter führen nach Ägypten, zu einer Geschichte von Hathor und zur griechischen Erzählung von Jambe und Baubo (Maria Jacobelli, 72), so dass die Ursprünge des Osterlachens als eines „Lebendig-Lachens" wohl ins Matriarchat verweisen.

Lachen in Chorälen

Im bekannten Lied „Jesus, meine Zuversicht" (Berlin 1653) hieß im alten Gesangbuch die 8. Strophe:

„Lacht der finstern Erdenkluft,
lacht des Todes und der Höllen,
denn ihr sollt euch durch die Luft
eurem Heiland zugesellen. "

Diese Strophe ist im neuen Evangelischen Gesangbuch (EG 526) gestrichen. Ähnlich erging es auch dem Lied von Rudolf Alexander Schröder „Oh Christenheit, sei hocherfreut" aus dem Jahr 1938, wo es in der fünften Strophe heißt:

Hab gute Zeit,
steh, Christenheit,
lache, wo sie dräuen.
Dein Gewinn heißt Ewigkeit,
der soll dich nicht gereuen.

Dieses Lied ist aus dem Stammteil des Evangelischen Gesangbuches in den Österreichteil gewandert, wo es sich unter Nummer 591 findet. Tröstlich, dass das schöne Lied von Paul Gerhart „Ist Gott für mich, so trete" (EG 351) samt seiner 13. Strophe stehengeblieben ist, in der es heißt:

„Mein Herze geht in Sprüngen
und kann nicht traurig sein,
ist voller Freud und Singen,
sieht lauter Sonnenschein.
Die Sonne, die mir lachet,
ist mein Herr Jesus Christ;

20

das, was mich singen machet,
ist, was im Himmel ist".

Auch wenn es zu bedauern ist, dass in den Kirchenliedern das Lachen seltener geworden ist, muss doch festgehalten werden, dass neue Lieder aufgenommen wurden, die das Lachen erwähnen. Dazu zählt Dieter Trautweins „Komm, Herr, segne uns" (EG 170), wo vom „Lachen oder Weinen" gesungen wird.

Theologie des Lachens

In vor- und außerchristlichen Religionen ist die Verbindung von Religion und Humor nicht selten anzutreffen: Gott ist das Lachen, das genauso unwillkürliche wie willkürliche Lebensbewegungen ausdrückt. Der mexikanische Schriftsteller Octavio Paz erinnert in seinem Essay über „die Rückseite des Lachens" daran, dass das Lachen älter sei als die Götter. Es hätte schon bei der Entstehung der Welt eine Rolle gespielt, dort, wo die Schöpfung in Tanz und Spiel unter Gelächter geschieht. Auch El, der Gott aus Ugarit, lacht in dem Augenblick, wo sich im Kultdrama die Wendung vom Tod zum Wiederaufleben des Baal ankündigt. Lachen hat seinen Ort offenkundig an den Übergangszonen vom Chaos zur Schöpfung, vom Tod zum Leben. Aus der indischen Frühzeit stammt der Bestattungshymnus des Rigveda (X.18):

„Die Lebenden sind von den Toten getrennt.
Heute hat der heilige Ritus uns bereit gemacht zum Tanz,
zum Leben und Lachen. "

Dort wo der Widerspruch des Lebens am deutlichsten wird, entsteht das Lachen wie von selbst. Sarah und Abraham, die Erzeltern dieses Gelächters, weisen ebenso darauf hin wie die Tradition des Osterlachens. In diesem kosmisch-mythischen Sinne ist auch die Metapher zu verstehen, dass selbst die Sonne „lacht".

„Lachen ist christlich", meinte Helmuth Thielicke lapidar und setzt damit einen wichtigen Akzent zur Verbindung des Humors mit dem Glauben an den dreieinigen Gott der Bibel.

Die Verbindung von Humor und Glauben wird heute aufgenommen in der neuen Bewegung von Clown und Clownin. Der Clown, der Narr, Humor und Witz sollen in ausweglosen Situationen auch Auswege entdecken und beschreiben. Bekanntlich ist das Gelächter der Hoffnung letzte Waffe (Harvey Cox) und Jesus als Narr ein geläufiges Motiv von Literatur, Malerei und Film.

Warum ist diese Verbindung nicht nur möglich, sondern naheliegend, ja vielleicht sogar notwendig? Weil der Humor nur durch eine gewisse Distanzierung geschehen kann. Erst wer sich von sich selbst und von der jeweiligen Situation distanziert, kann neue Wege finden. Der Welt werden dadurch Möglichkeiten abgetrotzt, die sie bisher offensichtlich nicht hatte.

Gisela Mathiae, die selbst als evangelische Theologin seit 1996 als Clownin und als Kabarettfigur (die berühmte *Frau Seibold*) auftritt, hat einmal gemeint, dass so der Humor die Qualität des Glaubens übernimmt und wirklich eine Glaubensunternehmung und nichts Fremdes in der Kirche wird. Sie zitiert in ihrer Dissertation einen Ausspruch von Johannes Galli: „Der Clown ist heilig, weil ihm nichts heilig ist". Die rote Nase, die allein schon das Symbol für Humor und Clownerie ist, begegnet in der Therapie ebenso wie in den *Holy - Fool -* Vereinigungen, die es in den USA und in Großbritannien bereits mit regelmäßigen Clowngottesdiensten gibt. Diese Distanzierung, die die Grundvoraussetzung sowohl für Humor wie für Glauben ist, hat Karl Barth aufgenommen, als er den Humor als heilsame Selbstdistanz, als „Gegenteil von aller Selbstbestaunung und Selbstbelobigung" und insofern als „eine eminent christliche Angelegenheit" bezeichnet hat (KD III/4, 765). Unsere Comedy- und Spaßgesellschaft steht allerdings unter der Überschrift: Jetzt muss gelacht werden. Bei den diversen Sitcoms im Fernsehen wird manchmal, wenn das Publikum zu streiken droht, hinter der Kamera ein Schild hochgehalten, auf dem „jetzt lachen" oder „mehr klatschen" steht. Es zeigt sich eine gewisse Ungleichzeitigkeit: In den Kirchen lernen die Gläubigen vielleicht gerade erst, dass gelacht werden darf. In der Gesellschaft hingegen steigt die Zahl derer, die gegen eine ständige mediale Berieselung mit Gelächter und dem eventbedingten Zwang zum Lachen protestieren.

Die Menschen im Reich Gottes haben Humor, weil Lachen eine Antwort des Menschen auf die Heilstat Gottes ist. Wir können und müssen uns nicht aus dem eigenen Schopf aus dem Sumpf ziehen, deshalb hat die Erlösung eine so befreiende Wirkung und das spiegelt sich in der befreienden Kraft des Humors. „Humor ist die Freude, welche die Welt überwunden hat" (Sören Kierkegaard). Es ist das Lachen der Erlösten, das die Bibel kennt. Als der verlorene Sohn nach Hause zurückkehrte, da „fingen sie an, fröhlich zu sein" (Lukas 15,24). Man kann es kurz gefasst sagen: Wer Gott erlebt hat, der hat gut lachen. Und das Komische ist ein Signal der Transzendenz, des Heiligen, das die ebenso grimmige wie weinerliche Geschichte christlicher Theologie erst lernen muss (Peter L. Berger 1998, 238f).

Jesus will, wie Henning Schröer es nannte, keine allgemeine Spaßgesellschaft aufmachen, sondern eine Theologie der Hoffnung in Gang setzen, die komisch wirkt in tragischer Lage. Das nimmt das Lachen und Weinen zugleich ernst. Aber doch hat das Christentum von Anfang an besonders das Osterfest gleichsam als Einbruchstelle des Komischen in die Religion verstanden. Zu Ostern wird der Widerspruch zwischen der Wirklichkeit des irdischen Lebens und der Wirklichkeit der göttlichen Verheißung besonders deutlich. Am aller wildesten und komischsten aber der Ausbau der Höllenfahrt Christi, in deren Zusammenhang man die ganze groteske Ohnmacht der Teufelsbande ausspielen kann. Hier knüpft auch der derbe Luther an, von dem Peter L. Berger behauptet, er wäre wohl derjenige Theologe mit dem ausgeprägtesten Sinn für Humor gewesen. Luther beschreibt bei Christi Höllenfahrt den Teufel als ein Ungeheuer, das in der Hölle sitzt und alle dort eintreffenden Sünder verschlingt. Als nun Christus in der Hölle erscheint, frisst ihn der Teufel ebenfalls. Christus aber, der einzige ohne Sünde, schmeckt ganz anders und das macht dem Teufel arges Bauchgrimmen. Er speit ihn also wieder aus. Doch mit ihm kotzt der Teufel auch alle Sünder, die er zuvor gefressen hat, aus seinem Magen heraus (H. Thielicke 1988, 98).

Literatur:

Michail Bachtin, Die volkstümliche Lachkultur, in: Detlev Schöttker (Hg.), Philosophie der Freude. Von Freud bis Sloterdijk, Leipzig 2004, 65 – 82.

Peter L. Berger, Erlösendes Lachen. Das Komische in der menschlichen Erfahrung, Berlin-New York 1998.

Karl-Markus Gauß, Ins unentdeckte Österreich, Wien 1998.

Okko Herlyn, Hauptsache locker? in: JungeKirche 64 (2004) 24-27.

Stephan Holthaus, Das Lachen der Erlösten. Warum Glauben und Humor zusammen gehören, Basel 2003.

Maria Caterina Jacobelli, Ostergelächter. Sexualität und Lust im Raum des Heiligen, Regensburg 1992.

Karl-Josef Kuschel, Lachen. Gottes und der Menschen Kunst, Tübingen 1998.

Jacques LeGoff, Lachen im Mittelalter, in: Jan Bremmer / Herman Roodenburg (Hg), Kulturgeschichte des Humors. Von der Antike bis heute, Darmstadt 1999, 43-56.

Gerhard Marcel Martin, Zur Idee einer Theologie des Lachens. Eine Skizze nach vorn, in: Carmen Krieg (Hg), Die Theologie auf dem Weg ins dritte Jahrtausend (FS Jürgen Moltmann), Gütersloh 1996, 376 - 388.

Gisela Matthiae, Humor hält die Hoffnung lebendig, in: JungeKirche 64 (2004) 12-23.

Gerd-Heinz Mohr, Sermon, ob der Christ etwas zu lachen habe, Hamburg 1956.

Joseph Ratzinger, Schauen auf den Durchbohrten. Versuche zu einer spirituellen Christologie, Einsiedeln 1984.

Henning Schröer, Lachend ins Gelobte Land. Auf dem Weg zu einer Theologie des Komischen, in: PTh 91 (2002) 2-11.

Helmut Thielicke, Das Lachen der Heiligen und der Narren, Stuttgart 1988.

KOMPETENZORIENTIERUNG IM EVANGELISCHEN RELIGIONSUNTERRICHT? THEORETISCHE MODELLE UND PRAXISTAUGLICHE ÜBERLEGUNGEN – EIN ÜBERBLICK [1]

Thomas Weiß

Es sind zwei Voraussetzungen zu benennen, die beim Thema *Kompetenzorientierung im Evangelischen Religionsunterricht* implizit mitschwingen.

1) Es gibt theoretische Modelle, die einen schul- bzw. unterrichtswirksamen Kompetenzbegriff anbieten können.

2) Für schulische Fächer – hier für das Fach Evangelische Religion – ist es sinnvoll, auf ein solches theoretisches Modell zurückzugreifen, um kompetenzorientiert unterrichten zu können.

Beide Voraussetzungen sollen kritisch befragt werden, indem eine kurze Reflexion zum Begriff *Kompetenz* (1) sowie zum Begriff *religiöse Kompetenz* (2) erfolgen soll. Im Anschluss daran wird auf das Kompetenzmodell bzw. Kompetenzraster für den evangelischen Religionsunterricht in Österreich fokussiert (3) so wie in unterrichtspraktischer Hinsicht auf den Unterschied zwischen didaktischen Aufgaben und Testaufgaben aufmerksam zu machen ist (4). Der Versuch einer Beschreibung eines kompetenzorientierten Unterrichts (5) schließt diesen Beitrag ab.

1) Zum Begriff Kompetenz

Im Zeitalter des Internet und der entsprechend vorhandenen Suchmaschinen wie beispielsweise Google kommt man beim Eingeben des Begriffes *Kompetenz* in 0,24 Sekunden auf 28.000.000 Einträge.[2] Eckhard Klieme verwies auf der vor-

---

[1] Das Folgende ist eine überarbeitete Fassung eines Vortrages, der im Rahmen einer einwöchigen Weiterbildungsveranstaltung für Religionslehrer/innen der evangelischen Kirche Österreich in Mariazell im März 2012 gehalten wurde.

[2] Deutlich dürftiger fällt der Erfolg aus, wird *kompetenzorientierter Unterricht* eingegeben (93.100 in 0,09 Sek), letzter Zugriff am 12.06.2012.

letzten Tagung der Deutschen Gesellschaft für Erziehungswissenschaften 2011 in Bamberg darauf, dass täglich weltweit 14 Publikationen erscheinen, die den Begriff *Kompetenz* im Titel führen.

Ein möglicher Rückschluss aus diesen Häufigkeitsangaben, der sich u.a. auch durch die entsprechende Literatur bestätigen ließe, lautet: Der Begriff *Kompetenz* wird inflationär gebraucht. Um an das Thema *Kompetenzorientierung* heranzutreten, scheint es deshalb ratsam, wenn versucht wird, eine mögliche Kompetenzdefinition in den Blick zu nehmen und sich daran abzuarbeiten. Im Hinblick auf die Rekonstruktion des Begriffes *Kompetenz* aus einer Reflexion auf den Bildungs- und Erziehungsbegriff sei an dieser Stelle auf die entsprechenden Passagen der überaus lesenswerten Dissertation von Dominik Helbling (2010, 55 ff) verwiesen.

Zum Ausgangspunkt wird hier die Definition genommen, welche von Franz E. Weinert vorgetragen wurde. An dieser soll so etwas wie eine Exegese vollzogen werden. Die Wahl fiel deshalb auf die Weinertsche Definition, weil sie die Diskussion um Kompetenzen und Bildungsstandards in den letzten 10 Jahren entscheidend prägte. Sie lautet: „Dabei versteht man unter Kompetenzen die bei Individuen verfügbaren oder von ihnen erlernbaren kognitiven Fähigkeiten und Fertigkeiten, um bestimmte Probleme zu lösen, sowie die damit verbundenen motivationalen, volitionalen und sozialen Bereitschaften und Fähigkeiten, die Problemlösungen in variablen Situationen erfolgreich und verantwortungsvoll nutzen zu können." (Weinert 2002, 27f). Weinert versuchte seiner Zeit mit dieser Definition den schon damals beobachtbaren inflationären Gebrauch des Kompetenzbegriffes abzufedern. Schaut man genauer hin, so lassen sich in dieser Definition drei Bereiche mit jeweils vier Kerngedanken ausmachen:

Bereich A)
1) Im Vordergrund steht die Kognition.
2) Fähigkeiten und Fertigkeiten sind als Kognitionsleistungen beschrieben.
3) Diese sind entweder vorhanden oder erlernbar.
4) Es gibt eine Differenzierung zwischen Fähigkeiten und Fertigkeiten.

Bereich B)
1) Fähigkeiten und Fertigkeiten sollen eingesetzt werden, um Probleme zu lösen.
2) Dabei handelt es sich um bestimmte Probleme.
3) Es wird vorausgesetzt, dass etwas als ein bestimmtes Problem identifizierbar ist.
4) Die bestimmten Probleme sind als Beispiele für andere (bestimmte) Probleme zu verstehen.

Bereich C)
1) Mit Kognitionsleistungen werden motivationale, volitionale und soziale Bereitschaften verbunden.
2) Diese Bereitschaften werden im Umfeld von Fähigkeiten und nicht im Umfeld von Fertigkeiten gesehen.

26

3) Die Nutzung der Fähigkeiten zur Problemlösung zielt auf einen individuellen Wirkfaktor (Erfolg).
4) Der Wirkfaktor wird zugleich einer Norm unterworfen (verantwortungsvoll).

Klieme (2003, 72) nimmt diese Definition auf und beschreibt sie als „Disposition, die Personen befähigt, bestimmte Arten von Problemen erfolgreich zu lösen, also konkrete Anforderungssituationen eines bestimmten Typs zu bewältigen." Er differenziert die Weinertsche Definition in Fähigkeiten, Wissen, Verstehen, Können, Handeln, Erfahrung und Motivation (Vgl. Klieme 2003, 73). Hier macht sich in Bezug auf bildungstheoretische Überlegungen eine Fehlstelle bemerkbar: Der psychologisch definierte Begriff *Kompetenz* zielt auf Wirkmächtigkeit ab, auf eine Grundlage zur Planung von Situationsbewältigungen, auf Ressourcen.

Ein bildungstheoretisch ausgewiesener Kompetenzbegriff muss in jedem Fall (zusätzlich?) mit einer Zielgerichtetheit in Einklang gebracht werden, denn unterrichtliches Handeln ist zielbestimmtes Handeln oder ein Handeln, welches die Erreichung bestimmter Ziele verfolgt (Vgl. Helbling 2010, 60). Dieser Zielgerichtetheit ist sich der Psychometriker Klieme durchaus bewusst, denn „Kompetenzen [sind] in hohem Maße domänenspezifisch"; es besteht also „weiterhin die Notwendigkeit, bei der Entwicklung von Kompetenzmodellen auf dem Theorie- und Erkenntnisstand der Fachdidaktiken aufzubauen" wobei „Fachdidaktiken [...] Lernprozesse in ihrer fachlichen Systematik und zugleich in der je spezifischen, domänen-abhängigen Logik des Wissenserwerbs und der Kompetenzentwicklung [rekonstruieren]." (Klieme 2003, 75).

Es kann bei einem bildungstheoretisch und dann auch fachwissenschaftlich und fachdidaktisch abgesicherten Kompetenzbegriff nicht allein darum gehen, dass im Nachhinein von sichtbar gewordenen Handlungen auf eine Kompetenz geschlossen werden kann. Dieser Schluss muss möglich sein, aber um ihn ziehen zu können muss ebenso klar sein, dass mit Kompetenzen ein Handeln gemeint ist, welches sich an Werten orientiert, reflektierend mit diesen umgeht und Selbstbestimmung im Sinne einer Kantischen Autonomie voraussetzt.

Bezogen auf den Unterricht bedeutet dies, dass es „darum [geht][...] die autonome Inanspruchnahme aller menschlichen Fähigkeiten zu fördern." (Helbling 2010, 113f).

Gemäß der Kliemeschen Überlegungen zur Domänenspezifik, also bezogen auf den schulischen Unterricht, muss somit im Vorfeld klar sein, welche „Implikationen bestimmte Kompetenzen im Blick auf die Unterrichtsgestaltung einschließen." (Schweitzer 2011, 24). Eine allgemeine Implikation ist das jeweilige Adjektiv, welches die Domänenspezifik von Kompetenzen ausdrücken soll. In diesem Fall: *religiöse Kompetenz(en)*.

Zusammenfassend kann festgehalten werden, dass mit dem Begriff *Kompetenz(en)* im bildungstheoretischen Sinne „die Befähigung des Menschen zu selbstbestimmtem und selbstorganisiertem Handeln" gemeint ist (Helbling 2010, 113).

2) Zum Begriff religiöse Kompetenz

Ist es schwierig zu bestimmen was unter Religion[3] verstanden werden soll, so gilt dies auch für das Adjektiv *religiös*, welches eine ganze Reihe von Bedeutungsnuancen mit sich führt. Angel (1998, 78) illustriert diese Schwierigkeit an einem Beispiel: „Versucht man die im Adjektiv versteckt gegebene Differenz präzise in einen Nominalausdruck zu übersetzen, so kann die Aussage, „Martin ist religiös" dementsprechend zweierlei bedeuten:

a) Entweder: ‚Martin richtet sein Leben nach den Vorgaben einer Religion aus.'

b) ‚Martin richtet sein Leben nach seinem eigenen inneren Kern, nämlich seiner Religiosität aus.'"

Angel gelangt dann auch zu dem Schluss, dass die gezeigte Differenz ein religionspädagogisches Desiderat darstellt (vgl. ebd.).

Wird diese versteckt gegebene Differenz übertragen auf den Begriff *religiöse Kompetenz*, dann wird klarer, weshalb die Debatte darum so vielschichtig und oft auch so undurchsichtig ist. Zum einen ist eine absolute Ablehnung zu konstatieren, wie beispielsweise bei Ritter (2007, 35): „Mein Herz schlägt nicht bei einem kompetenzorientierten Religionsunterricht, weil ich Zweifel habe, ob das Kinder und Jugendliche „wirklich brauchen" (im Baldermannschen Sinne), und ob *sie sich* in einem solchen Religionsunterricht wirklich bilden können." Zum anderen ist auf den Verweis von Schweitzer aufmerksam zu machen, nach dem „Kompetenzmodelle und Bildungsstandards von evangelischen Perspektiven her und damit ‚in Übereinstimmung mit den Grundsätzen der Religionsgemeinschaften', hier also der evangelischen Kirche, ausformuliert werden müssen." (Schweitzer 2007, 11). Ziener (2009, 168) gibt zu bedenken, dass religiöse Kompetenz als „ein Konstrukt, eine theoretische Definition" zu verstehen ist und fragt an anderer Stelle: „was muss man können, wenn man über diese Kompetenz verfügt – und wie gut muss man das können?" (Ziener 2007, 65).

Zur Diskussion um *religiöse Kompetenz* gehört natürlich auch die Frage nach den allgemeinen Zielen eines Religionsunterrichtes. Geht es in diesem Unterricht um eine Wissensvermittlung, weil von einer religiösen Sozialisation z.B. innerhalb der Familie nicht mehr ausgegangen werden kann? Sollen Kinder und Jugendliche über Religion(en) vergleichend informiert werden und die Religionswissenschaft ist die entsprechende Bezugsfachdisziplin? Eine Einführung in den Glauben einer bestimmten Konfession dürfte Religionsunterricht aufgrund des Ideologieverdachtes – zumindest an der öffentlichen Schule – wohl nicht sein, aber vielleicht ein reflektierendes Verstehen-können seiner Selbst vor dem

---

[3] Auf die drei Herleitungsvarianten von religio (relegere, den Kult durchgehen bei Cicero; re-eligere, Gott verloren haben und wiederfinden bei Augustinus und religare, rückbinden an Gott bei Thomas v. Aquin) macht Weischedel (1983, 8) aufmerksam. Vgl. zum Religionsbegriff auch Pollack (1995).

Hintergrund evangelischer Denk- und Handlungsoptionen? Dann wäre die Theologie die entsprechende Bezugswissenschaft. Eine Mischung aus theologischen und religionswissenschaftlichen Positionen ist nicht nur vorstellbar sondern erscheint notwendig.

Aus dieser angedeuteten Gemengelage kann die Schlussfolgerung gezogen werden, dass der Begriff *religiöse Kompetenz* nur ein Konstrukt sein kann. Er erfüllt eine heuristische Funktion und kann in diesem Zusammenhang die Spannung der von Angel konstatierten Differenzen aufnehmen. Im Versuch einer Arbeitsdefinition möchte ich hier unter *religiöse Kompetenz* das Folgende verstanden wissen:

Religiös kompetent ist ein Mensch, wenn er sich seiner eigenen Religiosität bewusst ist oder wird, diese in einem kommunikativen Prozess mit tradierten Religionen in Beziehung setzen kann und daraus Handlungsoptionen ableitet bzw. selbstbestimmte Handlungen zu vollziehen in die Lage versetzt ist, die das Andere in seiner Andersheit bestehen lassen können und zwar solange, wie er sich selbst und diese Andersheit in einem, z.b. die menschliche Würde nicht verletzenden Rahmen bewegt. Der dazugehörige Begriff ist religiöse Kompetenz.

In diesem Definitionsversuch ist die Rekonstruktion und Reflexion der eigenen Erfahrungen im Angesicht der Erfahrungen anderer ebenso ermöglicht, wie die Anwendung von Wissen aber auch die Teilnahme oder Teilhabe am Anderen. Mit dieser Arbeitsdefinition ist zugleich ein entscheidendes Merkmal von Unterricht gekennzeichnet: bildungstheoretisch betrachtet basiert schulischer Unterricht auf der Reflexion der eigenen Erfahrungen im Zusammenhang mit den verschiedenen möglichen Modi der Begegnungen von Welt wie beispielsweise die „kognitiv-instrumentelle Modellierung", die „ästhetisch-expressive Begegnung und Gestaltung", die „normativ-evaluative Auseinandersetzung", oder die Erfassung und Bewältigung von „Problemen konstitutiver Rationalität" (vgl. dazu Baumert 2002, 107 sowie Benner 2005).

Werden nun, zusammenfassend, die Begriffe *Kompetenz* und *religiöse Kompetenz* miteinander abgeglichen, so kann gesagt werden, dass sich die Befähigungen des Menschen zu selbstbestimmtem und selbstorganisiertem Handeln auf die möglichen kulturellen Phänomene beziehen, die religiös konnotiert sind; aber auch auf solche, die religiös konnotiert waren oder bei denen eine religiöse Konnotation im Hintergrund mitschwingt. Mit anderen Worten: Die Schülerin und der Schüler sollen durch einen evangelischen Religionsunterricht befähigt werden, religiös sprachfähig zu sein, was durchaus die argumentativ vorgetragene Kritik an Traditionen, Dogmen usw. einschließt, ja, stellenweise sogar die Voraussetzung dieser Sprachfähigkeit darstellen kann.

3) Kompetenzmodell für den evangelischen Religionsunterricht in Österreich

Auf die Genese der verschiedenen Kompetenzmodelle für den evangelischen Religionsunterricht kann hier nicht annähernd eingegangen werden. Deshalb sollen die wichtigsten nur benannt sein, damit im Anschluss eine Fokussierung auf das österreichische Kompetenzraster erfolgen kann. Mit Hemel und dessen Ansatz einer Religiösen Kompetenz als Globalziel religiöser Erziehung aus dem Jahr 1988 kann ein Neuansatz im Zusammenhang Kompetenzen und schulischer Religionsunterricht konstatiert werden.[4] Im Zuge der ersten PISA-Ergebnisse entstanden die Kirchlichen Richtlinien zu Bildungsstandards der deutschen Bischöfe (2004) sowie der Baden-Württembergische Bildungsplan und das Kompetenzmodell für den Evangelischen Religionsunterricht (2004). Das Comenius-Institut Münster gab 2006 die Expertise „Grundlegende Kompetenzen religiöser Bildung" (CI-Modell) mit 12 Kompetenzen heraus. Diese Expertise sorgte für regen Diskussionsstoff, wie die 2007 herausgegebenen „Stellungnahmen zu ‚Grundlegende Kompetenzen religiöser Bildung'" zeigen. Parallel dazu entstand das „Berliner Modell", welches von zwei Teilkompetenzen ausging, die empirisch erhoben wurden.[5] Hinzu kamen, ebenfalls 2006, die Einheitlichen Prüfungsanforderungen (EPA) für das Abitur. Die EKD legte im Jahr 2011 das bisher am weitesten entwickelte Modell vor, in dem die 12 Kompetenzen des CI-Modells auf 8 minimiert und entsprechende Standards formuliert wurden, die freilich noch nicht überprüft sind und insofern hypothetische oder vorläufige Formulierungen darstellen. Soweit im Überblick.

Beim „Kompetenzraster für den evangelischen Religionsunterricht in Österreich Sek. I" handelt es sich ebenfalls um vorläufige oder hypothetische Formulierungen. Im Kern ist das Anliegen dieses Rasters damit benannt, dass

1) der Evangelische Religionsunterricht in Österreich an der Sekundarstufe I weiterentwickeln werden soll,
2) Lehrerinnen und Lehrer über eine Handreichung zur Orientierung und über ein Instrument zur Evaluierung des eigenen Unterrichts verfügen,
3) Grundkompetenzen komplexer Art beschrieben werden, die Schülerinnen und Schüler im besten Falle am Ende der 8. Schulstufe erreicht haben (Vgl. Kompetenzraster 2011, 2).

Positiv hervorzuheben ist die Orientierung an den Lernfeldern des Lehrplans für den Evangelischen Religionsunterricht in der Sekundarstufe I, wobei die zwölf Stufen der zu erreichenden Kompetenzen als grundlegende Faktoren für *religiöse Kompetenz* angesehen werden (ebd.).

Es sind aber auch bestimmte Auffälligkeiten zu reflektieren. Auffällig ist zum Ersten, dass dann von Entwicklungsstufen religiöser Kompetenz gesprochen wird, wie

---

[4] Erstmalig wurde von Michael Schibilsky (1978) der Begriff religiöse Kompetenz verwendet, worauf Ingrid Schoberth (2009: 70) verweist. Zu erinnern ist an dieser Stelle an die psychologischen Studien von z.B. Oser/Gmünder 1988 zur Entwicklung der Religiosität.
[5] Dieses Modell wurde entwickelt, um religionskundliches Grundwissen, eine religiöse Deutungs- und eine religiöse Partizipationskompetenz empirisch erheben zu können. Die Ergebnisse liegen vor in Benner u.a. 2011.

- Benennen – beschreiben – persönlichen Bezug herstellen.
- Wissen – verstehen – hinterfragen.
- Deuten – entscheiden – begründen.
- Anwenden – kreativ umsetzen – über die Lösung der Aufgabenstellung hinausgehende Gedanken, Ideen, [...] (ebd.)

Auffällig ist dies deshalb (zum Zweiten), weil der Eindruck entsteht, dass *Benennen* die niedrigste, *über die Lösung der Aufgabenstellung hinausgehende Gedanken* die höchste Stufe ist. Dies kann durchaus sein, allerdings legt sich dadurch auch ein deterministischer Zusammenhang zwischen Unterricht und Erreichung von Kompetenzen nahe, der von den Studien zur Entwicklung des religiösen Urteils, wie beispielsweise von Oser/Gmünder (vgl. 1988) durchgeführt, entwicklungspsychologisch betrachtet, widerlegt ist.

Eine weitere Frage an das Raster stellt sich aus dem Horizont der Vergleichbarkeit. Weshalb nicht ein theoretisch fundiertes Modell übernehmen? Anbieten würde sich das schon benannte EKD-Modell aus dem Jahr 2011.

Zum Dritten bleibt beim Lesen der einzelnen Formulierungen ziemlich unklar, wie sich das Verhältnis zwischen z.B. der Formulierung: „Die SchülerInnen können benennen, was in der momentanen Lebensphase ihre Stärken und Schwächen sind und sind in der Lage, über ihren eigenen Lebensweg nachzudenken. Sie wissen, was nach evangelischer Tradition der Wert des Menschen ist und können dies an Beispielen festmachen." (Kompetenzraster 2011. 4) und den einzelnen Formulierungen zum Wissen, Deuten, Entscheiden usw. gedacht ist.

„**Wissen:** Ich weiß, was die Reformatoren auf Grund der Bibel über den Wert des Menschen herausgefunden haben.
Deuten: Ich sehe die Bedeutung der reformatorischen Sicht des Menschen für meine Lebenswelten und die Gesellschaft.
Entscheiden: Ich treffe dazu eine Entscheidung für meine Einstellungen und Handlungen.
Begründen: Ich begründe diese Entscheidung unter Einbeziehung einer biblischen Geschichte.
Anwenden: Ich nenne Beispiele des Handelns auf Grund des evangelischen Menschenbilds.
Kreativ umsetzen: Ich löse eine Aufgabe mit Hilfe (aus Sicht) des evangelischen Menschenbilds." (ebd.).

Handelt es sich hier um ein Beispiel? Ist die reformatorische Sicht des Menschen ein Beispiel oder ist dies der Lerninhalt selbst? Ähnlich: Wozu soll ich eine Entscheidung für meine Einstellungen und Handlungen treffen können? Zur reformatorischen Sicht des Menschen? Es sind diese Fragen zu stellen, weil ansonsten der Eindruck entsteht, dass hier eine Vermischung zwischen Handlungsanweisungen für den Unterricht, unterrichtlichen Inhalten, Kompetenzen und deren Defiziten und Standards vorliegt. Vielleicht wäre doch noch einmal zu bedenken, ob es nicht sinnvoll ist, ein theoretisches Modell zu übernehmen und auf die spezifische österreichische Situation abzustimmen. Dies hätte u.a. den Vorteil, dass das evangelische Profil im deutschsprachigen Raum gestärkt werden könnte, es eine Art länderübergreifender Zusammenarbeit gäbe und damit auch eine Form der Vergleichbarkeit.

Etwas anders sieht die Sachlage bei den Überlegungen zu den Maturaaufgaben aus. Hier wurde auf mittlerweile gängige Kompetenzen wie Wahrnehmungs- und Darstellungsfähigkeit usw. zurückgegriffen und der mühevolle Versuch konkreter Aufgabenformulierung gestartet.[6]

4) Didaktische Aufgaben und Testaufgaben

Wenn es nicht nur darum geht, dass ein theoretisches Modell entwickelt werden soll, sondern dass dieses die Hintergrundfolie für den Evangelischen Religionsunterricht abgeben soll, dann ist es sinnvoll auf die Unterscheidung zwischen didaktischen Aufgaben und Testaufgaben einzugehen.

Kompetenzorientiertes Unterrichten soll ja prinzipiell eine Testung bzw. Erhebung dessen ermöglichen, was Schülerinnen und Schüler nach bzw. zu einem bestimmten Zeitpunkt können, wozu sie also fähig sind. Leistungserhebungen, wie PISA oder TIMS, LAU oder DESI arbeiten in der Regel mit geschlossenen Multiple-Choice-Aufgaben. D.h. sie erheben eine Leistung, die sich auf die Kognition beschränkt. Kritiker an PISA monierten z.B. immer wieder, dass sich das PISA-Konsortium bzw. empirische Bildungsforschung überhaupt nicht an curriculare Vorgaben hielten aber durch die Bestimmung von Kompetenzen und deren Niveaustufen normativ wirkten. Diese Kritik läuft insofern ins Leere, als dass zu Beginn der PISA-Tests darauf verwiesen wurde, dass diese Tests „mit[...] der Konzentration auf die Erfassung von Basiskompetenzen ein didaktisches und bildungstheoretisches Konzept mit sich führen, das normativ ist" (Baumert u.a. 2001, 19).

Dennoch besteht eine doppelte Gefahr mit dieser Form der Leistungserfassung. Zum einen könnte der Eindruck entstehen, dass die erhobenen Leistungen das einzige sind, was in einem Unterrichtsfach gelernt wird bzw. gelernt werden kann. Dem ist natürlich nicht so. Viel eher verhält sich es sich so, dass nur der rational zu erhebende Kern eines Faches mit MC-Aufgaben quantifizierend überprüfbar ist. In jedem Unterricht geschieht weitaus mehr. So konstatiert Schweitzer (2011: 20): *„Das Beste am Religionsunterricht lässt sich nicht mit Standards messen – aber es ist gut, wenn das, was sich messen lässt, auch tatsächlich gemessen wird."*

Dem ersten Teil dieser Aussage kann ich nicht folgen, denn es erhebt sich die Frage, was sich hinter dem Werturteil „das Beste" wohl verbirgt; dies bleibt zu

---

[6] Genau dazu war die Weiterbildungsveranstaltung in Mariazell konzipiert. Zum Ergebnisbericht vgl. in diesem Band: Weiß, S. 39.

nebulös. Dem zweiten Teil hingegen ist durchaus zuzustimmen. Allerdings mit zwei Einschränkungen:

1) Unterricht ist keine Vorbereitung auf einen Leistungstest.

2) Ein Leistungstest spiegelt immer nur den Stand zu einem bestimmten Messzeitpunkt wieder.

Dass dies so ist, hängt in erster Linie an den unterschiedlichen Aufgabentypen, also an der unterschiedlichen Funktion von didaktischen Aufgaben und von Testaufgaben.

Didaktische Aufgaben werden pädagogisch verantwortet und dienen der Strukturierung von schulischem Unterricht. Sie beschneiden und beschränken durchaus, indem sie lenkend und fokussierend ein Thema bearbeiten bzw. den Schülerinnen und Schülern die Möglichkeit geben, ein Thema zu bearbeiten. Wird von der Schüler/innen-Erfahrung ausgegangen, werden diese durch didaktische Aufgaben irritiert, entzünden sie einen kognitiven, emotionalen, sozialen Prozess, ermöglichen sie kommunikative und gestalterische Elemente, spielerische und rolleneinnehmende Zugänge, dann entsteht so etwas wie ein Lernprozess. Lernen über sich selbst von und mit dem anderen. D.h. in Bezug auf Testaufgaben: Diese sind nur dann sinnvoll, wenn sie an mögliche didaktische Aufgaben anschlussfähig sind und deren Normierung auch mit sich führen.

Die Funktion von Testaufgaben besteht darin, zu einem bestimmten Zeitpunkt zu erheben, welche Fähigkeiten und Fertigkeiten Schülerinnen und Schüler erworben haben. Sie beschränken auch, allerdings auf den Teil, der sich quantifizierend erheben lässt. Die daraus zu gewinnenden Erkenntnisse sind somit nicht deckungsgleich mit der Realität oder der Wirklichkeit von Unterricht. Vielmehr sollen Testaufgaben überprüfen, über welche Mittel, Methoden, Wissen, Anwendungen usw. Schülerinnen und Schüler verfügen, wenn sie ein bestimmtes Problem lösen sollen bzw. lösen können. Auch Testaufgaben sind einer Normativität unterworfen und von daher sollten sie anschlussfähig an didaktische Aufgaben sein.

Es ist aber zu betonen: Ein Unterricht, der auf Testungen drillt, wird den pädagogischen, bildungstheoretischen und didaktischen Ansprüchen nicht gerecht, denn dies wäre die Lernform „Nürnberger Trichter". Ein Test, der am Unterricht und dessen curricularen Vorgaben vorbei konstruiert ist, der den Schüler/innen-Horizont nicht erfasst (übersteigt oder unterfordert), kann keine Aussage über den Stand bestimmter Fähigkeiten machen.

An dieser Stelle zusammenfassend also nur soviel: Didaktische Aufgaben und Testaufgaben unterscheiden sich in ihrer Funktion. Sie verhalten sich deshalb aber nicht diametral zueinander sondern können sich durch eine wechselseitige Bedingungsanalyse durchaus befruchten.

5)   Versuch einer Beschreibung eines kompetenzorientierten Unterrichts

Verschiedene Ansätze zu einem kompetenzorientierten Religionsunterricht bzw. zur Planung eines kompetenzorientierten Religionsunterrichts liegen schon vor.

Gabriele Obst (2008) beschreibt einen solchen Unterricht und dessen Planung. Uneinsichtig bleiben bei ihr allerdings die Bezugspunkte, da sie sich einerseits auf das Comenius-Modell bezieht, andererseits auf die EPAs, wobei die Auswahl beliebig erscheint. Eickmann/Peter (2011) bringen für das Land Niedersachsen *Kompetenzorientierte Bausteine* heraus. Beim näheren Hinschauen ist zu entdecken, dass hier ‚alte Hüte mit neuen Federn' versehen worden sind.

Zwar werden die zu erwerbenden Kompetenzen benannt, allerdings geben die vorgeschlagenen (didaktischen und Lern-)Aufgaben keinen Hinweis darauf ab, an welcher Stelle sich hier kompetenzorientiertes Unterrichten bemerkbar machen soll.

Mit Andreas Feindt ist festzuhalten, dass kompetenzorientiertes Unterrichten eine didaktische Herausforderung darstellt, die weniger von der Sachlogik eines Faches als von der Handlungslogik der Schülerinnen und Schüler ausgehen müsste (vgl. Feindt 2009, 295ff). In dieser didaktischen Herausforderung sollte die Verbindung von Wissen und Können deutlich werden, die Kumulativität sowie die zentralen Themen und Inhalte eines Faches. Die Orientierung an diesen eröffnet den Lehrkräften eine viel größere Möglichkeit der Abstimmung zwischen Schülerniveau, Schulsituation, Lerngruppenzusammensetzung, Methodik und geforderten Inhalten. Es ist, um ein sinngemäßes Zitat aus dem Buch von Wolfgang Michalke-Leicht (2011) zu verwenden, die Herausforderung für Lehrkräfte, nicht mehr die Frage zu stellen: Wie agiere ich im Unterricht, sondern wie agieren die Schülerinnen und Schüler im Unterricht. An einer Grafik von Feindt/Elsenbast u.a. (2009) soll dies verdeutlicht werden.

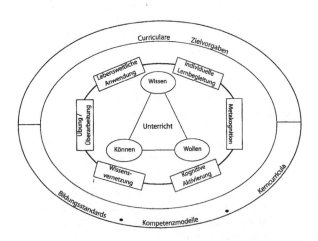

Abb.1: Merkmale kompetenzorientierten Unterrichts (Feindt/Elsenbast u.a. 2009, S. 12).

Der Unterricht steht hier, wie immer, im Mittelpunkt, aber nicht bezogen auf Lehrkraft/Schüler/Sache sondern auf die für den Kompetenzerwerb konstitutiven Elemente Wissen, Wollen, Können. Der Außenkreis ergibt sich aus den Bildungsstandards, Kompetenzmodellen, Kerncurricula. Gemeinsam sind diese Elemente die konkreten curricularen Zielvorgaben, also die Konkretisierung und vorläufige Formulierung der zu erwerbenden Kompetenzen. Der mittlere Kreis zielt darauf ab, wie ein Unterricht zu gestalten ist, der den Erwerb von Kompetenzen als Ziel verfolgt. Es geht also um Wissensvernetzung, kognitive Aktivierung, Metakognition, individuelle Lernbegleitung, lebensweltliche Anwendung und Übung / Wiederholung.

Was fällt auf an diesem Vorschlag?

1) Kompetenzorientierter Unterricht ist kein Unterricht, der das Gewohnte, Vertraute, Erprobte einfach negiert z.b.: kognitive Aktivierung, lebensweltliche Anwendung und Übung/Wiederholung.

2) Die Zielrichtung kompetenzorientierten Unterrichts liegt auf der Verschiebung von kurzfristigem, lehrplanerfüllendem Wissen hin zu mittel- und langfristigen Vernetzungsstrukturen von Wissen und Können, deren Konkretisierung durch Bildungsstandards, Kompetenzmodelle, Kerncurricula sichergestellt werden soll.

3) Diese Vernetzungsstrukturen basieren auf der Annahme, dass Schülerinnen und Schüler zugetraut wird, ihre eigenen Lernprozesse in Stärken und Schwächen zu erfassen und selbstgewillt zu verändern, z.b. Metakognition.

Aus diesen drei Beobachtungen lässt sich ableiten, wie die Formulierung in der Weinertschen Kompetenzdefinition (Problemlösungen in variablen Situationen nutzen) konkretisiert werden könnte.

4) Kompetenzorientierter Unterricht ist auf die Leitlinien eines Faches ausgerichtet. Dies bedeutet z.B., dass ein Unterschied darin gesehen werden muss, ob für eine konkrete Klassenstufe als Vorgabe formuliert wird „Die Gleichnisse Jesu" oder ob in einer Vorgabe für dieselbe Klassenstufe steht: „Nach Jesus Christus fragen".[7]

Der Unterschied liegt nicht darin, dass jetzt etwas völlig neues implementiert werden soll, sondern darin, dass Schülerinnen und Schüler erfassen können: Unterricht ist eine Veranstaltung, die sich um bestimmte Leitfragen dreht auf einem immer anders gelagerten Niveau. Nur so ist Wissensvernetzung und Anwendung von Wissen = Können möglich.

Der Berliner Rahmenlehrplan (2007) nimmt nach einer zweijährigen Diskussion und Erprobungsphase diese Forderung insofern auf, als fünf Leitfragen von der ersten bis zu letzten Klassenstufe, zusammengefasst für jeweils zwei Jahrgänge, leitend für den Evangelischen Religionsunterricht sind:

‒ Nach dem Menschen fragen
‒ Nach Gott fragen

---

[7] So im Berliner Rahmenplan (2007), von dem noch die Rede sein wird.

- Nach Jesus Christus fragen
- Nach verantwortlichem Handeln fragen
- Nach Gestalt des Glaubens und Zeichen des Religiösen fragen. (Vgl. Rahmenplan Berlin 2007: 24).

Dahinter steht ein Kompetenzmodell, welches differenziert von zwei Teilkompetenzen ausgeht und diese auf die entsprechenden Gegenstandsbereiche bezieht (vgl. Abb 2).

Religiöse	
Deutungskompetenz	**Handlungskompetenz**
- Wahrnehmung von Gegenständen als religiöse	- Wahrnehmung von Handlungen als religiöse
- Religionskundliche und methodische Grundkenntnisse	- Kenntnis religiöser Kommunikations- und Organisationsformen
- Hermeneutische Fähigkeiten	- Stellungsnahme zu religiösen Handlungsmöglichkeiten

Abb. 2 Vgl. Rahmenplan Berlin 2007, 12.

Flankiert werden diese Leitfragen von Vorschlägen zu den Inhalten, an denen diese jeweils altersgerecht bearbeitet werden können; aber jeder Lehrkraft wird freigestellt, auch andere Inhalte heranzuziehen, um im Rahmen dieser Leitfragen und in Berücksichtigung der entsprechenden Schul- und Stundensituation sowie der entsprechenden sozialen Zusammensetzung der Lerngruppe und dem Leistungsstand der einzelnen Schülerin/des einzelnen Schülers den Unterricht zu gestalten. Diese Gestaltungsfreiheit ist nur möglich, wenn die Lehrkraft nicht unter Druck gesetzt wird, den Lehrplan zu schaffen und den Schülerinnen und Schülern ermöglicht wird, kontinuierlich (und dies ist mit langfristiger Vernetzung gemeint) an fachspezifischen Inhalten zu arbeiten. Mit diesen Ausführungen ist aber nur der Rahmen eines kompetenzorientierten Unterrichtes gezeigt.

Inhaltlich stellen sich andere Fragen, z.B. die: Was erwarte ich, wenn eine Schülerin, ein Schüler diese konkrete Aufgabe lösen kann? Die unterrichtlichen Konsequenzen dieser Leitfrage sollen zum Abschluss noch kurz nachgezeichnet werden.

Wenn Unterricht bildungstheoretisch immer ein zielgerichtetes Handeln ist, dann muss es auch im Rahmen eines kompetenzorientierten Religionsunterrichts möglich sein, Erwartungen zu formulieren. In Bezug auf Kompetenzen könnte dies wie folgt aussehen:

1) Abstrakt formuliert: Ich erwarte von den Schülerinnen und Schülern, dass sie ein religiöses Phänomen als religiöses Phänomen wahrnehmen, deuten, beurteilen, darüber kommunizieren können usw.
2) Konkreter formuliert: Die Schülerinnen und Schüler können Symbole als Symbole des christlichen Glaubens wahrnehmen und in ihrer Aussage-Bedeutung deuten.

36

3) Ganz konkret formuliert: Die Schülerinnen und Schüler können mindestens das Kreuz als Symbol des christlichen Glaubens wahrnehmen und in seiner doppelten Aussagemöglichkeit (Tod und Auferstehung) deuten.

Ein Unterricht, der sich zum Ziel gesetzt hat, religiöse Phänomene als solche wahrzunehmen und zu deuten sollte den Schülerinnen und Schülern die Möglichkeit eröffnen, in ihrer Erfahrungswelt beginnen zu können, über diese hinauszusteigen und dann wieder darin einzutauchen. Nichts Neues, so wurde doch Unterricht schon immer gedacht und geplant. Stimmt! Das Neue daran ist, dass bei der Planung nicht beim Thema *Kreuz*, also beim Inhalt eingesetzt wird, sondern bei der Frage: „Welche Kompetenz soll gefördert werden?" anzusetzen ist und dann ein geeigneter Inhalt gesucht wird. Dieses Nacheinander ist natürlich nur das Konstrukt, weil klar ist, dass Kompetenzen nur an konkreten Inhalten gefördert werden können. Das Konstrukt soll aber sicherstellen, dass eine Reflexion vom Ende her einsetzen kann.

Das Kreuz ist also nur eine Möglichkeit, mit dem Phänomen *religiöses Symbol* im christlichen Rahmen umzugehen, eine andere Möglichkeit wäre *der Fisch* oder *der Kelch*, oder *das Brot*.

Erst wenn diese Zugangsweise klar ist, kann eine Kompetenzorientierung einsetzen, denn sie stellt sicher, dass im Unterricht das Symbol X problematisiert wird, im Test[8] aber auch auf das Symbol Y zurückgegriffen werden kann. Auch dies wäre im Sinne der Weinertschen Definition, bestimmte Problemlösungen in variablen Situationen anzuwenden. Sobald dieser Zusammenhang klar ist, empfiehlt es sich, eine Bedarfsanalyse zu gestalten, die verschiedenen Methodiken festzulegen, Material zur Verfügung zu stellen usw. Damit die Schülerinnen und Schüler wissen, um was es in den nächsten Stunden geht, könnte z.b. der Lehrkraft-Impuls lauten:

In den nächsten Stunden werden wir uns mit christlichen Symbolen beschäftigen. Ihr werdet euer bisheriges Wissen darüber sammeln und schriftlich festhalten, ihr werdet etwas über die Geschichte von Symbolen erfahren und euch eine Materialsammlung dazu anlegen. Dann sollt ihr euch selbst in einem kreativen Schreibprozess darüber klar werden, welche Bedeutung solche Symbole für euch persönlich haben, dies könnt ihr anschließend mit zwei / drei Mitschüler/innen diskutieren und zum Schluss erarbeitet ihr ein Rollenspiel, welches dem Inhalt nach einem nichtreligiösen oder konfessionell anders gebundenem Kind in eurem Alter die Bedeutung dieser Symbole erklärt sowie ihr versuchen sollt, etwas über deren Symbole zu erfahren.

Der Schwerpunkt liegt hier auf dem Erfassen des Phänomens, der Deutung dieses Phänomens und der Kommunikation mit anderen, vielleicht in einem Um-

---

[8] Mit Test ist hier nicht ein quantifizierender Vergleichstest gemeint sondern durchaus einer, den Lehrkräfte am Ende einer Unterrichtseinheit von Schülerinnen und Schülern bearbeiten lassen.

fang von insgesamt acht Unterrichtsstunden. Damit die Schülerinnen und Schüler erfassen, was sie schon können, könnten Lerneingangsbögen entwickelt werden, die Aussagen beinhalten wie:

- Zum Thema Symbole fällt mir ein;
- Ich glaube, dies kann ich schon;
- Dort habe ich noch Fragen usw. (Vgl. Ziener 2008, 126ff).

Weil kompetenzorientierter Unterricht auf Langfristigkeit angelegt ist, auf Vernetzung von Wissen, wäre es also nötig, den Schülerinnen und Schülern zu überlassen, welches Symbol sie sich aussuchen. Dabei können und sollten Lehrkräfte natürlich Angebote machen z.b. durch das entsprechende Material. Recherchieren, rückmelden, diskutieren; Erkunden, entdecken, erfinden, Um- und Abwege gehen, gegenseitiges Überprüfen – dieses und ähnliches sollten die folgenden Arbeitsschritte sein und zum Schluss kommt ein ‚Produkt' heraus, welches gerade dadurch, dass die Schülerinnen und Schüler über Erfolge und Misserfolge diskutieren nicht mit einer Benotung ad acta gelegt wird, sondern den Ausgangspunkt für den kommenden Unterricht bildet. Dieser kommende Unterricht könnte ein solcher sein, der bewusst auf Symbole zurückgreift, sie aber in einen ganz anderen Bezugrahmen stellt, z.b. in den Bezugsrahmen: symbolische Handlungszusammenhänge wie dem Ritual, dem Verzeihen-können, der Hilfe gegenüber Hilfebedürftigen, also im Sinne eines gottesdienstlichen, Schuld und Vergebung reflektierenden oder diakonischen Problematisierens.

Handfeste Konzepte zu einem kompetenzorientierten Religionsunterricht gibt es noch nicht, aber Rahmenplanüberlegungen und didaktische Anregungen und Erprobungen. Nach meinen persönlichen Erfahrungen im Schulversuch der Freien und Hansestadt Hamburg[9] ist es lohnend, sich auf den Weg zu einem kompetenzorientierten Unterricht zu begeben.

Literatur:

Angel, Hans-Ferdinand (1998): Religion und Religiosität. Anthropologische Grundfragen im Zusammenhang mit dem Religionsunterricht, in: Christlich Pädagogische Blätter 111/1998, S. 77-84.
Baumert, Jürgen u.a. (Hg.) (2001): PISA 2000. Basiskompetenzen von Schülerinnen und Schülern im internationalen Vergleich, Opladen.
Ders. (2002): Deutschland im internationalen Bildungsvergleich. In: Killius, Nelson / Kluge, Jürgen / Reisch, Linda (Hg.): Die Zukunft der Bildung, Frankfurt a. M., S. 100-150.
Benner, Dietrich ([5]2005): Allgemeine Pädagogik. Eine systematisch-problemgeschichtliche Einführung in die Grundstruktur pädagogischen Denkens und Handelns, Weinheim / München.
Ders. u.a. (2011): Religiöse Kompetenz als Teil öffentlicher Bildung, Paderborn u.a.

---

[9] Informationen: http://www.ipn.uni-kiel.de/abt_bio/projekte_alleskoenner.html (Zugriff am 20.06.2012).

Eickmann, Jeanette / Peter, Dietmar (2011): Kompetenzorientiert unterrichten. Bausteine zu den niedersächsischen Kerncurricula Evangelische Religion für die Sekundarstufe I. Loccumer Impulse 2, rpi: Loccum.

Feindt, Andreas u.a. (2009): Kompetenzorientierung im Religionsunterricht – Befunde und Perspektiven, in: Kompetenzorientierung im Religionsunterricht. Feindt, Andreas / Elsenbast, Volker / Schreiner, Peter u.a. (Hg.), Münster u.a., S. 9-19.

Ders. (2009): Implementation von Bildungsstandards und Kompetenzorientierung im Fach Evangelische Religion – das Beispiel KompRu, in: Kompetenzorientierung im Religionsunterricht. Hrsg. von Feindt, Andreas / Elsenbast, Volker / Schreiner, Peter u.a. (Hg.) Münster u.a., S. 295-314.

Helbig, Dominik (2010): Religiöse Herausforderung und religiöse Kompetenz. Empirische Sondierungen zu einer subjektorientierten und kompetenzbasierten Religionsdidaktik. Zürich / Berlin.

Hemel, Ulrich (1988): Ziele religiöser Erziehung. Beiträge zu einer integrativen Theorie, Frankfurt a. M.

Klieme, Eckhard u.a. (2003): Expertise. Zur Entwicklung nationaler Bildungsstandards. Hrsg. vom Bundesministerium für Bildung und Forschung, Berlin.

Kompetenzraster für den evangelischen Religionsunterricht in Österreich Sek. I Hrsg. vom Evangelischen Oberkirchenrat A und H.B., Abteilung Bildung, Wien.

Michalke-Leicht, Wolfgang (2011): Kompetenzorientiert unterrichten: Das Praxisbuch für den RU, München.

Obst, Gabriele (2008): Kompetenzorientiertes Lehren und Lernen im Religionsunterricht, Göttingen.

Oser, Fritz / Gmünder, Paul (1988): Der Mensch – Stufen seiner religiösen Entwicklung. Ein strukturgenetischer Ansatz, Gütersloh.

Polack, Detlef (1995): Was ist Religion? Probleme der Definition, in: Zeitschrift für Religionswissenschaft 3, 1995, S. 163- 190.

Rahmenlehrplan für den Evangelischen Religionsunterricht für die Jahrgangsstufen 1 bis 10. (2007) Hrsg. von der Evangelisch-Lutherischen Kirche Berlin-Brandenburg-Schlesische Oberlausitz, Berlin.

Ritter, Werner H. (2007): Alles Bildungsstandards – oder was? In: Stellungnahmen und Kommentare zu „Grundlegende Kompetenzen religiöser Bildung", Hrsg. von Volker Elsenbast und Dietlind Fischer. Comenius-Institut Münster, S. 29 -36.

Schweitzer, Friedrich (^{2}2011): Elementarisierung und Kompetenz. Wie Schülerinnen und Schüler von „gutem Religionsunterricht" profitieren. Neukirchen-Vluyn.

Ders. (2007): Außen- statt Innenperspektive? Evangelisches Profil und ethische Orientierung als Anforderung einer dialogisch-(religions-) pädagogischen Begründung von Kompetenzmodellen und Bildungsstandards für den evangelischen Religionsunterricht, in: Stellungnahmen und Kommentare zu „Grundlegende Kompetenzen religiöser Bildung": Hrsg. von Volker Elsenbast und Dietlind Fischer. Comenius-Institut Münster, S. 9 -16.

Schoberth, Ingrid (2009): Diskursive Religionspädagogik, Göttingen.

Weinert, Franz E. (^{2}2002) (Hg.): Leistungsmessungen in Schulen, Weinheim, Basel.

Weischedel, Wilhelm (1983): Der Gott der Philosophen. Grundlegung einer Philosophischen Theologie im Zeitalter des Nihilismus, Darmstadt.

Weiß, Thomas (2011): Zur Entwicklung des Testinstruments, in: Benner, Dietrich u.a.: Religiöse Kompetenz als Teil öffentlicher Bildung. Paderborn u.a., S. 43-73.

Ders. (2011): Kompetenzerhebung im evangelischen Religionsunterricht? Reflexion zu zwei DFG-geförderten Projekten, in: Österreichisches Religionspädagogisches Forum. Hrsg. von M. Kraml und W. Weirer. 19. Jg/2011, S. 24-27.

Ziener, Gerhard (2009): Kompetenzorientierten Unterricht vorbereiten: „Kompetenzexegese" als Kern didaktischer Reflexion, in: Kompetenzorientierung im Religionsunterricht. Hrsg. von Feindt, Andreas / Elsenbast, Volker / Schreiner, Peter u.a., Münster u.a., S. 165-179.

Ders. (2008): Bildungsstandards in der Praxis. Kompetenzorientiert unterrichten, Seelze-Velber.

Ders. (2007): Stellungnahme zum Kompetenzmodell und zu den Beispielaufgaben, in: Stellungnahmen und Kommentare zu „Grundlegende Kompetenzen religiöser Bildung", Hrsg. von Volker Elsenbast und Dietlind Fischer. Comenius-Institut Münster, S. 63-66.

BERICHT UND KRITISCHE REFLEXIONEN ZUM WORKSHOP KOMPETENZORIENTIERT UNTERRICHTEN UNTER BESONDERER BERÜCKSICHTIGUNG DER KOMPETENZORIENTIERTEN MATURA (MARIAZELL VOM 18.-23. MÄRZ 2012)

Thomas Weiß

1) Zur Genese kompetenzorientierter Prüfungsaufgaben

Zum Schuljahr 2014 soll in Österreich an der AHS die neue Matura in Form einer kompetenzorientierten Reifeprüfung eingeführt werden.[1] Dazu gehört auch die mündliche Reifeprüfung aus dem (Wahl-) Pflichtgegenstand *Religion*. Um die ministeriellen Vorgaben zu realisieren, konstituierte sich für die Religionsunterrichte der verschiedenen Kirchen und Religionsgemeinschaften eine Arbeitsgruppe, bestehend aus Vertreterinnen und Vertretern der katholischen Kirche, der evangelischen Kirche A. und H.B., der neuapostolischen und altkatholischen Kirche, der islamischen Glaubensgemeinschaft, der israelitischen und der buddhistischen Religionsgesellschaft sowie der orientalisch-orthodoxen und der griechisch-orthodoxen Kirche in Österreich. Ziel dieser Arbeitsgruppe war es, eine Handreichung für die kompetenzorientierte Reifeprüfung zu erarbeiten, die von einem alle Religionsunterrichte umfassenden Kompetenzmodell ausgeht.[2] Dieses gemeinsame Kompetenzmodell kann als ein Grundgerüst von Kompetenzen betrachtet werden, die in den Religionsunterrichten der unterschiedlichen Konfessionen und Religionsgemeinschaften erworben werden können.

Geeinigt wurde sich auf die *Wahrnehmungskompetenz*, die *religiöse Sach- und Darstellungskompetenz*, die *interkulturelle und interreligiöse Kompetenz*, die

---

[1] Für die entsprechenden Informationen bedanke ich mich bei Frau Gisela Ebmer, die als Fachinspektorin für den Evangelischen Religionsunterricht an AHS/BMHS selbst aktives Mitglied der Arbeitsgruppe gewesen ist.

[2] Vgl. BMUK (2012) (Hg.),Die kompetenzorientierte Reifeprüfung aus Religion. Grundlagen, exemplarische Themenbereiche und Aufgabenstellungen. Wien. (Zitiert mit: BMUK Handreichung).

ethische Deutungs- und Urteilskompetenz und die *lebensweltliche Anwendungskompetenz* (vgl. BMUK Handreichung 2012, 10f).

Zusätzlich bzw. nach der Erarbeitung dieses gemeinsamen Modells war es die Aufgabe der einzelnen Konfessionen und Religionsgemeinschaften, diese mit konfessionell bzw. religionsgemeinschaftlich spezifischen Inhalten zu füllen. Von Seiten der evangelischen Beteiligung an der BMUK Handreichung wurden aus dem schon vorhandenen ‚Kompetenzraster für den Evangelischen Religionsunterricht in Österreich Sek I[3] die Kompetenzformulierungen A-H (vgl. Evangelische Handreichung 2011, 4-11) übernommen, um inhaltliche Konkretisierungen aus evangelischer Perspektive in das gemeinsam erarbeiteten Kompetenzmodell einzutragen. Exemplarisch soll diese Spezifizierung verdeutlicht werden an der Kompetenz A *Mein Selbstbild* aus der Evangelischen Handreichung (2011, 4) und deren Übertragung in das allgemeine Modell (vgl. BMUK Handreichung 2012, 62 ff)[4].

Im Fokus der Kompetenz A *Mein Selbstbild* steht die Kompetenzformulierung:

- Die SchülerInnen können benennen, was in der momentanen Lebensphase ihre Stärken und Schwächen sind und sind in der Lage, über ihren eigenen Lebensweg nachzudenken.
- Sie wissen, was nach evangelischer Tradition der Wert des Menschen ist und können dies an Beispielen festmachen.

Die einzelnen, ausdifferenzierten Formulierungen dazu lauten:
- Benennen: Ich nenne meine Stärken und Schwächen.
- Beschreiben: Ich beschreibe, was mich ausmacht.
- Persönlichen Bezug herstellen: Ich denke über meine Vergangenheit und Zukunft nach.
- Wissen: Ich weiß, was die Reformatoren auf Grund der Bibel über den Wert des
- Menschen herausgefunden haben.
- Verstehen: Ich verstehe, dass diese Erkenntnis auch für mich und meine Mitmenschen gilt.
- Hinterfragen: Ich hinterfrage meine und andere Bewertungen von Menschen.
- Deuten: Ich sehe die Bedeutung der reformatorischen Sicht des Menschen für meine Lebenswelten und die Gesellschaft.
- Entscheiden: Ich treffe dazu eine Entscheidung für meine Einstellungen und Handlungen.
- Begründen: Ich begründe diese Entscheidung unter Einbeziehung einer bib-

---

[3] Diese Handreichung ist vom Evangelischen Oberkirchenrat A. und H.B. – Abteilung Bildung am 31.01.2011 herausgegeben worden. (Zitiert mit: Evangelische Handreichung).

[4] Das gesamte Produkt von Seiten der evangelischen Beteilung ist zu finden in BMUK Handreichung 2012, 61-96).

lischen Geschichte.

- Anwenden: Ich nenne Beispiele des Handelns auf Grund des evangelischen Menschenbilds.
- Kreativ umsetzen: Ich löse eine Aufgabe mit Hilfe (aus Sicht) des evangelischen
- Menschenbilds.
- ...: Über die Lösung der Aufgabenstellung hinausgehende Gedanken, Ideen:

Als Vorschlag für Themen zur Reifeprüfung[5] ergibt sich daraus in der BMUK-Handreichung (2012, 62):

A: Der Mensch als Geschöpf Gottes

Lernziel:
Die Schüler/innen sollen sich selbst mit Stärken und Schwächen als wertvoll annehmen können und mit dem Anderen und am Anderen reifen.

Kompetenzen:
- Die Schüler/innen sind in der Lage, die Vielfalt an Lebensformen in der heutigen Gesellschaft wahrzunehmen und zu erkennen, dass das menschliche Zusammenleben bewusst gestaltet werden kann.
- Sie kennen biblische und theologische Aussagen zum Verständnis des Menschen mit seinen Stärken und Schwächen und zur verantwortlichen Gestaltung des Zusammenlebens (z.B. in Bezug auf Beziehungen, Kommunikation, Sexualität).
- Sie erfassen Luthers Rechtfertigungslehre als Möglichkeit eines versöhnten Umgangs des Menschen mit sich selbst und anderen.

Themenvorschläge:

– Christliche Anthropologie	– Männer- und Frauenrollen heute
– Partnerschaft, Ehe, Lebensformen	– Luthers Rechtfertigungslehre
– Sexualität	– Menschen mit Behinderungen
– Kommunikation	– Umgang mit Fremden, Obdachlosen, Alten
– Die Erschaffung von Mann und Frau in der Bibel	– Integration
– Bioethik	– Eugenik
– Sterbebegleitung	– Todesstrafe
– Schwangerschaftsabbruch	– Süchte - Sehnsüchte - Träume

---

[5] Der jeweilige inhaltliche Vorschlag für die Kompetenzen A-H richtet sich nach dem Lehrplan für den Evangelischen Religionsunterricht an der Oberstufe der Allgemeinbildenden Höheren Schulen, Juni 2005, BGB1; II, 28. Juni 2005, Nr. 192.

In das Kompetenzmodell übertragen bedeutet dies (vgl. BMUK Handreichung 2012: 68):

Kompetenzen nach dem Lehrplan für den Evangelischen Religionsunterricht		Religiöse Wahrnehmungs- und Darstellungsfähigkeit	Religiöse Deutungs- und Urteilsfähigkeit	Religiöse Dialog-, Gestaltungs-, und Handlungsfähigkeit
	Bezugsreligion des Religionsunterrichts Beispiele für einen Themenpool Religion on evang.	Interreligiöse Vereinbarungen Prüfungsaufgabe 1. Teil	Interreligiöse Vereinbarungen Prüfungsaufgabe 2. Teil	Interreligiöse Vereinbarungen, Prüfunsaufgabe 3. Teil,
A) Die Schüler/innen sind in der Lage, die Vielfalt an Lebensformen in der heutigen Gesellschaft wahrzunehmen und zu erkennen, dass das menschliche Zusammenleben bewusst gestaltet werden kann. Sie kennen biblische und theologische Aussagen zum Verständnis des Menschen mit seinen Stärken und Schwächen und zur verantwortlichen Gestaltung des Zusammenlebens (z.B. in Bezug auf Beziehungen, Kommunikation, Sexualität). Sie erfassen Luthers Rechtfertigungslehre als Möglichkeit eines versöhnten Umgangs des Menschen mit sich selbst und anderen.	Der Mensch als Geschöpf Gottes	Die Schüler/innen können die zentrale Botschaft, die Grundbegriffe, die Aussagen der wichtigsten Texte bzw. Lehren, sowie entscheidende Phasen und geschichtliche Schlüsselereignisse ihrer Religion* wiedergeben und deuten. Sie können in der Fülle des Einzelnen religionsspezifische bzw. theologische Leitmotive entdecken.	Die Schüler/innen können eigene religiöse Vorstellungen auf Grund der zentralen Deutungsmuster ihrer Religion* reflektieren. Sie können Grundformen religiöser Praxis (z.B. Rituale bzw. religiöse Riten undFeiern) in ihrer allgemeinen und persönlichen Bedeutung beschreiben und reflektieren. Sie sind in der Lage, zwischenverschiedenen kulturellen Ausprägungen ihrer Religion zu differenzieren, deren Gemeinsamkeiten bzw. Unterschiede zu erkennen und sensibel darzustellen.	Die Schüler/innen sind fähig, die zentrale Botschaft und die Deutungsmuster ihrer Religion* als relevant für das Leben des/der Einzelnen und das Leben in der Gemeinschaft aufzuzeigen und zu würdigen.

Der konkrete Vorschlag zur Gestaltung einer Prüfungsaufgabe ist so formuliert (vgl. BMUK Handreichung 2012, 80-81):

Wie gestalte ich eine Prüfungsaufgabe?

Beispiel zu A

Zur konkreten Erstellung von Prüfungsaufgaben dient der Kompetenzraster:

1. Ich beginne mit Spalte 2 des Rasters und wähle einen Themenbereich aus den Lernfeldern A - H des Lehrplans für den Evangelischen Religionsunterricht an der Oberstufe der AHS.

Z.B.: Der Mensch als Geschöpf Gottes.

2. Ich entscheide mich für ein konkretes Thema dieses Bereichs und formuliere es aus. Z.B.: Stichwort: Todesstrafe

Formulierung des konkreten Themas: Aussagen zu Strafe und Todesstrafe in der Bibel und ihre Relevanz für den heutigen Strafvollzug.

3. Ich orientiere mich in Spalte 1 des Rasters, welche Kompetenzen meine Schüler/innen nach dem Lehrplan erworben haben sollen.

Hier:

- Die Schüler/innen sind in der Lage, die Vielfalt an Lebensformen in der heutigen Gesellschaft wahrzunehmen und zu erkennen, dass das menschliche Zusammenleben bewusst gestaltet werden kann.
- Sie kennen biblische und theologische Aussagen zum Verständnis des Menschen mit seinen Stärken und Schwächen und zur verantwortlichen Gestaltung des Zusammenlebens (z.B. in Bezug auf Beziehungen, Kommunikation, Sexualität).
- Sie erfassen Luthers Rechtfertigungslehre als Möglichkeit eines versöhnten Umgangs des Menschen mit sich selbst und anderen.

4. Ich wähle aus den inhaltlichen Kompetenzen jene aus, die in dieser konkret zu stellenden Aufgabe überprüft werden sollen: Z.B.: In diesem Fall alle.

5. Ich beginne mit der Formulierung der Aufgabenstellung, indem ich mich für den ersten Teil der Aufgabe (Reproduktion) an Spalte 3 des Rasters (Religiöse Wahrnehmungs- und Darstellungsfähigkeit) orientiere. Hier wähle ich aus den Anforderungen für das Fach Religion jene aus, die zu meinem konkreten Thema passen: Z.B.: Die Schüler/innen können die zentrale Botschaft und die Aussagen der wichtigsten Texte ihrer Religion* wiedergeben und deuten. Sie können in der Fülle des Einzelnen theologische Leitmotive entdecken.

6. Ich formuliere den ersten Teil der Aufgabe:

Nenne unterschiedliche biblische Aussagen bzw. Erzählungen zu Strafe und Todesstrafe.

---

7. Für den 2. Teil der Prüfungsaufgabe (Transfer) wähle ich aus Spalte 4 des Rasters (Religiöse Deutungs- und Urteilsfähigkeit) jene Kompetenz, die ich hinsichtlich meines Themas überprüfen möchte:

- Z.B.: Die Schüler/innen können eigene religiöse Vorstellungen auf Grund der zentralen Deutungsmuster ihrer Religion reflektieren.
- Sie sind in der Lage, zwischen verschiedenen kulturellen Ausprägungen ihrer Religion zu differenzieren, deren Gemeinsamkeiten bzw. Unterschiede zu erkennen und sensibel darzustellen.

8. Ich formuliere den 2.Teil der Prüfungsaufgabe:
- *Erkläre den evangelischen Glauben an die Rechtfertigung des Menschen als Sünder/in vor Gott und lege dar, wie er in biblischen Erzählungen über den Umgang mit Sünder/innen zum Ausdruck kommt.*

9. Für den 3. Teil der Prüfungsaufgabe (Reflexion und Problemlösung) orientiere ich mich an der Kompetenz, die in Spalte 5 des Rasters (Religiöse Dialog-, Gestaltungs- und Handlungsfähigkeit) genannt wird:
- Die Schüler/innen sind fähig, die zentrale Botschaft und die Deutungsmuster ihrer Religion* als relevant für das Leben des/der Einzelnen und das Leben in der Gemeinschaft aufzuzeigen und zu würdigen.

10. Ich formuliere den 3. Teil der Prüfungsaufgabe:
- *Welche Handlungs-Notwendigkeiten ergeben sich daraus für den Strafvollzug in Österreich bzw. für die Arbeit der evangelischen Gefängnisseelsorge?*
- Die Prüfungsaufgabe lautet nun:
- *Nenne unterschiedliche biblische Aussagen bzw. Erzählungen zu Strafe und Todesstrafe.*
- *Erkläre den evangelischen Glauben an die Rechtfertigung des Menschen als Sünder/in vor Gott und lege dar, wie er in biblischen Erzählungen über den Umgang mit Sünder/innen zum Ausdruck kommt.*
- *Lege dar, welche Handlungs-Notwendigkeiten sich daraus für den Strafvollzug in Österreich bzw. für die Arbeit der evangelischen Gefängnis-Seelsorge ergeben.*

Dieses hier vorgestellte Beispiel bildete neben anderen Themenvorschlägen zu den Kompetenzen A-H das inhaltliche Ausgangsmaterial für den Workshop in Mariazell. Gemeinsam mit Lehrkräften sollten an zwei Nachmittagen mit jeweils einer festen Arbeitsgruppe an konkreten Aufgabenstellungen für eine kompetenzorientierte Reifeprüfung *Religion* gearbeitet werden. Der Workshop wurde zweimal durchgeführt.

Neben dem inhaltlichen Ausgangsmaterial galt es als formalen Ausgangspunkt des Workshops zu berücksichtigen, dass durch eine ministerielle Vorgabe die einzelnen Aufgaben dem bekannten Schema *Reproduktion – Transfer – Reflexion (Problemlösen)* folgen sollen.

Zum Begriff *kompetenzorientierte Prüfungsaufgabe* und zur formalen Vorgabe (*Reproduktion, Transfer, Reflexion*) noch einige kritische Überlegungen, bevor die Ergebnisse der beiden Arbeitsgruppen vorgestellt werden können.

2) Kritische Überlegungen

Im Folgenden können höchstens Fragen gestellt werden. Antworten sind aufgrund des Prozesscharakters eher nicht möglich. Allerdings sollen die aufgeworfenen Fragen einen Horizont abstecken, innerhalb dessen die begonnene Arbeit an der neuen Matura weitergeführt werden könnte.

2.1) Der Begriff kompetenzorientierte Prüfungsaufgabe

Eine Prüfung hat die Aufgabe festzustellen, was der Prüfling kann. D.h. ob sie oder er zu einem bestimmten Themengebiet über ein Wissen verfügt, welches angewendet, kritisch geprüft und hinterfragt oder auf andere Themen übertragen werden kann. Was aber besagt der Begriff *kompetenzorientierte Prüfungsaufgaben*? Solche Prüfungsaufgaben orientieren sich an Kompetenzen, also an Wahrnehmen und Darstellen, Deuten und Urteilen usw. Und hier macht sich eine begriffliche Schwäche auf, die durchaus Verwirrung stiften kann.

Soll der Prüfling seine Fähigkeit *wahrzunehmen* nachweisen? Aber wie ist eine Wahrnehmung dann zu beurteilen? Wahrnehmungen sind intentional ausgerichtet, d.h. sie sind immer bezogen auf ein konkretes X. Daraus ergibt sich die Frage, ob der Begriff *kompetenzorientierte Prüfungsaufgabe* nicht eine contradictio in adiecto darstellt, denn Kompetenzen und deren Formulierungen sind Konstrukte (vgl. Beitrag Weiß, in diesem Band S. 23). Konstrukte können zwar Gegenstände von Prüfungen sein, aber diese müssen inhaltsbezogen ausgewiesen werden. Als entscheidende Frage stellt sich damit: Was prüft eine *kompetenzorientierte Prüfungsaufgabe* ab? Inhaltliche Thematik und den Umgang damit oder die Ausformulierung eines Konstruktes wie *Dialogfähigkeit*?

Aus dieser Frage ergibt sich die Frage nach der Sinnhaftigkeit der ministeriellen Vorgabe, dass jede Prüfungsaufgabe der Trias Reproduktion – Transfer – Reflexion zu folgen habe.

2.2) Reproduktion-Transfer-Reflexion

Es ist sicherlich sinnvoll, in einer Maturaprüfung nicht einfach Wissen abzufragen. Maturantinnen und Maturanten sollen nachweisen, dass sie in einem Thema eine Problemstellung erfassen und diese auf eine andere Problematik übertragen können. D.h. auch, dass sie das nötige Wissen anwenden können. Insofern ist die vorgegebene Trias eine, die u.a. zu einer Bewertungsgerechtigkeit führt, denn es ist in konkreten Aufgabenstellungen durchaus möglich, die Reproduktionsleistung gut von einer Transferleistung abgrenzen zu können und eine Schülerin, ein Schüler ist dann besser, wenn sie oder er das Gewusste in andere Bereiche transferieren kann. Nun ist allerdings zu beobachten, dass bei den Aufgabenvorschlägen einfach die Reproduktion (A), der Transfer (B) und die Reflexion (C) auf einzelne Kompetenzen übertragen wurde:

A) Wahrnehmen/Darstellen
B) Deuten/Urteilen
C) Handeln/Dialog

Ist dies sinnvoll? Fehlt hier nicht die innere Differenzierung der Kompetenzen? Weshalb wird z.b. Problemlösung nicht auch der Deutung- und Urteilsfähigkeit (und umgekehrt) zugesprochen? Beispielsweise sind in jedem Fall Reproduktionsleistungen auch in der Handlungskompetenz enthalten, wie im Erinnern an Vollzüge, gerade im religiösen Bereich (z.B. Feste und Riten). Kann eine solche Aufteilung also prinzipiell vollzogen werden?

Etwas näher hingeschaut: Die Anweisung („Aussuchen der Kompetenzen, in diesem Fall: Alle", vgl. Beispiel Prüfungsaufgabe A) zeigt, dass noch nicht von einer neuen Aufgabenkultur gesprochen werden kann, denn es ist bisher die Frage nicht beantwortet, welche Kriterien sich für eine solche (neue) Aufgabenkultur identifizieren lassen.

Des Weiteren: Welches Instrumentarium der Beurteilung geben diese Vorschläge an bzw. ab?

D.h. ab wann kann z.b. von einer guten Reproduktionsleistung gesprochen werden? Oder, wie schon erwähnt, lässt sich die dieser Leistung zugeordnete Kompetenz *Wahrnehmung* überhaupt so bewerten oder ist Wahrnehmung per se mit einem solchen Kriterium nicht zu erfassen? Wird als mit dieser einfachen Übertragung nicht einem subjektiven Relativismus und damit einer Bewertungsungerechtigkeit ein Vorschub geleistet?

Auch hier stehen die Fragen im Vordergrund, nicht die Antworten. Eine mögliche, weiterführende Überlegung ist allerdings darin angezeigt, dass die neuen Prüfungsaufgaben vom Erwartungshorizont ausgehend formuliert werden müssten. So z.B.:

1) Unter Deutungsfähigkeit wird verstanden (konkrete Formulierung).
2) In einer Prüfungssituation ist die Fähigkeit der Deutung dann exzellent / in der Regel / mindestens erfüllt, wenn... (konkrete Formulierung).

An diesem konkreten Punkt sehe ich eine richtungsweisende Weiterführung der begonnenen Arbeit an Prüfungsaufgaben. Ob sich die Trias Reproduktion – Transfer – Reflexion dann noch als haltbar erweist, ist nicht vom grünen Tisch zu bestimmen, sondern bedarf der langwierigen, pilotartigen und praxisnahen konkreten Arbeit an Aufgaben. Ein solcher Versuch wurde in den beiden Workshops in Mariazell unternommen, deren Ergebnisse jetzt vorzustellen sind.

3) Workshopergebnisse

Im Folgenden werden die Ergebnisse beider Workshopgruppen vorgestellt. Dies geschieht durch eine kurze Erläuterung der Vorgehensweise sowie durch die Präsentation dessen, was innerhalb der einzelnen Untergruppen erarbeitet worden ist ein work in progress. Sehr erfreulich, dies ist hier unbedingt zu betonen, war die engagierte Teilnahme aller am Workshop beteiligten Lehrkräfte. Nur mit diesen kann es überhaupt gelingen, eine neue Prüfungskultur für die Matura zu entwickeln.

3.1) Gruppe 1: Aufgabenentwicklung zur Religiösen Deutungs- und Urteilskompetenz (19. und 20.03.2012)

Allgemeine Anmerkungen: Die Gruppe hat mit deduktiv erschlossenen Kategorien gearbeitet, d.h. zuerst wurde versucht, von der Deutungs-/Urteilskompetenz zu abstrahieren, um allgemeine Kriterien zu finden. Das Ergebnis dieser Abstraktion:

Heuristische Definition von Deutungs- und Urteilskompetenz	
Deuten	Urteilen
=	=
Vergleichen und Unterscheiden können	Konsequenzen aus dem Deuten ziehen können

Anmerkung 1: Vorgelagert ist immer eine Wahrnehmung, die sich auf explizit und implizit vorhandenes Wissen bezieht und nicht unbedingt ausgesprochen werden muss. Im ersten Schritt wurde der Versuch unternommen, den Erwartungshorizont in Bezug auf das konkrete Thema zu formulieren. Dieser ist hier nicht aufgeführt, auch wenn Aufgaben von diesem ausgehend formuliert werden sollten.

Inhaltlich bearbeitet wurde das Thema: Der Mensch als Geschöpf Gottes (Prüfungsaufgabe Beispiel A)

In Ausdifferenzierung des Themas konnten die folgenden Unterthemen benannt werden:

- Menschenwürde
- Jüdisch-christliches Menschenbild
- Ebenbild Gottes
- Weltgestaltung
- **Freiheit**
- Menschenrechte
- Streitkultur
- **Schönheit**
- Restmenschen
- **Schöpfung generell**
- **Weltbilder**
- Schöpfungsdarstellungen
- Mängelwesen Mensch

- Gebet
- Ethische Fragen[6]

Der Fokus der Aufgabenentwicklung lag auf Deutungen/Urteilen. In diese Kompetenz wurde die ministerielle Vorgabe Reproduktion – Transfer – Reflexion (Problemlösung) aufgenommen und zwar so, dass sie die innere Differenzierung von Deuten bzw. Urteilen betrifft unter der Fragestellung: Was ist die Reproduktion innerhalb einer Deutungsfähigkeit, was ist deren Transfer, was ist deren Reflexion/Problematisierung?

Es ging somit darum, dass Deutungskonzepte reproduziert, gedeutete Phänomene transferiert und problematisiert werden sollten (ähnlich beim Urteil). D.h. alle Matura-Aufgaben beziehen sich auf Deutungs/Urteilskonzepte.

Aus der deduktiven Kategoriengewinnung der Sitzung am 19. März 2012 haben sich die folgenden Aufgabenvorschläge ergeben, die am 20. März 2012 noch eine Überarbeitung fanden.

Gruppe I: Thema Freiheit - Von der Freiheit eines Christenmenschen (Luther)

A) Skizziere die Entwicklung des luth. Konzepts von der Freiheit eines Christenmenschen.

B) Stelle dem luth. Konzept unsere gesellschaftlich-strukturellen Begrenzungen von Freiheit gegenüber.

C) Unterbreite einen begründeten Vorschlag, inwieweit das luth. Konzept in den von dir benannten Spannungsfeldern bzw. Begrenzungen von Freiheit eine Hilfestellung bieten kann.

Gruppe II: Thema Gott – Ebenbildlichkeit des Menschen und das Spannungsvolle Verhältnis der Menschenrechte am Beispiel Sklaverei

A) Biblische Texte (Gen. 1 und alttestamentliche Sklavenrechtstexte + Philemonbrief, Auswahl) – konkrete Formulierung folgt noch.

B) Gottes Ebenbildlichkeit war damals kein Widerspruch zur Sklavenhalterei - konkrete Formulierung folgt noch.

C) Heute anders; Stellung der Menschenrechte, grundsätzliche Akzeptanz heute aus der Ebenbildlichkeit Gottes abgeleitet, Schülerin und Schüler kann vergleichen und unterscheiden in unterschiedlichen kulturellen und historischen Zusammenhängen.

C1) Darstellung der allgemeinen Menschenrechte als neuzeitliches Programm, Problematisierung fehlt noch. Eine Möglichkeit wäre die Anwendung / Proble-

---

[6] Die fett markierten Themen bildeten die Grundlage für einen Entwurf für eine Matura-Aufgabe (Kleingruppen).

matisierung auf z.B. Kinderarbeit, Kinderprostitution, oder ein konkretes Verhalten, z.B. Einkaufsverhalten (keine Produkte aus Kinderarbeit) – konkrete Formulierung folgt.

Gruppe III: Bild von M. Angelo als Impuls des Schöpfungsberichtes

A) Beschreibe mit fünf Sätzen die künstlerische Umsetzung des Deutungskonzeptes von M. Angelo im vorliegenden Bild.

B) Welche Bedeutung hat diese Deutung von M. Angelo für uns und unser Menschenbild?

C) Setze deine Deutung aus B in Zusammenhang zur Frage: Wann ist der Mensch ein Mensch? Suche aus den drei beigelegten Materialien (Text von Singer, Embryonenforschung oder aktive Sterbehilfe) einen für die Beantwortung der Frage aus.

Gruppe IV: Weltbilder

A) Beschreibe Konzepte von Mythos und Logos anhand von Gen. 2 und der Urknalltheorie und nenne dazu Alltagsbeispiele.

B) Nenne die entscheidenden Unterschiede von Gen. 2 und naturwissenschaftlicher Welterklärungen.

C) Angenommen in Österreich wird der biblische Schöpfungsbericht in Biologie als Welterklärungsmodell eingeführt werden. Argumentiere pro und contra.

Gruppe Va: Schöpfung und Schönheit

Zwei Bilder:

- Jung, ebenmäßig, Werbung, Model
- Gen. 1,31: und Gott sah an alles, was er gemacht hatte, *und siehe, es war sehr gut*

A) Welche Konzeptionen von Schönheit stecken hinter diesen Bildern? Was ist das Faszinierende an diesem Schönheitsideal?

B) Vergleiche diese Konzeptionen mit dem biblischen Schöpfungskonzept in Gen 31,1 und benenne Gemeinsamkeiten und Unterschiede.

C) Welche Konsequenzen und Gefahren siehst du bei der Konzeption des ewig Jung- und - Schönseins in Bezug auf das Altern?

Alternative Fragehorizonte könnten sein:

A) Schön und schlank – Magermodel

B) Ein Bild eines schönen gealterten Menschen.

Kompetenzen:

- Reproduktion der Konzeptionen von Schönheit - Werbung, Ideale, (auch Mythos der ewigen Jugend) und Stellungnahme und Reflexion 1.
- Darstellen und deuten und beurteilen der Konzeptionen und vergleichen mit der biblischen Konzeption (Gen. 1, 31).
- Gesellschaftliche, kulturelle und ethische Herausforderungen in Bezug auf das Altern reflektieren und zeigen, dass er/sie selbständig über ein gesellschaftliches Phänomen nachdenken kann.

Gruppe Vb: Konzept zwei: Schönheit in biblischer Sicht

A) Vergleiche die folgenden Biblischen Texte (Lob der tüchtigen Hausfrau Sp. 31, 29 und 30; Hohe Lied 4, 1 und 7).

B) Entfalte die Wirkungsgeschichte dieser beiden Texte.

C) Stichwort: Fesch und Fromm - Die konkreten Formulierungen zu Vb folgen noch.

3. 2) Gruppe 2: Aufgabenentwicklung zur Religiösen Dialog-, Gestaltungs- und Handlungsfähigkeit (21. und 22.03.2012)

Allgemeine Anmerkungen: Die Gruppe ist induktiv vorgegangen, d.h. jede einzelne Arbeitsgruppe hat sich auf eine vorläufige Definition/ein vorläufiges Verständnis dessen, was im Kern unter einer religiösen Dialog-, Gestaltungs- und Handlungsfähigkeit verstanden werden kann geeinigt. In diesem Kontext ist dann auch die jeweilig formulierte Matura-Aufgabe zu lesen. Im ersten Schritt wurde der Versuch unternommen, den Erwartungshorizont in Bezug auf das konkrete Thema zu formulieren. Dieser ist hier nicht aufgeführt, auch wenn Aufgaben von diesem ausgehend formuliert werden sollten.

Inhaltlich bearbeitet wurden die Themenkomplexe:

B: Mündiges Selbst- und Weltverständnis in evangelischer Perspektive durch Gruppe I;

A: Der Mensch als Geschöpf Gottes durch Gruppe II;

F: Gott/Jesus Christus durch Gruppe III.

Gruppe I: Mündiges Selbst- und Weltverständnis in evangelischer Perspektive

Arbeitsdefinition der Kompetenz: Kommunikationsfähigkeit

1) Skizzieren Sie jene historischen Bedingungen, die für die Reformation Martin Luthers und dessen Rechtfertigungslehre ursächlich waren.

2) Stellen Sie den Zusammenhang zwischen dem damals herrschenden Gottesbild und dem Gottesbild, das sich aus der Rechtfertigung ergibt, dar.

3) Erörtern sie die Vorstellungen von „Freiheit", die sich aus der Rechtfertigung ergeben.

Gruppe II: Der Mensch als Geschöpf Gottes

Arbeitsdefinition der Kompetenz: Gestaltung

1) Lege die beiden biblischen Schöpfungsgeschichten in Gen. 1,1ff und Gen. 2,4ff im Hinblick auf die Stellung von Mann und Frau dar. Beschreibe, wie beide Bibelstellen in der Geschichte unterschiedlich ausgelegt wurden und werden.

2) Interpretiere den Videoclip im Lichte dieser unterschiedlichen Interpretationsmöglichkeiten.

3) Skizziere ein alternatives Drehbuch für einen Clip aufgrund der Interpretation, die du im Lichte der christlichen Weltsicht(en) für richtig hältst.

Gruppe III: Gott/Jesus Christus

Arbeitsdefinition der Kompetenz: Leben bewusst gestalten vor dem Hintergrund/im Dialog mit christlichen Angeboten

1) Bestimmen Sie die vorliegende Textgattung (Gleichnis vom Sämann); (Welche Merkmale zeichnen diese Gattung allgemein aus? Wo kommt sie vor? Nennen Sie weitere Beispiele).

2) Stellen Sie eine mögliche Interpretation des Textes vor.

3) Wem würden Sie diesen Text in welcher Situation erzählen? Begründen Sie ihre Entscheidung.

Soweit zu den Ergebnisse des Workshops.

4)   Ein abschließender Gedanke

Es ist im Bereich der verschiedenen Konfessionen und Religionsgemeinschaften sicherlich ein Novum, dass eine Einigung auf bestimmte, aller Religionsunterrichte betreffende Kompetenzen erzielt werden konnte. Ebenso ist es erfreulich, wenn sich Lehrerinnen und Lehrer auf den Weg machen, aus den entsprechenden formalen und inhaltlichen Vorgaben konkrete Aufgaben zu formulieren. Freilich darf nicht verschwiegen werden, dass der Weg zu dieser neuen Aufgabenkultur verbunden werden muss mit Überlegungen und Einübungen für eine kompetenzorientierte Unterrichtspraxis.

BERICHT ÜBER DEN WORKSHOP „WIE LEBT SICH'S DENN IM PATRIARCHAT?"

Barbara Rauchwarter

In dem Workshop „Wie lebt sich's denn im Patriarchat?" wurden die von den Referaten von Irmtraut Fischer angerissenen Themen „Frauen" und „Familie" vertieft und Anknüpfungen für den Unterricht in der Oberstufe angedacht.

Zu dem christlichen Begriff „Heilige Familie" gab es einen Austausch über Verben und Adjektive in dem Lied „Ihr Kinderlein kommet" EG 43, Verse 1-4. Das Lied liefert die musikalische und sprachliche Folie für Krippendarstellungen und weist die angesprochenen Kinder in die Annäherung an die Heilige Familie ein: knien und anbeten. In einem zweiten Schritt wurde die Erklärung des 4. Gebot in Luthers großem Katechismus auf die Stellung des Kindes in der Familie hin gelesen. Eine Darstellung des Jesuskindes in der Werkstatt Josefs aus dem 19. Jahrhundert mit einem Kindergebet half zum Verständnis der Wirkungsgeschichte:

„Gott will im vierten Gebot:
Ich soll meine Eltern ehren und lieben.
Ich soll ihnen gleich und gern gehorchen.
Ich soll arbeiten,
weil Gott es von mir will, ich soll fleissig und geduldig arbeiten.
Wie das liebe Jesulein
will ich fromm und fleissig sein. "

Ein Text von Alice Miller [1] unterstützte das Nachdenken über die psychischen Folgen von befohlener oder erzwungener „Liebe" zu den Eltern. Gedanken von Prof. MMag. Dr. Regina Polak, MAS, Institut für Praktische Theologie, r.k. Fakultät Universität Wien zur Europäischen Wertestudie warfen noch einmal ein anderes Licht auf das Thema Arbeit und Familie.

---

[1]   Alice Miller, Die Revolte des Körpers, Frankfurt a.M, 2005, S.185f.

Anhand des oft übergangenen Stammbaums Mt 1 kam die „unheilige Familie" Jesu in den Blick. Schon Luther hatte offenbar seine liebe Not damit: In seiner ersten Predigt 1533 über das Mt Evangelium sagt er: „Da sieht sichs an, als sei es eine unnütze, vergebliche Schrift, die die Namen der lieben Väter aufzählt, obwohl wir über sie alle kaum etwas wissen und uns damit nicht geholfen ist"(Luther: 18.12. 1533: Da sihet sichs an, quasi sit unnutz, vergeblich schrifft, quod recensuit nomina der lieben veter, cum nos de illis nihil omnino sciamus und uns nichts damit geholffen.) Luther übersieht die Geschichten der genannten Frauen.

Mt bezeugt in der Genealogie am Anfang die lange Reihe der zeugenden Männer von Abraham an.

Erstaunlich ist aber, dass er auch die Namen von gebärenden Frauen anführt. Lk, der in seinem Evangelium auch einen Stammbaum auflistet, nennt nur Männer. Mt erwähnt nicht die Erzmütter Sara, Rebekka und Rahel, sondern Tamar, Rahab, Ruth und Bathseba.

Die Namen dieser Frauen vergegenwärtigen anrüchige Geschichten, die in einer Männergesellschaft nicht gern erinnert werden. Ihr Mut, sich zu behaupten wird erst heute von feministischen TheologInnen gewürdigt. Vielleicht wusste Matthäus' Gemeinde dies viel richtiger zu interpretieren, als die lange Reihe der Theologieprofessoren und Prediger in der fast 2000 Jahre alten Christengeschichte.

Matthäus nennt gerade diese vier, bettet das Jesuskind auf ihren Schoß, Frauen, die den Aufstand üben für das Leben. Die oft peinlichen Familiengeschichten des Volkes Israel wurden in Erinnerung gerufen:

Tamar (Gen. 38) überlistete ihren Schwiegervater Juda, der ihr, der Witwe, die Nachkommenschaft verweigert. Für sie hätte ein Mann aus seiner Familie sorgen müssen, denn die Tora sah vor, dass für den Fall, dass der Ehemann stirbt und seine Frau kinderlos zurückließe, ein Bruder ihres verstorbenen Mannes mit ihr ein Kind zeugen musste, damit die Stammeslinie fortgeführt und die Witwe im Alter versorgt würde. Juda, Sohn Jakobs des Tricksers, schickte also seinen zweiten Sohn Onan zu Tamar, damit er ihr einen Sohn zeugte. Aber „da Onan wußte, dass die Kinder nicht sein eigen sein sollten, ließ er's auf die Erde fallen und verderben, als er einging zu seines Bruders Frau, auf dass er seinem Bruder nicht Nachkommen schaffe" (Gen 38,9). Der Same des Mannes galt aber als wertvoll, weil er Leben birgt. Onans Koitus interruptus war Sünde. Doch Onan fürchtete, dass Tamars Sohn das Erbe seiner Söhne schmälern würde. Auch er starb. Tamar ging also leer aus. Und Juda vertröstete sie. Sie sollte im Haus ihres Vaters als Witwe abwarten bis sein Sohn Schel das notwendige Alter erreicht habe, um das Gesetz zu erfüllen. Und dort harrte sie der Dinge, die nicht kamen. Und ihre biologische Uhr tickte. Sie hörte dann, dass Juda zur Schafschur in die Nachbarschaft kommen werde. Tamar schminkte sich grell, kleidete sich bunt und bot sich nachts dem Juda am Straßenrand als Hure an, als er von der Schafschur kam. Juda erkannte sie nicht. Nach dem vollzogenen Beischlaf versprach er, ihr ein Zicklein schicken zu lassen. Aber Tamar bestand auf einem Pfand und er zahlte mit seinem Siegelring. Das ist überraschend, entspricht vielleicht heute der Kreditkarte. Tamar wurde schwanger und als Juda davon reden hörte, verklagte er sie öffentlich. Doch Tamar bewies und besiegelte mit dem Ring seine Vaterschaft. Die Schande fiel auf ihn zurück, als er Schande über sie bringen wollte. Tamar bekam übrigens Zwillinge, Perez und Serach.

Die TeilnehmerInnen der Arbeitsgruppe schrieben im Namen Tamars einen Brief/eine Rede an Juda. Ergänzt wurden die Texte mit Marlene Streeruwitz' Lamentation des ersten Politikers[2].

Ruth – ihre Geschichte wird immer zum Erntefest in den Synagogen gelesen.

Sie verließ ihre Heimat Moab mit Naomi, ihrer Schwiegermutter, der ihr Mann und zwei Söhne in der Fremde gestorben waren. Wieso auch – so dachten vielleicht fromme Israeliten – haben Naomi und die Ihren Zuflucht vor der Hungersnot in Bethlehem ausgerechnet im Land Moab gesucht. Moab – alle Fremden konnten um Aufnahme in die jüdische Religion bitten, nur den Moabitern wurde sie nicht gewährt. Warum? Dies beantwortet wieder eine äusserst peinliche Familiengeschichte: Lot und seine Töchter überlebten als einzige den Untergang von Sodom und Gomorrha. Und die Töchter sicherten die Nachkommenschaft. Sie machten ihren Vater betrunken und sorgten so für den Nachwuchs. Moab ging aus dieser Inzestnacht hervor. – die Moabiter waren also von Blutschande gezeichnet.

Ruth, die Moabiterin, wusste, dass sie in Bethlehem nicht willkommen sein würde. Aber sie band sich an die alte Frau und ihre Verbitterung, sie vertraut sich dem Gott Israels an. Das ist berührend, denn Naomis Gottesbild – Ruths Zugang zu der ihr fremden Religion – war grausam: Für sie war Gott zu einem geworden, der immer nur nahm: Heimat, Ehemann und Söhne. Ruth aber nutzte in Bethlehem das Armenrecht, das, Witwenrecht der Tora, die Gesetze des barmherzigen Gottes.

Im 2. Kapitel des Buches Ruth ist das Leitwort: chesed/Gnade. Ruth erfuhr Gottes Güte durch die Gottesbeziehung des Boas. Er handelt großzügig an ihr, schützt sie und ermöglicht den beiden Frauen das gemeinsame Überleben. Er nimmt Ruth zur Frau und sie schenkte schließlich einem Sohn das Leben, der die Bitterkeit von Naomi in Freude und Glück verwandelt. Das Neugeborene wurde Naomi, nicht wie üblich dem Vater, auf den Schoß gesetzt und Frauen stimmten das Gotteslob an.

Mit Ruth, die ja den Boas heiratet, erwähnt Mt noch eine Frau, die Mutter des Boas:

Rahab (Josua 2; 6), keine Jüdin, sondern Kanaanäerin, lebte als Prostituierte in Jericho, versteckte zwei Spione Israels vor der Verfolgung auf dem Dach ihres

---

[2] http://www.ceiberweiber.at/index.php?type=review&area=1&p=articles&id=189

Hauses unter ausgelegtem Flachs. Sie erkannte, dass Gott die Stadt zu Fall bringen würde und feilschte klug mit den beiden um das Leben ihrer Familie. „Leben für Leben, Rettung für Rettung" – so das Versprechen, das sie ihnen abnahm. Sie seilte die Männer nachts über die Stadtmauer ab und löste ihr Pfand ein: ein rotes Tau ins Fenster geknüpft als Zeichen für die Israeliten unter Josua: Hier wohnt Rahab, die Retterin, die Helferin, die Zeugin für Gottes Stärke. So überlebte sie die Katastrophe von Jericho und blieb fortan bei dem Volk Israel.

Bathseba (2. Samuel 11; 1.Könige 1) – Mt nennt ihren Namen nicht, sondern gibt ihren Status an: die Frau des Offiziers Urias – wurde von König David beobachtet, als sie sich – getreu der Vorschrift für die Frauen – nach den monatlichen Blutungen im fließenden Wasser reinigte.

David war einer, dem alle Herzen zufliegen. Er wurde geliebt. Aber selbst liebte er nicht. Er begehrte. Er wollte sie haben, nahm sie sich, und sie wurde schwanger. David versuchte Urias dazu zu bewegen, mit Bathseba zu schlafen, scheiterte aber an der Loyalität des Mannes zu den Soldaten im Krieg. David plante schließlich den heimtückischen Mord an dem Mann, schickte ihn an die tödliche Front im Grenzkampf. Er holte Bathesba – kaum verwitwet – in den Palast und machte sie zu einer seiner vielen Frauen. Bathseba schaffte es, sich zu behaupten. Sie konnte die Thronfolge ihres Sohnes Salomon durchsetzen. Sie erreichte damit die höchste Position, die eine Frau am Hof erreichen konnte: Sie wurde die Königinmutter.

Die biblischen Texte wurden mit der Lektüre von Stefan Heym: Geständnis des Joab Ben Zeruja betreffs des Todes des Hethiters Uria und zwei Szenen mit Bathseba aus dem König David Bericht ergänzt[3].

Was bewegte Matthäus, gerade auf diese Frauen hinzuweisen? Er antwortete damit offenbar auf ein Problem zwischen Männern und Frauen in seiner Gemeinde. Im Evangelium haben die zwölf Jünger Namen, sie bilden den inneren Kreis um Jesus. Aber sie unterlaufen oft das, was Jesus unter Nachfolge versteht. Sie streiten sich um erste Plätze, sie verstehen oft falsch, einer verrät Jesus, einer verleugnet ihn, sie schlafen, als er ihre Nähe braucht und fliehen. Keiner von ihnen hält unter dem Kreuz aus. Frauen bleiben meist ohne Namen – einzig Maria Magdalena wird namentlich hervorgehoben. Aber sie sorgen für Jesus, sie verstehen. Und Magdalena ist die erste Zeugin der Auferstehung.

Tamar, Rahab, Ruth, Bathseba und schließlich Maria (Mt 1,18ff) werfen ein Licht auf die anderen Frauen, die im Fortgang des Evangeliums auftreten und auf je eigene Weise deutlich machen, wie präsent, vital und widerständig Frauen in der matthäischen Gemeinde gewesen sind und wie viel Kritik sie sich wohl auch von den Männern haben gefallen lassen müssen. Die Geschichten sind gut geeignet, um den Handlungsspielraum von Frauen in einer Kultur des Patriarchats zu klären und zu bewerten. Er ist begrenzt. Die Frauen in der Genealogie

---

[3] Stefan Heym: Der König David Bericht, (1. Aufl. 1972), Frankfurt a. M. 2005, S.142 f.

in Mt 1 zeigen mögliche Strategien von Frauen: sie setzen ihren Körper ein, wagen das Risiko des Vertrauens auf fremde Männer.

Der „Segen Jakobs über seine Söhne" Gen 49, 1-28 gab Einblick in das grundsätzlich gewaltbereite Handeln von Männern in der Welt des Patriarchats.

Die Suche nach den Gottesbildern in den Texten war sehr spannend. Ein Extrembeispiel lieferte der Comicstreifen von Ralf König zur „Opferung" Isaaks[4].

Die Frauenreligiosität weist z.B. in Gen. 31, Ri 17, 1. Sam 19 auf das Vertrauen in Schutz- und Hausgötter (Teraphim) hin.

Anhand eines Arbeitsblattes zur Begrifflichkeit von „Patriarchat" und „Patrimonium" wurden die Texte noch einmal rekapituliert.

Mit Maria, der Mutter Jesu rückte eine weitere Einengung des Handlungsspielraumes von Frauen in der Geschichte des Christentums in den Blick: die gewählte oder erzwungene Jungfräulichkeit, die Frauen dem dominanten Zugriff von Männern entzog.

Die apokryphen Akten des Paulus und der Thekla, einer Art Erbauungsroman aus dem 2. Jahrhundert n.Chr. hrsg. von Lipsius in „Acta apostolorum apocrypha", schildern das Thema und erfreuten sich einer bemerkenswerten Beliebtheit[5]. (Sie stellen insofern ein Unikum dar, als in keinem anderen Text des Neuen Testaments oder dessen Umfeld eine Frau so stark im Vordergrund steht, wie Thekla dies über weite Teile der Erzählung tut. Grundsätzlich lässt sich der Text in drei Hauptteile untergliedern, die sich nach dem jeweiligen Aufenthaltsort Theklas richten: den Ikonium-Zyklus (Kapitel 1-26), den Antiochia-Zyklus (Kapitel 26-39) und den Schlussteil in Myra, Ikonium und Seleukia (Kapitel 40-43).

Zum Inhalt: Auf der Flucht aus Antiochia kommt Paulus mit zwei obskuren Reisebegleitern, Demas und Hermogenes, nach Ikonium. Dort wird er von Onesiphorus und seiner Familie herzlich empfangen. Im Haus seines Gastgebers predigt Paulus Enthaltsamkeit. Seine Worte über die Reinheit begeistern vor allem eine Jungfrau, die vom Nachbarfenster den Worten des Apostels lauscht. Thekla ist wie gebannt von den Worten des Apostels und reagiert fortan weder auf Zureden ihrer Mutter noch auf eindringliche Mahnungen ihres Verlobten Thamyris. Dieser versucht daraufhin, den Verführer seiner Verlobten auszuschalten. Schützenhilfe erhält er dabei von Demas und Hermogenes. Gemeinsam bringen sie Paulus vor den Statthalter. Dort muss er Auskunft über seine Lehre geben, die von der Stadtbevölkerung als Eheverbot interpretiert wird. Ein Urteil

---

[4] http://www.youtube.com/watch?v=JLPkybCKvqQAbraham

[5] Im Folgenden beziehe ich mich auf Elisabeth Esch-Wermeling, Paulus lehrt – Thekla lauscht? Annäherungen an textstrategische Phänomene in den Theklaakten, in: lectio difficilior 2/2008 – http://www.lectio.unibe.ch/08_2/Esch_Wermeling_Paulus_lehrt_ Thekla_lauscht.html

gegen ihn wird aufgeschoben, der Apostel zunächst ins Gefängnis gebracht. Als Thekla, die nachts zu Paulus ins Gefängnis geflohen war, von ihrer Familie in der Zelle des christlichen Magiers gefunden wird, stellt man beide kurzerhand vor Gericht. Paulus wird aus der Stadt verbannt, Thekla – angestiftet durch die eigene Mutter – zum Tode verurteilt. Ungerührt zieht Thekla den Scheiterhaufen dem Ehebett mit Thamyris vor. Im Theater erscheint ihr Christus in der Gestalt des Paulus, doch auch ohne ihren Lehrer beweist Thekla Standhaftigkeit. Allerdings kommt es nicht bis zum Letzten: Durch göttliches Eingreifen wird das Feuer gelöscht und Thekla gerettet. Nach dem überstandenen Martyrium findet sie Paulus in einer Grabanlage vor der Stadt wieder und unterbreitet ihm, dass sie ihm nachfolgen werde, wo immer er hingehe. Paulus nimmt Thekla mit sich, ihren Taufwunsch allerdings verschiebt er auf unbestimmte Zeit mit dem Hinweis, dass ihr vielleicht noch eine weitere Prüfung bevorstünde – und sie solle sich ein wenig gedulden.

Gemeinsam ziehen die beiden nach Antiochia. Dort angekommen, wird Thekla von dem mächtigen Alexander umworben. Er versucht zunächst, mit Paulus um Thekla zu feilschen. Als dieser eine Verbindung zu Thekla abstreitet, versucht Alexander ihr auf offener Straße Gewalt anzutun. Thekla schaut sich kurz nach ihrem Meister um – doch Paulus ist wie vom Erdboden verschwunden. Daraufhin schreitet sie selbst zur Tat. Mit verbalem und handfestem Gegenangriff wendet sie das Blatt; sie zerfetzt Alexander das Gewand und reißt ihm den Stephanos vom Kopf. Diese Demütigung lässt der mächtige Mann nicht auf sich sitzen und erreicht daraufhin beim Statthalter das Todesurteil gegen Thekla. Bis sie in der Arena mit den wilden Tieren kämpfen muss, bleibt sie auf eigene Bitte in Schutzhaft bei der reichen Witwe Tryphäna. Die Frauen der Stadt stehen geschlossen hinter Thekla und verurteilen den Richterspruch aufs Schärfste. Und noch ein anderes Wesen erweist Thekla seinen Zuspruch: Während des Umzugs der Tiere durch die Stadt leckt die wilde Löwin, an die Thekla gefesselt ist, der Christin ehrerbietig die Füße. Auch während des Tierkampfes setzten sich die außergewöhnlichen Ereignisse fort. Die Löwin verteidigt Thekla mit dem eigenen Leben gegen andere angreifende Tiere. Als Thekla in ein Wasserbecken springt, um sich an ihrem letzten Tag selbst zu taufen, werden die gefährlichen Robben, die darin schwimmen, durch einen Blitz getötet. Selbst die wilden Stiere des Alexander können ihr nichts anhaben, da eine Flamme Theklas Fesseln durchtrennt. Abgebrochen wird der Tierkampf allerdings nicht aufgrund dieser Ereignisse, sondern aufgrund des Scheintodes Tryphänas. Diese kippt in der Ehrenloge plötzlich um und die ganze Stadt fürchtet die Rache des Kaisers, da die reiche Witwe seine Verwandte ist. Nach einer kurzen Anhörung zu den Ereignissen in der Arena, die Thekla zu einer eindringlichen Bekenntnisrede nutzt, wird sie durch den Statthalter freigelassen. Vor der Arena trifft sie Tryphäna wieder, die allem Anschein nach ebenso wohlauf wie zuvor ist und nun an das ewige Leben glaubt. Zurück im Haus Tryphänas lehrt Thekla das Wort Gottes und gewinnt neben der Hausherrin auch die Mehrzahl der Dienerinnen für die christliche Sache.

Nun regt sich in Thekla wieder die Sehnsucht nach Paulus. Sie lässt ihn suchen und reist ihm nach Myra nach. Dort angekommen berichtet sie ihm von den Ereignissen in Antiochia sowie von ihrer Taufe. Paulus hört sie bewundernd an und erteilt ihr den offiziellen Lehrauftrag. Thekla geht daraufhin noch einmal nach Ikonium, wo sie sich der Wurzeln ihres Glaubens im Haus des Onesiphorus erinnert. Dort kommt es auch zu einem versöhnlichen Wiedersehen mit der Mutter. Anschließend reist sie weiter nach Seleukia und erleuchtet bis zu ihrem friedlichen Tod viele durch das Wort Gottes.

Wer ad bestias verurteilt war, wurde zur serva poenae (Strafsklavin), über die nach dem Motto „Women who refuse to sacrifice are put into a brothel" beliebig verfügt werden konnte (vgl. Justinian, Institutiones I 12,3). In seiner Apologie wirft Tertullian den Römern vor, eine Christin lieber dem Zuhälter (ad lenonem) als dem Löwen (ad leonem) in dem Wissen preisgegeben zu haben, dass diese Strafe unter den Christen schrecklicher empfunden wurde als der Tod (Tertullian, 1 Apologie 50,12).

2. Beispiel: Die Pauluszentrierung

Thekla ist hinter Paulus her – so lautet ein Motto des Ikonium-Zyklus und des Schlussteils. Der Vergleich Theklas mit einem Lamm, das in der Wüste nach seinem Hirten sucht (ActThecl 21), ist programmatisch. Das Motiv der Paulus suchenden Thekla rahmt (mit praktisch identischem Wortlaut) den Antiochia-Zyklus: Vor der eigentlichen Auseinandersetzung mit Alexander blickt sie sich suchend nach Paulus um und nach der Lehrtätigkeit im Haus der Tryphäna, die den Abschluss der Antiochia-Erzählung bildet, verlangt es Thekla plötzlich wieder nach Paulus und sie lässt überall nach ihm suchen (ActThecl 26; 40). Zwischen diesen beiden Suchaktionen unterstellt sich Thekla keiner menschlichen Autorität, sondern lediglich Gott. An Paulus verschwendet sie keinen Gedanken – wie auch, wenn der Apostel in der älteren Textschicht keine Rolle spielt.

Die unterschiedlichen Facetten der Figur Theklas liegen zwischen der selbstständigen Lehrerin und der schweigsamen Paulusschülerin, zwischen der machtvollen Tierbändigerin und der lammfrommen Jungfrau. Das Bild Theklas, das uns die ActThecl vermitteln, ist allerdings das einer gezähmten Heiligen. Denn durch die Einbettung der Antiochia-Erzählung in die ActThecl werden bestimmte Eigenschaften festgelegt, die Thekla nicht wieder abschütteln kann: Im Rahmen des Gesamttextes sind die Jungfräulichkeit und die Rolle der Paulusschülerin untrennbar mit ihrer Figur verknüpft. Die Symbiose aus diachroner und synchroner Analyse des Textes hat allerdings gezeigt, dass die unterschiedlichen Bilder Theklas durchaus greifbar bleiben. Zum Abschluss sei deshalb eine Darstellung angeführt, die der Mehrdimensionalität der ActThecl bzw. der Figur Theklas auf erstaunliche Weise gerecht wird:

Das Fragment eines Sarkophages aus dem 3./4. Jh. n. Chr. zeigt drei Männer, die auf einem Segelschiff fahren. Das Schiff trägt den Namen „Thekla" und der Steuermann ist durch eine Beischrift als „Paulus" ausgewiesen. Die herrenlose Thekla bekommt hier symbolisch einen Kapitän, der sie in die richtige Fahrrinne, in die richtige Richtung steuert. Gleichzeitig stellt Thekla das Transportmittel für den Apostel dar, der mit ihrer Hilfe zu neuen Ufern übersetzen kann. – Schließlich erteilt der Völkerapostel, der in seinen eigenen Schriften uneindeutig ist und von den Pastoralbriefen zum entschiedenen Gegner lehrender Frauen stilisiert wird, in dieser Schrift einer Frau den offiziellen Lehrauftrag.

Während die Kirchenväter Thekla als das leuchtende Vorbild bzw. die Personifizierung der heiligen Partheneia feierten, zeigt die Polemik Tertullians in De Baptismo 17,5, dass sich Frauen im 2. Jh. offensichtlich ganz konkret auf Thekla beriefen – und zwar nicht, um ein asketisches Ideal zu verbreiten, sondern um ihre Lehr- und Tauftätigkeit zu legitimieren.

Die Lektüre eines Textes aus dem Buch von E.W. Heine: Die Raben von Carcassonne, München 2005, informierte über die Wahl der Jungfräulichkeit als Nonne, die für Frauen jahrhundertelang oft die einzige Möglichkeit bot, sich der Männervorherrschaft zu entziehen und sich zu bilden.

Überraschend in den Theklaakten ist die Abwehr des sexuellen Übergriffs in aller Öffentlichkeit, die dann ja auch brutal geahndet werden soll. Ein kabarettistischer Beitrag legte eine Parallele zu heutigen Situationen von Frauen: Büroszene Kroymann[6]. Aber auch die Solidarität von Frauen findet ihren Niederschlag in den Theklaakten.

Hier ergab die Recherche zu dem Fastentuch Brot und Rosen der Misereoraktion interessante Bezüge zu biblischen Frauen[7]:

Die Frauen, die das Fastentuch gestaltet haben, waren in Deutschland inhaftiert und stellten die Situationen von Frauen in ihrem Heimatland da. Vor allem das öffentliche „Krachschlagen□ mit frauentypischem Gerät (Kochtöpfen und Kochlöffel) regte zu Gesprächen an.

Die biblischen Frauen Tamar, Ruth und Naomi waren Witwen.

Im Erbarmensrecht der Tora gehören sie zusammen mit Waisen und Fremden zu der Gruppe von Menschen, die in den alttestamentlichen Texten geradezu als Synonym für Elende gebraucht wird, für deren Recht und Anspruch auf Lebensmöglichkeiten einzustehen ist: die Witwen und Waisen. Die Fremden werden im Erbarmensrecht fast immer mit ihnen zusammen genannt, d.h. ihre Bedürftigkeit herausgehoben. Witwen gehören also zu den Menschen, die heute der UNHCR als „most vulnerable people" bezeichnet. Selbst wenn man davon absieht, dass der Corpus des Neuen Testamentes im Vergleich mit der jüdischen Bibel weniger Bücher enthält, dass die Entstehungszeit in einem wesentlich geringeren Zeitraum erfolgte, ist dennoch eine Ausblendung des Themas soziale

---

[6] http://www.youtube.co/watch?v=_QYuCRuOFlk&feature=related
[7] http://www.youtube.co/watch?v=FOZVJirMEcc

Gerechtigkeit augenfällig. Ein Blick auf die Notizen über Witwen im NT lohnt sich:

Das Übersehen der Not der fremden (griechischen) Witwen in der urchristlichen Gemeinde in Jerusalem (Apg 6,1) war Grund für die erste Krise. Es wurde gemurrt. Der Grund dafür war mangelnde Versorgung. Und wie in Num 11 wird der Unwille aufgefangen, in dem Diakonie organisiert wird. „Tischdienst☐ und „Wortdienst☐ wird aufgeteilt. Primäre Verpflichtung der Gemeinde bleibt die Verkündigung: „Es ist nicht recht, daß wir für die Mahlzeiten sorgen und darüber Gottes Wort vernachlässigen ". (vs 2b)

Interessant an diesem Text waren in unserem Zusammenhang zwei Punkte:

1. Die Krisis entzündete sich an griechisch sprechenden Witwen. Sie selber bleiben sprachlos, ein stummer Appell an die Güte der Gemeinde. Der Konflikt wird organisatorisch gelöst, hebt aber die doppelte Stigmatisierung durch Sprache und Stand der Frauen nicht auf. Das Interesse der Gemeinde wendet sich ihnen nur auf einer mehr oder minder von ihren männlichen Landsleuten erzwungenen caritativen Ebene zu. Und die ist sozusagen Sache von ehrenamtlichen Laien.

2. Es wird für den Vorrang der missionarischen Predigt von Gottes Heilshandeln entschieden, das aber die Gemeinde in der Praxis diesen Frauen gegenüber gerade nicht zur erfahrbaren Wirklichkeit hatte werden lassen. Das Anliegen der Apostelgeschichte liegt selbstverständlich auf einer ganz anderen Ebene: es geht um das Werden der Kirche. Aber diese kleine Episode wurde richtungsweisend rezipiert: sie setzte Diakonie als Auftrag der Kirche fest. Umso interessanter ist der Stellenwert, dem das diakonische Handeln zugemessen wird – zweitrangig und wem es zu gelten hat: bedürftigen Gemeindegliedern, die eine Lobby brauchen, um wahrgenommen zu werden oder ihre Not zur Sprache bringt.

Im Jakobusbrief – der strohernen Epistel , wie Luther ihn nannte, – wird der Beileidsbesuch bei Witwen und Waisen als rechter Gottesdienst nahegelegt. (Jak 1,27) Der heftige Appell zum Wort der Tat (1,22), die Interpretation des Glaubens Abrahams als Werk (2,21) wird in der reformatorischen Theologie als höchst anstößig empfunden. Doch selbst in diesem Brief, der barmherziges Handeln so vehement fordert, stellen Witwen und Waisen allenfalls ein innergemeindlich zu lösendes Problem dar: Zuwendung, aber keine grundsätzliche Veränderung der materiellen Notlagen. Der erste Timotheusbrief handelt u.a. von den Charismen und den daraus folgenden Pflichten der Ältesten. Hier geht es um die „wirklichen☐ Witwen (1. Tim 5,3.5.16), d.h. die Witwen, die den Kriterien für die Aufnahme in den gemeindlich definierten Witwenstand entsprechen. Diese Bemessungsgrundlage, die dem administrativen Nachweis der Bedürftigkeit von heute entspricht, enthält zunächst Verpflichtungen der Witwe selbst: „Lustige Witwen" werden für lebendig tot erklärt.(vs. 6) Eine für die Gemeinde akzeptable Witwe ist nicht unter sechzig Jahre alt, war ihrem (einzigen) Mann treu, hat – beglaubigt (!) Kinder aufgezogen, Gäste beherbergt, den Heiligen die Füße gewaschen und ist jedem guten Werk nachgegangen. (vs. 10)

Sie hat Tag und Nacht in Bitten und Beten zu verharren (vs. 5). Und sie hat für die Angehörigen zu sorgen (vs. 8). Am besten für die Gemeinde ist es, wenn sie nicht belastet wird und eine Schwester sich ihrer Witwe – Mutter, Schwiegermutter – annimmt (vs. 16).

Es besteht also offenbar ein Institut der Witwenversorgung. Der Blickwinkel auf diesen Stand, der nun sehr restriktiv definiert ist, ist ein institutionell-kirchlicher. Der moralisierende Aspekt entspricht den hellenistischen Tugend- bzw. Berufspflichtenlehren. Die darin festgelegte Rolle der Frau ist bis heute festgeschrieben. (s.u.a. 1.Tim 2,9-15) Selbstbewusste Witwen, die ihr Recht einfordern und von denen Jesus erzählt (Lk 18,2-5), sind bis heute selten. Aber sie stehen auf in den Müttern in Lateinamerika, die nicht ablassen, nach dem Verbleib ihrer verschwundenen Männer und Söhne zu fragen und in den Frauen in Schwarz in Palästina und Exjugoslawien.

Die umfassende Beachtung von Fremden, sozial Schwachen und Stummgemachten, die Sorge um die Solidarität mit ihnen ist in neutestamentlichen Texten, die Gemeindepraxis festlegen, nicht eindeutig festgeschrieben. Die Kritik von J. Rawls[8], dass das „sozialstrukturelle Moment der Ethik im NT vom interpersonellen fast zur Gänze überlagert" wird, ist m.E. begründet.

Angesichts der weltweit wachsenden Ungleichheit in der Verteilung der Mittel zum Leben, angesichts der zunehmenden Fremdenfeindlichkeit in unserem Land wäre eine Rückbesinnung auf die Grundlagen des biblischen Gerechtigkeitsverständnisses hoch an der Zeit. Mehr dazu:

B. Rauchwarter: Kirchenasyl – eine theologische Annäherung, Ernst-Lange Institut für ökumenische Studien, Rothenburg o.d. Tauber/ Evang. Pressverband in Österreich 1996, S.36 f.

(=Ökumenische Materialien 13 Mai 1996)

Ein Beitrag zu dem UN-Bericht 2010 zur Lage von Witwen weltweit löste einige Bestürzung aus. Die TeilnehmerInnen notierten drei Substantive, in denen sie ihrer Betroffenheit Ausdruck verliehen und formulierten dann drei Sätze dazu. Die Notizen wurden ausgelegt und allen während eines „Lesespaziergangs" zur Kenntnis gebracht.

Die gemeinsame Lektüre von Lk 18, 1-8 schloss die Arbeit der Gruppe ab.

Anhang:

Materialien für den RU[9]:

Patriarchat: Das Wort *Patriarchat* ist ein aus dem Kirchenlatein stammendes, sekundär gebildetes Abstraktum zu *patriarchos* und bedeutet *Erster unter den Vätern* bzw. *Stammesführer* oder *Führer des Vaterlandes* (aus *patér* „der Vater"

---

[8]   J. Rawls: Eine Theorie der Gerechtigkeit, Frankfurt / M. 1975, S. 197.
[9]   Quelle: http://www.de.wikipedia.org.

und *archon Erster, Führer*), später übertragen auf *Führer (Erster) einer von Männern (Vätern) dominierten Gemeinschaft*. Im Mittelalter wurde als *Patriarch* ein Bischof bzw. ein hoher Geistlicher bezeichnet. Die Neubildung *Androkratie* von griechisch anér ‚Mann', zu Genitiv *andros* mit -kratie ‚Herrschaft' bedeutet *Herrschaft des Mannes*. Für *Herrschaft der Alten [Männer]* steht Gerontokratie (von *géron* = ‚Greis').

Das Patriarchat hat in der Regel folgende Merkmale:

Patrilinearität (Verwandtschaft entsteht durch die Stammbaumlinie des Vaters, wie auch Erbfolge und Namensgebung (Patronymie))

Patrilokalität (Wohnsitz junger Ehepaare beim Vater des Mannes bzw. der Herkunftsfamilie des Mannes; Gegensatz: Matrilokalität) und Virilokalität (Wohnsitz der Ehefrau beim Ehemann; Gegensatz: Uxorilokalität)

Androzentrismus (gesellschaftliche Fixierung auf den Mann, dessen Geschlechtszugehörigkeit eine geschlechtsgebundene Machtposition legitimieren soll und der entsprechende Rollenerwartungen zu erfüllen hat)

Gottesbilder: zahlreiche Pantheonvorstellungen mit einer dominierenden männlichen Gottheit, in Juden- und Christentum ein transzendenter Gottvater, Kontrolle über weibliche Sexualität zur Sicherstellung der gesellschaftlich bedeutsamen Abstammung des Kindes von einem Mann.

Kennzeichnend für patriarchalische Gesellschaften ist, dass die Vaterschaft zuvorderst über die biologische Abstammung festgelegt wird. Demgegenüber tritt die soziale Vaterschaft in den Hintergrund. Weil es für die biologische Abstammung, abgesehen von den neu entwickelten genetischen Vaterschaftsfeststellungsverfahren, keine mit der Mutterschaft vergleichbaren augenscheinlichen Beweise (Austritt der Leibesfrucht aus dem Mutterleib) gibt, muss in patrilinearabstammungsgeleiteten Gesellschaften die Geschlechtlichkeit der Frau an die Ehe gebunden werden, um sicherzustellen, dass der Ehemann der Mutter auch biologisch der Vater ist. Verstöße gegen die Eingrenzung der weiblichen Sexualität werden mit strafrechtlichen (→ Ehebruch), zivilrechtlichen Sanktionen und gesellschaftlicher Ächtung geahndet.

Elke Hartmann weist darauf hin, dass der Begriff „Patriarchat" in einer staatstheoretischen Abhandlung des 17. Jahrhunderts dazu diente, eine von väterlichen Figuren abgeleitete Autorität zu bezeichnen; in der Herrschaftstypologie Max Webers werde damit eine persönliche, auf Gewalt und Gehorsam beruhende Form der Herrschaft klassifiziert. Erst die neue Frauenbewegung seit den 1970er Jahren habe vom „Patriarchat" im Sinne allgemeiner Männerdominanz gesprochen und entsprechend diene inzwischen „Matriarchat" im populären Sprachgebrauch der Gegenwart dazu, eine Gesellschaftsordnung zu bezeichnen, die irgendwie vorrangig von Frauen geprägt ist.

Patrimonium: Nach römischem Recht das vom Vater ererbte Gut, dann das Vermögen überhaupt z.B. im Kirchenrecht das dem Patron gewidmete Vermögen einer Kirche. Am bekanntesten ist das *Patrimonium Petri* = Besitztum des römischen Bischofs (Kirchenstaat).

Patrimoniale Gerichtsbarkeit: dem Grund- bzw. Gutsherrn zustehende Gerichtsbarkeit über sämtliche Hintersassen (vom Grundherren abhängige Bauern). Zur Durchführung oft eingesetzt:

Meier (major): Meist verpachtet, um das Erbe des Grundherren nicht zu gefährden. Erst im 19. Jh völliges Eigentum der Meierhöfe. Die Gerichtsbarkeit drückte die Untertanen zu mittelbaren Untertanen herab.

Vögte lat. Advocatus im MA in Verbindung mit der germ. Munt (Schutz, Hand) = personale umfassende Herrschaftsrechte über die Sippe. Recht über Leben und Tod, Verkauf von Kindern. Später kirchliche und weltliche Vogteien. Abgaben. (Vogtrecht) Im Laufe des 10. Jh. werden Vogteien als Lehen im Hochadel erblich. In Städten: Hochgericht.

Schultheiß (Schulze); lat sculetus: der die Schulden einfordert. Dorfvorsteher und Richter , Verwaltung.

KOMPETENZORIENTIERTES UNTERRICHTEN IN DER SEKUNDARSTUFE 1 AM BEISPIEL DER KOMPETENZ F: VIELFÄLTIGE GOTTESBILDER

Katja Eichler

Ein Workshopbericht

Unsere Arbeitsgruppe[1] beschäftigte sich an zwei Nachmittagen bei der Fortbildungsveranstaltung in Mariazell mit der Frage nach der praktischen Umsetzung der Inhalte der Kompetenz F in einer Unterrichtseinheit.

1. Ziele des kompetenzorientierten Unterrichtens

Im ersten Schritt beantwortete jeder für sich die Frage: Was will ich in den acht Jahren Volkschule und Sekundarstufe 1 im evangelischen Religionsunterricht für meine Schüler*innen* erreichen? Diese selbst formulierten Ziele, die von inhaltlicher Wissensvermittlung bis zur Wertschätzung des Gegenübers sowie einer Reflexion über die eigene religiöse Identität reichen, wurden den Zielen eines kompetenzorientierten Religionsunterrichts gegenübergestellt. Diese sind:

- den Lehrer*innen* eine Orientierungshilfe geben zur Weiterentwicklung ihres Unterrichts
- die Förderung der Zufriedenheit von Lehrer*innen* durch eine Orientierung am „Outcome"
- die Lehrer*innen* stärken in ihrer je eigenen Art zu unterrichten
- die große Bandbreite von gutem evangelischen Religionsunterricht wahrnehmen
- den eigenen Religionsunterricht in der Schule positionieren

---

[1] Die Arbeitsgruppe bestand aus den folgenden Lehrer*innen*: Hendrika Hantsch, Erika Henke, Robert Colditz und Bela Antal. Die Leitung übernahm Katja Eichler.

- den evangelischen Religionsunterricht im österreichischen Schulwesen positionieren
- die Schüler*innen* sollen in gut evangelischer Weise ihre eigene Sicht erweitern, ein breites Meinungsspektrum kennen, eine eigene Position entwickeln und diese Position auch begründen können

Deutlich wurde dabei, dass es beim kompetenzorientierten Unterrichten nicht um die Frage geht, welcher Stoff im Unterricht vorkam, sondern welche Fähigkeiten sich die Schüler*innen* nach acht Jahren evangelischen Religionsunterrichts angeeignet haben. Zentrale Zusammenhänge des Faches sollen nicht nur verstanden werden, sondern diese sollen im eigenen Leben eine Bedeutung gewinnen und damit auch umgesetzt werden. Daher kann eine Kompetenz nicht nur in einer Schulstunde oder in einer Unterrichtseinheit erworben werden. Beim Kompetenzorientierten Unterrichten geht es um eine ganzheitliche Bildung, die sich Schüler*innen* nur über einen längeren Zeitraum, auch mehrere Jahre, durch ständiges Wiederholen und Üben aneignen können.

2.   Inhalt der Kompetenz F aus dem Kompetenzraster

Im Vorwort des Kompetenzrasters[2] heißt es, dass dieser eine Handreichung für Lehrer*innen* ist, der Orientierung geben soll und die Möglichkeit schafft, den eigenen Unterricht immer wieder zu evaluieren.

Kompetenz F: Vielfältige Gottesbilder

Die Schülerinnen wissen, dass von Gott nur bildhaft gesprochen werden kann. Sie können die verschiedenen Gottesbilder in der Bibel und in anderen Religionen beschreiben, unterscheiden und achten. Sie sind sich der Relativität von Bildern bewusst und sind fähig eigene Gottesbilder zum Ausdruck zu bringen.

Benennen: Ich nenne je zwei Gottesbilder aus dem Alten und dem Neuen Testament und zumindest einer anderen Religion.

Beschreiben: Ich beschreibe, was diese Bilder über die Beziehung der Menschen zu Gott aussagen.

Persönlichen Bezug herstellen: Ich wähle eines der genannten Bilder aus, welches mir gut gefällt und begründe meine Wahl.

Wissen: Ich kenne Gleichnisse und Symbole mit denen wir versuchen Gott zu beschreiben.

Verstehen: Ich verstehe, dass Gottesbilder einen Einfluss auf das Leben

---

[2] Kompetenzraster für den evangelischen Religionsunterricht in Österreich Sekundarstufe 1, hrsg. v.: Evangelischer Oberkirchenrat A. und H.B. – Abteilung Bildung und der Konferenz der Fachinspektor*innen* für den Evangelischen Religionsunterricht am 31. Januar 2011.

von Menschen haben.

Hinterfragen: Ich frage kritisch, welche Nachteile es haben könnte, wenn Menschen sich Bilder von Gott machen und nenne dazu einen Beispiel aus Bibel und/oder Kirchengeschichte.

Deuten: Ich erkenne den Einfluss verschiedener Gottesbilder auf das Denken und Handeln der Menschen im Christentum und in anderen Religionen und nenne dazu ein positives und ein negatives Beispiel.

Entscheiden: Ich entscheide mich für eine persönliche Vorstellung von Gott und ihren möglichen Einfluss auf mein Leben.

Begründen: Ich begründe warum Gottesbilder situationsgebundene und unvollständige Versuche sind, Gottes Wesen zu erfassen.

Anwenden: Ich kann in Kunstwerken, Musik, Literatur, Situationen die Vielfalt von Gottesvorstellungen aufspüren und in Worte fassen.

Kreativ umsetzen: Ich finde eine Form (sprachlich, gestalterisch) um meine Vorstellung von Gott auszudrücken.

...: Über die Lösung der Aufgabenstellung hinausgehende Gedanken, Ideen

3. Unterrichtsentwurf zur praktischen Umsetzung in der Sekundarstufe 1

Nach den allgemeinen Vorbemerkungen arbeitete die Gruppe anhand des Kompetenzrasters zum Thema der Gottesbilder gemeinsam einen Unterrichtsentwurf für die 1. Klasse der Sekundarstufe 1 aus. Da die Teilnehmer*innen* der Arbeitsgruppe sowohl aus dem Allgemeinen Pflichtschulbereich (APS) als auch aus allgemein bildenden höheren Schulen (AHS) kamen, sollte der Unterrichtsentwurf dort anwendbar sein.

Natürlich ist dieser Entwurf mit den Schüler*innen* vor Augen entstanden, die die Teilnehmer*innen* der Arbeitsgruppe auch unterrichten. Er sollte daher für die eigene Gruppe jeweils adaptiert werden.

Es folgt ein möglicher Ablauf der Unterrichtseinheit, die im Workshop leider nicht vollständig abgeschlossen werden konnte. Neben den einzelnen Schritten soll hier auch ein *Hinweis* gegeben werden, wie das Kompetenzraster auf die Planung angewandt wurde. Einige Schritte wurden von mir in der ersten Klasse des Gymnasiums auf der Schmelz in Wien im Schuljahr 2011/2012 erprobt. Die Reaktionen meiner Schüler*innen* möchte ich hier ebenfalls kurz schildern.

Einstieg durch den Impuls der Lehrperson

Den Schüler*innen* wird folgende Frage gestellt: „Stellt euch vor, ihr trefft jemandem, der noch nie von Gott gehört hat, wie beschreibt oder erklärt ihr Gott?" Wenn es für die Schüler*innen* möglich ist und sie nicht überfordert, kann hier mit der Methode eines Schreibgespräches gearbeitet werden. Dabei wird der Beginn des Satzes „Gott ist …" oder „Gott ist wie…" auf ein Blatt Papier geschrieben. Die Schüler*innen* erhalten nun die Anweisung, diesen Satz zu vervollständigen, indem sie auf dem Blatt ihre Antwort aufschreiben. Dabei sollen sie nicht miteinander sprechen. Danach folgt eine gemeinsame Auswertung bei dem sichtbar wird, dass es ganz unterschiedliche Sichtweisen von Gott gibt.

Dieser Einstieg zeigt der Lehrperson, mit welchem Vorwissen sich die Schülerinnen dem Thema nähern.

Einige Antworten meiner neun Schüler*innen*, denen diese Methode sehr viel Spaß gemacht hat und die sich auch an die Anweisungen hielten, zeigt ein gewisses Spektrum ihrer unterschiedlichen Zugänge.

„Gott ist" bzw. „Gott ist wie":

- ein Weiser
- ein Retter
- ein auferstandener Mensch
- ein Vorbild
- mein Vater
- ein Heiliger
- ein Held
- jemand besonderes

- WIR!!!
- jemand, der uns liebt, aber im Himmel lebt
- unser Verwandter
- der Herrscher vom Himmel
- nett zu den Armen
- vielleicht eine Frau
- überall
- einer, der die Seele belebt usw.

Gemeinsames Spiel „Eins, zwei oder drei"

Die Schüler*innen* werden aufgefordert, Tische und Stühle an die Wand zu schieben, so dass im Raum viel Platz entsteht. Die Lehrperson erklärt das folgende Spiel, dass seine Regeln aus dem Spiel „Eins, zwei oder drei" hat.

„Ich nenne euch nun verschiedene Namen, wie Gott in der Bibel bezeichnet wird. Der Raum wurde in drei Abschnitte eingeteilt. Ihr sollt euch für jeweils einen Bereich entscheiden. Kommt der Name für Gott im Alten Testament, im Neuen Testament oder in beiden Testamenten vor?" Parallel sollte an der Tafel oder auf einem Plakat eine Tabelle angefertigt werden, auf die die Papierstreifen mit der Gottesbezeichnung mit Magneten befestigt oder auch per Hand geschrieben werden können. Mögliche Wörter, die genannt werden können, sind: Hirte, Burg, Licht, Heilige Geistkraft, Schöpfer, Mutter, Vater, Sämann, Brot, Liebe, Heiland, Arzt, Auferstandener, König, Kriegsmann, Barmherziger usw.

Wenn alle Begriffe genannt wurden, werden die Schüler*innen* aufgefordert, einen Satz in ihr Heft zu schreiben. Auf Anregung aus der Gruppe haben wir als Oberbegriff den Titel „Lerntagebuch" aufgenommen, mit denen an Volks- und Hauptschulen gezielt gearbeitet wird. Die Schüler*innen* übertrugen folgenden Satz von der Tafel und ergänzten ihn selbstständig mit zwei Begriffen, die sie aus dem Spiel kannten. Der Hefteintrag sah damit folgendermaßen aus:

Lerntagebuch: (mit Zeit und Datum)

„Ich kann Gottesbilder aus dem AT und NT nennen, z.B.: ...“

Mit dieser Methode und dem Inhalt setzte die Arbeitsgruppe den Beginn des Kompetenzrasters um. Benennen: Ich nenne je zwei Gottesbilder aus dem Alten und dem Neuen Testament.

Meinen Schüler*innen* machte dieses Spiel besonders große Freude. Die gewohnte Sitzordnung zu verlassen, sich freier bewegen zu können und auch gefordert zu werden, spornte sie sehr an. Nach der Frage: „Wo kommt der Begriff ‚Hirte‘ für Gott vor, im Alten oder im Neuen Testament oder in beiden?“ entwickelte ich als Zwischenspruch und für die Bedenkzeit folgenden Satz: „Ob du wirklich richtig stehst, siehst du wo mein Arm hochgeht!“ Damit stand ich dann vor der Gruppe, die sich richtig entschieden hatte.

In der Arbeitsgruppe kam auch die Idee auf, dieses Quiz mit den Begriffen in Zweiergruppen als Auflockerung während der Einheit oder auch später wiederholend einzusetzen.

Eigene Gottesbeschreibungen

Im nächsten Schritt sollen die Schüler*innen* begründen, warum sie sich für ein bestimmtes Bild, wie das vom Hirten, entschieden haben. Da es Schüler*innen* teilweise schwer fällt, ihre Gefühle zu verbalisieren, werden Kärtchen aufgelegt, die sie als Hilfe verwenden können. Folgende Begriffe stehen auf den Kärtchen:

angenommen; gemocht, wie ich bin; glücklich; geliebt; sein darf, wie ich bin; fröhlich; beschützt; auch traurig sein darf; mutig; geborgen; auch wütend sein darf; kraftvoll; ruhig; auch verärgert sein darf; stark; aufgehoben; auch Fehler machen darf; angespornt; wahrgenommen; nicht perfekt sein muss; unterstützt; vertraut; begleitet; gestärkt; beachtet; aufgehoben; wertgeschätzt usw.

Als Hefteintrag zum eigenen Vervollständigen ist danach folgendes zu lesen:

„Ich wähle das Bild *des Hirten/der Burg/des Königs/des Kriegsmannes/der Mutter*, weil ich mich *geliebt/geborgen/ruhig/vertraut/beschützt* fühle“

Schüler*innen*, denen diese Frage zu persönlich ist oder die keines der genannten Bilder für sich selbst in Anspruch nehmen können oder wollen, können den Satz auch allgemeiner formulieren.

„Ich wähle das Bild *des Hirten/der Burg/des Königs/des Kriegsmannes/der Mutter*, weil ich denke, dass sich Menschen dadurch *geliebt/geborgen/ruhig/vertraut /beschützt* fühlen.

Mit diesem Schritt gelingt es, den persönlichen Bezug herzustellen. Es heißt im Kompetenzraster: Persönlichen Bezug herstellen: Ich wähle eines der genannten Bilder aus, welches mir gut gefällt und begründe meine Wahl.

Kreative Gestaltung des eigenen Gottesbildes

In einer weiteren Stunde werden die Schüler*innen* dazu aufgefordert, ihr eigenes Gottesbild kreativ durch Malen auszudrücken. Der Impuls dazu könnte folgendermaßen lauten: „Gestalte dein Bild von Gott mit Farben, Ölkreiden oder anderem, wie du Gott im Moment fühlst, spürst, erlebst, erfährst!" Uns war es in der Arbeitsgruppe wichtig zu erwähnen, dass dieses Gottesbild eine Momentaufnahme ist und dass dieses sich auch verändern kann und darf.

Mit dieser Anweisung begeben wir uns an das Ende des Kompetenzrasters zum Punkt „Kreativ umsetzen". Ich finde eine Form, um meine Vorstellung von Gott auszudrücken.

Das Gestalten eines Bildes fällt Schüler*innen* leichter, wenn sie durch eine Methode dazu hingeleitet werden. Ich nutze selbst dafür die Methode der Phantasiereise. Nach einigen Lockerungs- und Stilleübungen fordere ich die Schüler*innen* auf, sich bequem hinzusetzen, ihrem Körper nachzuspüren und sich auf ihren Atem zu konzentrieren. Danach folgt die eigentliche Phantasiereise:

„Lausche nach den Geräuschen im Schulhaus. Du wirst ganz locker und ruhig. Stell dir vor, dass du aus dem Schulhaus gehst. Du lässt die Schule und die Straße und die Häuser weit hinter dir. Auf deinem Spaziergang kommst du an ein großes Tor. Sieh dir das Tor an, betrachte es genau. Es ist sehr schön und gefällt dir sehr gut. Geh durch das Tor hindurch. Nun kommst du in einen wunderschönen großen Garten. Schau dich um, was du alles entdecken kannst. Die Bäume und Blumen, Früchte, ein kleiner See, vielleicht auch Tiere. Geh weiter in den Garten hinein. Du kommst an einen ganz besonders schönen Ort. Dort findest du ein ganz wertvolles altes und zugleich neues Buch. Dieses Buch handelt von Gott. Nimm es in die Hand und schlag es auf. Das Buch ist voll mit Bildern und Geschichten von Gott, mit ganz alten und ganz neuen. Du blätterst in dem Buch und findest ein Bild von Gott, was dich ganz besonders anspricht. Sieh es dir genau an. Du willst dir auch die Einzelheiten einprägen. Nimm das Bild ganz in dich auf. Nun legst du das Buch zurück. Du verlässt den Ort wieder, du bist wieder in dem bekannten Garten. Jetzt siehst du das Tor und gehst hindurch. Vor dir tauchen wieder die Häuser, die Straße und die Schule auf. Du gehst auf die Schule zu, betrittst sie wieder und findest dich hier im Klassenzimmer wieder. Öffne nun langsam, ohne etwas zu sagen deine Augen."

Danach werden die Schüler*innen* aufgefordert in Ruhe und selbständig ihr Bild zu malen. Es wird nochmals betont, dass es keine richtigen und falschen Bilder gibt und es nur wichtig ist, dass es ihr Bild ist. Meine Erfahrung ist, dass die Schüler*innen* die Ruhe dieser Methode sehr genießen. Die Bilder, die entstehen, sind sehr unterschiedlich. Teilweise lehnen es Schüler*innen* auch ab, ein Bild von Gott zu malen, entweder weil sie in ihrer Phantasiereise kein konkretes Bild gesehen haben oder sich ein eigenes Gestalten dieses Bildes nicht zutrauen. Sie gestalten stattdessen den Garten. Die Bilder können einander vorgestellt werden, wenn das die Schüler*innen von sich aus wollen.

Gleichnisse und Symbole zeigen Gott

Im folgenden Schritt entschloss sich die Arbeitsgruppe mit vier biblischen Geschichten die verschiedenen Gottesbilder der Bibel zu bearbeiten. Dabei sollten diese in verkürzter Form auf einem Blatt in den vier Zimmerecken liegen. Die Schüler*innen bilden vier Kleingruppen und erhalten die Aufgabe, die Geschichten zusammen zu lesen und sich das jeweilige Bild von Gott als Notiz aufzuschreiben. Folgende Geschichten wurden von der Arbeitsgruppe ausgewählt:

- Elia am Horeb – Gottes Schutz zeigt sich im sanften Wind
- Mose am brennenden Dornbusch – Ich bin für dich da
- Gleichnis vom verlorenen Sohn – Barmherziger Vater
- Gleichnis vom verlorenen Schaf – Guter Hirte

Nach der Kleingruppenarbeit folgt wieder ein Hefteintrag, bei dem die Schülerinnen selbst die vier Sätze vervollständigen sollen. Der Hefteintrag kann folgendermaßen aussehen:

„Ich habe gelernt, dass Gott in der Bibel verschieden dargestellt wird, z.B.
bei Elia als …
bei Mose als …
bei der Geschichte vom verlorenen Sohn als …
bei der Geschichte vom verlorenen Schaf als …"

Damit entspricht dieser Schritt dem kognitiven Auftrag. Wissen: Ich kenne Gleichnisse und Symbole, mit denen wir versuchen Gott zu beschreiben.

Zu dieser Methode ist zu sagen, dass die Schüler*innen hier sehr viele Informationen aufnehmen und verarbeiten müssen. Meinen Schüler*innen ist es teilweise sehr gut gelungen, die Aufgabe zu bewältigen. Sie motivierten sich gegenseitig und freuten sich über das verdiente Lob.

Anderen viel es schwer bzw. waren sie kaum zu motivieren, die Texte selbstständig zu lesen und sich mit ihnen allein zu beschäftigen. Sie wollten die Geschichten lieber erzählt bekommen. Außerdem blieb für die Besprechung der einzelnen Geschichten und ihrer verschiedenen Aspekte sehr wenig Zeit, so dass fraglich ist, wie viel sich die Schüler*innen inhaltlich von den Geschichten merken werden.

Mose am brennenden Dornbusch

Mit der Vertiefung der folgenden Geschichte erwartete die Arbeitsgruppe vom reinen Wissensprozess zu einem Verstehensprozess zu gelangen. Die Geschichte des Mose wird von der Lehrperson erzählt oder durch Fragen in der Gruppe zusammengetragen. Oft ist die Geschichte des Mose aus der Volksschule oder dem Walt Disney Trickfilm „Der Prinz von Ägypten" schon bekannt.

Mose kommt in den Blick als ein Mann mit Vorgeschichte, dem es nicht gut geht. Folgende Leitfragen könnte die Lehrperson stellen: Mit welchen Gefühlen kommt Mose zum Dornbusch? Was könnte er über sich selbst denken? Mose könnte sagen: Ich bin schuldig, ich bin allein ohne mein Volk, ich fühle mich einsam, ich fühle mich als Fremder, ich fühle mich heimatlos, getrennt von der eigenen Familie. Was denkt Gott von mir?

Die Gefühle des Mose vor dem Dornbusch sollten in einem dreiteiligen Tafelanschrieb festgehalten werden:

Gefühle des Mose

Bevor er zum Dornbusch kommt	Während des Zuspruchs von Gott	Als er vom Dornbusch weggeht
...	...	...

Um die Schülerinnen an den Gefühlen des Mose teilhaben zu lassen, sollten sie eine eigene Körpererfahrung z.B. durch ein Standbild erleben. Dabei wird ein Schüler als Baumeister beauftragt, einen anderen, der sein „Material" darstellt, in die Position zu bringen, die der Gefühlswelt des Mose seiner Meinung nach entspricht. Dabei sollte auch der Schüler, der Mose darstellt, nach seinen Eindrücken in dieser Position gefragt werden. Auch der „Bildhauer" sollte begründen können, warum er diese Haltung gewählt hat. Wahlweise könnte eine solche Darstellung auch mit einer Puppe aus Pfeifenputzern entstehen, so dass jede/r Schülerin die Möglichkeit hat, ihren Mose darzustellen.

Als zusammenfassender Hefteintrag schreiben die Schülerinnen selbständig:

Mose erkennt ...
Mose fühlt ...
Mose wagt ...
Warum schafft er das? ...

Die Arbeitsgruppe nähert sich hier dem Punkt Verstehen: Ich verstehe, dass Gottesbilder einen Einfluss auf das Leben von Menschen haben.

Der Aufgabe in Zweiergruppen eigene Standbilder zu gestalten, um die Gefühle des Mose auszudrücken, kamen meine Schülerinnen mit großem Eifer nach. Sie sollten dabei zuerst in der Gruppe ein eigenes Standbild schaffen und dabei möglichst wenig mit dem „Material" reden, sondern das Bild durch das „Bauen" mit den eigenen Händen formen. Bei der Auswertung stellten wir gemeinsam fest, dass die einzelnen Standbilder sich zwar teilweise sehr ähnlich sahen, aber doch sehr unterschiedlich gemeint waren und auch verschiedenes ausdrückten.

4. Resümee

Leider hatte unsere Arbeitsgruppe nicht mehr die Zeit für die geplante Einheit einen geeigneten Abschluss zu finden. Trotzdem konnten wir bei der Entwicklung der einzelnen Schritte feststellen, dass uns die gemeinsame Arbeit anhand des Kompetenzrasters unseren eigenen Unterricht genauer betrachten ließ. Sicher sind einzelne Schritte zu erproben und zu überarbeiten. Teilweise wurden Schwierigkeiten bei der Umsetzung schon von mir benannt.

Insgesamt hat uns das Entwickeln der Unterrichtseinheit sehr viel Freude bereitet, da es im normalen Schulalltag nur selten die Gelegenheit gibt, so intensiv in einer sehr unterschiedlichen Gruppe von Lehrer*innen* an einer Unterrichtseinheit zu feilen und die Zielsetzungen und Durchführung zu diskutieren.

Stefan Welzig

Psalm 18

Ihr habt auf eurem Platz das Schneckenhaus einer Weinbergschnecke vorgefunden.

Jeden Frühling warten die Kinder auf die Rückkehr der Schnecken.

Die Weinbergschnecke (*Helix pomatia*) ist die schönste und größte der europäischen Schneckenarten. Man findet sie in kalkbetonten lichten Wäldern, an Hecken und Gebüschen. Sie kann 35 Jahre alt werden. Vor jedem Winter verschließt sie ihr Haus mit einem runden Kalkdeckel und zieht sich zu einem todesähnlichen Schlaf zurück.

In der Tatsache, dass sie im Frühjahr die Tür aufsprengt, um gleichsam in ein neues Leben zu kriechen, sahen Christen seit dem Mittelalter eine Parallele zur Ostergeschichte. Hatte doch auch Joseph von Arimathäa Jesus in ein Grab gelegt und es mit einem großen Stein verschlossen. Am Ostermorgen fanden die Frauen den Stein entfernt und das Grab leer.

So wurde die Weinbergschnecke in der Volksfrömmigkeit zu einem Sinnbild der Auferstehung Christi. Ihres Gehäuses wegen galt sie zudem schon in ältesten Mythologien als Symbol von Geburt und Wiedergeburt. Die linksgewundene Spirale steht für das Sterben, wenn man sich dann wendet, um wieder herauszukommen, legt man den umgekehrten Weg ins Leben zurück.

Seit dem 14. Jahrhundert wurde die ihr Haus tragende Schnecke zudem zum Zeichen der Einkehr, der Selbsterkenntnis und der Vorsicht. Man findet Weinbergschnecken auch in der christlichen Kunst. Sie kommen manchmal vor, wenn Leiden, Sterben und Auferstehung thematisiert werden. Ein besonders eindrucksvolles Beispiel dafür ist das mächtige aus Erz gegossene Sebaldusgrab in Nürnberg. Der Schrein des Stadtheiligen ruht auf 12 Weinbergschnecken und 4 Delphinen. Jede Schnecke ist beinahe so groß, dass ein kleines Kind darauf reiten kann und keine gleicht der anderen. Jede trägt als Symbol der Auferstehung und Verkörperung der Klugheit und Bedächtigkeit mit an der Ruhestätte für den Heiligen. Peter Vischer hatte das Grabmal für die Hauptkirche Nürnbergs 1519 nach zehn Jahren Arbeit fertiggestellt. Obwohl sich die freie Reichsstadt Nürnberg bereits sechs Jahre später der lutherischen Reformation anschloss, blieben die Kunstwerke in den Kirchen größtenteils unangetastet (schließlich hatten sie ja eine Menge Geld der wohlhabenden bürgerlichen Stifter verschlungen).

Wir können die Weinbergschnecke also interpretieren als Ostertier, als ein Symbol des neuen Lebens, der Auferstehung! Und sie steht dem Hasen oder dem Küken an Zeichenhaftigkeit sicher um nichts nach. Denn sie kann uns noch auf anderes aufmerksam werden lassen:

Ich nenne drei Dinge: Bescheidenheit – Entschleunigung – Spurenziehen

Die Schnecke ist kein auffallendes Tier, sie ist ein unscheinbares Wesen:

- Sehe ich die kleinen Dinge in der Natur und in meiner Umgebung?
- Unsere Ressourcen sind begrenzt und sie gehören allen. Handle ich danach?

Die Schnecke ist durch ihre Art der Fortbewegung ein Symbol für das Bedächtige. Viele Menschen – auch in unserem Bekanntenkreis – sind gehetzt bis zur Erschöpfung (Burn-out ist die Krankheit unseres Jahrzehnts):

- Kann ich Dinge auch einmal sein lassen?
- Versuche ich, gegen die Schnelllebigkeit Widerstand zu leisten?
- Nehme ich mir Zeit für mich, für andere?

Die Schnecke verleugnet ihre Wege nicht, sie lässt Spuren zurück:

- Welche Spuren hinterlasse ich bei meinem Umgehen mit den anderen?
- Wir möchten nicht vergessen werden. Was soll von unserm Dasein bleiben?

Wir wollen beten:

Gebet der Schnecke

Gott, oft kriechen wir mühselig wie eine Schnecke von Aufgabe zu Aufgabe, und unsere Augen sehen nur bis zum nächsten Halm. Nimm uns die Angst, wir kämen zu kurz oder zu spät. Lass uns nicht zwei Schritte auf einmal tun, damit unsere Seele nachkommen kann. Lass uns, selbst wenn wir nur langsam vorankommen, ankommen bei dir. Amen.

Es mag ungewohnt erscheinen, die Schnecke als ein Ostertier zu sehen. Aber dieses alte Symbol des Neuanfangs und der Auferstehung verhilft uns zu einer wichtigen Erkenntnis: Wir dürfen uns nicht in uns selber verkriechen. Wir müssen aufmachen, um das Leben neu zu beginnen. Also: lasst uns den Deckel vom Schneckenhaus sprengen!

Wir singen den Choral von der Auferstehung nach der Melodie eines alten Liebesliedes vom Anfang des 17. Jahrhunderts (bekannter geworden ist es allerdings unter dem Text: „O Haupt voll Blut und Wunden"):

Den Deckel vom Schneckenhaus sprengen
Psalm 18

Du führst mich hin - aus ins Wei - te;
du machst mei - ne Fin - ster - nis hell.

1. Ich will dich rühmen, Gott, meine Stärke, *
Herr, du mein Fels, meine Burg, mein Retter,
2. mein Gott, meine Feste, in der ich mich berge, *
mein Schild und sicheres Heil, meine Zuflucht.
3. Mich umfingen die Fesseln des Todes, *
mich erschreckten die Fluten des Verderbens.
4. In meiner Not rief ich zum Herrn *
und schrie zu meinem Gott. —
5. In seinem Heiligtum hörte er meine Stimme, *
mein Hilfeschrei drang an sein Ohr.
6. Er griff aus der Höhe herab und fasste mich, *
zog mich heraus aus gewaltigen Wassern.
7. Er führte mich hinaus ins Weite, *
er befreite mich, denn er hatte an mir Gefallen.
8. Du, Herr, lässt meine Leuchte erstrahlen, *
mein Gott macht meine Finsternis hell.
9. Mit dir erstürme ich Wälle, *
mit meinem Gott überspringe ich Mauern.
10. Du schaffst meinen Schritten weiten Raum, *
und meine Knöchel wanken nicht.
11. Darum will ich dir danken, Gott, vor den Völkern,*
ich will deinem Namen singen und spielen.
Verse 2-3. 5.7. 17. 20. 29-30. 37. 50

Grab des Stadtpatrons in St. Sebald, Nürnberg

Kehrvers

Die Weinbergschnecke als Ostertier

Gebet der Schnecke

Gott, oft kriechen wir mühselig wie eine Schnecke von Aufgabe zu Aufgabe, und unsere Augen sehen nur bis zum nächsten Halm. Nimm uns die Angst, wir kämen zu kurz oder zu spät. Lass uns nicht zwei Schritte auf einmal tun, damit unsere Seele nachkommen kann. Lass uns, selbst wenn wir nur langsam vorankommen, ankommen bei dir. Amen.

Choral von der Auferstehung

1. Wie soll ich dich empfangen,
der du erstanden bist?
Bist nackt am Kreuz gegangen,
lässt ahnen, wie Gott ist.
Das Kleid, das du getragen,
war kein Gewand der Macht.
Du stellst dich unsern Fragen
in eines Gärtners Tracht.

2. Wie werd' ich mich bekleiden
am großen Ostertag?
Kein Samt und keine Seiden
mir dafür passen mag.
Talare nicht, noch Roben,
weg jede Kleidernorm,
die unten kennt und oben,
weg jede Uniform!

3. Ich will nun nackend gehen,
grad' so wie Gott mich schuf.
Nichts Äußerliches sehen,
ganz Ohr sein für den Ruf,
der auferstehen mich heißet,
der meinen Namen nennt,
so dass es sich erweiset,
dass Gott mich ewig kennt.

T: Michael Bünker und Peter Karner 2009

M: „Mein Gemüt ist mir verwirret, das macht eine Jungfrau zart" von Hans Leo Hassler (Lustgarten teutscher Gesäng 1601).

THEMA

DIAKONIE UND SCHULE

SOZIALPOLITIK MACHT SCHULE.
BEITRAG SOZIAL-DIAKONISCHER PROJEKTE ZUR POLITISCHEN BILDUNG IN DER SEKUNDARSTUFE 1

Petra Jens

1. Einleitung

Die Diakonie ist der Sozialverband der evangelischen Kirchen und zählt in Österreich zu den fünf großen Wohlfahrtsorganisationen – neben Caritas, Hilfswerk, Rotem Kreuz und Volkshilfe. Ihre sozialen Dienstleistungen liegen in den Bereichen Asyl und Migration, Armut und soziale Krisen, Behindertenhilfe, Gesundheitswesen, Pflege, Jugendwohlfahrt und Bildung. Als einzige Hilfsorganisation in Österreich betreibt die Diakonie auch Pflichtschulen.

Für die Diakonie als Organisation, die über ein breites Spektrum an sozialpolitischer Expertise verfügt, ist es naheliegend, diese auch an PädagogInnen weiter zu geben. Viele der von ihr behandelten Themen, wie „Menschenrechte", „Armut", „Behinderung", „Entwicklungszusammenarbeit", „Migration" usw. sprechen das Interesse junger Menschen an und können bei näherer Auseinandersetzung auch dabei helfen, komplexe politische Strukturen und Prozesse zu veranschaulichen.

Als Referentin für Öffentlichkeitsarbeit mit dem Schwerpunkt „Bildung" in der Diakonie Österreich beschäftige ich mich mit der Frage, welches Potenzial die Verbindung von Schule und Diakonie in sich birgt, um bei SchülerInnen das Interesse für Politik generell zu wecken und sie speziell für sozialpolitische Themen zu sensibilisieren.

Sozial-Diakonische Projekte

Auf der Suche nach Wegen, wie die Sozialexpertise in den Schulunterricht und in den Alltag an Schulen der Diakonie eingebracht werden kann, kamen in Gesprächen mit LehrerInnen widersprüchliche Gefühle zum Ausdruck.

Einerseits bestand ein großes Interesse daran, sozial-diakonische Themen aufzugreifen. Auf der anderen Seite wurden Ängste geäußert, zusätzliche Aufgaben seitens des Schulträgers übertragen zu bekommen.

Bei näherem Hinsehen und bei Gesprächen mit ausgewählten Testpersonen kam allerdings heraus, dass viele LehrerInnen ohnehin bereits in der einen oder anderen Form soziale, diakonische Projekte durchgeführt haben, ohne sich dessen bewusst zu sein. Auch gibt es bislang zwischen den Schulen der Diakonie keinen Austausch über derartige Projekte.

Um also einen solchen Austausch anzustoßen, die bisherigen Leistungen von LehrerInnen auf diesem Gebiet darzustellen und so für neue Ideen zu sorgen, ohne jemanden zu überfordern, wählte ich den Begriff „Sozial-Diakonische Projekte". Damit sind Aktivitäten mit SchülerInnengruppen gemeint, die ein sozial-politisches Thema zum Inhalt haben, das sich auch im Aufgabengebiet der Diakonie wiederfindet. Auf diese niederschwellige Weise sollten möglichst viele Aktivitäten aus der Praxis erfasst und möglichst viele LehrerInnen ins Boot geholt werden.[1]

Umfrage zu Sozial-Diakonischen Projekten

Von Mai bis Juni 2011 wurde unter 1.000 PädagogInnen (davon 662 Evang. ReligionslehrerInnen und 338 LehrerInnen an evangelischen Schulen in Trägerschaft der Diakonie) eine Online-Umfrage zu Sozial-Diakonischen Projekten durchgeführt. Die Ergebnisse der Umfrage werden im Rahmen eines Lehrganges der „Politischen Bildung" an der Donau-Universität Krems in drei Semesterarbeiten analysiert und mit didaktischen Modellen und Methoden für „Politische Bildung" aus der Literatur verglichen.

Der vorliegende Artikel befasst sich mit jenen 20 eingelangten Fragebögen, die sich auf Sozial-Diakonische Projekte der Sekundarstufe 1 beziehen.

2. Politische Bildung in Österreich

Entwicklung der Politischen Bildung

Demokratisierung und historische Aufarbeitung sollte unmittelbar nach Ende des Zweiten Weltkrieges laut eines Erlasses des Staatsamtes für Volksaufklärung oberstes Ziel der politischen Erziehung werden. In didaktischer Hinsicht wurde an die Ideen des Schulreformers Otto Glöckel in der ersten Republik angeknüpft.[2]

Anstatt diese Ideen umzusetzen fiel Österreich nach den ersten Wahlen im November 1945 auf eine Schulpolitik vor 1938 zurück. Statt die jüngste Vergangenheit kritisch aufzuarbeiten und auf aktuelle gesellschaftliche Interessenskon-

---

[1] Siehe auch: Projektunterricht nach Giesecke: Giesecke, 1973, S. 97 zit. nach: Ackermann, 1999, S. 467.

[2] Vgl. Erlass des Staatsamtes für Volksaufklärung, für Unterricht und Erziehung und für Kultusangelegenheiten vom 3. September 1945, zit. nach: Wolf, 1998, S. 22f

flikte einzugehen, beschränkte sich der politische Unterricht auf Staatsbürger-
kunde und der „Erziehung zum bewussten Österreichertum". In einem neuerli-
chen Erlass von 1949 wurden die „Ausbildung eines Österreichbewusstseins"
und die „Erziehung treuer, tüchtiger Republikaner" als Unterrichtsziele formuliert und in den folgenden Jahren weiter verfolgt.

3. Politische Bildung als Unterrichtsprinzip

Erst zu Beginn der 60er Jahre des 20. Jahrhunderts regten sich Forderungen
nach der Vermittlung von selbstständiger Urteils- und Handlungskompetenz,
sowie nach einem eigenen Unterrichtsfach für Politische Bildung. Dagegen regte
sich in Österreich aus verschiedensten Lagern heftiger Widerstand. Erst 1977
wurde nach langem Diskurs Politische Bildung als Unterrichtsprinzip für alle
Schulstufen eingeführt.

Anders entwickelte sich die Politische Bildung in der Bundesrepublik Deutschland, wo (Um-)Erziehung zu Demokratie und Antifaschismus durch die alliier-
ten Besatzungsmächte explizit gefordert und gefördert wurde und Politische
Bildung als eigenständiges Unterrichtsfach angeboten wird. (Vgl. Wolf, 1998, S.
23ff) Im Jahr 2007 setzte Österreich das Wahlalter auf das vollendete 16. Le-
bensjahr herab. Daraus resultierte eine Verankerung der Politischen Bildung in
der Sekundarstufe 1 auf der 8. Schulstufe (Hauptschule, AHS Unterstufe), und
zwar im bestehenden Unterrichtsfach „Geschichte und Sozialkunde". Dies gilt
auch für die AHS Oberstufe in der 11. und 12. Schulstufe, sowie für die Sonder-
schule. In den berufsbildenden mittleren und höheren Schulen, sowie in der Po-
lytechnischen Schule wird Politische Bildung mit den Fächern Wirtschaft, Recht
oder Geschichte kombiniert. Zusätzlich gilt nach wie vor das Unterrichtsprinzip
Politische Bildung für alle Schulfächer und alle Schulstufen. (Vgl. Ammerer,
2009, S. 2)

4. Pädagogische Ziele der Politischen Bildung

Ab den 70er Jahren des 20. Jahrhunderts reift in Fachkreisen die Erkenntnis,
dass Demokratie gelernt werden muss, und dass das Interesse an Demokratie
und Politik selten im Frontalunterricht geweckt werden kann. So formuliert
Gotthard Breit: „Im Übrigen werden Menschen nicht als Demokraten geboren.
Jede Generation muss aufs Neue für die Übernahme der Bürgerrolle in der Demokratie gewonnen werden." (Breit, 2007, S. 108)

Als zentrale pädagogische Ziele der Politischen Bildung kristallisierte sich das
Interesse für Politik, das Urteilsvermögen über politische Zusammenhänge und
die Bereitschaft zur Beteiligung an politischen Prozessen heraus. (Vgl. Sutor
2007, S. 52ff)

Beutelsbacher Konsens

Sowohl über die Ziele der politischen Bildung, als auch über die Art und Weise,
wie sie zu erreichen seien, wurde und wird heftig gerungen und gestritten. Auf
der einen Seite sollen SchülerInnen nicht mit „trockenem" Lehrstoff gelang-
weilt, auf der anderen Seite nicht durch charismatische Lehrerpersönlichkeiten

indoktriniert werden. Um den didaktischen Spagat zwischen Objektivität und persönlichem Einsatz zustande zu bringen, einigten sich PolitikdidaktikerInnen im Jahr 1976 im sogenannten „Beutelsbacher Konsens" auf folgende Prinzipien:

Überwältigungsverbot
– Dabei geht es um die Gefahr der Indoktrination. SchülerInnen dürfen nicht daran gehindert werden, zu einem eigenständigen Urteil zu kommen.

Kontroversgebot
– Es gibt keine absoluten Wahrheiten in der Politik, die auswendig zu lernen wären. Vielmehr muss das, was in Wissenschaft und Politik zu Diskussionen führt, auch im Unterricht kontrovers, also aus verschiedenen Blickwinkeln, behandelt werden.

Schülerinteresse
– SchülerInnen sollten durch die politische Bildung lernen, politische Situationen zu analysieren. Sie sollten sich ihrer persönlichen Interessen bewusst werden und in diesem Sinn das politische Geschehen auch beeinflussen können. (Vgl. Reinhardt, 2005, S. 30)

Kompetenzen
Im österreichischen Lehrplan für das Fach „Geschichte und Sozialkunde / Politische Bildung" in der Sekundarstufe 1 ist die Kompetenzorientierung des Unterrichts als Leitgedanke festgeschrieben. Das österreichische Kompetenzmodell für die Politische Bildung basiert neben dem „Beutelsbacher Konsens"auf vier Kompetenzen:

– Politische Sachkompetenz
– Politische Urteilskompetenz
– Politische Handlungskompetenz
– Politikbezogene Methodenkompetenz

(Ammerer, Krammer, Kühberger, Windischbauer, 2009)

5. Didaktische Methoden der Politischen Bildung

Neben relevanten Mikromethoden (z.B. Recherchieren, Kommunizieren, Präsentieren) gibt es Makromethoden, die im Zusammenhang mit der Durchführung sozialpolitischer Projekte in der Sekundarstufe 1 als besonders relevant erachtet werden. Dazu zählen:

Kreative Methoden
mit „spielerisch-gestaltenden Zugängen (z B.: die Enträtselung einer Quelle, der Entwurf eines Standbildes, das fiktive Interview, das Streitgespräch als Rollenspiel. (Janssen 2007, S. 9) und produktive Methoden, wie Erstellung von Postern / Wandzeitungen / Flugzetteln, Erarbeiten eines Referates / Reportage / Fotodo-

kumentation oder die Produktion von Schülerzeitung / Video / (Vgl. Hellmuth 2010, S. 158)

Exkursionen

Exkursionen sind Lernarrangements, die außerhalb der Schule stattfinden. Sie ermöglichen, politische Bildung ganzheitlich und mehrdimensional zu lernen. Allerdings besteht die Gefahr, dass die SchülerInnen zwar neue Eindrücke und Erlebnisse aus der Exkursion mitnehmen, diese aber nicht ausreichend verarbeiten, um so zu einem Erkenntnisgewinn zu kommen (vgl. Ackermann 1999, S. 460).

Nach Ciupke stellen Exkursionen für SchülerInnen „Entdeckungsreisen" dar, die sie in die Rolle von recherchierenden Forschern bringt. (Vgl. Hellmuth 2009, S. 91)

Projekte

Das Projekt ist eine kooperative produktive Methode (vgl. Hellmuth 2010, S. 154) und entspricht den politikdidaktischen Prinzipien der Schüler- und Handlungsorientierung. In einem gemeinsam organisierten Lernprozess wird ein lebensnahes Thema bearbeitet, das unter Umständen auch einen Ortswechsel weg von der Schule vorsieht. Das gemeinsam geschaffene Werk hat einen Nutzen für die TeilnehmerInnen, und eventuell darüber hinaus auch für andere. Die Abfolge eines Projektes lässt sich gliedern in:

– Gemeinsame Zielsetzung, Feststellung eines Problems und einer gemeinsamen Motivation, etwas (dagegen) zu unternehmen
– Planung des gemeinsamen Vorgehens und Treffen von Verabredungen. Dazu gehören Absprachen über Einhalten von Terminen, Abhalten von Besprechungen und Verfassen von Protokollen
– Durchführung des Projektes, häufig in Arbeitsgruppen
– Verwendung des Produkts – Veröffentlichung innerhalb und außerhalb der Schule
– Beurteilung, Reflexion[3]

Dilemma-Methode

Nach Reinhardt wird die Dilemma-Methode dem Prinzip der politisch-moralischen Urteilsbildung zugeordnet. Diese Methode dient vor allem in moralisch aufgeladenen Streitfragen der distanzierten Reflexion über selbst produzierte Argumente und Gegenargumente. Die Methode läuft in vier Stufen ab:

– Konfrontation der SchülerInnen mit dem Dilemma einer Person, die sich zwischen zwei (gleich)gewichtigen Werteoptionen entscheiden muss. Sammeln von spontanen Reaktionen und Meinungen
– Strukturierung des Dilemmas möglicher Für- und Wider-Argumente

---

[3] Vgl. Reinhardt 2005, S. 106ff.

- Reflexion der Argumente, Zuordnung zu verschiedenen Perspektiven
- Politisierung des Dilemmas – Klärung, ob es sich um ein individuelles Problem handelt, oder ob dieses gesamtgesellschaftlich (politisch) zu lösen ist (vgl. ebd., S. 151ff)

6. Ergebnis der Umfrage zu Sozial-Diakonischen Projekten in der Sekundarstufe 1

Im Rahmen der Umfrage wurden 20 Sozial-Diakonische Projekte mehr oder weniger umfassend beschrieben. Inhaltlich geht es dabei um sechs sozialpolitische Themen, die auch durch die Arbeit der Diakonie abgedeckt werden.

- Behinderung (8)
- Armut (4)
- Entwicklungszusammenarbeit (EZA) (4)
- Katastrophenhilfe (2)
- Menschenrechte (Kinderrechte, Asyl) (2)
- Alter (1)
- Kirchengeschichte (1)
- Zwei der Projekte decken gleich mehrere Themen ab. So gibt es die Kombinationen:
  o Behinderung / Armut / EZA
  o Asyl / ökologischer Landbau

Der Charakter der beschriebenen Projekte lässt sich wie folgt beschreiben und zusammenfassen:

- „Exkursionen", bei denen das Erleben von Begegnung mit anderen Menschen im Mittelpunkt steht. Die **emotionale Komponente** wird besonders angesprochen.
- „Schwerpunktthema": Mehr oder weniger reguläre Unterrichtsstunde(n) mit einem Mix unterschiedlicher Methoden, aber auch komplexe Projekte, die sich über einen längeren Zeitraum erstrecken. **Intensive inhaltliche Auseinandersetzung** mit einem bestimmten Thema. Wissenserwerb und Verständnisgewinn stehen im Vordergrund.
- „Spendenprojekte", hier geht es vor allem um Gemeinschaftssinn und den Einsatz **organisatorischer Fähigkeiten**.
- „Projekte" im engeren Sinn nach Reinhardt (vgl. ebd., S. 151ff). Sie sindproduktiv und fordern die SchülerInnen ebenso inhaltlich wie organisatorisch heraus. Bei dem einen handelt es sich um eine Aktion zur Entwicklungszusammenarbeit (Projekt „Weltladen und seine Produkte"), bei dem anderen um eine Produktion eines Kalenders (Projekt „Kirchenkalender 2010").

Angewandte Methoden
Bei Auswertung der Umfrage fällt auf, dass bestimmte didaktische Methoden gehäuft genannt werden. Dazu gehört die **Exkursion**, besonders bei der Behand-

lung des Themas „Behinderung". Manchmal enthalten diese Exkursionen auch einen kreativen Part, beispielsweise wenn in einer Beschäftigungswerkstätte von den SchülerInnen auch Kunsthandwerk hergestellt wird oder die Ergebnisse der Exkursion mit verschiedenen Techniken präsentiert werden (zB. Poster). Als forschende Methode wurde zwar selten, aber doch, **Interviews** und **Umfragen** genannt. Es wird bei den Projektbeschreibungen zwar häufig von **Diskussionen** berichtet, um Themen vor- oder nachzubereiten, es gibt aber keine nähere Beschreibung dazu. Ebenso verhält es sich mit **Spielerisch-kreativen Methoden**. Es ist nicht bekannt, ob Methoden wie „Rollenspiele" oder „Pro- und Kontradebatte" und ähnliches angewandt wurden. Konkreter wird es bei den **Dokumentations- und Präsentationstechniken**, hier gibt es eine ganze Reihe von Nennungen, wie Fotodokumentation, Referate, Verfassen von Artikeln uvm.

Als Quellen wurden genannt Filme, Zeitungsartikel, Materialien von Organisationen u.ä. genannt. Auf welche Art und Weise die **Analyse von Quellen** im Unterricht umgesetzt wurde, ist nicht bekannt. Detaillierte Fragen dazu hätten den Rahmen der Umfrage gesprengt.

7. Zusammenfassung

„Projektunterricht ist besonders geeignet, SchülerInnen komplexe sozialpolitische Fragestellungen zu vermitteln. "

Diese Aussage konnte anhand der Literaturrecherche bestätigt werden. Anhand der Umfrageergebnisse zeigt sich, dass er auch in der Praxis im Zusammenhang mitsozialpolitischen Fragestellungen angewandt wird. Projektunterricht scheint darüber hinaus noch einmal speziell für die Altersgruppe in der Sekundarstufe I angemessen zu sein. (Vgl. Nitzschke und Nonnenmacher, 1999, S. 176ff.) Die in der Umfrage gewonnenen Projektbeschreibungen treffen im Großen und Ganzen – mit unterschiedlich starker Ausprägung einzelner Phasen – auf das Modell von Nonnenmacher zu.

„Es besteht ein Potenzial, Sozial-Diakonische Projekte im evangelischen Religionsunterricht und an evangelischen Schulen qualitativ und quantitativ zu verbessern"

Eine Förderung Sozial-Diakonischer, bzw. sozialpolitischer Projekte ist vor allem an den evangelischen Schulen wünschenswert. Sie sind in den Umfrage-Ergebnissen unterrepräsentiert. Was die Themenwahl anbelangt, überwiegen „Behinderung" und „Entwicklungszusammenarbeit". Mehr Projekte zu den Arbeitsfeldern der Diakonie in den Bereichen „Armut", „Alter/Pflege", „Gesundheit" und „Asylpolitik", sowie deren Vernetzung mit den Themenfeldern „Menschenrechte", „Migration", „Integration" usw. könnten noch gefördert werden.

Hinsichtlich der politischen Urteilskompetenz gibt es noch Bedarf an Konkretisierung. Es ist davon auszugehen, dass die an der Umfrage beteiligten LehrerInnen dieses didaktische Ziel mitverfolgen, in den ausgewerteten Fragebögen lässt sich dazu wenig finden. Dabei bilden viele Arbeitsbereiche der Diakonie Anknüpfungspunkte, um politische Urteilskompetenz zu schulen und dazugehörige

Sachkompetenz zu vermitteln. (z.B.: *Menschen mit Behinderungen* – Recht auf Leben, Recht auf Teilhabe oder *Armut* – eine individuelle oder gesellschaftliche Angelegenheit, usf.)

Zum inhaltlichen und methodischen Potenzial der beschriebenen Projekte, zu ihren Stärken und Schwächen, lässt sich Folgendes sagen: Die **Projekte im engeren Sinn** sind methodisch bereits sehr ausgereift.

Bei den unter **Schwerpunktthemen** zusammengefassten Projekten dominiert das Thema Behinderung. Sie ermöglichen eine intensive inhaltliche Auseinandersetzung (Sachkompetenz, Umgang mit Begrifflichkeiten), jene Projekte mit Workshopcharakter und ausgeprägter Präsentationsphase sind aber gleichermaßen handlungsorientiert. Bei der Analyse von Quellen – Zeitungsartikeln, Filmen, usw. wird auch der Methodenkompetenz Rechnung getragen.

Bei den **Exkursionen** fällt die Betonung der Vorbereitungsphase auf und dass sie zumeist zu Behinderteneinrichtungen führen. Teilweise könnten die beschriebenen Exkursionen inhaltlich durch Aspekte der Menschenrechte, des Rechts an selbstbestimmter Teilhabe von Menschen mit Behinderungen an der Gesellschaft, ergänzt werden. Besondere Erfolgserlebnisse bieten **Spendenprojekte**, da sich kaum etwas so einfach messen und präsentieren lässt, wie ein erzieltes Spendenergebnis. Allgemeine Methoden, die SchülerInnen beherrschen sollten, werden dabei besonders gefördert (Selbstorganisation, Präsentation, Dokumentation,...), wenn auch bei Spendenprojekten eine gewisse Gefahr besteht, inhaltliche Tiefe und Auseinandersetzung zu vernachlässigen. Dem könnte durch Ausweitung eines Spendenprojektes auf mehrere Stundeneinheiten und auf mehrere Unterrichtsfächer entgegen gewirkt werden. Auch gut aufbereitetes Unterrichtsmaterial, sowie die Vermittlung von ReferentInnen könnte hier unterstützend wirken.

Literatur:

Ackermann, Paul, Forschend lernen: Exkursion, Sozialstudie, Projekt, in: Sander Wolfgang (Hg.): Handbuch Politische Bildung, Schwalbach 1999.

Ders., Zur Situation der Politischen Bildung in Österreich, in: Ammerer, Heinrich / Krammer Reinhard, / Windischbauer, Elfriede (Hg.): Politische Bildung konkret. Beispiele für kompetenzorientierten Unterricht, Wien 2009.

Ders., / Krammer, Reinhard, Kühberger, Christoph, Windischbauer, Elfriede: Kompetenzorientierung in der Politischen Bildung, in: Ammerer, Heinrich, Krammer, Reinhard, Windischbauer, Elfriede (Hg.): Politische Bildung konkret. Beispiele für kompetenzorientierten Unterricht, Wien 2009.

Breit, Gotthard, Ziele des Politikunterrichts, in: Pohl, Kerstin (Hg.): Positionen der Politischen Bildung Bd.1 – ein Interviewbuch zur Politikdidaktik, Schwalbach 2007.

Erlaß des Staatsamtes für Volksaufklärung, für Unterricht und Erziehung und für Kultusangelegenheiten vom 3. September 1945, Zl. 460/IV/45, betreffend allgemeine Richtlinien für Erziehung und Unterricht an den österreichischen Schulen, S. 8, zit. nach: Wolf, Andrea, Der lange Anfang. 20 Jahre „Politische Bildung in den Schulen", Wien 1998, S. 22f.

Giesecke, Hermann, Methodik des politischen Unterrichts, München 1973, S. 97, zit. nach: Ackermann, Paul: Forschend lernen: Exkursion, Sozialstudie, Projekt, in: Sander, Wolfgang (Hg.): Handbuch Politische Bildung, Schwalbach 1999, S. 467.

Ders., Didaktische Probleme des Lernens im Rahmen von politischen Aktionen, in: Giesecke u.a.: Politische Aktion und politisches Lernen, München, S. 11ff, zit. nach: Reinhardt, Sibylle, Politikdidaktik Praxishandbuch für die Sekundarstufe I und II, Berlin 2005.

Hellmuth, Thomas / Klepp, Cornelia, Politische Bildung, Wien 2010.

Ders., Das „selbstreflexive Ich", Innsbruck 2009.

Janssen, Bernd: Kreativer Politikunterricht Wider die Langeweile im schulischen Alltag, Schwalbach 2007.

Nitzschke, Volker / Nonnenmacher, Frank: Politikunterricht in der Sekundarstufe I allgemeinbildender Schulen, in: Sander, Wolfgang (Hg.): Handbuch Politische Bildung, Schwalbach 1999, S. 173 – 189.

Reinhardt, Sibylle: Politikdidaktik Praxishandbuch für die Sekundarstufe I und II, Berlin 2005.

Sutor, Bernhard: Ziele des Politikunterrichts, in: POHL, Kerstin (Hrsg): Positionen der Politischen Bildung Bd.1 – ein Interviewbuch zur Politikdidaktik, Schwalbach 2007, S. 52.

Wolf, Andrea: Der lange Anfang. 20 Jahre „Politische Bildung in den Schulen", Wien 1998.

*

Alle eingelangten Projektbeschreibungen zu Sozial-Diakonischen Projekten sowie eine ausführliche Analyse derselben können kostenfrei angefordert werden bei: Diakonie Österreich: service@diakonie.at – Unterrichtsmaterial der Diakonie: www.diakonie.at/publikationen – Regelmäßige Informationen der Diakonie: Diakonie-Newsletter, zu abonnieren auf www.diakonie.at – Diakonie-Facebookseite: www.facebook.com/diakonieAT

SPENDENSAMMLUNG FÜR DAS PROJEKT „AKTION SCHULANFANG" DER STADTDIAKONIE WIEN

Katja Eichler / Johanna Zeuner

Am Schuljahresanfang machte die Fachinspektorin für den Evangelischen Religionsunterricht die Lehrerinnen und Lehrer an den höheren Schulen in Wien auf das Projekt „Aktion Schulanfang" der Stadtdiakonie Wien aufmerksam. Mit diesem Projekt werden Familien mit Kindern in Österreich unterstützt, denen es schwer fällt, die Aufwendungen, die mit dem Schulbesuch anfallen (wie Kopiergeld, aber auch Sprachwochen oder Sportwochen) zu finanzieren. Als evangelische Religionslehrerin am Bundesgymnasium und Bundesrealgymnasium GRG 21 Bertha von Suttner-Schulschiff habe ich meinen katholischen Kollegen Stephan Dober von der Idee einer Spendensammlung für dieses Projekt begeistern können. Dabei war es uns auch wichtig, mit den Schülerinnen und Schülern im Religionsunterricht das Thema „Kinderarmut in Österreich" zu besprechen. Dabei sollte vor allem deutlich gemacht werden, dass durch viele kleine Schritte einzelner, die für ein gemeinsames Ziel zusammenarbeiten, sehr viel erreicht werden kann.
Als von den MusiklehrerInnen im Advent ein Adventkonzert geplant wurde, entstand die Idee, die Gäste durch einen Punschausschank und durch ein Kuchen- und Keksbuffet um Spenden zu bitten.
Durch einen Aufruf in verschiedenen Klassen wurden Kekse und Kuchen am Vormittag des Konzerts abgegeben. Die Schülerinnen der 4f gestalteten Freundschaftsbänder, die für einen geringen Preis verkauft werden sollten.
Am Abend des 14. Dezembers 2010 wurde von Lehrerinnen und Lehrern, Schülerinnen und Schülern das Konzert zum Advent auf dem Schulschiff veranstaltet. Viele Besucherinnen und Besucher fanden sich ein und genossen die musikalische Darbietung. In der Pause konnten diese und auch die Ausführenden des Konzerts den Punsch und die Kekse genießen. Hier möchte ich mich auch bei meinem Kollegen Florian Mayr für die große Unterstützung und Hilfe bedanken.

Schülerinnen und Schüler betreuten die Tische mit den selbstgestalteten Spendendosen und beantworteten Fragen der Besucherinnen und Besucher zum Projekt. Selbstverständlich halfen diese auch bei der Vorbereitung des Buffets und beim anschließenden Abbau. Auch nach dem Konzert standen Schüler noch einmal am Ausgang, um für Spenden für die Stadtdiakonie aufzurufen.

Am Abend habe ich das Geld entgegengenommen und konnte am nächsten Tag sehr erfreut die Summe der Spendensammlung bekannt geben. Durch die vielen kleinen Schritte vieler verschiedener Helferinnen und Helfer konnten 450,- Euro für die „Aktion Schulanfang" gesammelt werden. Über dieses Ergebnis haben wir uns sehr gefreut.

Nach den Weihnachtsferien besuchte Frau Dipl. LSB Claudia Röthy Anfang Januar das Schulschiff. Einige der beteiligten Schülerinnen und Schüler und auch wir Religionsleh-rerInnen haben ihr in der Direktion das Spendengeld übergeben, wofür sie herzlich dankte.

Und auch mir ist es an dieser Stelle ein Anliegen, meinen Dank an alle Beteiligten auszusprechen. Ohne die Hilfe vieler verschiedener Personen wäre dieser Erfolg der Spendensammlung nicht möglich gewesen.

Dr. Katja Eichler, evangelische Religionslehrerin

Sommer 2010. In der Konferenz höre ich, dass die Aktion ‚Schüler helfen Schülern' Unterstützung sucht. Ich erinnere mich nach vorn: Es gibt ein Schulfest in 3 Wochen an der Stubenbastei, meiner Stammschule. Ich frage meine Unterstufenschüler, ob sie sich vorstellen könnten, auf dem Schulfest etwas für diesen ‚guten Zweck' zu machen. Sie können gern und entwickeln Ideen. Sie wollen Waffeln backen und Milchshakes herstellen.

Viel Zeit zur Reflexion bleibt nicht. C. Röthy von der Diakonie schickt mir Informationsmaterial - ich lese es mit den Schülern, damit sie verstehen, worum es bei der Aktion ‚Schüler helfen Schülern' geht und hinter ihrem Verkaufsstand auskunftsfähig sind. Wir sammeln an der Tafel, was es zum Schulanfang alles braucht. Die Schüler schätzen, was ein Schulanfang kostet und kommen auf realistische Zahlen: 300-400 Euro. Ein Staunen geht durch den Raum: das kann sich nicht jeder leisten.

Dann gehen wir weiter in der Organisation unseres Vorhabens. Es bilden sich Gruppen: zum Plakatmalen verabreden sich zwei SchülerInnen, andere erstellen einen Zeitplan und organisieren die notwendigen Zutaten und Geräte. Ich bin angespannt, aber überrascht: Ich hatte eher das Problem zu vieler als zu weniger helfender ‚ökumenischer' Hände. Das Waffelnbacken wird ein Erfolg. Wir nehmen 360 Euro ein und sind als evangelische SchülerInnen, die etwas ‚tun' in der Öffentlichkeit – das Fest fand auf der Straße vor der Schule statt - sichtbar.

Etwas enttäuscht sagen meine Schüler am Anfang des nächsten Schuljahres „dann haben wir eigentlich nur einem Schüler geholfen□. Trotzdem: Sie sind stolz auf ihr Ergebnis.

Ich glaube dieses:

‚Sich mit einem Projekt identifizieren' und damit für andere Menschen etwas zu tun, hat einen großen Lernwert. Er heißt: Ich setze mich ein, Ich tue etwas für Menschen, die meine Hilfe und Mitarbeit brauchen – und diese Menschen wohnen im Fall von ‚Schüler helfen Schülern' nicht in einem fremden Land, sondern nur in einem anderen Bezirk, sozusagen direkt vor meiner Haustür.

Ja, mit der Thematik hat es seitens der SchülerInnen auch Berührungsängste gegeben. Mit dem ‚was tun' aber nicht. In diesem Jahr konnte die Aktion leider nicht sattfinden, aber im nächsten Jahr ist sie seitens der SchülerInnen schon wieder ‚gebucht', genauso wie ein Besuch mit C. Röthy im Häferl. Dafür haben die Schüler der Stubenbastei schon Fragen gesammelt, der Diakonie Wien werden wir also weiter auf der Fußspur bleiben.

Johanna Zeuner

„WAS DURCHS LEBEN TRÄGT"

Ein Projektbericht von Ruth Schelander-Glaser

Der Wert einer Gesellschaft wird einmal daran gemessen werden, wie sie ihre Alten behandelt hat. Ausgehend von diesem Satz Albert Einsteins fand am 17. 11. 2011 ein gemeinsames Schulprojekt dreier Gymnasien statt.

30 Schülerinnen und Schüler des Akademischen Gymnasiums (AKG), des Zwi Perez Chajes (ZPC) Gymnasiums und des Evangelischen Gymnasiums trafen sich, um ältere Menschen mit jüdischem und christlichem Hintergrund zu befragen, welche Symbole, Werte und Erinnerungen sie durchs Leben getragen haben.

Nach einer Kennenlernrunde und zwei Einstiegsreferaten (Einführung ins Judentum/Christentum mit dem Schwerpunkt, was die jeweiligen Religionen zum Umgang mit alten Menschen sagen) begegneten sich SchülerInnen und alte

Menschen im „Elternheim" des Maimonideszentrums, das gleich an das jüdische Gymnasium baulich angeschlossen ist. Dieser Bau und die Tatsache, dass auch das Evangelische Gymnasium direkt im Obergeschoss der Schule ein Altenheim der Diakonie untergebracht hat, lässt darauf schließen, dass sowohl von Seiten der Schulen als auch von Seiten der Seniorenheime der Kontakt, die Verbindung von Jung und Alt geplant und erwünscht war und ist, und trotzdem passiert die direkte Begegnung oft nicht so leicht, einfach nur „en passant".

Dieses Projekt, das von Mag. Ruth Schelander–Glaser (Religions- und Ethiklehrerin am AKG) konzipiert und in Zusammenarbeit mit Rav Moshe Baumel (Religiöser Leiter des ZPC-Gymnasiums und Pfr. Mag. Heike Wolf (Religionslehrerin am Evangelischen Gymnasium) durchgeführt wurde, sollte ein Beitrag zum generationsübergreifenden Lernen sein – und wurde gleichzeitig auch zu einem Beispiel für schulübergreifendes Lernen und jüdisch-christlichen Dialog auf Basisebene.

Warum ist der Dialog von jungen und alten Menschen so wichtig?

Zum Einen für junge Menschen, um zu lernen, was für einen großen Schatz an Erfahrungen und Wissen alte Menschen oft in sich tragen, zum Anderen für alte Menschen, um dran zu bleiben am Leben, an dem, was die Gesellschaft heute prägt, um nicht alleine und unbesucht in einem Einzelzimmer zu verkümmern.

Eine Schule der Generationen könnte ein dauerhafter Ort der Begegnung sein, an dem aktive SeniorenInnen zusammen mit den SchülerInnen voneinander lernen.

Durch das **Miteinander der Generationen** lernen die SchülerInnen, andere Wertesysteme kennen und zu akzeptieren, und – ganz nebenbei – auch Geduld und Verständnis zu entwickeln. In unserer Gesellschaft gibt es dahingehend leider oft viel Kälte – gerade im Umgang mit älteren Menschen. Das, was sie erlebt und manchmal auch überlebt haben, wird gering geschätzt. Die Schätze, die sie im Laufe ihres Lebens gesammelt haben, werden nicht gesehen oder als wertvoll erkannt. Diese „Schätze" sichtbar zu machen, war Ziel des Projektes.

„Welche Symbole, welche Gedanken oder Erinnerungen haben Sie durchs Leben getragen?" „Was war der Tag in Ihrem Leben, der Sie am meisten geprägt hat?" oder „Was möchten Sie uns als ‚Lebensweisheit' mit auf den Weg geben?", das waren einige der Fragen die die SchülerInnen den älteren Menschen gestellt haben und herausgekommen sind – Dank der wunderbaren Erinnerungsstücke und Dank der sehr offenen und ehrlichen Antworten die die älteren Menschen gegeben haben – Plakate, die die SchülerInnen dann im Laufe einer Woche in ihren Schulen gebastelt haben, und die dann am 29.11.2011 im Rahmen eines stimmungsvollen Präsentationsabends im Festsaal des Akademischen Gymnasiums vorgestellt wurden.

Ums Getragen-werden oder auch Sich-getragen-fühlen ging es im ersten Teil des Abends, um die Geschichte der Arche Noah, die Alt und Jung, Groß und Klein, Männer und Frauen, Menschen und Tiere durchgetragen hat durch schwerste Zeiten. Diese Geschichte, die Judentum und Christentum verbindet, wurde vom Schulchor des Akademischen Gymnasiums unter der Leitung von Frau Dr. Gabriele Eder-Lindinger auf humorvolle Art und Weise – mit einem Augenzwinkern sozusagen – singend erzählt. Die Darbietung von **„Käpt'n**

Noahs schwimmender Zoo", einer Popkantate, die von einem ehemaligen (in der NS-Zeit „umgeschulten") Schüler des Akademischen Gymnasiums, dem international bekannten Musiker und Komponisten Josef Horovitz komponiert wurde, begeisterte die ca. 150 Gäste.

Im zweiten Teil des Abends hatten die Gäste die Möglichkeit, den Projekterfahrungen der SchülerInnen zu lauschen, sowie die schön gestalteten Plakate (über das Leben und die mitgebrachten Symbole der Interviewpartnerinnen) zu betrachten und zu studieren. Besonders berührend war dabei die Anwesenheit der älteren Damen, die es sich trotz teilweiser Gehbehinderungen nicht nehmen ließen, an diesem Abend dabei zu sein, die sich freuten, „ihr" Plakat ausgestellt zu sehen und die mehr als einmal sagten: „Bitte, wir wünschen uns nur eines: Dass Sie bald einmal wieder zu uns kommen. Das war so schön – diese vielen jungen Menschen… so viel Leben…"

Als kleines Dankeschön überreichten die SchülerInnen am Schluss „Ihren" Interviewpartnerinnen einen blühenden Zweig – ein kleines Symbol, das unser Projekt ein Zeichen der Hoffnung sein sollte, in einer manchmal sehr kalten Welt.

Das Zeichen

Freunde, dass der Mandelzweig
wieder blüht und treibt,
ist das nicht ein Fingerzeig,
dass die Liebe bleibt?

Dass das Leben nicht verging,
so viel Blut auch schreit,
achtet dieses nicht gering
in der trübsten Zeit.

Tausende zerstampft der Krieg,
eine Welt vergeht.
Doch des Lebens Blütensieg
leicht im Winde weht.

Freunde, dass der Mandelzweig
sich in Blüten wiegt,
das bleibt mir ein Fingerzeig
für des Lebens Sieg.

(Shalom Ben Chorin)

SchülerInnenstatements:

„Als wir erfahren haben, dass wir ein Projekt mit dem jüdischen Gymnasium haben würden, waren wir alle sehr gespannt. Zu Beginn war die Stimmung unter uns Schülern etwas zurückhaltend, doch mit der Zeit wurden wir immer lockerer, bis wir dann auch ganz entspannt gemeinsam in der Synagoge saßen und am Ende des Projekts unsere Nummern bzw. Facebook-Kontakte austauschten. Es war unglaublich interessant zu sehen, wie die jüdischen Schüler ihren Schulalltag verbringen. Außerdem konnten wir viel von den älteren Menschen lernen, mit denen wir uns unterhalten haben. Ganz besonders spannend fand ich auch die Tatsache, dass dieses Projekt ein schulübergreifendes Projekt war, was es (leider) nur ganz selten gibt."

Maximilian Rudolph, 7B

„Dieses Projekt war für mich ein sehr prägendes – schade, dass so etwas nicht viel öfter stattfindet! Das Zusammentreffen der drei Schulen hat mir weitergeholfen, andere Kulturen/Religionen und Menschen zu verstehen und es war toll zu merken, dass die Schülerinnen und Schüler aller drei Schulen so viele Gemeinsamkeiten hatten. Das, was uns die älteren (teils in sehr hohem Alter!) Damen alles erzählt haben, war bemerkenswert. Ich habe gelernt, dass man viel mehr über die Vergangenheit sprechen sollte, mit Verwandten, solange es noch möglich ist. Das ganze Projekt wird mir sehr positiv in Erinnerung bleiben, vor allem das Leben unserer Interviewpartnerin."

Agnes Pregartner, 7B

LERNEN, EIN HERZ FÜREINANDER ZU HABEN? SOZIAL-DIAKONISCHES ENGAGEMENT ALS KONKRETION CHRISTLICHER ETHIK IN RELIGIONSPÄDAGOGISCHER PERSPEKTIVE

Reiner Andreas Neuschäfer

1. Annäherungen

Diakonisches Lernen hat ebenso wie sozialethisches Engagement Konjunktur. Die Hilfen, Hinweise, Anregungen und Arbeitshilfen zum ethischen und diakonischen Lernen scheinen gefragter denn je.[1] Offensichtlich wird gerade durch sozial-diakonisches Engagement christlicher Glaube plausibel, erkennbar und lebensweltlich relevant. Das helfende Handeln hat oft Vorrang vor theoretischen Themen oder theologischen Thesen und scheint sich mit jungen Menschen leichter unterrichtlich umsetzen zu können. In Gesprächen und bei der Durchsicht etlicher religionspädagogischer Beiträge kann man auf den Gedanken kommen, dass eine Rechtfertigung des Religionsunterrichts insbesondere durch ethische Elemente erfolgen soll nach dem Motto: Hier zeigt sich doch, wie wichtig dieses Schulfach für die jungen Menschen und für die Schule ist – es würden Werte vermittelt, soziales Engagement angebahnt und ein kommunikatives Miteinander gefördert nach dem Motto „Helfen macht glücklich!" Nur selten werden Fragen wie folgende hinterfragt: „Wie kann es in der Schule gelingen, Kinder und Jugendliche zu sozialverpflichtetem Handeln zu motivieren? Was können Lehrerinnen und Lehrer tun, damit bei Schülerinnen und Schülern eine Haltung von Mitgefühl, Hilfsbereitschaft und Mitleidensfähigkeit wächst?"[2] Die ausge-

---

[1] Siehe etwa die aktuelle Ausgabe 5/2012 von „In Religion. Unterrichtsmaterialien für die Sekundarstufe I" mit dem Titel „Diakonie – Gehe hin und handle ebenso" aus der Feder von Christhard Lück und Gunther vom Stein.

[2] Peter Brause / Matthias Hahn: Compassion – Sozialverpflichtetes Lernen und Handeln, in: Domsgen, Michael / Hahn, Matthias (Hg.), Kooperation von Kirche und Schule. Perspektiven aus Mitteldeutschland, Münster 2010, 135-139, hier 135.

prägte Intentionalität solcher Fragen wird bei Formen des Glaubens in der Regel abgelehnt oder zumindest hinterfragt.

- Ist die Thematisierung sozial-diakonischen Engagements zweckorientiert, ergebnisoffen oder gewollt?
- Wie kann der spezifisch religionspädagogische Beitrag dazu aussehen?
- Wie wird der Bildungsertrag bei Schülerinnen und Schülern eingeschätzt, deren Haltung nicht gerade als sozial-diakonisch zu bezeichnen ist? Erfolgt dann ihnen gegenüber eine moralisierende Etikettierung?
- Was bedeutet es, wenn Schülerinnen und Schüler aufgrund ihrer Persönlichkeit, Gesundheit oder traumatischer Erfahrungen in Bezug auf Mitgefühl mitgenommen sind?

Wer sich sozial oder diakonisch engagiert, wird dies aber gerade nicht immer als einen Ausdruck christlicher Ethik verstehen (wollen). Umgekehrt ist zu fragen, in welcher Weise christliche Ethik in der Begegnung zwischen Menschen zum Tragen kommt und was sie tragfähig macht? Wird mit der Forderung nach einer Verifikation des Bekenntnisses durch ein bestimmtes Handeln nicht aus der Kirche als *creatura verbi* ein politisches Handlungssubjekt gemacht? Sind Glaubensgrund und Glaubensfolgen überhaupt gegeneinander auszuspielen? Oder ist als Kriterium für das Christsein allein die Praxis anzusehen?[3] Die ekklesiologische Relevanz des Bekenntnisses zeigt sich auch in sozial-ethischen Dimensionen, geht aber eben nicht allein darin auf. Daher ist ein christliches Bekenntnis in der Nach-Folge Jesu ethisch nie ohne Folgen.

Dies wird zum Beispiel aktuell offensichtlich in den offenen Fragen und Auseinandersetzungen rund um die Gemeinschaft verschiedener Einrichtungen unter dem Dach der Diakonie: bis zu welchem Punkt ist noch eine gemeinsame Basis gegeben und ab wann führt z.B. die Zulassung von sogenannten Spätabtreibungen zu einer Trennung? Der sogenannte „Dritte Weg" in dem Miteinander von ArbeitgeberIn und Arbeitnehmenden wird kirchlicherseits als konstitutiv angesehen – sind dann Einrichtungen, die für eine gewerkschaftliche Mitbestimmung plädieren, auszuschließen? Wie verhält es sich mit der eigenen Glaubwürdigkeit kirchlicher Sozial- und Diakonie-Einrichtungen, wenn die Beteiligung an Besprechungen mit anderen kirchlichen Mitarbeitenden nicht als Arbeitszeit vorgesehen ist? Welche Gemeinde leistet sich noch eine Gemeindeschwester mit ihrem ganz spezifischen sozial-diakonischen Profil? Wie sieht es mit der Berücksichtigung spiritueller Belange im Hinblick auf die Budgetierung der Zeit aus?

---

[3] Siehe hierzu Michael Rohde, Torafrömmigkeit ohne Gesetzlichkeit. Gesetz und Gerechtigkeit in alttestamentlicher Theologie, in: Ralf Dziewas (Hg.), Gerechtigkeit und gute Werke. Die Bedeutung diakonischen Handelns für die Glaubwürdigkeit der Glaubenden, Neukirchen-Vluyn 2010 und grundlegend Reinhard Slenczka, Die Lehre trennt – aber verbindet das Dienen? Zum Thema: Dogmatische und ethische Häresie, in: KuD 19/1973, S. 125-149.

2. Biblisch-theologische Anmerkungen

Diakonisch-soziales Engagement ist als Konkretion christlicher Ethik aufzuweisen. Dabei ist evangelische Ethik an die Mittel gebunden, durch die der in und an Menschen wirkende Gott als Person des Heiligen Geistes wirkt: nämlich Wort und Sakrament.

Die neutestamentlichen Begriffe mit dem Wortstamm diakon (dienen; sich abmühen)[4] werden in einer Weite gebraucht, die eine eindeutige, enge Bedeutung nicht zulässt, sondern vielmehr signalisiert, dass es eine Bandbreite an Diensten gab, die damit bezeichnet wurde: vom Tischdienst über „für den Unterhalt sorgen" bis hin zu ganz allgemeinen Aufträgen, Botengängen und Dienstleistungen. Sozialdiakonisches Engagement hat also von Anfang an etwas mit Anstrengung und Bemühung oder sogar Überwindung zu tun. Als deren Antonym sind Trägheit, Unberührtheit und Nichtstun anzusehen, sodass sozial-diakonisches Engagement bedeutet, dass einen etwas nicht kalt oder unberührt lässt. Kaltherzigkeit und Hartherzigkeit sind das Gegenteil von Barmherzigkeit!

2.1 Barmherzigkeit

Vor aller soteriologischen Erfahrung von Erlösung und Heiligung ist bereits die schöpferische Existenz des Menschen eine Realisierung der Güte und Barmherzigkeit Gottes. Nicht erst ein subjektiv als gut und gelungen empfundenes Ergehen ist Ausdruck der Zuneigung Gottes, sondern das gewährte bzw. gewährende Dasein an sich ist schon eine Eigenheit der Güte Gottes. Dem Christsein geht damit die Zusage des gütigen und barmherzigen Schöpfers – die Versprechung mitgehender Verlässlichkeit in freier, unweigerlicher Gegenwart (Ex 3,4) – voraus. Damit basiert der Glaube eben nicht implizit oder exponiert auf einem persönlichen religiösen Selbstbewusstsein; vielmehr bleibt die Selbstprädikation Gottes das entscheidende Moment: „Gottes Name, Sein und Wesen ist grundlose Güte, in der der Schöpfer seinen Geschöpfen alles Gute gönnt und gibt, und grundlose Barmherzigkeit, in der er aus aller Not rettet (BSLK 560,40f.)."[5] Entsprechend bezieht Paulus alle ethischen Hinweise auf Gottes Barmherzigkeit, die sich allen destruktiven Mächten entgegenstellt: „Ich ermahne euch nun, liebe Brüder, durch die Barmherzigkeit Gottes, dass ihr eure Leiber hingebt als ein Opfer, das lebendig, heilig und Gott wohlgefällig ist. Das sei euer vernünftiger Gottesdienst. Und stellt euch nicht dieser Welt gleich, sondern ändert euch

---

[4] Das griechische *diakoneo* („dienen") ist nicht mit *konis* („Staub"), sondern mit dem lateinischen *conari* („sich abmühen") wurzelverwandt. Diakon bedeutet also nicht Staubkriecher, sondern ein durch eine Sache, eine Person oder einen Auftrag Belasteter bzw. sich Abmühender. Vgl. Heß, Klaus / Hans Bietenhard / Lothar Coenen, diakoneo, in: ThBNT 1 (1997), S. 941-947, hier S. 941.

[5] Oswald Bayer, Barmherzigkeit, in: Hiller, Doris / Kress, Christine (Hg.), Daß Gott eine große Barmherzigkeit habe. Konkrete Theologie in der Verschränkung von Glauben und Leben, FS Gunda Schneider-Flume, Leipzig 2001, S. 77-84, hier S. 77.

durch Erneuerung eures Sinnes, damit ihr prüfen könnt, was Gottes Will ist, nämlich das Gute und Wohlgefällige und Vollkommene." (Röm 12,1f).

2.2 Grundfragen sozial-diakonischen Engagements in christlicher Perspektive

Sozial-diakonisches Engagement geschah und geschieht in der Regel ohne Vorschrift und ohne eine vorherige oder vertiefte systematisch-theologische Reflexion, sondern als Reaktion auf unmittelbare Herausforderungen der Heiligung und Nächstenliebe: „Lasset uns Gutes tun an jedermann, allermeist aber an des Glaubens Genossen!" (Gal 6,10); „Einer trage des anderen Last, so werdet ihr das Gesetz Christi erfüllen" (Gal 6,2); „So geh hin und tu desgleichen" (Lk 10, 37); „Du sollst deinen Nächsten lieben wie dich selbst; ich bin der Herr." (Lev 19,18); „Die Fremdlinge sollst du nicht bedrängen und bedrücken (...) Ihr sollt Witwen und Waisen nicht bedrücken" (Ex 22,20f) und „Es ist dir gesagt, Mensch, was gut ist und was der Herr von dir fordert, nämlich Gottes Wort halten und Liebe üben und demütig sein vor deinem Gott." (Mi 6,8).[6] In sämtlichen diakonischen Basistexten der Bibel wird die Bedürfnisbezogenheit und Spontaneität des Helfens, Unterstützens und Beistands betont.

Spätestens wenn dieses Engagement aber auf strukturelle soziale oder politische Bereiche trifft, kann eine Rechtfertigung eigener Vorstellungen und Vorhaben sozialethisch relevant werden und neben persönlichem Einsatz auch strukturelle Veränderungen veranlassen.[7] Diese Multiperspektivität sozial-diakonischen Engagements ist zu beachten, wenn die persönliche Hilfeleistung und Herbeiführung von Veränderung zwar nicht immer zu trennen, aber eben doch zu unterscheiden sind entsprechend § 5 der Lausanner Verpflichtung: „Versöhnung zwischen Menschen ist nicht gleichzeitig Versöhnung mit Gott, soziale Aktion ist nicht Evangelisation, politische Befreiung ist nicht Heil."[8]

Die Forderung nach sozial-strukturellen Einflüssen für garantierte Hilfe ist nicht immer losgelöst von einer Angst, hilflos dazustehen oder nur zufällig Hilfe zu erfahren und letzten Endes auf spontane Unterstützung angewiesen zu sein. Allerdings lassen sich eine Herzlichkeit emotionaler Zuwendung und zugleich ihre Unabhängigkeit und Unverfügbarkeit nicht anordnen oder strukturieren. Zurecht betont Oswald Bayer daher: „So stößt man nicht nur in den Lücken und Rändern

---

[6] Zur ethisch-kultischen Lebensführung des Gottesvolkes siehe Peter von Knorre, Vergeblicher Gottesdienst. Die kultpolemischen Texte im Alten Testament, SBB 65, Stuttgart 2010. Zurecht fordert Rudolf Weth die Beachtung der Paradigmen von Diakonie im Alten Testament ein: Rudolf Weth, Der eine Gott der Diakonie. Diakonik als Problem und Aufgabe Biblischer Theologie, in: Jahrbuch für biblische Theologie 2 (1987), S. 151-164.

[7] Siehe ausführlich die differenzierten Ausführungen zur Sozialethik in der Dissertation von Erhard Berneburg, Das Verhältnis von Verkündigung und sozialer Aktion in der evangelikalen Missionstheorie – unter besonderer Berücksichtigung der Lausanner Bewegung für Weltevangelisation (1974-1989), Wuppertal 1997, S. 256-331.

[8] Zitiert nach Hans Steubing (Hg.), Bekenntnisse der Kirche. Bekenntnistexte aus zwanzig Jahrhunderten, Wuppertal 1997 (2. Aufl.), S. 325-335.

eines sozialen Rechtsstaates, sondern inmitten seiner Institutionen auf die Frage nach einer Freiheit, die vom Gesetz formal korrekt zu erbringender Dienstleistungen sich nicht erzwingen lässt. Es ist die von Gottes Barmherzigkeit gewährte Freiheit, die es erlaubt, aus sich selbst herauszugehen, um sich in den anderen hineinzuversetzen, seine Bedürftigkeit und Not zu erkennen, ihm zu helfen und für ihn dazusein. Solches Dasein für andere hat durchaus institutionelle Folgen, ohne aus ihnen sich rechtfertigen zu müssen."[9] Nicht zu vergessen ist, dass etwa die Institution des Gebets und der Fürbitte nicht allein in den Bereich der Spiritualität und des Gottesdienstes gehört, sondern Teil der Ethik ist – auch wenn dies nur in wenigen Ethiken oder systematisch-theologischen Lehrwerken zum Ausdruck kommt.[10]

2.3 Diakonisches Jahr und Diakonisches Lernen

Statt eines abstrakten Hilfedenkens, das nur durch eine lineare Wahrnehmung vom Helfenden zum Hilfsbedürftigen geprägt ist, kann Barmherzigkeit, Begegnung und Beziehung ein vielschichtiges Miteinander in Geben und Nehmen ermöglichen und dabei auch geistliche Impulse setzen.[11] „Die Ungleichheit jedoch, in der Hilfsbedürftiger und Helfer einander begegnen, ist umfangen und durchdrungen von einer noch größeren Gemeinsamkeit und Gleichheit, die in der Geschöpflichkeit als solcher besteht und in der von dieser zu unterscheidenden Not-Gemeinschaft, die mit dem Verlust der Gottebenbildlichkeit gegeben ist. So universal diese zweifache Gemeinsamkeit ist, so wenig versteht sich Barmherzigkeit nach dem Verlust der Gottebenbildlichkeit von selbst."[12] Lk 10 und Lk 15 bilden somit eine Symbiose, die die menschliche Barmherzigkeit nicht losgelöst von der Erfahrung göttlicher Barmherzigkeit sein lässt. Damit würde ein anthropologisch fragwürdiges Subjekt/Objekt-Verhältnis durch eine in Jesus Christus begründete Gemeinschaft ersetzt. Diese reduziert den anderen nicht mehr allein auf Besonderheit und Bedürftigkeit, sondern nimmt ihn in Barmherzigkeit als Mit-Geschöpf Gottes mit Würde und Wert unabhängig von Leistung – aber eben mit einer spezifischen Eigenart und Einzigartigkeit – wahr.

Eine christologisch und anthropologisch orientierte Begegnung mit Menschen kann etwa in dem 1954 in Neuendettelsau von Hermann Dietzfelbinger proklamierten „Diakonischen Jahr" zum Ausdruck kommen, bei dem gegenüber einem Sozialen Jahr nicht eine geforderte Hilfe, sondern ein glaubensbezogenes Helfen-Wollen leitend sein soll. Danach ist eine diakonisch-soziale Handlung in

---

[9] Oswald Bayer, Barmherzigkeit, S. 83, (Anm. 5).

[10] Eine Ausnahme bildet etwa Alfred de Quervain, Das Gebet. Ein Kapitel der christlichen Lehre, Zürich 1948.

[11] Zu einer pastoraldiakonischen Perspektive siehe Ralf Dziewas, Der Pastor als Diakon – zur theologischen Begründung des diakonischen Auftrags im pastoralen Dienst, in: Michael Rohde (Hg.), Pastor und Gemeinde. Freikirchliche Perspektiven auf dem Weg zu einem Leitbild, Kassel 2009, S.75-98.

[12] Oswald Bayer, Barmherzigkeit, S. 83f, (Anm. 5).

erster Linie eine Haltung, die bereit ist innezuhalten und anzuhalten, wenn eine Hilfsbedürftigkeit anderer Mitchristen und Mitmenschen vor Augen ist (Lk 10). Die Übersehenen und Übergangenen werden nicht sich selbst überlassen, sondern unterstützt und dabei als Ebenbilder Gottes voller Würde wahrgenommen, denen das christliche Bekenntnis in Wort und Tat zwar nicht aufzudrängen, aber eben auch nicht zu verschweigen ist. Diesem gegenüber hat ein „Diakonisches Lernen"[13] oftmals weniger eine christlich orientierte Ethik als einen allgemein(religiös)en Begriff von Mitmenschlichkeit, Hilfsbereitschaft, Solidarität („compassion"), Sozialität und gerechter Teilhabe[14] im Blick („situated learning"[15]). Demnach beruhen sozialmoralische Defizite und problematische ethische Haltungen nicht auf Glaube oder Bewusstseinsbindungen, sondern auf Mangel an Erfahrung, Emotionen und verstandesmäßigem Durchdringen erlebter Situationen. Praktika würden – so der Kerngedanke – langfristig bei Jugendlichen zu veränderten Verhaltensweisen, Denkgewohnheiten und Haltungen führen, falls sie mit informierenden und reflektierenden Elementen verknüpft seien. Letztere beziehen zwar religiöse Dimensionen mit ein, basieren aber selbst nicht auf einer christlichen Durchdringung eigener ethischer Einstellungen.[16] Demge-

---

[13] Zum konzeptionellen Background siehe Hanne Leewe, Lust auf Begegnung mit der Welt. Globales Lernen an evangelischen Schulen, RPD 10, Jena 2010; Bärbel Husmann / Roland Biewald (Hg.), Diakonie. Praktische und theoretische Impulse für sozial-diakonisches Lernen im Religionsunterricht, Themenhefte Religion 8, Leipzig 2010. Mit biblisch-seelsorgerlichem Profil dagegen Volker Schwarzkopf, Arm dran. Kopiervorlagen zum Thema Armut, Reichtum und Teilen, Göttingen 2010.

[14] Zur aktuellen Begriffsdiskussion hinsichtlich Humanität siehe Longxi Zhang (Hg.), The Concept of Humanity in a Age of Globalization, Reflections on (In)Humanity 1, Göttingen 2012. Siehe auch Kirchenamt der EKD (Hg.), Gerechte Teilhabe. Befähigung zu Eigenverantwortung und Solidarität. Eine Denkschrift des Rates der EKD zur Armut in Deutschland, Gütersloh 2006 und die kritische Auseinandersetzung dazu von Hans-Richard Reuter, Eigenverantwortung und Solidarität – Befähigung und Teilhabe. Zur neuen Gerechtigkeitssemantik in der evangelischen Sozialethik, in: Hermann-Josef Große Kracht / Christian Spieß (Hg.), Christentum und Solidarität. Bestandsaufnahmen zu Sozialethik und Religionssoziologie, Paderborn 2008, S. 501-522 sowie Peter Brause / Matthias Hahn, Compassion – Sozialverpflichtetes Lernen und Handeln, in: Michael Domsgen / Matthias Hahn (Hg.), Kooperation von Kirche und Schule. Perspektiven aus Mitteldeutschland, Münster 2010, S. 135-140.

[15] Zum aus Amerika kommenden Ansatz des „situated learning" siehe ausführlich Huldreich David Toaspern, Diakonisches Lernen. Modelle für ein Praxislernen zwischen Schule und Diakonie, ARP 32, Göttingen 2007, S. 49-98 und – auch empirisch auf eine ostdeutsche Situation und Sozialisation bezogen – Christoph Gramzow, Diakonie in der Schule. Theoretische Einordnung und praktische Konsequenzen auf der Grundlage einer Evaluationsstudie, APrTh 42, Leipzig 2010.

[16] Siehe grundsätzlich Anika Christina Albert, Helfen als Gabe und Gegenseitigkeit. Perspektiven einer Theologie des Helfens im interdisziplinären Diskurs, Heidelberg 2010 sowie Hans-Christian Knuth, Kirche – Sozialstation oder Heilsstation?, in: Karl-Hermann Kandler (Hg.), Das Bekenntnis der Kirche zu Fragen von Ehe und Familie, Neuendettelsau 2011 (Lutherisch glauben; Heft 6), S. 75-89.

genüber ist zu bedenken, dass für ein sozial-diakonisches Engagement als Konkretisierung christlicher Ethik „vier Momente konstitutiv (sind), die ihren zutiefst antistoischen Zug kennzeichnen: das affektive, deszendierende, ekstatische und solidarische. Barmherzigkeit ist Sache des ganz nach außen gekehrten Innersten, des Herzens, nicht mit moralischer Entschlossenheit gleichzusetzen, sondern ihr zugrundeliegend und in diesem Sinne „vorethisch". (…) Sie ist keine sich selbst genügende Gesinnung und Haltung. In ihr gerät der Mensch außer sich, um in Liebe und Leidenschaft ganz beim Geringeren zu sein."[17] Hier stellt sich die Frage nach dem spezifisch diakonischen Profil solcher Praktika, wenn eine radikale selbstreflexive Subjektivität deren Grundlage bildet und christlicher Glaube auf Individualität, Weltanschauung und Transzendenzkultur reduziert wird. Da bei Jesus die Gesetzeserfüllung insbesondere als Einweisung in die Liebe und Einsicht in Gottes Willen zu verstehen ist, kann das *Tun* des Gesetzes allein im Sinne einer verdienstlichen Leistung vor Gott nicht schon heilsbedeutsam sein und entsprechend christlich genannt werden. In theologischer Verantwortung sind daher nicht nur die Spuren selbst, die ein Mensch hinterlässt, zu reflektieren und dogmatisch zu bewerten, sondern ebenso deren Motive und Beweggründe. Eben nicht „im Materialgehalt seiner Weisungen setzt Paulus neue Akzente, sondern in der *Begründung*"![18] Vielmehr zeigt gerade das Halten der Gebote bzw. des Gesetzes die Auswirkung des Heiligen Geistes und ist Ausdruck von Gottes Zuwendung, die der Mensch quasi reflektiert![19]

3. Historische Streiflichter[20]

Aus der Schilderung des Zusammenlebens einer Gemeinde (Apg 2,44-47) wird oft auf eine Art urchristliche Kommune geschlossen, ohne zu beachten, dass es sich hier lediglich um eine Situationsbeschreibung und nicht um einen Kopierauftrag oder eine appellative Belehrung handelt. Dennoch ist schon in den Anfängen der Kirche eine Aufmerksamkeit für organisierte sozial-diakonische Belange auszumachen, die in konkreter Fürsorge, aber auch in Geldsammlungen zum Ausdruck kamen.[21] Das Füreinander der Christen in der Alten Kirche wirk-

---

[17] Oswald Bayer, Barmherzigkeit, S. 83, (Anm.5).

[18] So zurecht Udo Schnelle, Die Begründung und die Gestaltung der Ethik bei Paulus, in: Roland Gebauer u.a. (Hg.): Die bleibende Gegenwart des Evangeliums, FS Otto Merk, Marburg 2003, S. 109-131, hier S. 130.

[19] Siehe ausführlich Oswald Bayer, Des Glaubens Energie: die Liebe, in: Christian Herrmann (Hg.), Christologie, Anthropologie, Erlösung, Heiligung (Wahrheit und Erfahrung – Themenbuch zur Systematischen Theologie 2), Wuppertal 2005, S. 237-251 sowie zur Frage des Gesetzes: Klaus Bockmühl, Gesetz und Geist. Eine kritische Würdigung des Erbes protestantischer Ethik, hg.v. Reinhard Slenczka, BWA I/5, Gießen 2009.

[20] Vgl. den diakoniehistorischen Überblick von Gerhard K. Schäfer / Volker Herrmann, Geschichtliche Entwicklungen der Diakonie, in: Günter Ruddat / Gerhard K. Schäfer, Diakonisches Kompendium, Göttingen 2005, S. 36-67.

[21] Siehe ausführlich Jochen Wagner, Die Anfänge des Amtes in der Kirche. Presbyter und Episkopen in der frühchristlichen Literatur, TANZ 53, Tübingen 2011, v.a. S. 97-112,155-170.

te auf Außenstehende als *nota ecclesiae* (Kennzeichen der Kirche) anziehend und ließ zum Beispiel den römischen Rechtsanwalt und Schriftsteller Quintus Septimius Florens Tertullian (150-225 n.Chr.) in die Kirche eintreten und ausrufen: „Seht, wie haben sie einander so lieb!" In die sechs Werke der christlichen Barmherzigkeit (Mt 25) wurde als siebente Barmherzigkeit die Bestattung der Toten hinzugefügt und machte damit die Friedhöfe der Christen zu einer Einrichtung der Diakonie, was heute angesichts einer veränderten Bestattungskultur durchaus in Erinnerung zu rufen ist.

Das Mittelalter war sozial-diakonisch davon geprägt, dass statt des Staates die Kirche die Fürsorge für die Armen übernahm, Hospitäler gegründet wurden und im Mönchswesen und in Stiftungen die Menschen konkrete Hilfe fanden.

Die Reformation führte zu einem stärkeren Bewusstsein für die soziale Verantwortung der Obrigkeit („Kastenordnungen") und hatte eine gemeindliche Verankerung des Diakonats im Blick („Diakonentum aller Gläubigen"). Dafür entscheidend war das „Priestertum aller Getauften" und die theologische Begründung, die eine diakonische Tat als Dank für zuvor empfangene Gnade Gottes verstand.

Eine grundlegende Erneuerung sozial-diakonischen Engagements ging vom Pietismus des 17./18. Jahrhunderts aus. Sie fand Ausdruck beispielsweise in den ab 1695 von August Hermann Francke (1663-1727) gegründeten Einrichtungen in Glaucha bei Halle und in den Herrnhuter Brüdergemeinen von Nikolaus Ludwig Graf von Zinzendorf (1700-1760), der den „Liebesdienst" als christliches Leitbild verstand.[22]

Ende des 18. Jahrhunderts führten im Gefolge der Erneuerungsbewegung von John Wesley (1703-1791) die Initiativen des englischen Politikers William Wilberforce (1759-1833) u.a. zur Abschaffung der Sklaverei, die im Abolitionismus einen Ausdruck fand,[23] aber auch zu einer veränderten Sicht auf Indien, das bislang lediglich unter politisch-kommerziellen Interessen wahrgenommen worden war, zu einer Gleichberechtigung der Freikirchen sowie der Katholischen Kirche und zu ethisch-moralischen Veränderungen im politischen und persönlichen Stil Englands. Dieses sozial-politische Engagement ist in engem Zusammenhang mit seinen christlichen Überzeugungen zu sehen.[24]

---

[22] Siehe ausführlich Peter Zimmerling, Ein Leben für die Kirche. Zinzendorf als Praktischer Theologe, Göttingen 2010 sowie Peter Zimmerling, Evangelische Spiritualität. Wurzeln und Zugänge, Göttingen 2003, S. 93-109.

[23] Garth Lean, Wilberforce. Lehrstück christlicher Sozialreform, Theologie und Dienst 3, Gießen 1974. Vgl. Jenny S. Martinez, The Slave Trade and the Origins of International Human Rights Law, Oxford u.a. 2012.

[24] Die Erinnerung an den Abolitionismus der englischen Evangelikalen wird aktuell durch Filme wie „Amazing Grace" (Deutsch: Stuttgart 2011) thematisiert und zeigt den Zusammenhang von persönlichen Glaubenserfahrungen und sozial-ethischem Bewusstsein auf. Zugleich wird dadurch die Behauptung korrigiert, evangelikalen Christen ginge es ledig-

Im Gefolge der Herrnhuter Brüdergemeinen und der Basler Mission kam es im Rahmen der Erweckungsbewegung zu relativ raschen Reaktionen auf die ersten Kennzeichen sozialer Veränderungen wie der Zunahme von sich selbst überlassenen jungen Menschen.[25] Johannes Daniel Falk (1768-1826) nahm in Weimar bereits 1813 junge Menschen auf und integrierte diese nach Berufsausbildung wieder in die Gesellschaft; zugleich schuf er eine christlich fundierte Sozialpädagogik.[26] Seit den 1830er Jahren intensivierte sich und expandierte das sozialdiakonische Engagement, beispielsweise in Form von sogenannten „Rettungshäusern", die jungen Menschen statt Ausbeutung Ausbildung ermöglichen sollte. Aber auch in anderen Handlungsfeldern wurden insbesondere von Pietismus und Erweckung geprägte Persönlichkeiten aus Kirchen und Freikirchen sozialdiakonisch aktiv und kreativ. Beispielhaft sind hier Amalie Sieveking (1794-1859), Gustav Werner (1809-1887)[27], Karl Mez (1808-1877), Theodor und Friederike bzw. Caroline Fliedner, Kaiserswerth, im Bereich der Professionalisierung von Krankenpflege mit ihrem 1836 gegründeten Diakonissenmutterhaus und Johann Hinrich Wichern (1808-1881) mit seiner „männlichen Diakonie" seit der Gründung des Rauhen Hauses bei Hamburg im Jahr 1833, an die sich zehn Jahre später eine Ausbildungsstätte für „Brüder" bzw. „Diakone" anschloss. 1848 kam es dann nach einer angeblichen Stegreif Rede Johann Hinrich Wicherns auf dem Wittenberger Kirchentag zu einer Vernetzung verschiedener sozial-diakonischer Initiativen in Form eines *Central-Ausschusses für die Innere Mission der deutschen evangelischen Kirche*. Johann Hinrich Wichern setzte sich später in Berlin für Veränderungen im Strafvollzug ein und setzte dabei auch auf den Einsatz von Diakonen in den Gefängnissen. Seine initiierten Reformprojekte im Gefängniswesen scheiterten jedoch letztlich nicht an sozialreformerischen Vorbehalten eines Liberalismus oder Materialismus, sondern im Wesentlichen an einer Vermengung von staatlichen und kirchlich-diakonischen Einflussbereichen.

Zu den herausragenden Persönlichkeiten der Hamburger Erweckungsbewegung gehörte Elise Averdieck (1808-1907), die für ihren Glauben und ihre Spiritualität entscheidende Impulse aus Hermannsburg bekommen hatte. Aus ihrer demü-

---

lich um das Seelenheil losgelöst vom persönlichen Ergehen der Menschen und von den Lebensbedingungen, in denen diese leben.

[25] Die Geschichte des Kindergartens ist letztes Endes auch eine Spur der Diakoniegeschichte, die jedoch oft regional begrenzt wahrgenommen wurde. Vgl. beispielhaft Frank W. Rudolph, 200 Jahre Kindergarten. Wetzlars evangelische Kirchengemeinden und ihre Kindergartenarbeit 1803-2003, Marburg 2008.

[26] Vgl. Gerhard Heufert, Johannes Falk. Satiriker, Diplomat und Sozialpädagoge, Weimar 2008.

[27] An Gustav Werner lassen sich beispielhaft die Basis-Probleme und Konflikte im 19. Jahrhundert aufzeigen, die es im Miteinander von Kirche und Diakonie gegeben hat – maßgeblich um Glauben und Liebe, um Massenelend und Hilfe, um Öffentlichkeit und Macht in Kirche und Königreich. Siehe Walter Göggelmann, Der Fall Gustav Werner. Ein Konflikt in der Württembergischen Kirche, Stuttgart 2012.

tigen Haltung gegenüber Gott entwickelte sie ein couragiertes soziales Engagement, das zunächst als Privat-, Sonntagsschullehrerin und Kinderbuchautorin konkret wurde und schließlich 1860 in die Gründung des ersten Diakonissenkrankenhauses Bethesda in Hamburg mündete.[28]

Als lutherischer Pfarrer setzte Wilhelm Löhe (1808-1872) seine biblisch orientierte Vision von Barmherzigkeit und Diakonie im fränkischen Neuendettelsau in die Tat um: Frauen sollten Kranken und Bedürftigen helfen und so die Liebe Jesu sichtbar machen.[29]

Eine konsequente Inblicknahme der Ebenbildlichkeit auch kranker, epileptischer Menschen prägte die sozial-diakonischen Initiativen Friedrich von Bodelschwingh (1831-1910) v.a. in Bethel, wobei er ursprünglich keine Anstalt, sondern ein großfamiliäres Zusammenleben vor Augen hatte.[30] Mit dem Ziel, zukünftige Pfarrer von vornherein auch für die Diakonie zu gewinnen, wurde – nach der Gründung eines Kandidatenkonvikts (1890) – fünfzehn Jahre später eine Theologische Schule als Freie Theologische Fakultät in Bethel eröffnet, die auch ein Kontrapunkt zur Liberalen Theologie darstellen sollte und die praxisbezogene Ausbildung junger Theologen in Blick nahm.

1899 wurde eine auf die konkrete Gemeinde bezogene Evangelische Frauenhilfe gegründet; zwei Jahre zuvor das römisch-katholische Pendant zur Diakonie als Caritas-Verband für das katholische Deutschland und in den ersten beiden Jahrzehnten des 20. Jahrhunderts weitere Wohlfahrtsverbände ohne spezifischkirchliche Bindung.

In der DDR waren kirchlich konservative Personen entscheidend daran beteiligt, ab Mitte der 1960er Jahre Einrichtungen für behinderte und beeinträchtigte Menschen (Sondertagesstätten) zu errichten und diese damit vor einer staatlichen Verwahrlosung zu bewahren.

Aktuell wird das Wesen von Kirche in der Öffentlichkeit vor allem in seinen sozial-diakonischen Wirkungen wahrgenommen. Unabhängig davon, ob dies als Basis für eine Selbsteinschätzung dienen sollte, wird daran deutlich, welche Relevanz ein konfessionelles Profil sozial-diakonischen Engagements haben kann; aber auch mit welcher Sensibilität eine Indoktrination oder Manipulation be-

---

[28] Siehe ausführlich Inke Wegener, Zwischen Mut und Demut. Die weibliche Diakonie am Beispiel Elise Averdiecks, Studien zur Kirchengeschichte Niedersachsens 39, Göttingen 2004.

[29] Vgl. Jürgen Singer (Hg.), Wilhelm Löhe. Begegnungen, Neuendettelsau 2010 und Elke Endraß, Wilhelm Löhe. Wie der Diakonissenvater Frömmigkeit, Nächstenliebe und Management in Einklang brachte, Berlin 2012 sowie grundlegend Erika Geiger, Wilhelm Löhe (1808-1872). Leben – Werk – Wirkung, Neuendettelsau 2003 und Dietrich Blaufuß, Wilhelm Löhe. Erbe und Vision, Die Lutherische Kirche. Geschichte und Gestalten 26, Gütersloh 2009.

[30] Siehe Manfred Hellmann, Es geht kein Mensch über die Erde, den Gott nicht liebt: Das Leben Friedrich von Bodelschwinghs, Stuttgart 2010.

fürchtet wird, sobald neben den sozial-diakonischen auch geistliche Impulse zum Tragen kommen. Die Bewegung „Die Arche. Christliches Kinder- und Jugendwerk" etwa wird in den öffentlichen Medien auch an diesen Kriterien gemessen.[31] Doch auch andere evangelische Organisationen engagieren sich sozial-diakonisch und stellen sich je nach Begabung und Bewertung von Situationen den je spezifischen Herausforderungen wie Krankheit, Armut, Ausbeutung, Drogenkonsum, Eheberatung, Verwahrlosung, Obdachlosigkeit, Gefängnis, Behinderung, Waisendasein, Ratlosigkeit, Chancenlosigkeit bei Bildung, Heimatlosigkeit, Verfolgung, Suchtprobleme.[32]

Einige Organisationen mit eher evangelikalem Hintergrund oder Profil sind:

- die Bahnhofsmission,
- Organisationen, die Frauen beim Ausstieg aus der Prostitution helfen sollen („Solwodi", gegr. 1985),
- die sich für arme Kinder physisch, psychisch und geistlich und in Bezug auf Bildung einsetzen (z.b. „compassion", gegr. 1951; „Micha"-Initiative; „Weihnachten im Schuhkarton", seit 1990; „Christliches Jugenddorfwerk Deutschland, gegr. 1951),
- die sich Straffälligen zuwenden (z.B. „Prisma e.V.", „Schwarzes Kreuz", „Gefährdetenhilfe Scheideweg"),
- Obdachlose unterstützen,
- die bei Konflikten in Zusammenhang mit Schwangerschaften beraten,
- im Bereich Schule Sozialarbeit und Schulseelsorge leisten,
- Mitarbeit bei sog. „Tafeln" oder eigene Initiative zur Zubereitung von Speisen,
- die Menschen mit Abhängigkeiten helfen („Blaues Kreuz", „Weißes Kreuz").

Ausgelöst von der Debatte um Kinderarmut etablieren sich inzwischen auch landeskirchliche Initiativen, die Kindern während der Sommerferien einen investitionsfreien Urlaub ermöglichen.

Diese sozial-diakonischen Organisationen leben einerseits vom eigenen Engagement, aber auch von der finanziellen Unterstützung in Form von Spenden oder Stiftungen. Aktuell ist ein Aufleben diakonischer Initiativen und Organisationen und eine Manifestation diakonalen Studiums auszumachen.[33]

---

[31] Bernd Siggelkow / Wolfgang Büscher / Marcus Mockler, Papa Bernd. Arche-Gründer Bernd Siggelkow – Ein Leben für die vergessenen Kinder, Asslar 2010.

[32] Siehe auch Johannes Eurich u.a. (Hg.), Kirchen aktiv gegen Armut und Ausgrenzung. Theologische Grundlagen und praktische Ansätze für Diakonie und Gemeinde, Stuttgart 2011.

[33] Siehe aktuell Christian Oelschlägel, Diakonie. Aktivitäten, Image, Finanzierung, in: Jan Hermlink / Thorsten Latzel (Hg.), Kirche empirisch. Ein Werkbuch, Gütersloh 2008, S. 239-260. Zur heilenden Dimension des Glaubens in charismatisch orientierten Gemeinden

Allerdings bleibt festzuhalten, dass sich gerade evangelisch ausgerichtetes sozial-diakonisches Engagement bei aller berechtigten Fragen nach Organisation, Finanzierung und Personal nicht eine geistliche Perspektive aus dem Blick verlieren darf, die in einer diakonischen Liturgik und Spiritualität ihren Ausdruck finden und eben auch in Fürbitte manifest werden kann. Das christliche Handeln kann im Gebet beginnen, dieses muss aber nicht das Handeln ersetzen. Spirituelle Kompetenz[34] zeigt sich nicht nur in gottesdienstlichen Gestaltungen oder dem Lesen der Herrnhuter Losungen zu Beginn einer Andacht, sondern gerade auch in der Sensibilität für Fragen der Schuld, der Hoffnung und dem Blick auf die Biographie bei persönlichen Begegnungen.

Diakonie und Liturgie kommen in ihrer Symbiose beispielsweise in den Kollekten-Sammlungen zum Ausdruck, aber auch im Abendmahl und im Segen. Es wird eben nicht nur Geld gesammelt (bzw. zu Erntedank entsprechende Gaben), sondern auch der Dank dafür im Gebet vor Gott gebracht und um den Segen für die Gebenden wie für die Verwendung der Gaben und ihre Empfänger gebeten.[35] Dieser Zusammenhang wird häufig durch formelle oder finanzielle Gesichtspunkte überlagert, z.b. wenn zu Heilig Abend in etlichen Landeskirchen die Kollekte ausnahmslos für die Organisation „Brot für die Welt" verwendet werden darf. Wenn Liturgie nicht Reflexion, sondern Doxologie ist, setzt sie für eine sozial-diakonische Haltung und Handlung ein Initium.[36] Auch Kerzen für die stummen Stimmen, Gästebücher (mit der Möglichkeit zur Niederschrift von Gebetsanliegen), Salbungen, Fußwaschung (in Anlehnung an Joh. 13 und in mönchischer Tradition), ein Kirch-Café und „diakonische" Predigten sind als Einräumung diakonischer Dimensionen im Zusammenhang mit dem Gottesdienst anzusehen, als dialogischer „Beziehungsvorgang, in dessen Verlauf im Reden und Hören der Menschen Gott selber wahrgenommen wird und seine aufrichtende, erneuernde, versöhnende *diakonia* an allen Beteiligten vollbringt." (Johannes Busch).[37] Diakonie ist ja viel breiter als nur die sozial-caritative Seite der Kirche. In der Diakonie ist Kirche präsent und existent.

---

siehe Peter Zimmerling, Die Charismatische Bewegungen. Theologie, Spiritualität, Anstöße zum Gespräch, KKR 42, Stuttgart 2009, S. 147-165.

[34] Vgl. ausführlich Günter Ruddat, Diakonische Spiritualität, in: Günter Ruddat / Gerhard K. Schäfer (Hg.), Diakonisches Kompendium, Göttingen 2005, S. 407-420.

[35] Siehe Benedikt Kranemann, Liturgie als Lebensform. Anmerkungen zur diakonalen Dimension christlichen Gottesdienstes, in: Christoph Bultmann u.a. (Hg.), Mahnung und Warnung. Die Lehre der Religionen über das gute Leben, Münster 2006, S. 208-222 sowie Ulrike Suhr, Gottesdienst und Diakonie, in: Hans-Christoph Schmidt-Lauber u.a. (Hg.), Handbuch der Liturgik. Liturgiewissenschaft in Theologie und Praxis der Kirche, Göttingen 2003 (3., bearbeitete Aufl.), S. 673-684 und Peter-Ben Smit / Christoph Sigrist, Liturgie oder Diakonie?, in: Ralph Kunz u.a. (Hg.), Reformierte Liturgik – kontrovers, Zürich 2011, S. 131-150.

[36] Siehe ausführlich die Beiträge in Martin Ebner u.a. (Hg.), Die diakonale Dimension der Liturgie, Freiburg im Breisgau 2006.

[37] Zitat nach Jürgen Ghode (Hg.), Diakonisch predigen. Predigten aus dem Erfahrungsfeld

4. Aktuelle Herausforderungen[38]

Wo die diakonische Dimension evangelischen Christseins im Religionsunterricht zum Tragen kommt, kann es nicht nur um Fragen der moralischen Motivation, historischen Faszination oder aktuellen Situation gehen. Vielmehr ist die Vielschichtigkeit von Berührungspunkten mit diakonischen Fakten, Fragen und Fantasien auszuloten, was weit über einen wie auch immer gearteten Aktionismus hinaus geht und soziale, kirchliche sowie politische Punkte einbezieht.

4.1 Ehrenamtliches Engagement

Sozial-diakonisches Engagement vollzieht sich oftmals ehrenamtlich.[39] Zur größeren Wertschätzung des Ehrenamts gibt es Initiativen, die dessen Honorierung beabsichtigen. Beispielsweise führen Kommunen Ehrenamtskarten ein, deren Inhaber/innen in manchen Geschäften Rabatte erhalten. Dies wirft die Frage auf, inwiefern hier noch tatsächlich von einem Ehrenamt im engeren Sinne gesprochen werden kann. Wie kann eine Wertschätzung und Würdigung von Ehrenamt aussehen, wenn dies überhaupt öffentlich gemacht werden soll? Etliche Initiativen wie beispielsweise die „Tafeln" übernehmen Aufgaben zur Linderung spezifischer Not von Bürgern und übernehmen damit auch eine Rolle im Sozialstaat, nicht immer ohne eine Verfestigung von Armut zu vermeiden.[40]

4.2 Entwicklungen des Berufsbildes und Professionsprofil des Diakonenberufes

Nach den grundlegenden Veränderungen in den 1970er Jahren, die zu einem de facto neuen Berufsbild wie „Gemeindepädagoge/in" führten, bringen Konzeptionen einer Doppelqualifikation Fachhochschul-Zusatzabschlüsse als Sozialpädagoge/in für Diakone/innen mit sich. Dadurch entspricht das Potential der Ausbildung kaum noch den ursprünglichen Handlungsfeldern in Kirche, Sozialarbeit und Diakonie. Es ändern sich also die einzelnen pädagogischen Berufsprofile innerhalb des kirchlichen Kontextes und der Kirche selbst.[41]

---

der Diakonie, Stuttgart 2004, S. 17.

[38] Diese Auflistung versteht sich nicht als erschöpfend, sondern will lediglich die Heterogenität der Herausforderungen vor Augen führen.

[39] Vgl. Verena Koch, Kann das Ehrenamt den Sozialstaat retten? Möglichkeiten und Grenzen des diakonischen Ehrenamts als eine Praxisform des Sozialstaates. Eine kritische Reflexion, Hamburg 2007.

[40] Siehe ausführlich Sören Brenner, Armut als Folge struktureller Ungerechtigkeiten, in: Reiner Andreas Neuschäfer / Matthias Hahn (Hg.), Gerechter werden, Jena 2010, S. 106-129 sowie Stefan Selke / Katja Maar (Hg.), Transformation der Tafeln in Deutschland. Aktuelle Diskussionsbeiträge aus Theorie und Praxis, Wiesbaden 2011.

[41] Vgl. die Darstellung der Spannungsfelder und Gegenwartsfragen bei Peter Bubmann u.a. (Hg.), Gemeindepädagogik, Berlin u.a. 2012 sowie Renate Zitt, Diakonisch-soziales Handeln in der Gemeinde, in: Gottfried Adam / Rainer Lachmann, Neues Gemeindepädagogisches Kompendium, Arbeiten zur Religionspädagogik 40, Göttingen 2008, S. 363-380.

4.3 Radikaler Konstruktivismus und Neurokonstruktivismus

Insbesondere in der Theoriebildung und den Konzeptionen sozial-diakonischer Wissenschaft ist eine verstärkte Orientierung am Konstrukivismus auszumachen, der zwar oftmals als befreiende Theorie mit praktischer Bedeutung eingeschätzt wird, der aber sowohl wissenschaftstheoretisch als auch hinsichtlich seines Menschenbildes zu hinterfragen ist.[42] Der (radikale) Konstruktivismus geht davon aus, dass Menschen autonome, strukturdeterminierte Wesen sind und ihnen die Möglichkeit einer objektiven Erkenntnis von Wirklichkeit im Sinne einer 1:1-Entsprechung unmöglich ist (wobei nicht die Nichtexistenz einer objektiven Realität, sondern lediglich die Möglichkeit von deren objektiver Erkenntnis behauptet wird). Daraus resultiert eine grundsätzliche Skepsis gegenüber Wahrheitsansprüchen, da die Konstruktion von Wirklichkeit in hohem Maße subjektabhängig sei. Parallel dazu beansprucht eine neurowissenschaftliche Fundierung nicht selten eine lineare Durchdringung von neurowissenschaftlichen Erkenntnissen hin zur konkreten Praxis in Diakonie und Sozialengagement.[43] Die Gefahr eines neurowissenschaftlichen Deduktivismus, der die diakonale und soziale Lehre und Kommunikation eindimensional prägt bzw. konzeptionell dominiert, wird v.a. in seiner Sicht auf den Menschen konkret, die als Verbindung von Virtualismus, Determinismus und Zerebrozentrismus einzustufen ist. In Bezug auf ein institutionelles sozial-diakonisches Engagement stellt sich beim (Neuro-)Konstruktivismus die Frage nach der ideologischen Vereinnahmung und Vereinbarung, wenn unvereinbare Überzeugungen im Alltag aufeinander treffen oder konzeptionell bestimmend werden.

4.4 Ökonomisierung und Profilierung

Eine weitere aktuelle Herausforderung besteht in der Ökonomisierung im Bereich von Diakonie und sozialer Arbeit.[44] Die Vermarktlichung des Sozialstaats

---

[42] Siehe vor allem die konkreten Beispiele bei Marcel Remme, Kritik konstruktivistischer Ansätze in der Pflegepädagogik, in: Pflegewissenschaft. Zeitschrift für Pflege- und Gesundheitswissenschaft 2/2002, S. 249-262 und Marcel Remme, Radikaler Konstruktivismus, in: Hermann Brandenburg / Stephan Dorschner (Hg.), Pflegewissenschaft 1. Lehr- und Arbeitsbuch zur Einführung in das wissenschaftliche Denken in der Pflege, Bern u.a. 2008 (2. überarbeitete und erweiterte Auflage), S. 84-120 sowie in theologischer Perspektive Thorsten Dietz, Postmoderne, Konstruktivismus u. Pluralismus, in: ichthys. Theologische Orientierung für Studium und Gemeinde 21 (1995), S. 2-15.

[43] Zu einer anderen Einschätzung gelangt dagegen Norbert Brieden, Radikal heißt nicht beliebig. Der Konstruktivismus im Streit um die Wahrheit, in: Gerhard Büttner u.a. (Hg.), Religion lernen. Jahrbuch für konstruktivistische Didaktik. Band 1: Lernen mit der Bibel, Hannover 2010, S. 165-179.

[44] Siehe die Auseinandersetzung bei Uwe Becker (Hg.), Perspektiven der Diakonie im gesellschaftlichen Wandel. Eine Expertise im Auftrag der Diakonischen Konferenz des Diakonischen Werks der Evangelischen Kirche in Deutschland, Neukirchen-Vluyn 2011 (2. Aufl.) und Klaus Kohl, Christi Wesen am Markt. Eine Studie zur Rede von der Diakonie als We-

und deren Auswirkungen auf sozialdiakonische Arbeit werden besonders konkret in den Leistungsbegrenzungen und Nachteilen für kleine Anbieter durch Budgetierung und Pauschalisierung. Darüber hinaus werden sie offensichtlich durch ein Pflegepersonal in engem Zeitkorsett, in der Schaffung prekärer Arbeitsverhältnisse und in der Risiko-Selektion. Nicht weniger deutlich werden sie in der wachsenden Transparenz, in der realistischen Kalkulation und dem hohen Stellenwert von Qualifizierung. Hier muss sich etwa die Diakonie einem Selbstvergewisserungsprozess bezüglich ihrer eigenen Grundlagen unterziehen und deutlich fragen lassen, unter welchen Bedingungen sie zu bestimmten Dienstleistungen überhaupt noch bereit ist und unter welchen eben nicht mehr bzw. wie sie ihre christlichen Profile und spirituellen Prägungen angesichts religiöser Pluralität auch auf dem Gesundheits- und Sozialmarkt schärfen kann.[45] Das „Kronenkreuz" als Diakonie-Logo könnte die Erinnerung an „Kreuz und Auferstehung" anbahnen – gerade in seiner Symbiose von Kreuz und Krone macht es deutlich, dass die Initiative zur Überwindung von Leid in der Auferstehung Jesu ihre Basis hat.

4.5 Inklusion

Die UN-Behindertenrechtskonvention trat in Deutschland 2009 in Kraft und bildet derzeit die Basis für die Einführung von Inklusion in die Gesellschaft. Dabei ist zu bedenken, dass dieses Übereinkommen ein internationaler Menschenrechtsvertrag ist, der bereits bestehende Menschenrechte konkretisiert mit Begriffen wie Nichtdiskriminierung, Selbstbestimmung, Teilhabe, Chancengleichheit, Barrierefreiheit und der Anerkennung von Behinderung als Teil menschlicher Vielfalt.[46] Behinderung wird als Besonderheit unter vielen erachtet und als Bereicherung angesehen, die nicht einer Integration bedarf, weil sie sowieso schon Teil der Gesellschaft ist und dazugehört („all inclusive"). Wenn jeder Mensch verschieden ist, sei eben auch jeder Mensch normal. Angestrebt werde daher eine Abschaffung möglichst aller integrativen und Sonder-Einrichtungen für Menschen mit Behinderungen sowie aller von Menschen gemachten Barrieren, um ein gleichberechtigtes Miteinander aller Menschen zu ermöglichen. Im eigentlichen Sinn hat konsequente Inklusion alle Menschen im Blick, die auf-

---

sens- und Lebensäußerung der Kirche, Studien zur Pastoraltheologie, Liturgik und Hymnologie 54, Göttingen 2007 sowie Kirchenamt der EKD (Hg.), „Und unsern kranken Nachbarn auch!". Aktuelle Herausforderungen der Gesundheitspolitik. Eine Denkschrift des Rates der Evangelischen Kirche in Deutschland, Gütersloh 2011.

[45] Vgl. Axel von Dressler / Peter Zimmerling, Spiritualität und Diakonische Jugendarbeit, in: Tobias Braune-Krickau / Stephan Ellinger (Hg.), Handbuch Diakonische Jugendarbeit, Neukirchen-Vluyn 2010, S. 125-138.

[46] Siehe ausführlich die kritische Auseinandersetzung bei Reiner Andreas Neuschäfer, Inklusion in religionspädagogischer Perspektive. Annäherungen, Anfragen, Anregungen, RPD 12, Jena 2012. Zu anderen Einschätzungen kommt beispielsweise Wolfhard Schweiker, Kinder mit Behinderung, in: Matthias Spenn u.a. (Hg.), Handbuch Arbeit mit Kindern. Evangelische Perspektiven, Gütersloh 2007, S. 139-146.

grund einer Besonderheit in Gefahr stehen, ausgegrenzt zu werden oder von vorneherein sich als nicht zugehörig zur Gesellschaft zu fühlen. Insofern geht es bei Inklusion nicht in erster Linie um eine veränderte Bildungslandschaft, sondern radikal um eine Veränderung von Gesellschaft, sodass sich positive Gesichtspunkte mit ideologischen Aspekten vermischen können.[47] Dies hat auch Auswirkungen auf soziale und diakonische Einrichtungen, wenn sie den Schutz- und Hilfscharakter ihres Engagements betonen und beeinträchtigte und behinderte Menschen mit dieser Form von Inklusion überfordert sehen und fragen, ob es auch ein Recht auf Nicht-Inklusion gebe.

4.6 Qualitätsmanagement

Infolge der Ökonomisierung wurde auch im sozial-diakonischen Bereich ein Qualitätsmanagement eingeführt, um Kosten zu sparen und um Menschen vor unnötigen oder mangelhaften Leistungen zu schützen. Zu fragen ist hier, inwiefern sich dieses Qualitätsmanagement verselbständigt hat und mit der Versorgungsrealität noch übereinstimmt. Denn der bürokratische Aufwand beansprucht zeitliche Ressourcen und die verschiedenen Zertifizierungen entpuppen sich nicht selten lediglich als verkappte Werbemittel. Wie kann es hier zu einer Balance zwischen Qualität und Quantität kommen?

4.7 Heterogenität

Die Gemeinschaft sozial-diakonischer Einrichtungen ist durch eine Individualisierung konkreter Begegnung mit den gesellschaftlichen Herausforderungen gefährdet: Mehreren als evangelikal eingeschätzten sozial-diakonischen Einrichtungen wurde unter dem Vorwurf der Homophobie im Jahr 2011 öffentlich das Existenzrecht unter dem Dach des Diakonischen Werkes abgesprochen, weil sie im Bereich der Seelsorge/Therapie auch offen für homosexuell empfindende Menschen sind, die eine Veränderung ihrer sexuellen Orientierung wünschen.

Was steht Einrichtungen unter dem „Dach der Diakonie" frei und wo werden Grenzen überschritten? Zeigt sich das christliche Profil eines Diakonie-Krankenhauses in der Ablehnung der Tötung ungeborenen Lebens? Dürfen in einem Andachtsraum eines Diakonischen Krankenhauses Gottesdienste messianischer Juden stattfinden?[48] Ist eine Kindertagesstätte noch christlich zu nennen, wenn Tischgebete aus Rücksicht vor Kindern aus atheistischen Familien tabu sind?

---

[47] Dagegen hat Christian Herrmann die positiven Seiten eines Denkens vom Unterschied her aufgezeigt in: Christian Herrmann, Gott und Politik. Eine Einführung in politische Ethik, STM 23, Wuppertal 2009, S. 152-168.

[48] Siehe ausführlich Stefanie Pfister, Messianische Juden in Deutschland. Eine historische und religionssoziologische Untersuchung, Dortmunder Beiträge zu Theologie und Religionspädagogik 3, Münster 2008.

5. „... und unsern kranken Nachbarn auch!"

Einschränkungen, Einbußen und Entbehrungen waren für Matthias Claudius (1740-1815) lebenslange Realität. Als Wandsbecker Bote war er immer wieder angewiesen auf das Engagement und die Unterstützung durch andere Menschen. Zugleich behielt er selbst die anderen in ihrer Bedürftigkeit im Blick: Insbesondere am Ende seiner Gedichte fordert er die Achtsamkeit auf die Mitmenschen ein – ähnlich wie der eschatologische Ausblick jeweils in den Kirchenlieder-Schlussstrophen bei Paul Gerhardt. In seinem „Rheinwein-Lied" sieht er beispielsweise einen Zusammenhang zwischen seelischem Weh und Wohl:

„So trinkt ihn denn, und laßt uns allewege
Uns freun und fröhlich sein!
Und wüßten wir wo jemand traurig läge,
Wir gäben ihm den Wein."[49]

Besonders populär ist allerdings der Schluss des Abendliedes „Der Mond ist aufgegangen" aus dem Jahr 1778: „verschon uns, Gott, mit Strafen und lass uns ruhig schlafen und unsern kranken Nachbarn auch"[50]. Dieses Lied-Ende macht am Ende des Tages hierbei auf den kranken Nachbarn (= Nächsten) aufmerksam. In die Bitte um Bewahrung vor Strafen (also Gefahren wie Krankheit, Feuer, Einbruch, Hunger) und um erholsamen Schlaf wird der Mitmensch einbezogen. An Matthias Claudius lässt sich „diakonisch lernen", dass sozial-diakonisches Engagement nicht erst mit der Tat selbst anfängt, sondern schon in Gedanken und im Gebet zum Ausdruck kommt. Die Hilfsbedürftigkeit eines Mitmenschen bezieht sich sowohl auf konkrete Not als auch auf das alltägliche Wohlergehen und ewige Heil. Diakonisch-soziales Engagement gründet somit im Händefalten und einer Haltung; sie mündet in einer Handlung, deren Relevanz für das Jüngste Gericht zwar nicht immer offensichtlich ist, aber offenbar werden wird (Mt 25).[51] Biographische Erfahrungen können biblische Erkenntnisse unterstützen und somit eine Basis für Hilfeleistung und stete Erinnerung an „unsern kranken Nachbarn" sein – „Wie Gott mir, so ich dir." Oder mit einer ethisch-eschatologischen Nuance[52] ausgedrückt:

„Einer trage des anderen Last – so werdet ihr Christi Gebot erfüllen.

---

[49] Matthias Claudius, Sämtliche Werke, hg.v. Jost Perfahl u.a., München 1989 (7. Aufl.), S. 172f.

[50] Matthias Claudius, Werke, S. 217f. Siehe auch Annelen Kranefuss, Matthias Claudius. Eine Biographie, Hamburg 2011 und Reinhard Görisch, Der Mond ist aufgegangen. Kommentar zu EG 482, in: Gerhard Hahn / Jürgen Henkys (Hg.), Handbuch zum Evangelischen Gesangbuch 3 (Heft 8), Göttingen 2003, S. 68–73.

[51] Dass die Eschatologie nicht hinter uns, sondern vor uns liegt und unsere (richtende) Einstellung zu Mitmenschen der Vergangenheit und Gegenwart bestimmen sollte, betonte Karlmann Beyschlag (1923-2011) in seiner letzten Vorlesung zur Kirchengeschichte des Mittelalters (Erlangen, Wintersemester 1988/89).

[52] Aus: Siegfried Fietz / Johannes Jourdan, Paulus. Lass dir an meiner Gnade genügen, Asslar 1973 (LP) / 1988 (CD).

Ein Christ, der für den andern lebt, der fügt sich ein in Gottes Willen.
Wer Jesu Liebe weitergibt,
bezeugt der Welt, dass Gott uns liebt,
denn Liebe, die dem Leid sich stellt,
ist Hoffnung für die ganze Welt."

6. Aufgaben zur Vertiefung

1. „Diakonie" als eigenes Unterrichtsfach an weiterführenden Schulen? Sammeln Sie Sachargumente für oder gegen die Einführung eines „Diakonie"-Schulfaches! Formulieren Sie evtl. Alternativen!
2. Verfahren Sie nach der Placemat-Methode: Jede Gruppe erhält ein vorbereitetes DIN A 3-Blatt mit einer Blattmitte und einem viergeteilten Außenfeld.

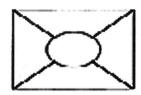

Alle bearbeiten gleichzeitig in ihrem Außenfeld folgende Aufgaben:
1. Notieren Sie knapp, aber verständlich zwei bis drei Einschätzungen zur Aussage „Diakonie ist ein Feld der Ethik, der Liturgik, der Seelsorge …"
2. Drehen Sie Ihr Blatt so lange um einen Platz weiter, bis alle von Ihnen die Ergebnisse der anderen Mitglieder gelesen haben!
3. Einigen Sie sich anschließend auf eine gemeinsame Formulierung und notieren Sie diese in der Blattmitte!
4. Worin unterscheidet sich die ‚Kommunikation des Evangeliums' bei den Bereichen Diakonie, Seelsorge, Predigt, Liturgie, Bildung, Öffentlichkeitsarbeit? Stellen Sie Ihre Einschätzung graphisch dar!
4.A: „Warum macht die das überhaupt?! Das kommt doch bestimmt nicht von ungefähr …" – B: „Das ist doch egal: Hauptsache es wird geholfen!" – A: „Kann sein, aber ist das dann noch christlich?" – … Setzen Sie diesen Dialog fort, am besten mit mehr als zwei Personen!

Literatur:

Adam, Gottfried u.a. (Hg.), Unterwegs zu einer Kultur des Helfens. Handbuch des diakonisch-sozialen Lernens, Stuttgart 2006.

Bayer, Oswald, Des Glaubens Energie: die Liebe, in: Herrmann, Christian (Hg.), Christologie, Anthropologie, Erlösung, Heiligung, Wahrheit und Erfahrung – Themenbuch zur Systematischen Theologie 2, Wuppertal 2005, S. 237-251.

Berneburg, Erhard, Das Verhältnis von Verkündigung und sozialer Aktion in der evangelikalen Missionstheorie unter besonderer Berücksichtigung der Lausanner Bewegung für Weltevangelisation (1974-1989), Wuppertal 1997.

Beutel, Harald, Die Sozialtheologie Thomas Chalmers (1780–1847) und ihre Bedeutung für die Freikirchen. Eine Studie zur Diakonie der Erweckungsbewegung, Arbeiten zur Pastoraltheologie, Liturgik und Hymnologie 52, Göttingen 2007.

Beyreuther, Erich, Geschichte der Diakonie und Inneren Mission in der Neuzeit, Berlin 1983 (3., erw. Aufl.).

Bieler, Andrea, Die Thematisierung von Krankheit im Kontext einer religionssensiblen Schulkultur, in: Guttenberger, Gudrun / Schroeter-Wittke, Harald (Hg.), Religionssensible Schulkultur, StRPPT 4, Jena 2011, S. 163-170.

Dziewas, Ralf (Hg.), Gerechtigkeit und gute Werke. Die Bedeutung diakonischen Handelns für die Glaubwürdigkeit der Glaubenden, Neukirchen-Vluyn 2010.

Große Kracht, Hermann-Josef / Spieß, Christian (Hg.), Christentum und Solidarität. Bestandsaufnahmen zu Sozialethik und Religionssoziologie. FS Karl Gabriel, Paderborn 2008.

Kaiser, Jochen-Christoph / Scheepers, Rajah (Hg.), Dienerinnen des Herrn. Beiträge zur weiblichen Diakonie im 18. und 20. Jahrhundert, Historisch-theologische Genderforschung 5, Leipzig 2010.

Knuth, Hans-Christian, Kirche – Sozialstation oder Heilsstation?, in: Karl-Hermann Kandler (Hg.), Das Bekenntnis der Kirche zu Fragen von Ehe und Familie, Neuendettelsau 2011 (Lutherisch glauben; Heft 6), S. 75-89.

Ruddat, Günter / Schäfer, Gerhard K. (Hg.), Diakonisches Kompendium, Göttingen 2005.

Schautz, Désirée, Strafen als moralische Besserung. Eine Geschichte der Straffälligenfürsorge 1777-1933, Ordnungssysteme. Studien zur Ideengeschichte der Neuzeit 27, München 2008.

Schmidt, Heinz, Diakonisch-soziales Lernen und Bildung, in: Bildung und Religionsunterricht. Jahrbuch für kirchliche Bildungsarbeit 2011, Stuttgart 2011, S. 161-170.

Schulz, Claudia u.a. (Hg.), Milieus praktisch II. Konkretionen für helfendes Handeln in Kirche und Diakonie, Göttingen 2010

Slenczka, Reinhard, Die Bergpredigt Jesu. Auslegung in dreißig Andachten, Göttingen 1994.

Süselbeck, Heiner, Dietrich Bonhoeffer als Diakon, in: Schmitz, Florian / Christiane Tietz, Christiane (Hg.), Dietrich Bonhoeffers Christentum. Festschrift für Christian Gremmels, Gütersloh 2011, S. 402-406.

Theologisches Gespräch. Freikirchliche Beiträge zur Theologie, Thema Diakonie, 35./2011 (H. 3).

Toaspern, Huldreich David, Diakonisches Lernen. Modelle für ein Praxislernen zwischen Schule und Diakonie, ARP 32, Göttingen 2007.

Wegener, Inke, Zwischen Mut und Demut. Die weibliche Diakonie am Beispiel Elise Averdiecks, Studien zur Kirchengeschichte Niedersachsens 39, Göttingen 2004.

SCHULE UND SCHULORDNUNG VON LOOSDORF (1574-1624) – EIN BEMERKENSWERTES BEISPIEL EVANGELISCHER BILDUNGSVERANTWORTUNG

Gottfried Adam

In den letzten beiden Jahrzehnten ist in den reformatorischen Kirchen wieder stärker bewusst geworden, dass Bildung eine wichtige, ja notwendige Dimension protestantischer Identität darstellt.[1] Dies zeigt sich auch in einem europaweiten „Boom" an Gründungen neuer evangelischer Schulen, der Anfang der 1990–er Jahre eingesetzt hat. Noch Anfang der 1980–er Jahre war gefragt worden, ob der Protestantismus bildungspolitisch erschöpft sei.

1. Reformation und Bildung

Im Zeitalter der Reformation zeigte sich dieser enge Konnex von Protestantismus und Bildung darin, dass Schul- und Universitätswesen in großem Stile neu gestaltet wurden.

1.1 Martin Luthers Bildungsanliegen

Am entsprechenden Wirken Martin Luthers kann man dies exemplarisch sehen. Bei seinen Überlegungen zur Bildungsfrage und der Ausarbeitung seiner Schultheorie ging es dem Reformator um zweierlei:

– *Einerseits* um die Bildung zum Zwecke des sachgemäßen Verstehens der Bibel. Für ihn gehörten Glaube und Verstehen, Glaube und Denken zusammen. Darum war ihm die selbständige Reflexion und persönliche Urteilsbildung des einzelnen Christen und der einzelnen Christin wichtig. Dies ist eine notwendige Folge der Vorstellung vom allgemeinen Priestertum aller Getauften.

– *Andererseits* war Luther die Bildung zum Zwecke der Gewinnung berufli-

---

[1] Dazu *Gottfried Adam,* Bildung als Dimension protestantischer Identität. Überlegungen zur evangelischen Bildungsverantwortung, in: *Evangelisch-Theologische Fakultät Wien* (Hg.), WJTh 7/2008, S. 13-22.

cher und politischer Qualifikationen wichtig. In diesem Zusammenhang zitierte der Reformator gerne jenen Satz aus Jeremia 29,7: „Suchet der Stadt Bestes!" Dabei haben M. Luther und der Protestantismus zweifellos auch zur notwendigen Modernisierung des Bildungswesens beigetragen.

M. Luther hat in eindringlicher Weise für die Schule geworben. Er hat der Obrigkeit die Schule als Pflichtaufgabe „ins Stammbuch geschrieben" – um des Wohles des Landes und der Menschen willen. Dabei forderte er auch die Schulbildung für Mädchen. Im Mittelalter war das Bildungswesen im Wesentlichen unter dem Gesichtspunkt organisiert, dass Nachwuchs für die Bedürfnisse der katholischen Kirche herangebildet werden sollte. Luther hat dagegen die Aufgabe des Bildungswesens darin gesehen, eine Bildung für alle zu ermöglichen - um des Wohles des menschlichen Lebens und des Gemeinwohls willen.

Im Jahre 1524 wendet sich der Reformator „An die Bürgermeister und Ratsherren aller Städte in deutschen Landen" und fordert sie auf, „dass sie christliche Schulen aufrichten und halten sollen". Im Jahre 1530 greift er erneut zur Feder. Diesmal wendet er sich an die Eltern, dass sie ihre Kinder zur Schule schicken sollen. Er erinnert die Eltern an ihre Verantwortung, ihren Kindern eine gute Bildung zu ermöglichen. Dabei benutzt er zur Bekräftigung das stärkste Argument, das man benutzen kann: Er sagt, dass dies Gottes Gebot sei.

M. Luther wirbt in Briefen, Predigten und Schriften immer wieder für die Bildung. Er ermahnt die Eltern, dass sie Gott, der Christenheit und aller Welt kein besseres Werk tun können als ihre Kinder wohl aufzuziehen. Er beschreibt die Berufsaussichten: Kaiser und Könige bedürfen der Kanzler, Schreiber, Räte, Juristen und Gelehrten; die Städte müssen Stadtschreiber, Syndici und Gelehrte haben; es werden Handwerker und Kaufleute gebraucht. Luther weist darauf hin, dass man gute Lehrer suchen und bezahlen solle. Er macht auf die Diskrepanz zwischen hohen Rüstungsausgaben auf der einen Seite und geringen Aufwendungen für Bildungsaufgaben auf der anderen Seite aufmerksam. Er meint, wenn man viel Geld ausgebe, um gegen die Türken zu kämpfen, so sei ein Vielfaches nötig, um die Bildungsausgaben sachgemäß zu finanzieren.

M. Luther war ein Mensch, der in einem Umbruch der Zeiten lebte. Darum war er einerseits ein mittelalterlicher und andererseits ein neuzeitlicher Mensch. In Bildungsfragen war er seiner Zeit weit voraus war. *Henning Schluss* hat danach gefragt, welche Elemente mittelalterlicher und welche Anteile neuzeitlicher Ansätze sich in Luthers pädagogischem Denken finden. Er kommt zu dem Ergebnis:[2]

„[Es] finden sich in Luthers pädagogischen Schriften erstaunlich viele Anteile an pädagogischer Theorie, die wir geneigt sind, als neuzeitlich zu charakterisieren. Das beginnt bei den Voraussetzungen jeglicher neuzeitlicher Pädagogik,

---

[2] *Henning Schluß,* Martin Luther und die Pädagogik – Versuch einer Rekonstruktion, in: VWP 76, 2000, S. 321-353, Zitat: S. 337.

die den Menschen weder dem Fatum unterstellt noch als Willkürherrscher fasst, ihn vielmehr in einem komplexen Wechselverhältnis von Abhängigkeit und Freiheit versteht. So wird später Schleiermacher die Grundsituation des Menschen beschreiben [...]

[Es] zeigte sich, dass Luthers Aussagen zur Erziehung nicht nur um eine phasenhafte Entwicklung wissen, die je unterschiedliche Schwerpunkte in der Erziehung erfordert, sondern er sah auch, dass gelungene Erziehung nur mit Unterricht einhergehen kann [...]. Der Ort, in dem dies für ältere Kinder passieren soll, ist die Schule. Luther verfügt über eine recht ausgearbeitete Schultheorie. Sie soll in kommunaler Trägerschaft sein und alle Kinder, ungeachtet ihrer Standes- und Schichtenzugehörigkeit und ihres Geschlechts, erreichen."

1.2 Die Entwicklungen in Österreich

Dieser Zusammenhang von Bildung und Protestantismus kann auch am Beispiel der Entwicklung im Österreich des 16. Jahrhunderts aufgezeigt werden. Hier war die reformatorische Bewegung ebenfalls eng verknüpft mit dem Schulwesen und der Neuerrichtung evangelischer Schulen. Es gibt eine Reihe von aufschlussreichen Einzeluntersuchungen zu dieser Thematik. Einen zusammenfassenden Überblick über das protestantische Schulwesen im Reformationsjahrhundert hat *Gustav Reingrabner* in seinem Artikel „Das evangelische Schulwesen in Österrreich" (2007)[3] vorgelegt. Er verweist darauf, dass das evangelische Schulwesen in Österreich den Vergleich mit anderen Territorien und evangelischen Ländern keineswegs zu scheuen braucht.

„auch oder gerade weil der Kontakt mit den allerersten Fachleuten der Zeit gesucht wurde, bzw. diese sogar selbst zur Mitarbeit bei der Organisation eingeladen wurden. Dabei war es nicht eine allgemeine Linie solcher Kontakte, die festgestellt werden kann. Die niederösterreichischen Schulen orientierten sich an den Verhältnissen in Wittenberg und Straßburg, die oberösterreichischen an denen in Straßburg, die steirischen Schulerhalter hatten [...] Kontakt nach Mecklenburg, die Kärntner suchten solchen zuerst mit dem Gnesioluthertum, dann mit dem württembergischen Kirchen- und Schulwesen, die westungarischen Schulen und deren Träger standen mit Philipp Melanchthon in Verbindung."[4]

Nachdem Luther mehrfach seine Anstöße zur Gründung und Unterhaltung von Schulen gegeben hatte, war es auch in Österreich selbstverständlich, dass in evangelischen Pfarreien und Städten Schulen unterhalten wurden.[5] Diese waren

---

[3] In: *Alfred Rinnerthaler* (Hg.), Das kirchliche Privatschulwesen–historische, pastorale, rechtliche und ökonomische Aspekte (Wissenschaft und Religion 16), Frankfurt a.M. 2007, S. 155-255, hier: S. 155-190.

[4] Ebd., S. 164.

[5] Das Folgende unter Bezug auf *Gustav Reingrabner*, Aus der Kraft des Evangeliums, Erlangen / Wien 1986, S. 27f.

in der Regel einklassig. Sie litten unter häufigem Wechsel der Lehrpersonen. Sie bildeten aber die Basis für die höheren Schulen, die Lateinschulen und Gymnasien. Darüber erhoben sich jene Schulen, die die evangelischen Landstände in Verbindung mit einem evangelischen „Ministerium" unterhielten.

Diese Schulen sollten

- sowohl den jungen Adeligen die Basis für die „Kavaliersreise" hinsichtlich der Bildung bieten,
- als auch Bürger- und Bauernkinder als Mitarbeiter im öffentlichen Dienst qualifizieren.

Gelegentlich kam auch der Gedanke auf, dadurch für die Heranbildung künftiger Prediger zu sorgen.

1.3 Die Landschaftsschulen

Die „Landschaftsschulen" sind von besonderem Interesse, weil sie in ihren Programmen die doppelte reformatorische Grundlegung der Bildung deutlich belegen. Nach Luthers Konzeption folgte aus dem unmittelbaren Zugang zur Schrift als Grundlage des rechten Glaubens und christlicher Lebensführung die Konsequenz einer allgemeinen und in den Sprachen der Bibel hoch entwickelten Bildung. Auf der anderen Seite betonte M. Luther nicht nur die Notwendigkeit von Bildung für die Kirche (Prediger), sondern auch für die öffentliche Verwaltung (Amtsleute, Schreiber, Räte usw.). Mit dem letzten Aspekt kommt der Beitrag des Schulwesens für den gesellschaftlichen Modernisierungsprozess im 16. Jahrhundert in den Blick.[6]

Unter dem Schutz der Rechte des Adels konnte sich die Reformation in Österreich in den 1540er und 1550er Jahren weiter verbreiten. Davon profitierte auch das Schulwesen.[7] Wegen der Bedrohung des Landes durch die Türken konnten die protestantischen Stände ab den 1560er Jahren die Vergrößerung und Erweiterung der Landschaftsschulen durchsetzen. Das Grazer Gymnasium war zweifellos die bedeutendste der Landschaftsschulen. Es wurde von *David Chyträus,* dem Rostocker Theologen und Schüler Melanchthons, maßgeblich gestaltet. Er hatte auch die Schulordnung erarbeitet.[8] In Judenburg gab es seit 1577 eine

---

[6] Dieser Frage ist *Gernot Heiß* im Blick auf die Landschaftsschulen in zwei Artikeln nachgegangen. Darauf sei hingewiesen: (1) Argumentation für Glauben und Recht, in: Jahrbuch des oö. Museumsvereines / Gesellschaft für Landeskunde 129/1984, S. 175-185 sowie (2) Konfession, Politik und Erziehung, Die Landschaftsschulen in den nieder- und innerösterreichischen Ländern vor dem Dreißigjährigen Krieg, in: *Grete Klingenstein / Heinrich Lutz/Gerald Stourzh* (Hg.), Bildung, Politik und Gesellschaft. Studien zur Geschichte des europäischen Bildungswesens vom 16. bis zum 20. Jahrhundert (Wiener Beiträge zur Geschichte der Neuzeit 5), Wien 1978, S. 13-63.

[7] Näheres bei *Gernot. Heiss*, Konfession, Politik und Erziehung, S. 62.

[8] Ausführlich dazu *Helene Miklas*, Die Verzahnung von Politik, Konfession und Pädagogik in der Reformationszeit Österreichs. Exemplarisch aufgezeigt an der Steiermark, Päd. Diplomarbeit Univ. Wien 1996.

zweite steirische Landschaftsschule. Die Kärntner Landschaftsschule hatte ihren Sitz in Klagenfurt. Über sie wissen wir sehr wenig.

Im Zusammenhang der Verschiebung der politischen Machtverhältnisse waren diese Schulen zuerst in den Residenzstädten Wien und Graz in ihrer Existenz bedroht. Die Wiener Landschaftsschule musste bereits 1578 in die kleine Stadt Horn emigrieren, wo sie bis 1620 existierte. Die Linzer Schule hatte eine wechselvolle Geschichte; sie wurde zwar 1601 geschlossen, konnte dann aber erneut von 1608 bis 1624 weitergeführt werden.

Im Sinne exemplarischer Auswahl soll im Folgenden der Blick auf Niederösterreich gerichtet werden. Im 16./17. Jahrhundert gab es dort ein blühendes protestantisches Schulwesen. Dabei kommt insbesondere die Landschaftsschule in Loosdorf in den Blick. Dieser Schulort liegt in ziemlicher Nähe zum Stift Melk. Die Schule bestand von 1574 bis 1627. Sie ist nicht nur wegen des vergleichsweise langen Zeitraumes ihres Bestehens, sondern auch wegen ihrer Schulordnung von Interesse.[9]

2. Zur Geschichte des protestantischen Schulwesens in Niederösterreich

Gustav Reingrabner hat die Visitationsaufzeichnungen des Rostocker Professors *Lucas Bacmeister* ausgewertet. Danach ist für die Zeit nach 1580 – also jenem Zeitpunkt, zu dem die Organisation des evangelischen Kirchenwesens in Niederösterreich am weitesten gediehen war – davon auszugehen,

- dass etwa 200 bis 230 Pfarreien, Vikariate und Benefizien mit evangelischen Predigern besetzt waren,
- und dass es bis zu 120 evangelische Schulen in den Pfarreien gegeben hat.[10]

Die Schulen waren in der Regel einklassig, wurden teilweise aber zweisprachig, deutsch und lateinisch, geführt. Dabei sind in den Aufzeichnungen von Bacmeister die großen Landschaftsschulen nicht eingeschlossen. Es ist deutlich, dass es zum damaligen Zeitpunkt eine „mehrfach gegliederte Schullandschaft unter lutherischen Vorzeichen im Land unter der Enns gegeben hat."[11] Diese

---

[9] Siehe den Abdruck durch *C.A. Witz,* Die Schulordnung von Loosdorf, in: Jahrbuch der Gesellschaft für die Geschichte des Protestantismus in Österreich 3/1882, S. 153-184; sowie neuerlich der von *Gerhard Flossmann* herausgegebene Faksimiledruck „Loßdorffische Schulordnung 1574", Loosdorf 1974.

[10] *Gustav Reingrabner,* Niederösterreich – eine reformatorische Bildungs- und Schullandschaft. Das protestantische Schulwesen in Niederösterreich im 16./17. Jahrhundert, in: Die evangelische Diaspora 72/2003, S. 75-92, hier: S. 79. – Eine Gesamtübersicht zur Situation in Niederösterreich bietet auch *Helene Miklas,* Das protestantische Schulwesen in Niederösterreich im 16. Jahrhundert, in: *Gustav Reingrabner* (Hg.), Evangelisch! Gestern und heute einer Kirche. Ausstellungskatalog Schallaburg 2002, S. 75-87 und S. 260.

[11] *Gustav Reingrabner,* Niederösterreich, S. 79.

Schullandschaft im Niederösterreich des 16. Jahrhunderts lässt sich folgendermaßen charakterisieren:[12]

- Im Ausgang von den spätmittelalterlichen Gegebenheiten entwickelte sich in Konkurrenz zum bestehenden katholischen Schulwesen ein vielfältiges evangelisches Schulwesen.
- Nach einer Phase der Offenheit fanden etwa seit 1560 die Pfarreien und damit auch die Schulen ihren Platz im Kirchenwesen. Diese konnten für einige Zeit zum Sammelpunkt für das evangelische Leben werden.
- Die Schulmeister waren nach 1560 in der Regel Studenten. Sie hatten ihre Universitätsausbildung nicht abgeschlossen, als sie in den Dorfschulen tätig wurden. Später gab es jedoch auch fertig ausgebildete Theologen, die in den Dorfschulen tätig waren. Nach einer Zeit der Bewährung wurden diese teilweise von ihrem Arbeitgeber an eine deutsche Universität oder zu einer deutschen Kirchenleitung gesandt, um ordiniert zu werden. Anschließend konnten sie dann in die Funktion eines Predigers berufen werden.
- Ab ca. 1550 war die konfessionelle Zuordnung der Schulen eindeutig. Obwohl es keine zentrale Planung und Leitung gab, stellte sich dieses Schulwesen *„doch als eine wohl gegliederte und vielfältige Organisation dar, die einerseits von den Bedürfnissen und grundlegenden Absichten (Bildung als Voraussetzung für eine gedeihliche Entwicklung von Kirche und Öffentlichkeit), andererseits von den vorhandenen Möglichkeiten (Pfarrnetz und Patronatsverhältnisse) bestimmt war, insgesamt aber als wertvoller Teil des evangelischen Kirchenwesens gelten kann, das im Land unter der Enns zwischen 1550 und 1627 bestanden hat. "[13]*
- Die wenigen vorhandenen Schulordnungen zeigen, dass man die Entwicklungen in den evangelischen Territorien des Reiches aufmerksam verfolgte und sich für die eigenen Bemühungen um Bildung und Schule nutzbar machte.
- Die unsicheren Rechtsgrundlagen, das Konkurrenzverhältnis zur katholischen Kirche sowie Geldmangel und personelle Probleme beeinträchtigten allerdings dieses Schulwesen.

Es handelt sich bei den vorhandenen Informationen über das reformatorische Schulwesen in Niederösterreich eher um verstreute Nachrichten, gleichwohl kann man doch ein ungefähres Bild dieser „eigenartigen und reichen Schullandschaft"[14] gewinnen.

Von den Landschaftsschulen wiesen Horn und Loosdorf eine längere Bestandszeit auf als alle übrigen Schulen. Die Schule in Horn war vierklassig und hatte etwa 60 bis 90 Schüler. Sie begann im Jahre 1578 und wurde im Jahre 1620 ge-

---

[12] Ebd., S. 88-92.
[13] Ebd., S. 90.
[14] Ebd., S. 92.

schlossen. Die Schule in Loosdorf wurde 1574 eröffnet und bestand bis zum Jahre 1627. Für sie wurde sogar ein eigenes, ziemlich großes Gebäude errichtet, das auch heute noch vorhanden ist und zu Wohnzwecken verwendet wird.

Abb.1: Heutige Ansicht des Loosdorfer Schulgebäudes (von der Rückseite) [15]

3. Die „Hohe Schule" in Loosdorf[16]

Der protestantische Adel in Österreich sah sich im Gefolge von Luthers Aufruf „An die Ratsherren aller Städte deutschen Landes, dass sie christliche Schulen aufrichten und halten sollen" (1524) aufgefordert, das religiöse und humanistische Bildungsziel in seinem Einflussbereich, in den Grundherrschaften und in den landständischen Bereichen, durchzusetzen.

3.1 Zur Geschichte der Loosdorfer Schule

Christoph von Losenstein hatte bereits eine „christenliche Schule"[17] geplant. Sein jüngerer Sohn *Hans Wilhelm* konnte zusammen mit *Balthasar Masco*, der

---

[15] Alle Fotos dieses Beitrages stammen von *Gottfried Adam.*

[16] Die folgenden Darlegungen stellen die überarbeitete Fassung meines Beitrages „Reformation und Bildungswesen in Österreich", in: *Lars Bednarz* u.a. (Hg.); Religion braucht Bildung – Bildung braucht Religion. Festschrift für Horst F. Rupp, Würzburg 2009, S. 16 ff., dar.

[17] Zum Folgenden siehe *Helene Miklas,* Die protestantische „Hohe Schule" in Loosdorf 1574-1627. Meilenstein auf dem Weg der reformatorischen Pädagogik in Österreich oder eine bloße Episode (Dissertationen an der Universität Wien 70), Wien 2001, S. 167ff. Siehe auch *Dies.,* Die Geschichte der „Hohen Schule" zu Loosdorf von 1574 bis 1627, in: Jahrbuch für die Geschichte des Protestantismus in Österreich 116/200-2001, S. 64-131.

1569 nach Loosdorf kam, das Projekt des Vaters verwirklichen. Im Jahre 1574 liegt die Schulordnung vor. Damals muss auch bereits das Gebäude der „Hohen Schule" gebaut worden sein.

Abb. 2: Blick in den Innenhof   Abb.3: Blick in das Gebäudeinnere

Es handelt sich dabei um ein zweistöckiges Gebäude, das in der Nähe der Loosdorfer Kirche liegt. Neben dem Pfarrer Balthasar Masco, der an der Schule unterrichtete, gab es Ende 1590 in der Schule einen Rektor und zumindest zwei Lehrer und einen Kantor. Die Schule blühte zu dieser Zeit auf und war weit über die Grenzen der Region hinaus bekannt.

Im Jahre 1592 wurde die Loosdorfer Schule, die zuvor von *Hans Wilhelm von Losenstein* auf eigene Kosten erhalten wurde, in den Rang einer Landschaftsschule erhoben. D.h. die Stände haben ab dieser Zeit die Schule subventioniert. Loosdorf wurde zu einem der bedeutendsten religiösen und kulturellen protestantischen Zentren des Landes. Um 1600 erreichte das schulische Leben aufgrund der relativ großen Zuwendungen von Seiten der protestantischen Stände seinen Höhepunkt.[18]

---

[18] *Gerhard Floßmann*, Zur geschichtlichen und pädagogischen Bedeutung der „Loßdorffische Schulordnung", in: *Ders.*, (Hg.), Faksimiledruck „Loßdorffische Schůlordnung 1574", Loosdorf 1974, ohne Seitenangabe.

Ab 1620 setzten finanzielle Schwierigkeiten der Schule zunehmend zu, ebenso der Druck der katholischen Obrigkeit. Nach der Schlacht am Weißen Berg vor Prag am 8.November 1620 war das Schicksal des protestantischen Adels in Österreich besiegelt. Ende 1627 musste die „Hohe Schule" wegen der Ausweisung aller protestantischen Geistlichen und Lehrer sowie auf landesfürstlichen Befehl geschlossen werden.

3.2 Die „Loßdorffische Schůlordnung"

Als ein eindrückliches Dokument ist uns die „Loßdorffische Schůlordnung. Auff befelch deß Wolgeborn Herren / Herrn Hanns Wilhelmen / Herrn zů Losenstein vnnd Schallenburg etc. gestelt / im Jar nach Christi Geburt. M.D.LXXIIII." Sie wurde in Augsburg gedruckt.[19] Die Werksleitung der Firma YTONG in Loosdorf ließ aus Anlass der vierhundertsten Wiederkehr der Schulgründung 1974 einen Faksimiledruck der Schulordnung herstellen.

Abb. 3: Titelblatt der „Loßdorffische Schůlordnung"[20]

Die Schulordnung wurde im Auftrag von *Hans Wilhelm von Losenstein* und im Namen des Lehrerkollegiums „wahrscheinlich von dem fähigen Pfarrherrn *Balthasar Masco* verfasst. Als Vorlage dienten ihm die Schriften des Straßburger

---

[19] Angabe des Druckortes auf der letzten Seite: Augustæ Vindelicorum, excudebat Valentinus Schönigk, ad portam D. Mariae virginis. – Das Vorwort ist datiert vom 28. April 1574. Der Text ist unpaginiert und hat incl. Titelblatt einen Umfang von 90 Seiten. – S. auch den Abdruck „Die Schulordnung von Loosdorf" durch *C.A. Witz*, in: Jahrbuch der Gesellschaft für die Geschichte des Protestantismus in Österreich 3/1882, S. 153-184.

[20] Wiedergabe nach dem Faksimilie-Druck, Loosdorf 1974.

Pädagogen Johannes Sturm (De litterarum ludis recte aperiendis, 1538; Scholae Launingae, 1565)"[21]. Die Schulordnung ist folgendermaßen aufgebaut:

Die Schulordnung enthält eine längere Vorrede. Darauf folgen Ausführungen zu den Aufgaben der Lehrkräfte (Cap. I. Vom Ampt eines trewen Præceptoris vnd Schůlmeisters / worinnen das fůrnemlich stehe).

In den Kapiteln II-VI geht es um die Inhalte des schulischen Unterrichts. Diese Kapitel enthalten den Lehrplan für die Klassen eins bis vier. Eine fünfte Klasse wird im Blick auf eine größere Schülerzahl eingeplant (Kap. VII).

In den folgenden Kapiteln geht es (1) um die Stellung der Religion im Schulprogramm, (2) um Hinweise zur Unterrichtsmethodik, (3) um das Prüfungswesen, und (4) um die Bestrafung.

(Zu 1) Kap. VIII. (Von der Lection der Heyligen Bibel und anderen Vbungen der Gottseligkeit) handelt von den täglichen Andachten, gottesdienstlichen Übungen, Gesängen und Gebeten.

(Zu 2) Kap. IX enthält Hinweise für das tägliche Wiederholen des Stoffes und für die wöchentlichen Prüfungen. Kap. X (Von den Diarijs vnnd Schreibbúchern der Knaben) geht auf das Führen der Hefte ein, die als „Speicher der Bildung" bezeichnet werden.

(Zu 3) In Kap. XI ist die Leistungsbeurteilung das Thema. Hier werden die halbjährlichen Prüfungen behandelt. Diese sollen im Beisein des Pfarrers, Hofpredigers und einiger Eltern von Schülern durchgeführt werden. Im Anschluss an die Prüfungen werden an einem festgelegten Tage die „promotiones", wiederum im Beisein von Pfarrer, Richter und Ratsgeschworenen, feierlich vollzogen. Die Schüler bekommen gemäss ihren Leistungen ihre Plätze zugeteilt.

„vnnd ordnet sy der Schůlmeister auffs neŵ / einen jeden / nach dem er vil oder wenig / fleißig oder vnfleißig studiret / vnnd werden die fleißigen in der ordnung den vnfleiigen furgezogen vnnd offentlich jhres fkeisses halben gerhůmet / vñ mit einem geschencklein/ Schreibzeug / Bůchlein / oder dergleichen verehret/ die vnfleißigen aber werden von jrer hohern stelle vnd sessiondegradiret .. / vnd zů mehrerm fleiß vermanet. "[22]

(Zu 4) In Kap. XII geht es um die Frage der Bestrafung. Es wird das Institut der „Censores" vorgestellt. Mit diesem Amt sollen Schüler beauftragt werden, die sittenwidriges Verhalten der Mitschüler in Tabellen einzutragen. Dieses Verhalten wird dann am Samstag bestraft. Es gibt ein gestuftes System, das bis zum Verweis von der Schule reicht.

---

[21] *Gerhard Floßmann*, ebd., Einleitung.
[22] Cap. XI, Bl. Ev f.

Bemerkenswert ist das Kap. XIII. (Von armen Knaben und Mendicanten). Es handelt von Stipendien für zehn bis zwölf arme Schüler. Sie sollen freie Wohnung und einen wöchentlichen Zuschuss für Essen, Bücher und Kleidung erhalten.

Am Ende folgen – nun nicht mehr in deutscher, sondern in lateinischer Sprache – die Schulgesetze. Sie werden jeweils für Lehrkräfte und Schüler getrennt aufgeführt. Sie basieren, wie die Überschrift „Leges Scholæ Losdorfianæ & Argentinensibus" erkennen lässt, auf den Regeln, die *Johannes Sturm* formuliert hat.

4. Zum Bildungsziel und zu den Kompetenzen der Lehrkräfte

Die „Vorrede an den Christlichen Leser"[23] in der Schulordnung umfasst insgesamt vierzehn Seiten. In ihr wird das Bildungsziel der Schule formuliert.

4.1 Das Bildungsziel

Die Vorrede beginnt mit dem Hinweis auf die Perikope vom Hauptmann von Kapernaum in Lukas 7,1ff. Dabei wird auf ein kleines Detail Bezug genommen, das in aller Regel nicht weiter beachtet wird. In V. 4f. heißt es, dass die Ältesten der Juden bei Jesus Fürsprache für den Knecht des Hauptmannes und seine Heilung einlegten. Zur Begründung verweisen diese darauf, dass der Hauptmann es wert sei, dass seine Bitte erfüllt werde, denn er habe das jüdische Volk sehr lieb „und die Synagoge hat er uns erbaut" (V. 5). Dies Detail wird in der Vorrede aufgenommen: Die Juden legen bei Jesus Fürsprache ein, weil er ihnen

„den Juden / eine Schůle / darinnen sy das Gesetz Gottes und die Propheten lesen/ predigen/ erkleren vñ lernen künden / erbawet hatte."[24]

Dieser heidnische Hauptmann wird den Regierenden als ein gutes Vorbild für ihre Tätigkeit hingestellt. Die mit der Regierung beauftragten Personen sollen nicht

„allein schőne Stätte/ veste Schlösser / uñ statliche Ratheuser bawen / vnd Fride / gericht vnd Gerechtigkeit in zeitlichen sachen schützen vnd handhaben .../ Sonder auch Kirchen vñ Schůlen auffrichten/ vnnd mit Gottsfürchtigen uñ tüchtigen personen Lerern vnd Schůlmeistern bestellen/ uñ notturfftigklich vnterhalten", sondern zusehen, „das jre Vnterthanen jre Kinder / vnd Knaben / die zur lere geschickt sein / mit ernst/ in die Schůlen / und zů den studijs literarum halten."[25]

Ganz im Sinne M. Luthers wird darauf verwiesen, dass man der Schule aus zweierlei Gründen bedarf: Einerseits braucht man „zum Kirchenampt vñ Got-

---

[23] Loßdorffische Schůlordnung, Bl. Aij ff.
[24] Ebd., Bl. Aij.
[25] Ebd., Bl. Aiij.

tesdienst" ausgebildete Pfarrer, Prediger und Schulmeister und andererseits bedürften die Regierungen auf den verschiedenen Ebenen Räte, Sekretäre, Schreiber, Amtsleute, Pfleger, Schlosser, Bürgermeister, Richter und Schöffen. Zudem bedürfe man im Hausstande auch vernünftige, sittsame, gottesfürchtige Bürger, Hausväter, Hausknechte usw.

> *„Vnd kann man doch dise leute alle niergendt anders woher nehmen / dann auß Christlichē wolbestelten Schůlen.* "[26]

Gegen Ende wird herausgestellt, dass die Schulordnung im Interesse einer qualitativ guten Schulausbildung ausgearbeitet worden sei und dass sie einen hohen verbindlichen Charakter habe. Das liest sich folgendermaßen: Der Schulerhalter habe

> *„mit gůtem raht vnd bedacht / dise Christliche Schůlordnung stellen vnd drucken lassen / welcher nicht allein die jetzigen/ sondern auch zů jederzeit gegenwerdige vñ künfftige Schuldiener in allen puncten Christlich vñ getrewlich geleben / vnd auß eigenem gůtduncken dawider nichts handeln noch fürnemen / noch sich jres gefallens der Jugent* Lectiones *vnnd* Autores *zu proponiren / vnd zu verendern vnterstehen sollen. Wie dann auch der Pfarherr allzeit selbst darauff achtung haben / vnd da von dem Schůlmeister oder andern* Collegis *darwider gehandelt / oder denselben vnfleißig nachgegangn wurde / dessen wie billich sy anredē / endern vñ straffen / vñ seiner G. als dem Oberherrn anzeigen.* "[27]

Diese Aussagen über den Verbindlichkeitsgrad der Schulordnung sind durchaus bemerkenswert. Dieser Qualitätsgesichtspunkt ist ein durchaus interessanter Aspekt dieser Schulordnung. Dazu passt auch, dass die Angaben zu den einzelnen Klassen und ihren Unterrichtszielen sehr präzise gehalten sind.

4.2   Die Kompetenzen der Lehrkräfte

Kap. I handelt „Vom Ampt eines trewen Præceptoris und Schůlmeisters/ worinnen das fürnemlich stehe." Bei dem Beruf geht es darum, dass „die jungen Knaben das Alphabet / vnd die Bůchstaben keñen / vñ zusammen in die Syllaben setzen / vnd entlich recht lesen / schreiben vnd declinirn lernen."[28] Auch wenn dies nach weltlichen Maßstäben gering zu sein scheine, so zählt dies doch zu den höchsten Werken:

- *Zum Ersten*, damit die Jugend den Katechismus und die Heilige Schrift lesen und verstehen und daraus Gott recht erkennen, ehren und anrufen lernt und mit der Zeit dieses auch andere lehren kann.
- *Zum andern*, dass sie auch die für das zeitliche Leben guten und notwendigen Künste, Sprachen und Sitten lernen, damit sie auch im weltlichen Regi-

---

[26] Ebd., Bl.Aiiij.
[27] Vorrede, gegen Ende.
[28] Loßdorffische Schůlordnung, Bl. B.

134

ment und Hausstand „nützliche Leut" sein möchten.

Es werden sodann vier „Hauptpunkte", die wir als Kompetenzen bezeichnen können, für dieses Amt herausgestellt:

- "I.   In vera pietate cordis & vitae.
- II.   Scientia utilis & necessaria doctrinae.
- III.   Prudentia seu modo informandi et gubernandi ingenia & studia puerorum.
- IV.   Philoponia vel sedulitate."[29]

(Zu I.) Das erste Erfordernis ist die „*pietas*". Ein Lehrer soll für seine eigene Person „gůten grundt vnnd rechten verstandt" haben im Blick auf die wahre Gottseligkeit und den christlichen Glauben. Er gibt für seine Schüler in Lehre und Leben ein gutes Exempel ab. Hier geht es also um die Frömmigkeit des Lehrers, um seine Selbstkompetenz und Authentizität.

(Zu II.) Als zweite Kompetenz gehört zum Amt eines Lehrers die

„Doctrina, Kunst vnnd geschickligkeit / das ist / das er auch seine Lateinische / vnd Griechische / vnd wolt Got auch die Hebreische sprache / sampt anderen guten künsten ...zimlich wisse / verstehe vnd gelernet habe / oder ... noch mit fleißund ernst studire vnd lerne."[30]

Damit kommen das Wissen und die Fachkompetenz in den Blick. Der Lehrer soll die lateinische, griechische und eventuell auch hebräische Sprache kennen sowie in Grammatik, Dialektik, Rhetorik, Musik, Arithmetik, Astronomie und Geometrie, also den sieben freien Künsten, und dazu in Physik, Ethik, Geschichte, Poetik usw. bewandert sein. Hervorzuheben ist aber, dass neben der pietas hier die Sprachen der Bibel eine Schlüsselrolle zugewiesen bekommen. Das entspricht Luthers Konzeption, für den ja die Sprachen für die schulische Bildung von besonderem Belang sind. Aber es ist auffällig, dass auch die deutsche Sprache ein besonderes Gewicht bekommt. In der 3. Klasse geht es darum, dass man die Schüler „von Jugendt auff auch zů dem deutschen *Stylo* vnnd *Orthographia*, vnd guten reinen verständtlichen deutschen worten gewenne."[31]

(Zu III.) Ein Lehrer soll drittens über eine didaktisch-methodische Kompetenz verfügen. So kann man wohl „*Prudentia seu Methodus*" am besten wiedergeben. Es geht hier um mehr als methodisches Know-how. Beim planmäßigen Lehren soll der Unterrichtende die verschiedenen Interessen und Fähigkeiten der Schüler berücksichtigen: „[...] dz ein *Præceptor*, mit vernünfftiger discretion / verstandt vnnd bescheidenheit sich gegen seinen *discipulos* zuerzeigen / vnnd seine *Institution* und *disciplin,* nach derselben alter / *Ingenia*, naturn vnnd

---

[29] Ebd., Bl. Bij.
[30] Ebd., Bl. Biij.
[31] Ebd., Ende von Kap. 5.

geschickligkeit/ ordentlich und weißlich anzustellen." Damit wird „den wachsenden Jaren vnd zunemen der Studirenden" Rechnung getragen.

Es wird betont, dass es nicht darum geht, alle „Schuhe vber einen Leiste(n) machen", sondern es ist zu bedenken, „wie schwachen vñ starcken *Ingenijs* zugleich zu dienen vnnd fortzuhelffen (nach dem in einer jeden Schůlen die köpffe vnd Knaben sehr vngleich)" sind. Eine Gleichbehandlung würde daher wenig nutzen und die Schüler in ihren Studien eher behindern als fördern. Wir stoßen hier auf ein erstaunliches Maß an Einsicht in die Notwendigkeit von Individualisierung und Differenzierung der Lernprozesse. – Unter Bezug auf M. Luther wird herausgestellt, dass für das Amt des Schulmeisters besondere Leute nötig sind. Jedenfalls wird eine deutliche Wertschätzung des Lehrerstandes zum Ausdruck gebracht. Schließlich wird noch auf die Notwendigkeit der eigenen Weiterbildung verwiesen.

(Zu IV.) Als letzter Punkt wird die *„Philoponia vel Sedulitas"* genannt. Hier geht es um die Gewissenhaftigkeit und Dienstbeflissenheit im Schulalltag. Es wird insbesondere betont, dass ein guter Lehrer wiederholen, täglich üben, vermahnen und noch einmal wiederholen soll, damit die Schüler auch wirklich das Gelernte behalten. Wo das nicht geschehe, werde in acht Tagen so viel vergessen, wie man in acht Wochen zuvor gelernt habe. Nur wenn man täglich die Sachverhalte wiederholt und übt, ist es möglich, „das ein Mensch hohe künste vnd leren recht fassen / vnd lernen kann."[32] – Im beständigen Wiederholen liegt ein wesentliches pädagogisches Anliegen des Lehrplans. Das zeigt sich auch darin, dass in den Kapiteln IX und X die täglichen Wiederholungen und die Prüfungen im Sinne der Anerkennung des Gelernten und die Schülerbücher als Mittel zur Befestigung des Gelernten herausgestellt werden.

5. Das Schulprofil

Entsprechend den Ausführungen zu den unterschiedlichen Fähigkeiten der Knaben wird die Loosdorfer Schule in vier Klassen unterteilt (Kap. II). Hierbei geht es um eine Zuordnung aufgrund der Fähigkeiten der einzelnen Schüler. Eine 5. Klasse wird prophylaktisch eingeplant. In den Kapiteln III bis VII folgen die Konkretionen zu den fünf Klassen.[33]

5.1 Die Klassenstufen und ihr Lehrplan
(1) Die erste Klasse
bilden die *„Alphabetarij"*, d.h. die Schüler, die das Alphabet kennen lernen und

---

[32] Ebd., B l. Bv.
[33] Im Folgenden werden die Kap. III-VII behandelt (5.1). Aus Gründen des Umfangs müssen wir uns dann auf die Fragen der Disziplin (Kap. XII) und der Religion im Schulprofil (Kap. VII) konzentrieren. Eine detaillierte Würdigung der „Leges Scholae" am Ende der Schulordnung sowie der pädagogischen Reflexionen zu den Schreibbüchern, den Prüfungen und „promotiones"(Kap. IX-XI) muss unterbleiben.

lesen und schreiben lernen sollen.[34] In der ersten Stunde (7-8 Uhr) lernen die Kinder das Beten und die Hauptstücke aus dem Kleinen Katechismus von Martin Luther – in deutscher Sprache und ohne die Erklärungen. Von 8-9 Uhr geht es um Lesen und Schreiben. Dafür wird ein eigens für die Loßdorffische Schule gedrucktes ABC-Büchlein verwendet. Um 9 Uhr erfolgt nach einem Lied oder dem gesprochenen Glaubensbekenntnis die Entlassung aus der Schule.

Um 12 Uhr beginnt – wiederum mit einem Lied – der Nachmittagsunterricht. Es schließt sich für alle Klassen der Musikunterricht an. Es folgt eine Pause von einer halben Stunde, die bis 13:30 Uhr dauert. Anschließend lernen die Schüler zwei oder drei lateinische Vokabeln auswendig – zusammen mit der deutschen Übersetzung. Die fleißigsten Schüler können schon um 14 Uhr nach Hause gehen. Aber auch die anderen Schüler dürfen nachmittags nicht mehr als zwei Stunden Lernzeit in der Schule verbringen. Damit die Kinder nicht überfordert werden, sondern „desto lustiger vnnd williger in den Schůlen sein", soll die Zeit nicht überschritten werden. Freitags wird alles repetiert.

Wenn die Kinder „den deutschen Catechismum on außlegung / Deutsch vnnd Lateinisch fertig lesen / vnd zimlich schreiben gelernet" haben, werden sie feierlich examiniert und in die nächste Klasse versetzt.

(2) In der zweiten Klasse
ist der Unterricht jeweils auf drei Stunden am Vor- und Nachmittag ausgedehnt.[35] Zunächst wird auch wieder der Kleine Katechismus Luthers, weiterhin in Deutsch, jetzt mit Auslegung, behandelt. Dies ist deshalb bemerkenswert, weil nach anderen Schulordnungen der Katechismusunterricht nur in der lateinischen Sprache abgehalten wird. Das Zentrum der zweiten Klasse liegt im Unterricht in der lateinischen Sprache. Aber in Loosdorf wird die deutsche Sprache offenbar in stärkerem Maße gepflegt, als dies uns aus anderen Schulordnungen bekannt ist.

Der Nachmittagsunterricht beginnt mit dem Musikunterricht. Von 13-14 Uhr folgen lateinische und deutsche Schreibübungen. Die letzte Stunde von 14-15 Uhr ist für das Vokabellernen reserviert. In der gleichen Stunde sollen aber auch die Grammatikregeln ein- oder zweimal in der Woche zum Thema werden. Der Freitag ist wiederum der Tag der Wiederholung. Um 15 Uhr wird die Vesper gemeinsam gefeiert. Danach gehen die Kinder nach Hause.

Nach einem Jahr findet wiederum eine Versetzung in die nächsthöhere Stufe statt. Die Schüler müssen dafür den deutschen Katechismus mit Erklärungen gelernt haben, gut lesen und schreiben können, einige hundert lateinische Vokabeln und Sprichwörter auswendig wissen, sowie deklinieren und konjugieren können. Dies ist eine klare Formulierung des zu erreichenden Bildungsstandards für den Übergang in die dritte Klasse.

---

[34] Loßdorffische Schulordnung (1574), aaO, Kap. III.
[35] Ebd., Kap. IV.

(3) In der dritten Klasse
erstreckt sich der Unterricht auf je drei Stunden am Vor- und Nachmittag.[36]
Montag bis Mittwoch beginnt der Unterricht jetzt mit dem Auswendiglernen von
Vokabeln. Donnerstag bis Samstag kehrt der Religionsunterricht gemäß der
Schulordnung in die erste Stunde zurück. Gegenstand ist dabei das weit verbrei-
tete „Das kleine Corpus doctrinae" in deutscher Sprache von Matthäus Judex.
Die zweite Stunde ist für den Grammatikunterricht vorgesehen. Montag bis
Mittwoch wird an der Etymologie gearbeitet, während donnerstags und freitags
die Syntax Inhalt des Unterrichts ist. Dazu werden in der dritten Stunde am
Montag und Dienstag Lesestoffe (Cicero), am Mittwoch Poetik (Vergil), am
Donnerstag und Freitag Sprüche (wiederum Cicero), am Samstag das Evangeli-
um in Griechisch behandelt.

Am Nachmittag ist Montag bis Mittwoch Singen und Musiktheorie dran. Donnerstag und Freitag geht es um Arithmetik („auß eim kurtzen deutschen
Rechenbúchlein"). Die zweite Stunde ist unterschiedlich gestaltet: Montags und
dienstags zwei oder drei Denksprüche aus Catos Schriften, unter Beachtung von
Etymologie, Syntax und Prosodie; Mittwoch explizit die Lehre vom Akzent und
den Silbenqualitäten; Donnerstag und Freitag griechische Sprache und Grammatik. Die dritte Stunde am Nachmittag ist für die Unterweisung im lateinischen
(und deutschen) Stil vorgesehen. Hier finden auch deutsche Stilübungen statt,
indem ein Brief, ein Bittschreiben, eine Klage- oder Verteidigungsschrift erstellt
werden. Auch deutsche Briefe Luthers können herangezogen werden. Hervorgehoben wird, dass die Schüler auch „zu dem deutschen *Stylo* vnnd *Orthographia,*
vnd gúten reinen verständtlichen deutschen worten" zu gewöhnen seien – mit
der Begründung, dass sie diese Sprache in Kirche und Staat am meisten gebrau-
chen müssten und es eine große Zier und Tugend sei, die deutsche Sprache in
verständlicher Weise zu beherrschen.

(4) In der vierten Klasse[37]
soll nun die lateinische Grammatik mit den Grammatikbüchern von *Philipp Melanchthon* zum Abschluss gebracht werden. Das Gleiche gilt für die griechische
Grammatik mit Hilfe des entsprechenden Schulbuches von *Johannes Sturm.* Die
Cicero-Lektüre wird fortgesetzt. Die Schüler lernen dadurch einen guten lateinischen Wortschatz, die rechte Orthografie und Syntax gemäß den Regeln der
Grammatik, gute lateinische Satz- und Redewendungen und den klaren Aufbau
von Reden und Satzgefügen. Die Erweiterung des Wortschatzes wird unter
Heranziehung von Wörterbüchern fortgesetzt. Im Religionsunterricht wird nun
aus dem Griechischen übersetzt: zum einen aus Luthers Kleinem Katechismus in
der griechischen Version und zum andern aus dem Neuen Testament. Auch die

---

[36] Ebd., Kap. V.
[37] Ebd., Kap. VI.

Glaubenslehre wird fortgesetzt. Weiterhin stehen auf dem Stundenplan: Singen und Musiktheorie, Arithmetik, Rhetorik, Dialektik.

Mit der vierten Klasse ist der Schulbesuch offiziell beendet. Die Kinder verlassen die Schule und können auf einer anderen Hohen Schule (z.b. Graz oder Linz) weiterstudieren oder sich an der Philosophischen Fakultät einer deutschen protestantischen Universität einschreiben.

(5) Für die fünfte Klasse
wird ein grober Aufriss gegeben.[38] Es werden als Stoff neun Punkte genannt:

- – Biblischer Unterricht anhand des Römerbriefs von Paulus auf Griechisch;
- – Behandlung der Confessio Augustana auf lateinisch;
- – Dialektikunterricht mit Melanchthons entsprechendem Buch;
- – Rhetorik mit Melanchthons entsprechendem Lehrbuch;
- – Griechische Lektüre anhand von Demosthenes, Homer, Herodot;
- – Lateinische Lektüre anhand von Cicero, Sallust, Caesar und Vergil;
- – Physik und Astronomie anhand von Cornelius Valerius;
- – Hebräisch kommt als dritte Fremdsprache hinzu;
- – Einführung in die Philosophie anhand einer Melanchthon-Schrift.

Diese Übersicht zu den fünf Klassenstufen zeigt ein im Ganzen anspruchsvolles Lehr- und Lernkonzept, das in den einzelnen Stufen deutlich aufeinander aufbaut.[39] Dem Bildungsplan liegt eine Reihe von interessanten pädagogischen Prinzipien zugrunde, die unter 6.2 noch aufgezeigt werden.

5.2 Zur Frage der Disziplin

Die Disziplinfragen werden in einem eigenen Kapitel „Von der *Nota Censoria & malorum morum tabella,* vnd züchtigung der straffwirdigen Knaben" behandelt.[40] Mit Recht bezeichnet *Helene Miklas* diesen Abschnitt als „eines der liebenswürdigsten Kapitel der gesamten Schulordnung"[41].

Zur Erhaltung der Disziplin werden vom Lehrer einige Schüler als „Censores" oder „Duces" bestellt. Sie sollen auf die anderen Knaben aufpassen und eine „tabella morum" führen. Darin sollen die Mitschüler verzeichnet werden,

„die deutsch reden oder sonsten sich in worten / wercken vñ geberden / inn Kirchen / Schülen/oder auf der gassen vngebürlich halten / einander schelten / rauffen oder schlagen / inn der Kirchen schwatzen oder vnfüg *treiben / fluchen / schweren / vmblauffen mit steinen nach anderen leuten werfen/ unzüchtige wort*

---

[38] Ebd., Kap. VII.
[39] *Helene Miklas* bietet einige Informationen „Aus der Praxis der Schule". Diese gewähren einen kleinen Einblick in die schulische Realität (Die protestantische „Hohe Schule" in Loosdorf 1574-1627, S. 207-246).
[40] Ebd., Kap. XII.
[41] *Helene Miklas,* Die protestantische „Hohe Schule" in Loosdorf 1574-1627, S. 120.

reden / böse vnzüchtige Bücher oder Lieder lesen oder singen / one Rock oder Mantel in Hosen vnd Wammes in die Schůl vñ Kirchen gehen / vñ was dergleichen sachen mehr seind. "[42]

Am Samstag wertet der Lehrer die ausgefüllten Tabellen aus und führt die Bestrafung durch.

- Es wird empfohlen, dass kleinere Verfehlungen mit Stillschweigen übergangen oder mit milden Worten und Ermahnungen gerügt werden.
- Bei mutwilligem und absichtlichem Fehlverhalten soll man mit den Schülern ernsthaft reden und Verwarnungen aussprechen. Dabei sollen passende Sprüche, die teilweise auch im ABC-Buch zu finden sind, zitiert und auf frühere und gegenwärtige Beispiele böser und frommer Kinder und deren Bestrafung verwiesen werden.
- Bei schweren Vergehen oder wenn die Vermahnungen gar nichts helfen, „da můß man [sich] trawen auch die Rhuten zuhülffe nehmen" – gemäß Proverbien 20,30. Die sprachliche Formulierung zeigt bereits, wie zurückhaltend dies Mittel empfohlen wird. Es folgt eine deutliche Absage an die Lehrer, die gerne und häufig schlagen.
- Wenn gar nichts mehr hilft, gibt es nur die Möglichkeit des Ausschlusses aus der Schule.

Es werden auch erstaunlich „moderne" Möglichkeiten der folgenden Art für eine mögliche Bestrafung angeboten:

- Wenn die anderen Kinder frei haben oder wenn Zeit zum Spielen ist, kann derjenige, der etwas „verbrochen" hat, davon ausgeschlossen werden. Er muss dann in dieser Zeit in der Schule zur Strafe etwas Nützliches auswendig lernen.
- Die größeren und reicheren Knaben könnten auch durch „ein geltlein" gestraft werden. Dies wird gesammelt, um für die fleißigen Schüler Geschenke zum Examen zu kaufen.

Das Kapitel schließt mit einer letzten Mahnung an die Lehrer. Damit wird eine Praxis angeprangert, die offenbar in Schulen der damaligen Zeit zu finden war und in Loosdorf keinen Platz haben soll:

„Scheltwörter/ flůchens/ bey den ohren zwicken/ zum kopff schlagen/ mit Füssen stossen/ vnnd dergleichen vngebürlichen wesens/ sollen sich die Præceptores *gentzlich enthalten.* "[43]

Die Art und Weise, wie in der vorliegenden Schulordnung mit Disziplinfragen umgegangen wird, kann für die damalige Zeit – und darüber hinaus - als pädagogisch progressiv angesehen werden. Es taucht kein Hinweis auf eine Kollektiv- oder Karzerstrafe auf. Vielmehr wird genau nach dem Verhalten des Kindes

---

[42] Ebd., Kap. XII.
[43] Ebd., Kap. XII, am Schluss.

gefragt, nach dem Grad seines Fehlverhaltens differenziert und ein entsprechendes Strafmaß festgesetzt.

5.3 Religion im Schulleben

Im Schulcurriculum finden wir im Blick auf das Thema Religion Ausführungen zur Behandlung biblischer Texte (vornehmlich Evangelien und Paulusbriefe), zur Thematisierung von Fragen der Glaubenslehre (Katechismusunterricht) und zur Lektüre des Sonntags-Evangeliums. Daneben gibt es ein eigenes Kapitel, das die Überschrift trägt: „Von der Lection der Heyligen Bibel und anderen Vbungen der Gottseligkeit"[44]. Hier wird noch einmal auf den Zweck einer christlichen Schule hingewiesen, wenn es heißt:

„Suchet am Ersten das Reich Gottes und seine Gerechtigkeit / so wirdt euch das ander alles zufallen / Matth. am 6. Capitel. Vnd seind je der Christen Schůle nicht allein vmb Heidnischer kunst vñ Autorn / sondern am aller meisten vmb Gottes furcht vñ christlicher lere willen auffgerichtet vnd zuerhalten. "

Das Andachts- und Gottesdienstleben ist für das evangelische Profil einer Schule wichtig. Es wird folgendermaßen konkretisiert:

- *Am Morgen* beginnt der Unterricht mit einem Gebet. Anschließend wird ein halbes oder ganzes Kapitel aus dem Alten Testament und *Veit Dieterichs* Summarium in Deutsch verlesen.
- *Um 9 Uhr* wird das „Te Deum laudanus" gesungen, gelegentlich auch die Litanei aus Luthers Gesangbuch oder das Athanasische Glaubensbekenntnis oder ein Psalm Psalm Davids.
- *Mittags um 12 Uhr* wird „Veni sancte spiritus", „Veni creator spiritus" gesungen oder das „Nicänum" oder das „Credo in vnum Deum".
- *Nachmittags um 3 Uhr* findet eine gewöhnliche Vesper statt, bei der ein Schüler ein Stück aus der deutschen Bibel vorliest.

Es schließen sich längere Ausführungen über das angemessene Verhalten in der Kirche an. – Religion ist auf diese Weise im Schulleben tagtäglich nicht nur in der Reflexion, sondern auch im praktischen Vollzug präsent.

6. Die Loßdorffische Schulordnung und reformatorisches Bildungsverständnis

Die „Loßdorffische Schulordnung" stellt ein interessantes Dokument protestantischer Bildungsgeschichte dar. Es zeigt einerseits den breiten Konsens reformatorischen Bildungsdenkens und andererseits, dass die Konkretion vor Ort durchaus eigenständige Aspekte aufweisen kann.

---

[44] Ebd., Kap. VIII.

6.1 Gemeinsamkeiten mit dem reformatorischen Bildungsanliegen

Bei der Loßdorffischen Schulordnung handelt es sich erkennbar um eine Konzeption, die auf dem Boden des reformatorischen Bildungsdenkens beruht. Dabei handelt es sich durchaus um einen Ansatz, der Martin Luther verpflichtet ist. Dies zeigt sich vor allem darin:

- Auf M. Luther wird häufig, nicht nur im Zusammenhang mit dem Kleinen Katechismus Bezug genommen.
- Die bildungstheoretischen Begründungsargumente Luthers sind deutlich erkennbar.
- Für viele Fragen und Entscheidungen werden biblische Begründungen gegeben.
- Wesentliche Prinzipien und konkrete Vorschläge sind aus dem „Unterricht der visitatoren an die pfarrherrn im kurfürstentum zu Sachsen" (1528) übernommen. Dieser Text stammt von Ph. Melanchthon, war aber mit M. Luther abgestimmt und von ihm mit einem Vorwort versehen worden.
- Die Musik, die Luther überaus schätzte, ist als Unterrichtsgegenstand deutlich verankert.
- Biblische Texte als Unterrichtsgegenstand und der Luthersche Katechismus als Lehrbuch haben einen hohen Stellenwert in Unterricht und Schulleben.
- Den biblischen Sprachen und dem Sprachunterricht kommt ein hoher Stellenwert zu.

6.2 Spezifika der Loosdorfer Schule und ihrer Schulordnung

Die Loßdorffische Schulordnung zeigt eine Reihe von Spezifika:

- Es gibt hinsichtlich der Anlage und der Ausführung der Schulordnung keine Parallele zu anderen protestantischen Schulordnungen im damaligen Österreich. Dabei ist in den praktischen Fragen eine „Anlehnung" an Johannes Sturm und seine Überlegungen erkennbar.
- Für die erste Klasse gab es ein eigens für die Loosdorfer Schule gedrucktes ABC-Buch. Es ist in Kap. III beschrieben. Gegenwärtig kennen wir aber kein Exemplar mehr.
- Der Unterricht wird in der ersten Klasse langsam begonnen. Die Anforderungen werden in den folgenden Klassen dann gemäß den Fähigkeiten der Schüler deutlich gesteigert.
- Der Verstehenshorizont und das Aufnahmevermögen der Kinder finden Berücksichtigung.
- Es kommt teilweise zu sehr präzisen Formulierungen von Bildungsstandards beim Übergang von einer Klasse in die nächste.
- Die disziplinarischen Bestimmungen sind als human und schülerfreundlich anzusprechen.
- Der muttersprachliche Unterricht hat eine bemerkenswert hohe Stellung.
- Die Geschichte wird als eigenständiges Fach in das Curriculum aufgenommen.

142

- Frömmigkeit (pietas) und Fachwissen (doctrina) sind harmonisch in ein Gesamtkonzept integriert. Dies ist ein reformatorisches Grundanliegen. In der „Loßdorffischen Schulordnung" wird die „pietas" an erster Stelle genannt, nicht die „doctrina".
- Die Schulordnung lässt durchgängig den Geist einer Wertschätzung sowohl der Schüler als auch der Lehrer erkennen.

7. Abschließende Bemerkungen

Mit zwei Hinweisen sollen die Ausführungen ihren Abschluss finden.

7.1 Stellenwert der Schulordnung

C.A. Witz spricht mit Recht davon, dass der Schulordnung „wegen ihrer für jene Zeit beachtenswerthen Grundsätze und wegen des milden und wahrhaft pädagogischen Geistes, der sie durchweht" ein hervorragender Platz zukomme.[45] Der Einfluss *Johann Sturms* ist in der Formulierung des Bildungszieles, in den methodischen Anleitungen und durch die Aufnahme seiner Schulregeln am Ende deutlich erkennbar.

Der Einfluss *Martin Luthers* wird vor allem in den Grundlegungsfragen deutlich. Sein Name wird im Text insgesamt zehn mal explizit genannt. Aber auch auf *Philipp Melanchthon* wird mehrfach hingewiesen. Am Ende der Ordnung steht der Hinweis, dass man zu Fragen, die um der Kürze der Schulordnung willen nicht behandelt worden sind, sich aus den Veröffentlichungen J. Sturms zu den Schulen in Straßburg und Lauingen Rat holen könne.[46]

Bei der „Loßdorffischen Schülordnung" haben wir es mit einem der interessantesten Dokumente aus der Entwicklung des protestantischen Schulwesens in Österreich im Reformationsjahrhundert zu tun. Denn es zeigt ein Konzept einer evangelisch orientierten Bildung, das auf der Höhe der entsprechenden Wittenberger und Straßburger Veröffentlichungen ihrer Zeit liegt. Es handelt sich bei ihm um einen Meilenstein protestantischer Schul- und Bildungsgeschichte. Allein dieser Umstand rechtfertigt eine Erinnerung an diesen Text, der im Jahre 2014 immerhin 440 Jahre alt werden wird.

7.2 Zur Verwendung im Unterricht

Die „Loßdorffische Schülordnung" eignet sich auch zur aktuellen Verwendung im heutigen schulischen Religionsunterricht:

- Wenn im Zusammenhang mit der Reformation und der Herkunftsgeschichte der eigenen Kirche die konkrete Ausgestaltung des evangelischen Schulwesens im Reformationsjahrhundert zur Sprache gebracht wird, darf Loosdorf

---

[45] *C.A. Witz*, Die Schulordnung, S. 154.
[46] Hierbei ist wohl an die „Classicae Epistolae" und die Lauinger Schuldordnung zu denken. Beide Texte hat *Johann Sturm* im Jahre 1565 verfasst.

angesichts seiner Bedeutung nicht fehlen.

- Im geltenden „Lehrplan Evangelische Religion an allgemein bildenden höheren Schulen (Oberstufe)" von 2005 wird z.B. als Bildungsziel h) formuliert: „Die Bedeutung der Kirchen und ihre Aufgaben in der Welt erkennen, ihre historischen Bedingungen verstehen und eigene Standpunkte dazu finden".

- Für die Klasse 7 heißt es dazu: „Die Schülerinnen und Schüler erleben als Evangelische Chancen und Schwierigkeiten einer Minderheit: Sie setzen sich mit ausgewählten Etappen der Geschichte der Evangelischen in Österreich auseinander, erkennen die zentrale Bedeutung der Rechtfertigungslehre für die Reformation und entwickeln eine bewusste Wertschätzung ihres Evangelisch-Seins." Die Schulordnung aus Loosdorf dabei auch unter dem Aspekt der Rechtfertigungslehre zu lesen, ist durchaus lohnend.

- Gegenwärtig reklamieren die evangelischen Kirchen eine besondere Nähe zur Bildungsfrage und unterhalten eine Reihe von Schulen in kirchlicher Trägerschaft. Dies ist auch in der Evangelischen Kirche in Österreich der Fall. Am Beispiel Loosdorf kann die Frage des Verhältnisses von Protestantismus und Bildungsverantwortung konkret durchbuchstabiert und zum gegenwärtigen Schulehalten in evangelischer Verantwortung in Beziehung gesetzt werden.

Die Loßdorffische Schulordnung kann in unterschiedlichen Klassen und Zusammenhängen zu einem spannenden Thema werden, bei dem Gegenwart und Herkunft miteinander verknüpft werden können.

VORTRAG: RELIGIONSUNTERRICHT UND KIRCHE – SITUATION UND PERSPEKTIVEN IM ÖKUMENISCHEN UND INTERRELIGIÖSEN KONTEXT

Peter Pröglhof

Ökumenische Theolog/innen – Begegnung zur Gebetswoche für die Einheit der Christen in Tirol, Innsbruck 19.01.2012

Herzlichen Dank für Ihr Interesse am Thema Religionsunterricht. Dieses Interesse ist vor allem ein Interesse an den Kindern und Jugendlichen. Um sie geht es, und sich dessen bewusst zu sein, ist wahrscheinlich gerade zu dem Zeitpunkt, in dem hier in Innsbruck die 1. Olympischen Jugend-Winterspiele stattfinden, nicht ganz unpassend.

Ich habe mich bei der Vorbereitung auf diesen Vortrag ein wenig im Internetauftritt dieser Olympischen Jugendspiele umgesehen. Und dabei ist mir aufgefallen, wie sehr die so genannten Olympischen Werte betont werden: Neben dem Ziel des Erreichens von Höchstleistungen stehen Stichworte im Vordergrund wie Freundschaft, Respekt, die Akzeptanz jedes Menschen in seiner Herkunft und Kultur und ein friedliches Miteinander über alle Grenzen von Nationen, Sprachen und kulturellen Prägungen hinweg. Natürlich prägen das Rahmenprogramm auch die den Jugendkulturen gemäßen Angebote von Spaß und Event, aber durchaus in Verbindung damit auch von diesen Werten geprägte Angebote, wie z.b. vorgestern der Live-Act, den Schüler/innen der Ferrari-Schule gestaltet haben. In der Presseaussendung über dieses Mode-Festival heißt es:

200 verschiedene, aufwändig selbst genähte Modelle aus rund zwei Kilometern Stoff wurden von den Schülerinnen selbst auf der Bühne präsentiert. Aber dies geschah nicht einfach „nur" wie bei einer Modenschau, sondern eingebettet in Geschichten und Themen, die Jugendliche bewegen, mit dazu passender Musik und einer aufwändigen Choreografie des Choreografenteams „Street Motion". Aus den 36 Jugendkulturen, die nach Angaben der Schülerinnen insgesamt auf der Welt existieren, präsentierten sie eine Auswahl von 12 Kulturen. Alle Inhal-

te und Stile wurden im Vorfeld gründlich recherchiert, immer bezüglich der Art und Weise wie die Jugend in der jeweiligen Kultur lebt, welche Musik sie hört und natürlich welche Kleidung sie dazu trägt.

Und die Schlussbotschaft dieser Veranstaltung lautete: „Egal wie man aussieht, denkt oder lebt, jeder sollte so akzeptiert werden, wie er ist!"

Ich denke, es ist deutlich, wie sehr auch auf Seiten der Jugendlichen ein Interesse besteht, sich mit Werthaltungen auseinander zu setzen und jene, von denen sie überzeugt sind, auch weiterzugeben. Und genau das ist ja auch eines der Anliegen des Religionsunterrichtes. Dieser findet nun allerdings in einem konkreten Ausschnitt aus den Lebensräumen der Kinder und Jugendlichen statt, nämlich im Bereich Schule. Und damit ist er eingebunden in die sehr unterschiedlichen Interessen sehr unterschiedlicher Gruppen, Institutionen und Regelwerke, die das Leben der Schule bestimmen. Man spricht hier von den Schulpartnern: Schüler/innen, Eltern, Lehrer/innen – mit ihren jeweiligen Interessensvertretungen – in Wirklichkeit ist die Schule aber von einer Unzahl weiterer Interessensansprüche geprägt, wie etwa von den politischen Parteien, von der Wirtschaft, von sozialen und kulturellen Institutionen, und letztlich von allen, die etwas zur Frage von Werten und ihrer Weitergabe sagen wollen. Da haben Kirchen und Religionsgemeinschaften heute eine Stimme unter vielen.

Von daher ist es also überhaupt nicht verwunderlich, dass der Religionsunterricht, so wie er in Österreich organisiert ist, in den letzten 50 Jahren immer wieder in Diskussion gekommen ist. Warum – so könnte man fragen – hat *eine* Institution, die Kirche, oder, um genau zu sein: Warum haben die 15 gesetzlich anerkannten Kirchen und Religionsgesellschaften den Sonderstatus, ein Unterrichtsfach, nämlich Religion, zu besorgen, zu leiten und unmittelbar zu beaufsichtigen (wie es im Religionsunterrichtsgesetz heißt)?

Lassen Sie mich daher nach diesen einleitenden Bemerkungen in einem ersten Abschnitt etwas zur Begründung des konfessionellen Religionsunterrichts sagen.

1. Religionsunterricht als Dienst an der Gesellschaft

Der Religionsunterricht ist in Österreich eines der klassischen Überschneidungsfelder von Kirche und Staat, und diese wurden und werden unter dem Vorzeichen der Forderung nach Trennung von Kirche und Staat natürlich auch immer wieder sehr kritisch gesehen. Ist der konfessionelle Religionsunterricht ein „Privileg der Kirchen, um Kinder zu indoktrinieren"?

Historisch gesehen, ist die Verankerung des Religionsunterrichts in Österreich viel älter als das Konkordat zwischen dem Heiligen Stuhl und der Republik Österreich. Dieses wird fälschlicherweise immer wieder als entscheidende Rechtsgrundlage für den Religionsunterricht in Österreich bezeichnet. In Wirklichkeit ist es ein völkerrechtlicher Vertrag, der lediglich Bestimmungen für den katholischen Religionsunterricht enthält und wesentlich ältere Rechtsmaterien aufgreift.

Zu diesen sind vor allem zwei zu nennen: Das **Staatsgrundgesetz** von 1867:

„Artikel 17

(4) Für den Religionsunterricht in den Schulen ist von der **betreffenden Kirche oder** Religionsgesellschaft Sorge zu tragen."

Und das so genannte **Schule-Kirche-Gesetz** aus dem Jahr 1868 ist nach wie vor die richtungsweisende Rechtsquelle für die Stellung des Religionsunterrichts an Österreichs Schulen („Gesetz vom 25. Mai 1868, wodurch grundsätzliche Bestimmungen über das Verhältniß der Schule zur Kirche erlassen werden." [www.ris.bka.gv.at, Reichs-, Staats- und Bundesgesetzblatt 1848–1940, 48/1868)] Darin wird geregelt:

„§. 1. Die oberste Leitung und Aufsicht über das gesammte Unterrichts- und Erziehungswesen steht dem Staate zu und wird durch die hiezu gesetzlich berufenen Organe ausgeübt.

§. 2. Unbeschadet dieses Aufsichtsrechtes bleibt die Besorgung, Leitung und unmittelbare Beaufsichtigung des Religionsunterrichtes und der Religionsübungen für die verschiedenen Glaubensgenossen in den Volks- und Mittelschulen der betreffenden Kirche oder Religionsgesellschaft überlassen.

Der Unterricht in den übrigen Lehrgegenständen in diesen Schulen ist unabhängig von dem Einflusse jeder Kirche oder Religionsgesellschaft."

Dann kam für den katholischen Religionsunterricht das Konkordat von 1933. Und schließlich regelt den Religionsunterricht für alle gesetzlich anerkannten Kirchen und Religionsgesellschaften gleichermaßen das Religionsunterrichtsgesetz von 1949, immer wieder novelliert und mit ministeriellen Durchführungsrichtlinien versehen, die letzte große und viele Details regelnde das RS 5/2007 des BMUKK.

Nun, altehrwürdige Rechtstexte hin oder her, sie alle, einschließlich völkerrechtlicher Verträge, können auch geändert werden. Sie allein wären zur Begründung des konfessionellen Religionsunterrichts zu wenig. Das in Österreich verankerte Modell muss gerade in Zeiten, in denen Rechtssysteme auf europäischer Ebene einander angeglichen werden, auch einer inhaltlichen Prüfung standhalten.

Von entscheidender Bedeutung ist die Verständigung darüber, was Religion überhaupt ist. Und da wissen wir heute, dass Religion ein anthropologisches Merkmal ist, das heißt, jeder Mensch ist – explizit oder implizit – religiös. Und: Religion ist eng verwoben mit Emotion und damit auch anfällig dafür, missbraucht zu werden. Mit Hilfe von Religion kann man Menschen manipulieren und sie zu extremistischen Positionen und Handlungen verführen. Religion kann Herrschaftsverhältnisse stabilisieren und an der Unterdrückung von Menschen beteiligt sein.

Andererseits kann Religion Menschen motivieren, sich für Gerechtigkeit, Frieden und die Bewahrung der Schöpfung einzusetzen, kann Religion Menschen ungeahnte Kräfte verleihen und ihnen ermöglichen, über sich selbst hinaus zu wachsen mit ihrer Hoffnung auf eine gerechtere und friedlichere Welt.

Wie ist die eine von der anderen Seite von Religion zu unterscheiden? Wie ist es möglich, Menschen mit verschiedenen religiösen Hintergründen und Überzeugungen zu einem friedlichen Miteinander zu motivieren? Die Antwort lautet: Durch Bildung!

Deshalb gewinnt gerade in den letzten Jahren, in denen die Multikulturalität auch der österreichischen Gesellschaft immer deutlicher sichtbar wird, die religiöse Bildung als Teil der Allgemeinbildung eine immer größere Wichtigkeit.

Daher ist Religionsunterricht als Teil der Allgemeinbildung ein fester Bestandteil der österreichischen Schule und als solcher ein Dienst an der Gesellschaft.

Nun kommt aber eine besondere Komponente hinzu, die religiöse Lernprozesse durchaus auch mit anderen Lernprozessen teilen, denken wir etwa an das Sprachen Lernen oder an musikalische Lernprozesse:

Religiöse Bildung wird im Idealfall in Auseinandersetzung mit gelebter Religion vermittelt – genauso wie Sprachen am besten in der Begegnung mit gelebten Sprachen gelernt werden und Musik im Singen, Tanzen und Musizieren gelernt wird und nicht über das Lesen von Partituren. Die religiöse Bildung nimmt ihren Ausgangspunkt von der eigenen religiösen Erfahrung der Kinder und Jugendlichen in ihren Lebenswelten, begegnet der religiösen Erfahrung der Lehrkraft und der Mitschüler/innen in deren Lebenswelten, setzt sich mit der religiösen Überlieferung auseinander und führt so zu einem Zuwachs an Kompetenz, der wieder in die eigenen Lebenswelten zurückverweist. Deshalb wird in Österreich der konfessionelle Religionsunterricht nach wie vor als die beste Möglichkeit angesehen: Also der Religionsunterricht, der getrennt nach Konfessionen gehalten wird von einer Lehrkraft, die ebenfalls konfessionell gebunden ist, ein Unterricht, der aber selbstverständlich offen ist für ökumenische und interreligiöse Zusammenarbeit und Begegnungen. Darauf komme ich später noch einmal zurück.

So viel also zur Begründung des konfessionellen Religionsunterrichtes als Dienst an der Gesellschaft. Er ist die beste Form, wie religiöse Bildung als Teil der Allgemeinbildung die Humanität einer multikulturellen Gesellschaft fördern kann.

2. Religionsunterricht als Teil des Bildungs- und Erziehungsauftrags der österreichischen Schule und die Frage der Einrichtung eines Ersatzpflichtgegenstandes Ethik

Der oft zitierte § 2 des SchOG, wonach die österreichische Schule die Aufgabe habe, „an der Entwicklung der Anlagen der Jugend nach den sittlichen, religiösen und sozialen Werten sowie nach den Werten des Wahren, Guten und Schönen" mitzuwirken, bezieht sich selbstverständlich auf die Schule insgesamt, auf das ganze Leben der Schulgemeinschaft und auf alle Unterrichtsgegenstände. Wer jedoch den Schulalltag kennt, wird zugeben müssen, dass diese hehren Ziele oft gegenüber dem Vermitteln von Fachwissen und berufsvorbereitenden Qualifikationen einen schweren Stand haben. Daher war es eine wegweisende

Entscheidung des Gesetzgebers, die religiösen, (inter)kulturellen und ethischen Bildungsprozesse nicht nur in den Leitvorstellungen der einzelnen Schularten zu verankern, sondern z.B. im Lehrplan der Sekundarstufe I unter den Aufgabenbereichen der Schule die religiös-ethisch-philosophische Bildungsdimension eigens hervorzuheben.

Dem entspricht, dass im Lehrplan z.b. des Evangelischen Religionsunterrichts für die Sekundarstufe I explizit der Beitrag des Evangelischen Religionsunterrichts zu den Bildungsbereichen der Schule (Sprache und Kommunikation, Mensch und Gesellschaft, Natur und Technik, Kreativität und Gestaltung, Gesundheit und Bewegung) ausgeführt wird.

Es ist also festzuhalten, dass die Wahrnehmung der im § 2 des SchOG definierten Aufgabe der österreichischen Schule nicht ohne die Einrichtung eines eigenen Faches auskommt, das diese Aufgabe speziell zum Schwerpunkt und zum Inhalt hat. Der konfessionelle Religionsunterricht ist deswegen am besten geeignet, sich dieser Aufgabe im Interesse der Schule anzunehmen, weil die Eigenart der religiösen und ethischen Bildungsprozesse von Begegnung und Auseinandersetzung lebt und deswegen eigentlich nie „neutral" sein kann.

Es ist aber der Realität ins Auge zu sehen, dass der Anteil der Schüler/innen, die keinen Religionsunterricht besuchen, weil sie keiner gesetzlich anerkannten Kirche oder Religionsgesellschaft angehören, die Religionsunterricht anbietet, oder die von ihren Erziehungsberechtigten vom Religionsunterricht abgemeldet wurden bzw. sich selbst abgemeldet haben, wächst. Die Ursachen für diese Entwicklung sind vielfältig und sie genauer zu analysieren, würde hier zu weit führen. Tatsache ist aber, dass die österreichische Schule gegenüber diesen SchülerInnen dieselbe Aufgabe hat wie gegenüber den SchülerInnen, die den Religionsunterricht besuchen. Wenn aber, wie ausgeführt, die Wahrnehmung dieser Aufgabe nicht ohne die Einrichtung eines eigenen Unterrichtsfaches auskommt, ist die Einrichtung eines Ersatzpflichtgegenstandes Ethik für solche Schüler/innen, die keinen Religionsunterricht besuchen, zwingend.

Von daher war die Einführung des Ersatzpflichtgegenstandes Ethik als Schulversuch in der Sekundarstufe II ein Schritt in die richtige Richtung und wurde auch in den vergangenen Jahren von der Evangelischen Kirche immer positiv beurteilt. Eine Übernahme in das Regelschulwesen, sowie eine Ausweitung zumindest auch auf die Sekundarstufe I wäre prinzipiell zu begrüßen, auch wenn einige Rahmenbedingungen zu beachten sind, die sich aus den Erfahrungen mit dem Schulversuch ableiten lassen und auf die ich an dieser Stelle nicht näher eingehen kann.

Als Zwischenbilanz unter das bisher Gesagte möchte ich also festhalten, dass der Religionsunterricht immer als ein Dienst der Kirchen und Religionsgemeinschaften an der Gesellschaft im Rahmen der Institution Schule verstanden werden muss. Es kann nicht seine Hauptaufgabe sein, spezifische Teile pastoraler Arbeit in die Schule zu verlagern. Der Stellenwert z.B. der Erstkommunionsvorbereitung im katholischen Religionsunterricht der Volksschulen wird daher von mir kritisch gesehen.

3. Die Realität des Religionsunterrichts aus evangelischer Perspektive

Besondere Herausforderungen:

Im größten Teil Österreichs, besonders in Tirol, leben die Evangelischen als kleine Minderheit. Das bedeutet, dass vor allem an den Pflichtschulen oft nur sehr wenige Kinder zusammenkommen, in vielen Fällen sind es nur 1 oder 2 Kinder an der ganzen Schule. Also müssen Unterrichtsgruppen aus mehreren Klassen und oft auch aus mehreren Schulen oder sogar Schularten gebildet werden. Das ist meist nur in Randstunden zu Mittag oder am Nachmittag möglich. Für die Kinder und ihre Eltern bedeutet das häufig zusätzliche Schulwege, für die Lehrkräfte einen enormen organisatorischen Aufwand bei der Bildung von Unterrichtsgruppen und beim Erstellen des Stundenplans. Eine Lehrkraft mit einer vollen Lehrverpflichtung von 22 Wochenstunden unterrichtet meist Kinder aus mehr als 10 Schulen, im ländlichen Bereich sind es meist mehr Schulen als Wochenstunden. Manche Lehrkräfte verbringen mehr Zeit im Auto auf dem Weg von Schule zu Schule (und oft auch mit dem Abholen und Heimbringen von Kindern) als in der Klasse. Unter diesen Umständen ist der Kontakt zu einem Team von Unterrichtenden an einer Schule, das Gefühl, ein „Zuhause" zu haben und integriert zu sein, oft sehr schwer umsetzbar. Die meisten reisen mit unglaublichem Gepäck voller Material, Musikinstrumenten und Jause (für die Kinder) durch die Gegend.

Dabei hat sich das Bild der ReligionslehrerInnen in den letzten Jahrzehnten stark verändert. War es früher häufig die (unverheiratete) Gemeindeschwester, die in sehr enger Anbindung an die Pfarrgemeinde (oft im Pfarrhaus wohnend) und meist in Schwesterntracht ihren Dienst versah, haben Religionslehrer/innen heute meist selbst Familie, gehen in Mutterschutz und Karenz, haben an der Kirchlichen Pädagogischen Hochschule in Wien ein anspruchsvolles Studium der Religionspädagogik absolviert und haben recht unterschiedlich starke Anbindungen an Pfarrgemeinden. Viele von ihnen sind aber weiterhin als Kindergottesdienstleiter/innen, Gemeindepädagogen/innen und in vielen Bereichen der kirchlichen Kinder- und Jugendarbeit engagiert.

Besondere Chancen:

Es gibt wohl kaum ein anderes Unterrichtsfach, in dem so sehr die Kinder mit ihren Freuden, Sorgen, Fragen und Bedürfnissen im Mittelpunkt stehen wie den Evangelischen Religionsunterricht. Die (in der Minderheitssituation gegebene) Kleinheit der Unterrichtsgruppen ermöglicht, dass auf jedes Kind individuell eingegangen werden kann. Im Unterricht spielen Atmosphäre und Beziehungsgeschehen eine ganz besondere Rolle.

In diesem Zusammenhang ist auch zu erwähnen, dass die evangelischen Pfarrer/innen im Rahmen ihres Amtsauftrages in der Regel 8 Wochenstunden Religionsunterricht erteilen müssen. Es ist eine besondere Chance, dass Pfarrer/innen ihren Wirkungsort auch im säkularen Raum der Schule haben und nicht nur im „Kirchturm". Und sie haben immer auch wertvollen Kontakt zur Jugend! Das ist trotz aller Pflichtenkollisionen zwischen Schule und Pfarramt immer wieder hervorzuheben.

Ein besonderes Phänomen ist die steigende Zahl von Kindern und Jugendlichen, die keiner gesetzlich anerkannten Kirche oder Religionsgesellschaft angehören und die am Evangelischen Religionsunterricht als Freigegenstand teilnehmen. Auch sie machen deutlich, dass das offene Angebot des Religionsunterrichts auch angenommen wird und er eine Bedeutung für den säkularen Raum Schule hat.

Dennoch werden wir immer wieder gefragt: Warum tut ihr euch das an? Und manche/r Pfarrer/in und manche/r RL fragt sich das wohl auch selbst. Da muss man sie wahrscheinlich erlebt haben: diese Sternstunden, in denen Kinder über die Grundfragen des Lebens nachdenken, ihrem Glauben auf der Spur sind und die entscheidenden Fragen stellen, an die Erwachsene sich oft kaum heranwagen. Dann kommt man selbst nach stundenlanger Fahrerei und Hektik zwischen zig Schulen beglückt nach Hause.

Allerdings müssen wir der Realität ins Auge sehen, dass in manchen Bereichen der evangelische Religionsunterricht aus organisatorischen Gründen nicht zustande kommt. So haben wir etwa keine einzige Unterrichtsgruppe an Berufsschulen in Tirol, obwohl der RU hier Pflichtgegenstand ist (das ist ja sonst in Österreich nur in Vorarlberg der Fall, in allen anderen Bundesländern ist er Freigegenstand), es gibt berufsbildende Höhere Schulen, an denen alle evangelischen Schüler/innen vom RU abgemeldet sind, und auch im HS-Bereich sind die Zahlen z.T. besorgniserregend. Hauptursache dafür ist der Stundenplan. Angesichts dieser Entwicklungen gibt es auch bei uns ein Nachdenken darüber, ob die theoretisch beste Möglichkeit des konfessionellen Religionsunterrichtes, die aber praktisch ihre Zielgruppe nicht mehr erreicht, nicht durch die theoretisch zweitbeste eines konfessionsübergreifenden Unterrichtes, von dem es dann keine Abmeldemöglichkeit mehr gibt und die daher praktisch alle Schüler/innen erreicht, abgelöst werden müsste. Wie kann das aber gehen, ohne dass dort die theoretisch beste Möglichkeit kaputtgemacht wird, wo sie auch praktisch funktioniert? Darauf weiß im Moment, glaube ich, niemand eine Antwort.

4. Ökumene und interreligiöse Zusammenarbeit in der Spannung zwischen Visionen und der schulorganisatorischen Realität

Zunächst eine Feststellung: In der Schule geschieht Ökumene in einem erheblichen Ausmaß. Das zeigt sich bei der Aus- und Fortbildung der Lehrkräfte (KPH Wien/Krems – KPH Edith Stein), es gibt zahllose ökumenische Schülergottesdienste und vielfältige gemeinsame Projekte, wie Exkursionen in Kirchen, gemeinsame Stunden zu bestimmten Themen wie Reformation u.v.a.

Auch im Bereich der interreligiösen Zusammenarbeit hat sich in den letzten Jahren viel getan. In vielen Schulen werden etwa zu Schulanfang oder Schulschluss statt der Schülergottesdienste schulinterne Feiern abgehalten, an deren Gestaltung Vertreter/innen aller Religionsgemeinschaften an der Schule beteiligt sind.

Dennoch: Das immer noch vorhandene Entwicklungspotential stößt häufig an die Grenzen der organisatorischen Rahmenbedingungen: Wie soll eine gemeinsame Religionsstunde mehrerer Religionsgemeinschaften zustande kommen, wenn der katholische RU am Vormittag stattfindet und der evangelische, orthodoxe oder islamische Religionsunterricht klassenübergreifend am Nachmittag, wenn außer der Reinigungskraft sonst niemand mehr im Schulhaus ist? Die Lehrerkollegien zahlreicher Schulen haben den/die evangelische ReligionslehrerIn noch nie gesehen und er/sie schafft es auch nicht, in 17 Schulen in Konferenzzimmern präsent zu sein.

Da bedarf es sehr viel Sensibilität und Kooperationsbereitschaft auf allen Seiten. Da darf es z.B. nicht vorkommen, dass die katholischen RL einer Schule einen Schülergottesdienst komplett vorbereiten und dann hinterher draufkommen, wir könnten doch eigentlich den/die evangelische ReligionslehrerIn fragen, ob er/sie vielleicht bei den Fürbitten mitmachen will. Und der/die evangelische Religionslehrerin muss immer wieder die Kontakte in den Schulen suchen und darf sich nicht mit der Begründung zurückziehen, dass er/sie eh nicht überall gleichzeitig sein kann.

Und es braucht die Unterstützung seitens der Schulleitungen. Ökumene und interreligiöse Zusammenarbeit müssen als Teil des Schulklimas verstanden werden, als Teil der Schulentwicklung, für die der Schulleiter/die Schulleiterin hauptverantwortlich ist. Dort, wo Schulleiter/innen diese Bereiche der Schulentwicklung fördern und fordern, geraten die Beteiligten auch wesentlich weniger in die Gefahr der Überforderung.

Das Gleiche gilt für uns, die für die Besorgung, Leitung und Beaufsichtigung des Religionsunterrichts Verantwortlichen. Und so möchte ich Ihnen zum Schluss von einer sehr spannenden Arbeitsgruppe berichten. Im Zuge der Entwicklung der Neuen Reifeprüfung wurden die Vertreter/innen der verschiedenen Kirchen und Religionsgesellschaften, die in Österreich konfessionellen schulischen Religionsunterricht betreiben, vom BMUKK eingeladen, gemeinsame Kompetenzanforderungen für die kompetenzorientierte mündliche Reifeprüfung zu formulieren. Die zentrale Frage war: Ist es möglich, trotz der religiösen/konfessionellen Differenzen Kompetenzen zu benennen, die in jedem Religionsunterricht in Österreich erworben und in der Reifeprüfung beurteilt werden können? Es galt also, über konfessionelle und religiöse Grenzen hinauszublicken und – ohne die jeweiligen Besonderheiten zu verleugnen – Gemeinsames zu formulieren. Dieser Herausforderung haben sich unter wissenschaftlicher Begleitung Vertreter/innen der Kirchen und Religionsgesellschaften gestellt. Das war für mich, der ich für die evangelische Kirche in diese Arbeitsgruppe delegiert war, eine ausgesprochen interessante Arbeit. Das interkonfessionelle und interreligiöse Gespräch machte ein in dieser Art einmaliges Dokument möglich, das jetzt den beteiligten religionsgesellschaftlichen Oberbehörden zur Genehmigung vorliegt, und ich hoffe sehr, dass wir die Zustimmung von allen Seiten bekommen. Damit würde noch einmal mehr deutlich, dass der Religionsunterricht zu gemeinsamen Kompetenzen führt, die Teil der Allgemeinbildung sind und die innerhalb religiöser Bildungsprozesse von altkatholischen, buddhistischen, evangelischen, islamischen, jüdischen, neuapostolischen, orthodoxen und römisch-katholischen Schüler/innen erworben werden.

Und das sollen diese Kompetenzen sein:

Wahrnehmungskompetenz

– Die Schüler/innen sind in der Lage, sich selbst, ihr Lebensumfeld und die Welt mit ihren Chancen, Problemen, Grenzen und Entwicklungsmöglichkeiten offen und differenziert wahrzunehmen und diese Wahrnehmung zum Ausdruck zu bringen.

– Sie können religiös bedeutsame Phänomene wahrnehmen. Sie (er)kennen und verstehen Sprach-, Kommunikations- und Gestaltungsformen, die für das religiöse Selbst- und Weltverständnis charakteristisch sind.

– Sie erkennen die vielfältigen Dimensionen religiösen Denkens und Handelns und reflektieren die unterschiedlichen Zugänge zur Religion sowie verschiedene Ausdrucksformen von Spiritualität.

Religiöse Sach- und Darstellungskompetenz

– Die Schüler/innen können die zentrale Botschaft, die Grundbegriffe, die Aussagen der wichtigsten Texte bzw. Lehren, sowie entscheidende Phasen und geschichtliche Schlüsselereignisse ihrer Religion/Konfession* wiedergeben und deuten. Sie können in der Fülle des Einzelnen religionsspezifische bzw. theologische Leitmotive entdecken.

– Sie sind in der Lage, zwischen verschiedenen kulturellen Ausprägungen ihrer Religion zu differenzieren, deren Gemeinsamkeiten bzw. Unterschiede zu erkennen und sensibel darzustellen.

– Sie können Grundformen religiöser Praxis (z.B. Rituale bzw. religiöse Riten und Feiern) in ihrer allgemeinen und persönlichen Bedeutung beschreiben und reflektieren.

Interkulturelle und interreligiöse Kompetenz

– Die Schüler/innen können eigene religiöse Vorstellungen auf Grund der zentralen Deutungsmuster ihrer Religion* reflektieren. Sie können wichtige Grundlagen anderer Religionen/Konfessionen / Weltanschauungen darlegen.

– Sie sind in der Lage, die zentralen Deutungsmuster ihrer Religion* mit den Deutungsmustern anderer religiöser Traditionen / Weltanschauungen / Weltbilder in Beziehung zu setzen.

– Auf Basis ihres Wissens und der erworbenen dialogischen Grundhaltung sind die Schüler/innen in der Lage, in der (religions)pluralen Gesellschaft mit Angehörigen anderer Kulturen, Konfessionen und Religionen respektvoll zu kommunizieren.

Ethische Deutungs- und Urteilskompetenz

- Die Schüler/innen können verschiedene (religiös fundierte) Modelle ethischen Handelns beschreiben und beurteilen.
- Sie sind fähig, auf der Basis religiöser Grundwerte zu ethischen Konflikten sowie den damit verbundenen gesellschaftlichen Diskursen Stellung zu nehmen.

Lebensweltliche Anwendungskompetenz

- Die Schüler/innen sind fähig, die zentrale Botschaft und die Deutungsmuster ihrer Religion*[1] als relevant für das Leben des / der Einzelnen und das Leben in der Gemeinschaft aufzuzeigen und zu würdigen.
- Sie sind in der Lage, in (inter) kulturellen und ethischen Herausforderungen unserer Welt Handlungsoptionen zu entwickeln und zu begründen, sowie Möglichkeiten von eigenem verantwortlichem Handeln zu beschreiben.
- Sie können einen verantwortlichen Umgang mit Mensch und Natur darlegen.

Mit diesem Beispiel für den Weg, auf dem wir uns gerade mit dem Religionsunterricht gemeinsam, ökumenisch und interreligiös, befinden, möchte ich zum Ende kommen und schließe mit dem Titel eines Büchleins, das vor einigen Jahren herausgekommen ist und das eine Befragung von evangelischen Maturantinnen und Maturanten dokumentiert, was der Religionsunterricht für sie bedeutet hat. Dieses Büchlein trägt den Titel: „Religion – Oase im Schulalltag". Bemühen wir uns auch im Sinne der Ökumene darum, dass diese Oase nicht austrocknet.

---

[1] * bzw. jene(r) Konfession oder Religionsgemeinschaft, deren Religionsunterricht sie besucht haben.

KARL MAY – BEGNADET UND BEGNADIGT.
ANNÄHERUNGEN, ANMERKUNGEN UND ANFRAGEN

Reiner Andreas Neuschäfer

1. Annäherungen

Vor fast zwanzig Jahren fragte die Bietigheimer Band „PUR" im Blick auf Indianer nach verlorenen Idealen und Indizien dafür, diesen roten Faden der Kindheit wieder aufgreifen zu können:

„Wo sind all die Indianer hin?
Wann verlor das große Ziel den Sinn?
Dieses alte Bild aus der Kinderzeit
Zeigt alle Brüder vom Stamm der Gerechtigkeit.
Wir waren bunt bemalt und mit wildem Schrei
Stand jeder stolze Krieger den Schwachen bei.
Unser Ehrenwort war heilig, nur ein Bleichgesicht betrog.
Und es waren gute Jahre, bis der Erste sich belog."[1]

Diese Zeilen zeigen etwas davon, wie weit das Bild der Indianer durch Karl May geprägt wurde und noch bis heute nachwirkt: Gerechtigkeit, große Ziele, Gemeinschaft, Gemeinsinn, Einsatz für Schwächere, Aufrichtigkeit und Wahrhaftigkeit spielen dabei eine große Rolle. Tatsächlich können mit Hilfe von Werk und Vita Karl Mays junge Menschen interessante Impulse, Impressionen und Informationen erhalten. Aber auch ältere Menschen kommen dadurch ihren eigenen Fragen, Phantasien und Vorstellungen auf die Spur. Oder sie werden mit anderen Kulturen, Religionen und Einstellungen konfrontiert.

---

[1] Auf der CD „Seiltänzertraum" von PUR (1993). Zwar entspricht der Ausdruck „Indianer" als Sammelbezeichnung der Indigenen Völker Amerikas (etwa 2000 Gruppen!) nicht mehr der Political Correctness, aber er spricht dennoch ein inneres Ideal an .Diesen Beitrag widme ich in Dankbarkeit Pfarrer Jürgen Singer, Neuendettelsau.

Dabei geht es nicht zuerst um Faszination, Verehrung oder Heroisierung eines begnadeten Schriftstellers und seiner Werke. Vielmehr ist der Wert des weltweit meistgelesenen deutschen Autors[2] für das eigene Denken, Reden und Handeln vor Augen zu führen – als Auseinandersetzung in Ablehnung oder Zustimmung. Wer sich in die Welt von Karl May (1842-1912) selber, seiner Erzählfiguren, Elendsschilderungen oder Landschaftsbeschreibungen versetzt, wird meiner Meinung nach unweigerlich zu einem inneren Ringen, zu Identifikationen und vertiefter Wahrnehmung verleitet.[3] Fragen nach dem Umgang mit anderen Menschen, anderen Kulturen, anderen Religionen tauchen ebenso auf, wie das Forschen nach Lösungen für Konflikte oder konkrete Ungerechtigkeiten. Darüber hinaus kommt der Wert eigener Wurzeln und theologischer Themen zum Tragen sowie Fragen nach der Identität und Biographie ins Spiel. Beispielsweise bekennt sich Alfred Pfaffenholz (*1937) als Kulturredakteur zu den lebensrelevanten Spuren Karl Mays: „Denn die Lektüre von Karl May war für mich niemals – auch nicht als Zehnjähriger – nur Flucht aus dem Alltag und Sturm ins Abenteuer; nein, es war stets auch Beschäftigung mit sehr existentiellen Fragen, mit Leben und Tod, Arm und Reich, Gewalt und Opfer, Revolution und Unterdrückung, Mitleid und Nächstenliebe – mit Religion, Theologie, Kirche, Gott. Die Blochschen Fragen: ‚Wer sind wir? Wo kommen wir her? Wohin gehen wir? Was erwarten wir? Was erwartet uns?‘ haben mich früh schon umgetrieben; die ersten Antworten bekam ich im katholischen Religionsunterricht und – ich weiß, es klingt erstaunlich – von Karl May."[4]

Das Besondere bei Karl May sind seine narrativen Näherungen und erzählten Erkenntnisse, die eben nicht statisch, sondern dynamisch Akzente setzen und Einsichten freisetzen entsprechend der Devise von Bernhard von Brentano (1901-1964): *Sagen lassen sich die Leute nichts, aber erzählen lassen sie sich alles!*[5]

Nicht nur belehrend, sondern vor allem berichtend und schildernd legt Karl May die eigene Biographie und Bibel narrativ aus als eine erzählende Theologie und

---

[2] Vgl. Peter J. Brenner: Neue Deutsche Literaturgeschichte, Berlin, New York 3. Aufl. 2011, 189ff. Einen biographischen Roman als humorvolles Bekenntnis zur Freiheit der Literatur hat Erich Loest vorgelegt: Erich Loest: Swallow, mein wackerer Mustang. Karl-May-Roman, Halle 2012 (Erstveröffentlichung Hamburg 1980).

[3] Zur Frage der Identifikation siehe Carsten Gansel: Storytelling from the Perspective of Evolutionary Theory, in: Carsten Gansel, Dirk Vanderbeke (Hg.): Telling Stories. Literature and Evolution / Geschichten erzählen. Literatur und Evolution, Spectrum Literaturwissenschaft. Komparatistische Studien 26, Berlin, Boston 2012, 77-109, hier 90. Vgl. Horst Pickert: Das angemessene Fragen nach dem Menschen. Das Menschenbild der Philosophischen Anthropologie und der Existenzphilosophie im Vergleich, Norderstedt 2012, 220.

[4] Karl Pfaffenhorst: Kleine Fluchten oder: Der Traum vom Paradies, in: Harald Eggebrecht (Hg.): Karl May der sächsische Phantast, Frankfurt am Main 1991, 46. Weitere Zitate zu Karl May finden sich unter www.karl-may-gesellschaft.de/kmg/seklit/matkmf/13/1.htm.

[5] Zitiert nach Walter Benjamin: Gesammelte Briefe VI, Briefe 1938-1940, Frankfurt am Main 2000, 301.

Therapie. Martin Nicol sieht genau darin eine Besonderheit, dass „Karl May die Wirklichkeit des Glaubens nicht auf abstrakte oder moralisierende Sätze (reduziert), sondern er Geschichten des Lebens, Lebensgeschichten (erzählt). Indem sich Karl May in unaufdringlicher Weise der Sprechhilfe durch biblische Worte, Bilder und Geschichten bedient, bleiben diese Geschichten nicht eindimensional. Sie werden lesbar als Geschichten, in denen, wie auch immer, Gott Regie führt."[6] Karl May zitiert permanent aus der Bibel, ohne dass dies jedoch als aufgesetzt oder aufgedrängt wirkt. Auch sind für ihn Gebete als Dank, Bitte oder doxologischer Ausdruck eine Selbstverständlichkeit.

2. Würdigungen und Wertungen

Auch im kirchlichen und theologischen Kontext kam Karl May immer wieder ins Bewusstsein, etwa beim Gedenken an seinen 100. Todestag im Jahr 2012. Etliche Veröffentlichungen und Vereine verweisen auf die bleibende Bedeutung des „sächsischen" Schriftstellers. In Büchereien und Bibliotheken ist man dem Volksschriftsteller weniger gewogen. In Schule, Studium[7], Religionsunterricht und Projektwochen können sich Schülerinnen und Schüler mit Karl May auseinander setzen.[8] Das Deutsche Pfarrerblatt widmete ihm ebenso einen Aufsatz wie christlich-kirchliche Zeitschriften oder Nachrichtenblätter.[9] Der Beitrag im

---

[6] Martin Nicol: Karl May als Ausleger der Bibel. Beobachtungen zur ›Old Surehand‹-Trilogie, in: Jahrbuch der Karl-May-Gesellschaft 28 (1998), 305-320, hier 318. Vgl. Oliver Gross: Old Shatterhands Glaube. Christentumsverständnis und Frömmigkeit Karl Mays in ausgewählten Reiseerzählungen, Materialien zum Werk Karl Mays 1, Husum, 2. Aufl. 1999.

[7] Siehe am Beispiel der Mehrperspektivität Hans-Joachim Jürgens: Kulturelle Kartographien Karl Mays. Literaturwissenschaftliche Überlegungen und Literatur- sowie mediendidaktische Unterrichtsvorschläge zu den Ordnungssystemen eines Jugend- und Erfolgsschriftstellers, Didaktik in Forschung und Praxis 46, Hamburg 2009, 179-213.

[8] Siehe Reiner Andreas Neuschäfer: Karl May. Literaturwerkstatt Grundschule / Sekundarstufe I, Kerpen 2012, Christian Somnitz: Mein Blutsbruder Winnetou. Materialien und Kopiervorlagen, Garching bei München 2009, Carl-Heinz Dömken: Winnetous Welt. Büffel, Siedler und Indianer, Bamberg 2002, Carl-Heinz Dömken: Winnetous Welt. Trapper, Cowboys und Indianer, Bamberg 2002 und Ralf Schönbach: Material zu Karl Mays Winnetou I im Schulunterricht, unter: http://www.karl-may-gesellschaft.de/kmg/primlit/reise/gr07/ material/index.htm (eingesehen am 1. Juni 2012) sowie für die Oberstufe bzw. Aus- und Erwachsenenbildung Ralph Meier: Gott als Richter und Retter erfahren. Rechtfertigung des Gottlosen, in: Christian Herrmann (Hg.): Einführende Fragen der Dogmatik und Gotteslehre, Witten 2004 (Wahrheit und Erfahrung. Themenbuch zur Systematischen Theologie; 1), 225-238, hier 225f. und Hanne Leewe, Reiner Andreas Neuschäfer: Ich hatte von dir nur vom Hörensagen vernommen. Gottesbilder, Göttingen 2005, 104-107.

[9] Beispielsweise brachte sowohl die mitteldeutsche Wochenzeitung „Glaube und Heimat" (14/2012, 11) als auch die Herderkorrespondenz (3/2012, 154-158) einen Beitrag von Werner Thiede. Unter dem Titel „Karl May – Einer für alle" erschien am 30. März 2012 der Beitrag von Judith von Sternburg unter www.fr-online.de. Der Beitrag von Lothar Schröder in der „Rheinischen Post" (29. März 2012, A 7) titelte „Die Verwandlung des Karl May". DIE ZEIT Nr. 14 vom 29. März 2012 brachte im Feuilleton eine ganzseitige

Deutschen Pfarrerblatt (112/2012 (Heft 3), 153-164) stammt aus der Feder von Werner Thiede und erschien unter dem Titel „Karl Mays spirituelle Innenwelt. Eine Reminiszenz anlässlich seines 100. Todestags". Für „IdeaSpektrum" (13/2012, 28. März 2012) fragte Heiko Ehrhardt: „Wie fromm war eigentlich Karl May?". Auch in (populär)wissenschaftlichen Büchern kamen Person, Position und Problematik Karl Mays zum Tragen, wobei die Einsichten, Einschätzungen und Einblicke keineswegs immer übereinstimmen. Stimmen, die ihn als Täuschenden titulieren und weder mit seiner Vita noch mit seinem Werk etwas anfangen können, gibt es reichlich.[10] Doch mengen sich auch eine Menge anderer Meinungen Andersdenkender unter die Kritiken und Klischees und merken an, dass man bei Karl May etliches durchaus in einem anderen Sinne verstehen und zu ihm als Schriftsteller und Christ stehen kann.[11] Letztendlich signalisiert diese unterschiedliche Auffassung und Aufnahme der Erzählungen Karl Mays etwas von ihrer Polyvalenz. Karl Mays Werke lassen sich ebenso als hilfreich wie als hemmend für die Charakterbildung junger Menschen interpretieren. Für die einen wird die entwaffnende Kommunikation von Karl Mays Helden hervorgehoben, andere wittern Waffenbegeisterung, Gewaltorientierung und Sieg-Fantasien, die letztlich sogar Adolf Hitlers Gedankenwelt geprägt haben sollen.[12]

3. Entbehrungen und Enttäuschungen

Die Faszination, Fragmentarizität und Fragwürdigkeit einer Existenz[13] sind nicht immer deutlich voneinander zu unterscheiden: Wo hat jemand aufgrund seiner Erfahrungen so gehandelt und konnte nicht anders? Wo spielten Fakten eine Rolle, die man selbst veranlasst hat? Ist alles Schicksal, oder gibt es doch jemanden, „der Wolken, Luft und Winden gibt Wege, Lauf und Bahn" (Paul Gerhardt)?

Schilderung von Karl May als „Genie und Hochstapler" aus der Feder von Ludger Lütkehaus. Im Fernsehmagazin PRISMA (Nr. 8/2012, 4f.) erschien ein zweiseitiger Artikel unter dem Titel „Winnetous Grab, vergessen". Ebenso sind die Beiträge im Fernsehen, Radio und Internet Legion. Siehe z.B. http://gffstream-8.vo.llnwd.net/c1/radio/zeitzeichen/WDR5_Zeitzeichen_20120330_0920.mp3.

[10] Siehe auch Martin Kohlrausch: Zwischen Star-Schriftsteller und Hochstapler. Der ‚Fall May' als wilhelminischer Skandal, in: Wolfram Pyta (Hg.): Karl May: Brückenbauer zwischen den Kulturen, Kultur und Technik 17, Berlin 2010, 197-213 und Jürgen Seul: Karl May lebt! Neues aus der Traumfabrik des Karl-May-Verlages, in: Jürgen Seul: Karl May und Co. Gesammelte Aufsätze aus „Glanz & Elend" u.a., Berlin 2012, 91-100.

[11] Siehe ausführlich Rainer Buck: Karl May. Der Winnetou-Autor und der christliche Glaube, Moers 2012.

[12] Siehe ausführlich Werner Graf: Adolf Hitler begegnet Karl May. Zur Lektürebiografie des „Führers", Baltmannsweiler 2012 und Timothy W. Ryback: Hitler's Private Library. The Books That Shaped His Life, London 2010.

[13] Siehe in seelsorglicher Perspektive den Abschnitt „4.5.4 Fragmentarisches Leben, aber auf dem Weg zu seiner Vollendung" in Michael Herbst: Beziehungsweise. Grundlagen und Praxisfelder evangelischer Seelsorge, Neukirchen-Vluyn 2012.

Entsprechend sind auch die biographischen Bemerkungen Karl Mays zu betrachten, zu denen er mit zunehmender Bekanntheit immer mehr gedrungen wurde.[14] Selbst „die Bemerkung ‚Ich bin wirklich Old Shatterhand!‘ wird sich nicht als Kuriosum abtun lassen.", resümiert Christian Heermann.[15] Es ist eben nicht so, dass der Blick in die Vergangenheit automatisch von Vorteil ist und Mitteilungen über Kindheit und Jugendzeit zwangsläufig eine befreiende Wirkung haben. Insbesondere traumatische und tragische Ereignisse und Erfahrungen der ersten Lebensjahre bedürfen einer behutsamen Begleitung. Ur-Schrei, Unterhaltung über Übles und Erinnerung an Indiskutables ist zu unsicher und ungewiss in der Wirkung, als dass es an sich schon heilsam wäre. Gerade wo problematische Erfahrungen von Ungerechtigkeit, Elend und Ohnmacht wiederholt erlebt werden und/oder unangemessen sanktioniert werden, kommt es leicht zu Dissoziationen, um mit den Ereignissen fertig zu werden und um sich selbst davor zu schützen, wieder in der Seele verletzt zu werden.[16] Solche Verletzungen werden gerne durch Verkleidung, Flunkerei und Verwandlung verarbeitet. Eben andere Identitäten sollen einen selbst verkörpern und Erlebtes oder Erträumtes ersetzen bzw. verarbeiten.

Entsprechend war der Fall tragisch tief, als nach etlichen Jahren der Berühmtheit durchsickerte, dass Karl May nicht nur nicht in Amerika und im Nahen Osten gewesen war, sondern stattdessen in Haftanstalten in Zwickau, Waldheim und Ernstthal. Auf das Erste gab er die geniale Antwort: „Hat nicht auch Dante das ‚Inferno‘, das ‚Purgatorio‘ in Ich-Form beschrieben, ohne dort gewesen zu sein?" Im Zweiten sah er zu Recht den Ruin seiner beschwerlich aufgebauten bürgerlichen Existenz. Elend, Erniedrigung und Entbehrung hatten seine ersten Kinderjahre geprägt. Sollte es nun wieder in diese Richtung gehen? Verzweifelt verstrickte er sich in Verleumdungsprozesse und in Versionen seiner Biographie, die ebenso unglaublich und unterhaltsam wie ungeheuer kostenintensiv

---

[14] Siehe zur Biographie Karl Mays vor allem Rüdiger Schaper: Karl May. Untertan, Hochstapler, Übermensch, München 2011; Helmut Schmiedt: Karl May oder Die Macht der Phantasie. Eine Biografie, München 2011; Hans-Dieter Steinmetz: 365 Tage Karl May. Eine biografische Jahresschau, Bamberg, Radebeul 2011; Karl Hohenthal: Hadschi Halef Omar im Wilden Westen, München 2012; Peter Henisch: Vom Wunsch, Indianer zu werden. Wie Franz Kafka Karl May traf und trotzdem nicht in Amerika landete, St. Pölten 2012. Christian Heermann: Winnetous Blutsbruder. Karl-May-Biografie, Bamberg, Radebeul 2012 und Hans Wollenschläger: Karl May. Grundriß eines gebrochenen Lebens, Göttingen 2004 (ursprünglich Reinbek 1965). Eine humorvolle und hintersinnige Biographie stammt von Christian Moser: Karl May. Die ganze Wahrheit, Hamburg 2012.

[15] Christian Heermann: Winnetous Blutsbruder, 2012, 13, (Anm. 14).

[16] Vgl. Jo-Jacqueline Eckardt: Kinder und Trauma. Was Kinder brauchen, die einen Unfall, einen Todesfall, eine Katastrophe, Trennung, Missbrauch oder Mobbing erlebt haben, Göttingen 2005; Ursula Gast, Pascal Wabnitz: Dissoziative Störungen erkennen und behandeln, Lindauer Beiträge zur Psychotherapie und Psychosomatik, Stuttgart 2012 und Ursula Roderus, Ulrike Willmeroth: Handbuch zur Traumabegleitung. Hilfen für Seelsorger, Berater und Therapeuten, Lüdenscheid 2011.

waren. Heutige Biografen sprechen von einer narzisstischen Persönlichkeitsstörung, von Phantasterei oder Pfuscherei; früher hieß es, Karl May leide an Pseudologie (zwanghaftes Lügen). Natürlich kann man auch Ungereimtheiten, Unwahrheiten, Übertriebenes und Übles bei Karl May ausschließlich auf eine narzisstische Persönlichkeitsstörung, auf ein Münchhausen-Syndrom, „Pseudologica Phantastica"[17] usw. zurückführen. Doch die Frage ist, ob man ihn darauf reduzieren dürfte und ob man ihm damit allein schon gerecht würde. Zudem ist zu überdenken, welche Maßstäbe und Messlatten man an Menschen anlegt. Etliches würde heute problemlos oder peinlich als geniales Marketing oder Inszenierung durchgehen.

4. Biographische Bemerkungen

Karl Friedrich May war streng genommen überhaupt gar kein Sachse - denn sein Geburtsort Ernstthal gehörte in seinem Geburtsjahr 1842 noch zum kleinstaatlichen Herrschaftsbereich des Grafen von Schönburg und damit eben gerade nicht zu Sachsen. Erst 1878 verloren die Schönburger ihre letzten Reste landesherrlicher Gewalt, nachdem sie seit Mitte des 18. Jahrhunderts nach und nach in den Kurstaat Sachsen integriert worden waren.

1842 wurde Karl Friedrich May am 25. Februar in eine arme Weber-Familie im Städtchen Ernstthal hineingeboren, als fünftes von 14 Kindern, und am 26. Februar 1842, gleich am Tag nach seiner Geburt, getauft. Neun seiner Geschwister starben bereits im Kindesalter. Seine Mutter nannte er in seinen Lebenserinnerungen eine Märtyrerin und Heilige, seinen Vater titulierte er als Tyrannen, der (zu) viel von ihm forderte und ihn durch Strenge zu fördern versuchte, da er wohl auf seinen Sohn seine eigenen Vorstellungen projizierte.

Doch fanden auch biblische Passagen und mysteriöse Märchen schon früh Eingang in das Leben Karl Mays – beeindruckend verpackt in erzählender Weise durch die Großmutter Johanne Christiane (1780-1865; „Märchengroßmutter").[18] Eine von Karl May beteuerte Blindheit schränkte ihn früh ein, sei aber noch im Kindesalter behandelt worden.[19] Dieser Visus-Verlust kann bestritten, mit Vitaminmangel erklärt, symbolisch verstanden („blinder Seher") oder psychotraumatisch in Blick genommen werden. Zu Letzterem lassen sich Parallelen zur Jakob-Geschichte herstellen: „Ist es möglich, dass jemand erblindet oder der Blindheit so nahe kommt, wie Jizchak ihr im Alter nahe kommt, weil das Sehen ihm Qual

---

[17] Hierauf hebt vor allem die humorvolle und hintersinnige Hörbuch-Hommage „Ich bin nicht Karl May" von Götz Alsmann, Christian Brückner und Roger Willemsen (2007) ab.

[18] Vgl. Hermann Wohlgschaft: Große Karl-May-Biographie. Leben und Werk, Paderborn 1994, 45.

[19] Siehe ausführlich zu Einwänden und Entgegnungen Ralf Harder: Die Erblindung – eine entscheidende Phase im Leben Karl Mays, in: Mitteilungen der Karl-May-Gesellschaft 68, Mai 1986, 35ff., überarbeitet unter: http://www.karl-may-stiftung.de/blind.html (eingesehen am 5. Juni 2012).

bereitet, weil er sich wohler in einem Dunkel fühlt, worin gewisse Dinge geschehen können, die zu geschehen haben?"[20]

Nach seiner Konfirmation im Frühjahr 1856 wurde er sogleich an evangelischen Lehrerseminaren ausgebildet; mit dem erfolgreich abgelegten Examen erwarb er zugleich die Qualifikation zum evangelischen Vikar.

In jungen Jahren galt Karl May allerdings auch als Kleinkrimineller: mitgenommene Kerzenstummel, eine nicht wieder zurückgegebene Taschenuhr, geklaute Billardkugeln, ein gestohlenes Pferd, unbezahlte Kleidungsstücke, Hochstapelei usw. galten ab 1859 als Indiz dafür. Vier Jahre muss er insgesamt ins Gefängnis – nicht immer zu Recht und selten in der Härte des vermeintlichen Vergehens angemessen.[21] Am 6. Dezember 1862 wird Karl May für den Militärdienst ausgemustert. Einziger Lichtblick war wohl die Bekanntschaft mit dem katholischen Anstaltslehrer Johannes Kochta (1824-1886), der ihn beeindruckte und ihm, dem Lutheraner, das Orgelspiel in den katholischen Gottesdiensten übertrug sowie zum Schreiben animierte. Die Erinnerung an diesen warmherzigen und glaubhaften Vertreter des Christentums begleitete ihn auch nach seiner Entlassung 1874 sein Leben lang. Karl May war widersprüchlich in seinem Wesen und tatsächlich zeitweise für kriminelle Handlungen offen sowie seelisch zumindest belastet; ungeachtet vielseitiger Begabungen im sprachlichen und musischen Bereich (später auch photographische Kenntnisse) und vertieftes Interesse an unzähligen Dingen rutschte er immer wieder in Schwierigkeiten oder provozierte diese.[22] Er erlebte bittere Beeinträchtigungen, problematische Beziehungen und kannte die Schattenseiten des Lebens. Karl Mays Lektüre und literarisches Schaffen kann man auch betrachten als einen Fluchtversuch, einen nach außen gebrachten Traum – statt Trauma, Tyrannei und Tragik – gegen eine als schrecklich und schmerzlich empfundene Realität seiner Kindheit und Gegenwart.

---

[20] Von Jizchaks Blindheit, in: Thomas Mann: Joseph und seine Brüder, Frankfurt am Main 2011. Zur Blindheit und Weltflucht durch Blindheit siehe ausführlich Thomas Kramer: Karl May. Ein biographisches Portrait, Freiburg im Breisgau 2011, 31-36.

[21] Siehe ausführlich Thomas Kramer: Karl May, 2011, 44-61, (Anm. 20).

[22] Vgl. Hartmut Kühne, Christoph F. Lorenz: Karl May und die Musik, Gesammelte Werke, Sonderband, Bamberg, Radebeul 1999 sowie Sigrid Nieberle: Literaturhistorische Filmbiographie. Autorschaft und Literaturgeschichte im Kino, Berlin 2008, 159-164. Die Autorin schildert Karl May und dessen Darstellung im 2. Teil der Deutschland-Trilogie von Hans Jürgen Syberberg insbesondere aus der Perspektive der Biopic-Forschung mit detaillierten Beobachtungen. Inzwischen sind verschiedene DVDs zu Leben und Werk Karl Mays erhältlich: Hans Jürgen Syberberg: Karl May, 2007 (Film von 1974; 187 Min.); Dokumentation „Karl May. Sein Leben – Sein Werk, Seefeld-Drößling 2012 (22 Min. Dokumentation; 160 Minuten Hörbuch); Michael Marten: Karl May. Der Phantast aus Sachsen (Biographische Dokumentation der Reihe „Geschichte Mitteldeutschlands"), Erfurt 2004 (45 Min.).

Zum Einklang seiner literarischen Karriere veröffentlichte Karl May ab 1872 verschiedene Geschichten in diversen Versionen. Das Jugendbuch „Im fernen Westen" gilt als sein erstes gedrucktes Buch. Der große literarische Wurf gelang ihm dann mit Anfang 30: die Orientreihe „Giölgeda padishanün" (Im Schatten des Großherrn), beginnend mit dem Dialog zwischen Kara ben Nemsi und Hadschi Halef Omar über Fragen des Glaubens. Die Begegnung mit dem Verleger Heinrich Gotthold Münchmeyer (1836-1892) gab seiner Karriere letztendlich den entscheidenden Schub. In dessen Auftrag verfasste Karl May ab 1875 verschiedene Fortsetzungsromane und Trivialliteratur auf einem durchaus höheren Niveau. Diese ließen ihn immer bekannter werden, bis er schließlich mit den Buchausgaben der Kara-Ben-Nemsi-Erzählungen aus dem „Hausschatz" (einer katholischen Zeitschrift) den Durchbruch schaffte. Schon früh stellte er sich bei seinem Schaffen einerseits auf das Zielpublikum und andererseits auf die Bezahlung nach Zeilenanzahl ein. Und so fertigte er Lesestoff für unheimlich unterschiedliche Leute an: auf der einen Seite melodramatische Groschenromane für weniger Gebildete und belehrende Abenteuergeschichten für die durchweg seriöse Jugendzeitschrift „Der gute Kamerad"; auf der anderen Seite Reiseerzählungen für die katholische Familienzeitschrift „Deutscher Hausschatz in Wort und Bild" und erbauliche Passagen für den „Regensburger Marienkalender". Das insgesamt weit über 2000 Seiten starke „Waldröschen" wurde zum auflagenstärksten Heft- bzw. Fortsetzungsroman des 19. Jahrhunderts. Noch heute bestimmen die grünen Leineneinbände mit goldenem Schild und schwarzen Arabesken auf dem Buchrücken sowie farbigem Deckelbild als „Gesammelte Reiseromane" (später Reiseerzählungen) des Freiburger Verlegers und Pastorensohns Friedrich Ernst Fehsenfeld (1853-1933) das Gesamtbild des ab 1892 dadurch vereinheitlicht herausgegebenen schriftstellerischen Wirkens Karl Mays.[23]

Karl May baute seine Bekanntheit taktisch aus, was inzwischen als sensible Selbstinszenierung oder perfekte Performance betrachtet werden würde. Schon bald wurde er als Erfolgsschriftsteller gefeiert, aber auch – je länger desto mehr – kritisch beargwöhnt durch Presseangriffe, Anfeindungen und Verleumdungen, was weder seiner seelischen noch seiner körperlichen Gesundheit zugutekam. Höhenflüge und Krisenzeiten wechselten sich privat und beruflich immer wieder ab. Dieser Wechsel von Hoch und Tief, Erfolg und Niederlage oder Aufschwung und Absturz kann als das Konstante in Karl Mays Leben angesehen werden.

1867 lernte Karl May Emma Lina Pollmer (1856-1917) kennen, die er trotz mancher problematischer Punkte im August 1880 heiratete. Zehn Jahre später

---

[23] Siehe Dieter Sudhoff (Hg.): Karl May. Briefwechsel mit Friedrich Ernst Fehsenfeld I: 1891-1906, Karl May's Gesammelte Werke und Briefe 91, Bamberg, Radebeul 2007 sowie Dieter Sudhoff, Hans-Dieter Steinmetz (Hg.): Karl May. Briefwechsel mit Friedrich Ernst Fehsenfeld II: 1907-1912, Karl May's Gesammelte Werke und Briefe 92, Bamberg, Radebeul 2008.

wurde das Paar mit dem Radebeuler Fabrikanten-Ehepaar Klara Plöhn (1864-1944) und Richard Plöhn (1853-1901) bekannt und zwischen den Vieren entwickelte sich eine engere freundschaftliche Beziehung. Dagegen gestaltete sich das Miteinander zwischen Karl und Emma May immer krisenhafter. 1901 starb Richard Plöhn unerwartet an einer Nierenerkrankung. Als das Ehepaar sich schließlich scheiden ließ, heiratete Karl May die verwitwete Klara Plöhn.

Photographie:
Karl May mit seiner zweiten Frau Klara im Jahr 1904
(Quelle: Wikipedia)

Zum Ende des 19. Jahrhunderts entfaltete sich Karl Mays pädagogischer Impetus immer mehr und er entschied sich, deutlicher Antworten auf grundsätzliche Fragen des menschlichen Miteinanders im Kleinen wie im Großen vorzustellen. Dabei wandte er sich den Formen eines christlichen Pazifismus zu. Diese bezog er in seine Werke und Reden mit ein und stand dabei insbesondere unter dem Einfluss der österreichischen Friedensforscherin und Friedensnobelpreisträgerin Bertha von Suttner (1843-1914).[24] Eine Orient- und eine Amerika-Reise (1899f.

---

[24] Siehe Claus Bernet: Bertha Sophia Felicita von Suttner, in: BBKL 24 (2005), 1435-1471 sowie grundsätzlich Christoph Raedel: Anstiftung zum Frieden. Ansätze christlicher Friedensethik, in: Christian Herrmann (Hg.): Leben zur Ehre Gottes: Konkretionen, in: Themenbuch zur Christlichen Ethik 2, Witten 2012, 376-427. Siehe auch Holger Kuße: Sie sollten nicht vergessen werden. Irenische Konzepte um 1900. Von der Aktualität Lew Tolstojs (1828-1910) und Karl Mays (1842-1912), in: Marcus Jurij Vogt, Eduard Werner (Hg.): Divinität und Internationale Beziehungen, Leipzig 2012, 63-96.

und 1908) führten ihn in die Nähe seiner vermeintlichen Roman-Spielorte und zugleich an den Rand seelischer Zusammenbrüche aufgrund der Ernüchterungen und Enttäuschungen. Während sich Karl May intensiv mit Fragen des Friedens zwischen Menschen, Kulturen, Religionen und Staaten auseinandersetzte, ließen ihn Anfeindungen, Anklagen und anrüchige Vorwürfe keinen Frieden. Insbesondere der rheinische Historiker Hermann Cardauns (1847-1926) und der nationalistisch-rechtsradikale Journalist Rudolf Lebius (1868-1946) machten ihm seit der Jahrhundertwende das Leben schwer.[25] Sie nötigten ihn zu Gegendarstellungen und juristischen Schritten, die letztendlich erst am 18. Dezember 1911 am Landgericht Berlin-Moabit zugunsten Karl Mays entschieden wurden.

Kurz vor seinem Tod hielt der 70-Jährige am 22. März 1912 in Wien seine letzte große Rede im überfüllten Sophiensaal vor bald 3000 Zuhörenden. Als Motto dieses zweistündigen Auftritts hatte er „Empor ins Reich der Edelmenschen" gewählt, das er im Vortrag selbst als das über seinem ganzen Schaffen stehende eigentliche Lebensmotto hinstellte. Mit einem „Amen" beendete er seine Erläuterungen und unterstrich damit deren religiöse Komponente. Eine Woche später starb Karl May am Abend des 30. März 1912, dem neunten Hochzeitstag mit seiner Frau Klara und wurde am 3. April 1912 in der bereits elf Jahre zuvor errichteten Familiengruft auf dem Friedhof Radebeul-Ost beigesetzt.

5. Gerechtigkeit und Gericht

Gegen einen aktuell wieder mächtigen Materialismus setzte und setzt mancher idealistische Impuls Karl Mays einen wichtigen Kontrapunkt. Dennoch ist das eine nicht gegen das andere auszuspielen. Karl Mays Erzählungen aus seiner sächsischen Heimat sind sogar als realistische Literatur zu betrachten, die – insbesondere in den Kolportageromanen – eindrücklich das Elend seiner Zeit und die schlichte Lebenswirklichkeit der einfachsten sogenannten Unterschicht schildert.[26] Wer Karl May im Kontext seiner Zeit sieht, wird schnell auf erhebliche Differenzen zur aktuellen Kultur und Politik stoßen und doch nicht eine geringe Äquivalenz zwischen damals und heute vernehmen: Armut in kultureller, sozialer und ökonomischer Hinsicht waren gang und gäbe; wahre Flüchtlingsströme wanderten nach 1848 aus deutschen Territorien ab Richtung Amerika. Maskeraden in Kultur und Politik zeigten sich in großen gotischen Kirchen und in der Hervorhebung von Glanz und Gloria – nicht nur beim Deutschen Kaiser mit seinen Phantasie-Uniformen![27] Entsprechend resümiert Bettina Kümmerling-

---

[25] Siehe Gunnar Anger: Hermann Cardauns, in: BBKL 22 (2003), 161–170 und Jürgen Seul: Karl May und Rudolf Lebius. Die Dresdner Prozesse, Juristische Schriftenreihe 4, Husum 2004.

[26] Vgl. Peter J. Brenner: Neue Deutsche Literaturgeschichte, 2011, 190 (Anm. 2).

[27] Siehe Wolfgang Struck: Die Eroberung der Phantasie. Kolonialismus, Literatur und Film zwischen deutschem Kaiserreich und Weimarer Republik, Palaestra Untersuchungen zur europäischen Literatur 333, Göttingen 2010, 137ff. Ähnlich die Hildesheimer Dissertation von Marcus Kenzler: Der Blick in die andere Welt. Einflüsse Lateinamerikas auf die Bil-

Meibauer: „Der exotische Schauplatz, die ungewohnten Sitten einer fremden Rasse und die atemberaubenden Abenteuer stellten (…) einen Kontrast zur biedermeierlichen Weltauffassung und dem deutschen Polizeistaat nach 1848 dar und dürften mit zum Erfolg der Romane Karl Mays beigetragen haben."[28]

Auf den ersten hundert Seiten seiner Erzählung „Old Surehand" bringt Karl May eine 90jährige Person ins Spiel, die früher einmal „König der Cowboys" genannt worden war und die im eigentlichen die Titelfigur des Buches ist: Old Wabble, ein Begleiter Old Surehands.[29] Nach und nach kommt heraus, wer eigentlich hinter dieser undurchsichtigen, zynischen Gestalt steckt. Dabei kollidieren die Ansichten Old Wabbles immer wieder mit dem christlichen Glauben Old Shatterhands und es kommt in ihren Gesprächen immer wieder zu Konfrontationen und Klarstellungen. In diesen Diskussionen spielt die Rede vom „Jüngsten Gericht" und die Frage der Heilsgewissheit eine entscheidende Rolle. Allerdings kommt es bei diesem Diskurs nicht zu einer Annäherung oder Veränderung der Standpunkte. Erst angesichts einer tödlichen Verletzung tritt (nicht nur) bei Old Wabble eine Wende ein, die von Karl May sehr differenziert veranschaulicht wird. Old Wabble kann dabei als Abbild des gewalttätigen Vaters Heinrich August May (1810-1888) betrachtet werden, der so nach und nach seine Macht verliert und Ohnmacht angesichts des Allmächtigen spürt:[30]

„Ich habe Gott geleugnet und über ihn gelacht; ich habe gesagt, daß ich keinen Gott brauche, im Leben nicht und im Sterben nicht. Ich Unglücklicher! Ich Wahnsinniger! Es giebt einen Gott; es giebt einen; ich fühle es jetzt! Und der

---

dende Kunst der DDR, Theorie der Gegenwartskunst 18 (Teilband I), Münster 2012, 530, der in Karl Mays Erzählungen nicht nur biographische Berührungspunkte sieht, sondern auch Bezüge zum Zeitgeist, insbesondere in „dessen Antagonismen von Nationalismus und Internationalismus sowie Militarismus und Pazifismus."

[28] Bettina Kümmerling-Meibauer: Karl (Friedrich) May, in: Dies.: Klassiker der Kinder- und Jugendliteratur. Ein internationales Lexikon, Sonderausgabe 2, Stuttgart, Weimar 2004, 710-714, hier 712. Ihrer Meinung nach wurde „durch die Schilderung Winnetous als Edelmenschen die Projektion der bürgerlichen Wertvorstellungen des Lesers auf einen Indianer" begünstigt. „Insbesondere Winnetous Charakterisierung als edler Wilde im Sinne Rousseaus fand in der Jugend- und Wandervogelbewegung seit der Jahrhundertwende großen Anklang," (Ebd.). Da es biologisch und ethnologisch gar keine „Rassen" gibt, wäre besser von verschiedenen Traditionen oder fremden Bräuchen, Gewohnheiten, Sitten und Vorstellungen zu sprechen!

[29] Siehe ausführlich Hartmut Vollmer: Die Schrecken des ›Alten‹: Old Wabble. Betrachtung einer literarischen Figur Karl Mays, in: Jahrbuch der Karl-May-Gesellschaft 16 (1986),155-184 sowie Oliver Gross: Old Shatterhands Glaube. Christentumsverständnis und Frömmigkeit Karl Mays in ausgewählten Reiseerzählungen, Materialien zum Werk Karl Mays 1, Husum 2. Aufl. 1999. Oliver Gross zeigt hier auch die Differenzen zwischen der Bekehrung Old Wabbles und Winnetous einleuchtend auf.

[30] Für eine Identifikation von Old Wabble mit Mays Vater Heinrich August spricht schon die Bedeutung des Namens: Wabble/Wäbbel, die mit Weber gleichzusetzen ist. Auch sonst sprechen die Charakterzüge Old Wabbles, seine Unberechenbarkeit und seine Machtmethoden für die Nähe der Figur zu Mays Vater.

Mensch braucht einen Gott; ja er braucht einen! Wie kann man leben und wie sterben ohne Gott!" (III,497f.)

Mit der Rückkehr zu Gott kann der reuige Old Wabble auch die verloren ge-glaubte Liebe seiner Mutter zulassen, sodass die Heimkehr ins Vater(!)haus (Lk 15; III, 498) zugleich eine Hinwendung der Mutter[31] wird:

„Ich schlief jetzt einen langen, langen, tiefen Schlaf und sah im Traum mein Va-terhaus und meine Mutter drin, die ich beide hier nie gesehen habe. Ich war bös, sehr bös gewesen und hatte sie betrübt, so träumte mir; ich bot sie um Verzei-hung. Da zog sie mich an sich und küßte mich. Old Wabble ist nie im Leben ge-küßt worden, nur jetzt in seiner Todesstunde." (III,499).

Die Schilderung von Old Wabbles letzten Lebensmomenten zeigt den Unter-schied zwischen einer existentiellen und einer bloß rationalen Rede vom Gericht Gottes auf.[32] Der sonst nicht gerade zum Schwören neigende Old Shatterhand versichert dem sterbenden Verbrecher hoch und heilig, dass es tatsächlich einen Gott gibt. Hier ist eindringlich zu spüren, dass das explizit Karl Mays eigener Glaube ist, der da aus Old Shatterhand spricht.[33] Und das „doch - doch -- doch -- - doch!" wird besonders eindrücklich hervorgehoben, da mit jedem doch der Gedankenstrich vermehrt wird und entsprechend die Pausen (Atempausen?).

Für Peter Zimmerling liegt besonders in der Beichte „die Chance, Schulder-kenntnis und Schuldbekenntnis als Zeichen der Würde des Menschen wiederzu-entdecken. (...) Sie gibt dem Menschen anders als manche therapeutischen An-sätze seine Verantwortlichkeit zurück und trägt damit zur Stärkung seines Selbstwertgefühls bei. (...) Das Bekenntnis zu eigenem schuldhaften Handeln führt psychologisch gesprochen zur Integration verdrängter Persönlichkeitsantei-le, stellt mithin einen Akt der Reife dar."[34]

---

[31] Zu den Mädchen-, Mütter- und Frauengestalten bei Karl May siehe ausführlich Katharina Maier: Nscho-tschi und ihre Schwestern. Frauengestalten im Werk Karl Mays, Bamberg, Radebeul 2012.

[32] Siehe Reinhard Slenczka: Gottes Gericht in Zeit und Ewigkeit. Eine abschließende Be-trachtung, in: Christian Herrmann (Hg.): Leben zur Ehre Gottes: Konkretionen, Themen-buch zur Christlichen Ethik 2, Witten 2012, 428-435. Leider wird Karl May nur selten „von der Literaturtheologie (...) als christlicher Autor wahrgenommen, obwohl die Glau-bensgewissheit in seinen Werken ein wesentliches Strukturelement darstellt - wie immer man dieses Strukturelement theologisch bewerten mag." (Dietrich Schlüter: Christliche Li-teratur und ihre Kanonisierung seit 1945. Teil 1: Literaturkonzepte und Argumentations-muster in der deutschsprachigen Literaturtheologie von 1945 bis heute, Dissertation Uni-versität Dortmund 2001, 447). Veröffentlicht unter: www.d-nb.info/965036456/34 (5.6.2012).

[33] Martin Nicol: Karl May, 1998, 305-320, (Anm. 6).

[34] Peter Zimmerling: Die Bedeutung der Einzelbeichte für die reformatorische Rechtferti-gungslehre, in: Karl-Hermann Kandler (Hg.): Das Bekenntnis der Kirche zu Fragen von Ehe und Kirche, Lutherisch glauben 6, Neuendettelsau 2011, 58-74, hier 71f.

Beinahe bibliotherapeutische[35] Annäherungen sind bei Karl May auszumachen, wenn er sich die Spuren aus seiner Biographie vor Augen führt, ja: eine Art Zwiegespräch mit ihnen führt, und daraus tragfähige Ansichten und Anhaltspunkte für die Bewältigung seiner problematischen familiären, beruflichen oder persönlichen Situation erwachsen. Die ihm quasi auferlegte *vita littera* bejahte er, unterstützt durch geregelte Formen geistiger, geistlicher und körperlicher Übung (Gebet, Lektüre, Spaziergänge mit den Hunden).

6. Dialog und Distanz

Auf die Gespräche, Diskussionen, Dialoge und Auseinandersetzungen hat Karl May in seinen Schilderungen von Begegnungen besonderen Wert gelegt und dabei auch für christliche Überzeugungen Position bezogen: Eine Textpassage aus „Von Bagdad nach Stambul" lautet beispielsweise:

„‚Nein, das werden wir nicht tun. Ich bin kein Barbar, sondern ein Christ. Mein Glaube gestattet mir, mein Leben zu verteidigen, wenn es angegriffen wird; sonst aber gebietet es mir, das Leben meines Bruders zu achten. Das heilige Buch der Christen befiehlt: ‚Du sollst Gott lieben von ganzem Herzen, von ganzer Seele und aus allen deinen Kräften, und deinen Nächsten, wie dich selbst!' Also muss mir das Leben meines Nächsten ebenso heilig sein, wie das meinige.' – ‚Aber diese Männer sind ja nicht unsere Brüder, sondern unsere Feinde!'"[36]

Karl May nimmt seine Leserinnen und Leser unentwegt mit hinein in die Wege seiner Gedanken, Gefühle und Gewohnheiten. Die Wahrnehmung von Körpersprache, Mimik und Formulierungen ist permanent in seine Dialoge eingewoben. Interessanter Weise kommt es bei den Begegnungen immer sehr schnell zu tiefgreifenden Dialogen, in denen existentielle Fragen und energische Forderungen nach klarer Rede und echtem Miteinander zum Tragen kommen:

    – Welchen Namen trägst du?[37]

---

[35] Den Begriff der Bibliotherapie prägte seit 1916 der amerikanische Pfarrer Samuel McChord Crothers (1857-1927). Hierunter ist im weitesten Sinne eine Beschäftigung mit Literatur als Lebenshilfe für helfende und heilende Einsichten zu verstehen. Siehe auch Friedhelm Munzel: Bibliotherapie und Religiöses Lernen. Ein interdisziplinärer Beitrag zur „Theologie des Lesens" und zur Innovation des Religionsunterrichts, Religionspädagogische Kontexte und Konzepte 4, Münster u.a. 1997. Vgl. Friedhelm Munzel, Udo Kittler: Karl May. Abenteuer ohne Ende. Zur Rezeption der Abenteuerlektüre Karl Mays auch unter bibliotherapeutischen und individualpsychologischen Gesichtspunkten, Sonderhefte der Karl-May-Gesellschaft 28 (1980).

[36] Karl May: Von Bagdad nach Stambul, Hamburg 2012, 198. Eine auf beinahe 100 Bände angelegte Historisch-Kritische Ausgabe wurde 1987 begonnen: Karl Mays Werke, hg.v. Hermann Wiedenroth und Hans Wollschläger, Nördlingen 1987ff., Zürich 1990ff., Bargfeld 1993ff. und Bamberg, Radebeul 2008ff. Hilfreich ist auch die CD-ROM Karl Mays Werke, hg.v. Hermann Wiedenroth, Digitale Bibliothek 77, Berlin 2002.

[37] Karl May legt auffällig Wert auf die Hintergründe von Namen, Titeln und Spitznamen. Diese sind für ihn eben nicht nur „Schall und Rauch", sondern spiegeln das Bewusstsein. Siehe in theologischer Perspektive Reinhard Slenczka: Im Anfang war das Wort (Joh 1,1).

- Was war und ist tatsächlich tragfähig im Leben?
- Wie steht man zu Traditionen?
- Welche Tragödien hat man bislang erlebt?
- Wie will man dem Tod begegnen?

Auffällig ist, dass es bei Karl May kaum zu leichten, oberflächlichen oder flüchtigen Kontakten zwischen seinen Figuren kommt. An der Gestaltung der Dialoge zeichnet sich Karl Mays ausgezeichnetes Gespür für das Zeilenhonorar und das Zwischenmenschliche[38] ab: Bei Begegnungen spielt auch das Auftreten eines Menschen, die äußere Gestalt und die innere Stärke eine enorme Rolle, was durchaus bis hin zur Manipulation und Täuschung gehen kann. Nicht umsonst schildert Karl May permanent die Wirkung der Erstbegegnung und profitiert dabei nicht wenig von seinen Erfahrungen jüngerer Jahre, als er sich verkleidet für einen anderen Menschen ausgegeben hatte.

Eine Besonderheit, auf die in den Verfilmungen von Karl Mays Erzählungen ein hohes Augenmerk gelegt wurde, ist ein Sprechen von sich in der dritten Person. So lässt er beispielsweise seine Hauptfigur Winnetou gerne von sich in der dritten Person sprechen, insbesondere wenn es um starke Gefühle und aufwühlende Gedanken geht. Hier bahnt Karl May quasi einer Dialog-Philosophie den Weg, die eine Ich-Du-Beziehung zum Ausgangspunkt der Reflexion über das Menschsein und den Menschen macht.[39] Es ist aber auch kein Zufall, dass Karl May sich hier biblischer Sprachspiele bedient, in denen Propheten und insbesondere Jesus Christus – vor allem im Johannes-Evangelium – selbst von sich in der dritten Person oder als Menschensohn reden.[40] Das Absehen von der Person des Redenden ist zum einen ambivalent (es weist vom Redenden weg und zu-

---

Das Sein Gottes und das Bewußtsein des Menschen, in: Henning Kössler (Hg.): Sprache. Fünf Vorträge, Erlanger Forschungen A Geisteswissenschaften 54, Erlangen 1990, 89-101. Vgl. Rudi Schweikert: „Ihr kennt meinen Namen, Sir?" Studien zur Namengebung bei Karl May, Sonderhefte der Karl-May-Gesellschaft (134 /2006).

[38] Auch dies kann als Hinweis auf seine Hochbegabung gelten, da hochbegabte Menschen in der Regel Oberflächlichkeit schwer ertragen können und daher auch mit „Small talk" sich normalerweise recht schwer tun. Zudem zwingt ihn das Zeilenhonorar zur Ausdehnung bzw. zum Auswalzen von Dialogen und Landschaftsbeschreibungen.

[39] Vgl. Horst Pickert: Das angemessene Fragen nach dem Menschen. Das Menschenbild der Philosophischen Anthropologie und der Existenzphilosophie im Vergleich, Norderstedt 2012, 220. Vgl. zur Dialogphilosophie v.a. Magdalena Anna Wojcieszuk: „Der Mensch wird am DU zum ICH". Eine Auseinandersetzung mit der Dialogphilosophie des XX. Jahrhunderts, Freiburg 2010. Eine Neuinterpretation von Martin Bubers „Ich und Du" und Darstellung der theologischen Dimension findet sich bei Martin Leiner: Gottes Gegenwart. Martin Bubers Philosophie des Dialogs und der Ansatz einer theologischen Rezeption bei Friedrich Gogarten und Emil Brunner, Gütersloh 2000.

[40] Vgl. Judith Hartenstein: Charakterisierung im Dialog. Die Darstellung von Maria von Magdalena, Petrus, Thomas und die Mutter Jesu im Johannesevangelium im Kontext anderer frühchristlicher Darstellungen, Novum Testamentum et Orbis Antiquus/Studien zur Umwelt des Neuen Testaments 64, Göttingen, Freiburg/Schweiz 2007, 38-43.

gleich wendet es die Aufmerksamkeit auf den Redenden), zum anderen ist es äquivalent zur Doxologie Gottes, die in der Regel auch in der dritten Person erfolgt (z.b. „Ehre sei Gott in der Höhe ...", Lk 2) und dabei Gott eben nicht als Du angeredet, sondern als Er gepriesen wird. Diese Unterscheidung ist wichtig, weil Gott eben nicht erst die ihm zustehende Ehre durch die Doxologie zuteilwürde, sondern sie ihm, der sie bereits hat, gegeben wird.[41] Weder die Existenz Gottes noch seine Wertschätzung hängt somit vom Menschen und seiner Zuneigung ab!

Doch nicht nur das eindrückliche Gespräch ist für Karl May bezeichnend, sondern auch das ausdrückliche Schweigen. Für Martin Walser etwa sind Old Shatterhand und Winnetou eindrucksvoll, die „um einander genau zu verstehen, oft keines einzigen Wortes bedürfen" und die ihn „in ihrer vor keiner Niedertracht kapitulierenden Menschlichkeit manchmal an Goethes Iphigenie-Dialoge (erinnern), die nur stattfinden, um mehr und noch mehr Verständnis zu schaffen zwischen Positionen, die durch Verständnislosigkeit entstanden sind."[42]

Das Verharren in Schweigen und Verweilen in Situationen sind für Karl May Stilmittel, die vor allem bei Schlüsselszenen ihre volle Wirkkraft entfalten können. So erinnert einen etwa Winnetous Opfertod in den Armen Old Shatterhands mit dem kargen Dialog unwillkürlich an eine Pietà (Darstellung Marias als Mater Dolorosa mit dem Leichnam des vom Kreuz abgenommenen Jesus Christus); angesichts der Konfrontation mit dem Tod ist die Konzentration auf das Wesentliche ein Wesenszug der Dramatik, Tragödie und Trauer zugleich.

7. Fremde und Fragen

Karl May lässt einen Großteil seiner Erzählungen in der Fremde spielen und stellt dieses Fremde so realistisch-vertraut dar, als ob es Wirklichkeit beschriebe.[43] Dabei kannte er dieses Fremde selbst nur aus zweiter Hand und war selbst nicht an den von ihm beschriebenen Schauplätzen gewesen,[44] sondern hatte die „nordamerikanischen Landschaften seiner Unterhaltungsromane mithilfe einschlägiger Lektüre imaginiert(e) ohne dieselben vorher in realiter gesehen zu haben."[45] Das Besondere ist zunächst, dass Karl May eine Annäherung an frem-

---

[41] Siehe ausführlich Edmund Schlink: Ökumenische Dogmatik Grundzüge, Schriften zu Ökumene und Bekenntnis 2, Göttingen 3. Aufl. 2005, 34, 36, 42, 727 u.ö.

[42] Martin Walser: Karl May neu entdeckt, in: Jahrbuch der Karl-May-Gesellschaft 41 (2011), 15-19, hier 18.

[43] Siehe ausführlich zur Auswirkung auf Vorstellungen vom amerikanischen Kontinent die Hildesheimer Dissertation von Marcus Kenzler: Der Blick in die andere Welt. Einflüsse Lateinamerikas auf die Bildende Kunst der DDR, Theorie der Gegenwartskunst 18, Münster 2012, 514-531.

[44] Siehe ausführlich Sabine Beneke, Johannes Zeilinger: Karl May. Imaginäre Reisen, Hamburg 2007. Vgl. Jürgen Seul: Karl May. Ein Leben zwischen Dichtung und Wahrheit, in: Jürgen Seul: Karl May und Co. Gesammelte Aufsätze aus „Glanz & Elend" u.a., Berlin 2012, 101-112.

[45] Karl Frings: Marschfelderzählungen. Studien zur prosaepischen Darstellung einer Land-

169

de Personen und Positionen, aber auch an ferne Religionen und Regionen wagte und dabei dem Fremden das Fremde beließ, ohne es künstlich-humanistisch aufzulösen, und eben damit Fährten zu Verstehen, Verständnis und Verständigung legte. Eine Achtung vor dem Anderssein schließt nicht aus, selbst weiterhin vom Eigenen überzeugt zu bleiben und zu sehen, dass Gläubigkeit auch unter unterschiedlichen Ausprägungen gleichwertig sein kann. Allerdings fördert Karl May auch eindimensionale Vorbehalte, Vorurteile und Klischees beispielsweise gegenüber Chinesen, Mormonen, Armeniern und Mexikanern. Dazu gehört auch, dass er in seinen Erzählungen dazu neigt, „die exotischen Indigenen mittels einer Europäisierung ihres Aussehens, Wesens und ihres Handelns aufzuwerten".[46]

Insbesondere in seinem sogenannten Spätwerk erkennt man die Vorstellung eines harmonischen Miteinanders, welches jedoch nicht ohne Wagnis möglich wird.[47] Dabei werden allerdings auch schon in früheren Erzählungen religiöse, soziale und politische Grenzen überschritten oder sogar missachtet, beispielsweise in „Durch die Wüste", wenn er als „Ungläubiger" die Stadt Mekka betritt (235f.) oder sich der Kaaba nähert (378ff.). Diese Freiheit bzw. Freizügigkeit und Uneingeschränktheit hängt bei Kara Ben Nemsi alias Old Shatterhand auch damit zusammen, dass er sich nicht spezifischen Autoritäten gegenüber verantwortlich weiß, sondern in der Menschlichkeit und Herzenssprache die eigentliche autoritative Instanz sieht: „Vor der Menschlichkeit, vor meinem und vor Eurem Herzen ist das sehr leicht zu verantworten; andere Autoritäten gehen mich nichts an."[48] Spezifische Grenzen werden zwar bestritten oder verschoben zugunsten anderer Grenzen, die jedoch nicht willkürlich sind, sondern sich wiederum an Prinzipien oder Idealen der Menschlichkeit orientieren. Somit zeigt Karl May auf, dass es bei der Ablehnung bestimmter Grundlagen eben nie zu einem dogmenfreien Raum kommt, sondern ein dogmatisches Vakuum automatisch durch andere Dogmen gefüllt wird. Man kann zwar Grundsätze bestreiten oder ablehnen; doch an deren Stelle treten automatisch andere Grundsätze und erheben ihre Gültigkeitsansprüche. Es ist somit nicht von Belang, *ob* man Dogmen hat, sondern *welche* Dogmen man hat.[49]

---

schaft, Dissertation Universität Wien 2009, 22, unter www.othes.univie.ac.at/8174/1/2009-11-02_9608888.pdf (5.6.2012).

[46] Marcus Kenzler: Der Blick, 2012, 529, Anm. 43. In diesem Sinne wäre aktuell auch die Forderung nach Anpassung in kollektivkritischer Perspektive in Blick zu nehmen! Zu Karl Mays Sicht auf die Mormonen siehe Cameron Blair McMurtrey: Balduin Mollhausen, Karl May and the Mormons. The Portrayals of Member of the Church of Jesus Christ of Latter-Day Saints in 19th Century German Literature, Dissertation Arizona State University 2008, Ann Arbor 2011, 44-58.

[47] Hans-Joachim Jürgens: Kulturelle Kartographien, 2009, 159-161, (Anm. 7).

[48] Karl May: Old Surehand I, 595. Vgl. Gertrud Oel-Willenborg: Von deutschen Helden. Eine Inhaltsanalyse der Karl-May-Romane, Weinheim, Basel 1973, 55ff. und 144-146. Vgl. Walter Schönthal: Christliche Religion und Weltreligionen in Karl Mays Leben und Werk, Sonderhefte der Karl-May-Gesellschaft 5 (1976).

[49] Siehe beispielsweise Reinhard Slenczka: Ziel und Ende. Einweisung in die christliche Ent-

Im Blick auf aktuelle interreligiöse Dialogkonzepte verwundert die Differenziertheit und Tiefe von Karl Mays Überlegungen; diese wollen die Welt in eine Überwindung des Unfriedens und Unbehagens angesichts von Unterschieden überführen. Insbesondere das Verhältnis von Islam und Christentum in den Orientbänden ist hier aufschlussreich im Blick auf Johann Wolfgang von Goethes (1749-1832) ausgesprochen promuslimischer Aufwertung des Islam, wie sie sich im frühen „Mahomet"-Fragment und im „Westöstlichen Divan" widerspiegelt. Entsprechend werden aktuell gerne seine Gedanken aus „Maximen und Reflexionen" wiederholt: „Toleranz sollte eigentlich nur eine vorübergehende Gesinnung sein; sie muss zur Anerkennung führen. Dulden heißt beleidigen."[50] Bei Karl May mündet als Dialektik von Ebenbürtigkeit, Identität und Positionierung das religiöse Miteinander jedoch nicht in einen häufig behaupteten „Synkretismus unter der Dominanz des Christentums"[51]; vielmehr ist dieses unter der unerklärbaren Liebe Gottes, die letztlich unfassbar ist, auch symbolisch-universell zu erfassen, wobei als Richtschnur die christliche Barmherzigkeit und Agape zählt.[52] Für Karl May ist Begegnung mit dem Fremden und Unbekannten eben auch Entgrenzung im Sinne einer Erweiterung des Eigenen im Anderen. Ob dies so weit geht, wie Ottmar Fuchs im Sinne einer Toleranz-Entwicklung (!) behauptet, dass von der Übermacht der eigenen Religion eine Linie zur Beseitigung aller Glaubenssysteme im Horizont universaler Solidarität gezogen werden kann, ist meines Erachtens fragwürdig und legt lediglich aktuelle Denkkatego-

---

zeiterwartung: „Der Herr ist nahe", Neuendettelsau 2008, 16-35. Zur Frage von Autoritätskonflikten siehe Gerhard Diekmeyer: Verbum Dei manet in aeternum. Grundlegendes zur Autorität der Heiligen Schrift in lutherischer Perspektive, in: Jochen Eber (Hg.): Wort des lebendigen Gottes. FS Reinhard Slenczka, Erlangen 1991, 39-52.

[50] Johann Wolfgang von Goethe: Maximen und Reflexionen, 151, in: Johann Wolfgang von Goethe: Werke (Hamburger Ausgabe), textkritisch durchgesehen und kommentiert von Erich Trunz, Bd. 12 (Schriften zur Kunst und Literatur. Maximen und Reflexionen), München 1998, 385. Die Spruchsammlung wurde posthum 1833 von Johann Peter Eckermann und Friedrich Wilhelm Riemer herausgegeben. Vgl. Johann Wolfgang von Goethe: Maximen und Reflexionen, Hamburg 2012. Zur Rolle des Islam bei Karl May siehe Walter Schönthal: Christliche Religion und Weltreligionen in Karl Mays Leben und Werk, Sonderheft der Karl-May-Gesellschaft 5 (1978), 29-33.

[51] Vgl. die Behauptung bei Walter Schönthal: Christliche Religion und Weltreligionen in Karl Mays Leben und Werk, Sonderheft der Karl-May-Gesellschaft 5 (1978), 18: „Es ist für ihn unverzichtbar, daß das Christentum auch von anderen Religionen in seinen Kernaussagen übernommen wird." Vgl. dagegen Ottmar Fuchs: Der „letzte Großmystiker unserer Literatur"? (Arno Schmidt). Zum 100. Todestag von Karl May, in: Theologisch-praktische Quartalschrift 160./ 2012 (Heft 2), 182-191.

[52] So auch die Beurteilung in „Karl Mays Orient" von Ottmar Fuchs: Im Raum der Poesie. Theologie auf den Wegen der Literatur, Theologie und Literatur 23, Ostfildern 2011, 141-189. Vgl. zur ethischen Relevanz der Religionen Reiner Andreas Neuschäfer: „… und unsern kranken Nachbarn auch!" Sozial-diakonisches Engagement als Konkretion christlicher Ethik, in: Christian Herrmann (Hg.): Leben zur Ehre Gottes. Themenbuch zur christlichen Ethik: Bd. 2 Konkretionen, Witten 2012, 335-354.

rien in die Ausführungen Karl Mays hinein.[53] Dennoch ist festzuhalten, dass bei Karl May die Begegnung mit Anderem nicht nur eine Konfrontation mit dessen Unterschiedlichkeit und Fremdheit bedeutet, sondern auch das eigene Anderssein und die persönliche Alterität einschließt. In der Begegnung mit Anderem kann es darum nie allein um Zwang zur Abgrenzung oder Aneignung gehen. Das Eigene ist ja trotz Identität keine starre Größe, sondern ist immer im Stadium eines laufenden Prozesses, Ergebnis von Auseinandersetzungen, Annäherungen, Abgrenzungen, Veränderungen, Nivellierungen. Vielleicht eröffnet gerade diese Annahme der eigenen Verletzlichkeit, Veränderbarkeit und Fragwürdigkeit die Erfahrung einer unverdienten Gnade?! Vielleicht bahnt gerade das Widerfahrnis unbedingten Erwünschtseins und Wertschätzung trotz Fragmentarizität, Begrenztheit und Ergänzungsbedürfnis den Weg zur Anerkennung von Differenzen mit anderen?!

Das Fremde führt bei Karl May jedoch auch zu Anfragen an die eigene Religion und Spiritualität (verstanden als „Durchstimmtheit" des Lebens von der Antwort auf Gottes liebende Zuwendung), die zum Teil bloß anklingen, zum Teil aber auch an den Rand der Infrage-Stellung des Christentums führen.

Für Karl May war Glaube eben kein vom theologischen Denken losgelöstes Phänomen; vielmehr lehnte er eine Abtrennung der Spiritualität als einen Teilbereich des Lebens ab. Die spirituelle Gestaltung des eigenen Subjektes hatte für ihn zum einen eine konstruktive, kreative und poetische Nuance; zum anderen hatte er die Gefahr im Blick, es könne sich durch die Formung des geistlichen Lebens eine Art Korsett ausbilden und dieses dem Tempo, der Flexibilität und Mobilität nicht standhalten, sodass der Spiritualität damit die Dynamik fehle.[54] Winnetou und Old Shatterhand lassen Martin Walser etwa seufzen: „Man könnte trübsinnig und traurig werden, wenn man erlebt, was Karl May alles wollte und wie wenig das in der handelnden Welt genützt hat."[55]

8. Mensch und Mystiker

Als Theologe und Mitglied der Karl-May-Gesellschaft hat der Erlanger Systematiker Werner Thiede wiederholt versucht, Karl May auf den Nenner „Mystiker" zu bringen.[56] Dabei hob er die Hochachtung der inneren Werte hervor und

---

[53] Siehe Ottmar Fuchs: Karl Mays doppelsinniger Orient, AphorismA Erinnerungen II, Berlin 2012. Vgl. Johannes Zeilinger: Karl May als Visionär internationaler Beziehungen, in: Marcus Jurij Vogt, Eduard Werner (Hg.): Divinität und Internationale Beziehungen, Leipzig 2012, 161-170.

[54] Siehe so auch das Hörspiel „Karl May: Old Cursing Dry" nach einer Bearbeitung von Rainer Buck, Moers, Stuttgart 2012 (60 Min.).

[55] Martin Walser: Karl May neu entdeckt, in: Jahrbuch der Karl-May-Gesellschaft 41 (2011), 15-19, hier 18.

[56] Werner Thiede: Mystik im Christentum. 30 Beispiele, wie Menschen Gott begegnet sind, Frankfurt am Main 2009, 190-195 und Werner Thiede: Karl Mays spirituelle Innenwelt. Eine Reminiszenz anlässlich seines 100. Todestags, in: Deutsches Pfarrerblatt 112./2012 (Heft 3), 153-164. Seine Gedanken zu Ökumene und einem Dialog der Religionen sind da-

zog differenziert Karl Mays Eingeständnisse oder Zugeständnisse von Schwachheit, Fehleinschätzungen und Irrtümern in seine Bewertung mit ein.

Selbst seine Romanhelden erscheinen ja bei weitem nicht immer in körperlicher Hinsicht als überlegen. Vielmehr werden sie menschlich gezeichnet und zeichnen sich gerade dadurch aus, dass ihnen eben nicht einfach alles problemlos gelingt. Tatsächlich erscheinen „seine Hauptschurken oft in diabolischer Makellosigkeit", zumal „elegantes Schwarz seit jeher Satanisches signalisiert."[57] Selbst sprachlich schleichen sich Schwächen ein, wie es vor allem der Orient-Zyklus zur Sprache bringt, und wie es so gar nicht zur Behauptung Karl Mays zu passen scheint, in ca. 2000 Sprachen oder Dialekten sich verständigen zu können.

An der Einordnung Karl Mays als modernen Mystiker neben Wilhelm Löhe (1808-1872), Dorothee Sölle (1929-2003), Rudolf Steiner (1861-1925) oder Dag Hammarskjöld (1905-1961) ist sicherlich einiges nicht unproblematisch, zumindest wenn eine christliche und außerchristliche Mystik nicht natürlich gleichgesetzt werden: Mystik ist nicht gleich Mystik.[58] Insbesondere in der spezifisch christlichen Mystik geht es um die personale Gemeinschaft des Glaubenden mit dem Auferstandenen. Dabei wird eine dialogische Gottesbeziehung vorausgesetzt, ein personales Gegenüber von Schöpfer und Schöpfung.[59] Im Gegensatz zu fernöstlichen oder esoterischen Formen der Mystik mündet eine christlich verstandene Mystik gerade nicht in eine innere Leere oder eine Ich-Auflösung, sondern ganz im Gegenteil in eine besonders intensive Begegnung mit dem Schöpfer, Erlöser und Erhalter bei bleibender Einmaligkeit jedes einzelnen, von Gott

---

bei stärker biblisch-theologisch und reformatorisch orientiert als bei Ottmar Fuchs: Der „letzte Großmystiker, 2012, 182-191, (Anm. 51).

[57] Thomas Kramer: Karl May, 2011, 107, (Anm. 20)..

[58] Siehe u.a. Jürgen Singer: Wilhelm Löhe. Begegnungen, Neuendettelsau 2010 und Dietrich Blaufuß: Wilhelm Löhe. Erbe und Vision, Die Lutherische Kirche: Geschichte und Gestalten, 26, Gütersloh 2009; das unvollendet gebliebene Letztwerk Dorothee Sölle: Mystik des Todes. Ein Fragment, Freiburg im Breisgau 2011; Hartmut Traub: Philosophie und Anthroposophie. Die philosophische Weltanschauung Rudolf Steiners. Grundlegung und Kritik, Stuttgart 2011; Lothar Gassmann: Biographisches. Leben und Werk von Rudolf Steiner, Friedrich Rittelmeyer, Emil Bock und Rudolf Frieling, Anthroposophie und Christentum 1, Saarbrücken 2011 und Karlmann Beyschlag: Dag Hammarskjöld – ein protestantischer Mystiker unserer Tage, in: Horst Reller, Manfred Seitz (Hg.): Herausforderung: Religiöse Erfahrung, Göttingen 1980, 21-53

[59] Siehe ausführlich und differenzierend Peter Zimmerling: Evangelische Spiritualität. Wurzeln und Zugänge, Göttingen 2. Aufl. 2010 sowie Peter Zimmerling: Evangelische Mystik. Wurzeln und Zugänge, Vortrag am 23. April 2012 beim 20. Jahrestreffen der Gemeinschaft Evangelischer Zisterzienser-Erben in Deutschland in Michaelstein/Harz, veröffentlicht unter www.evangelische-zisterzienser-erben.de/downloads.html sowie grundsätzlich Corinna Dahlgrün: Christliche Spiritualität. Formen und Traditionen der Suche nach Gott, Berlin, New York 2009. Siehe auch Manfred Seitz: Wissen Sie eigentlich, was Mystik ist?, in: Manfred Seitz (Hg.): Wissen Sie eigentlich, was Mystik ist?, Stuttgart 2003, 153-157 und Horst Reller, Manfred Seitz (Hg.): Herausforderung: Religiöse Erfahrung. Vom Verhältnis evangelischer Frömmigkeit zu Meditation und Mystik, Göttingen 1980.

geschaffenen Individuums – unvertretbar und damit voll für sich verantwortlich. Diese Differenzierung ist nicht einfach jeder als Mystiker(in) bezeichneten Person zu unterstellen, sondern wäre genauer zu untersuchen ... Jedenfalls ist für Karl May insbesondere in den Spätschriften eine besondere, der Mystik nahe Intensität und Innerlichkeit auszumachen, die ihre Kraft eindrücklich im Reiseroman „Weihnacht!" (1897) mit einem prämierten, als Leitmotiv fungierenden Weihnachtsgedicht des Ich-Erzählers entfaltet, dessen Ende[60] lautet:

„Darum gilt auch dir die Freude,
Die uns widerfahren ist;
Denn geboren wurde heute
Auch dein Heiland, Jesus Christ!"

Überhaupt spielte das Weihnachtsfest bei Karl May durchgängig eine Rolle – sowohl im Leben (zumeist als schicksalhaft) als auch in seiner Literatur.[61]

Der Roman „Am Jenseits" (1899) signalisierte ebenfalls eine transzendente Ausrichtung im Denken Mays. „*Im* Jenseits" wurde nie geschrieben und damit dieses als ein Mysterium belassen, das nicht gelöst werden kann und nicht aufgelöst werden sollte. Aus der Spätphase seines Schaffens stammt zudem der China-Roman „Und Friede auf Erden" (1901 bzw. 1904), dessen Titel ein Bibelzitat aus der Weihnachtserzählung des Lukas darstellt und auch in der sonntäglichen Liturgie seinen festen Platz hat. Hierin findet sich als Leitfaden ein typisches Gedicht Karl Mays, in welchem er Friede und Liebe einander zu und zusammen ordnet:

„Tragt euer Evangelium nun hinaus,
doch ohne Kampf sei es der Welt beschieden!
Und seht ihr irgendwo ein Gotteshaus,
so stehe es für euch im Völkerfrieden.
Gebt, was ihr bringt, doch bringt nur Liebe mit,
das andre alles sei daheim geblieben!
Grad weil sie einst für euch den Tod erlitt,
will sie durch euch nun ewig weiter lieben!"[62]

Auch an anderen Stellen betont Karl May als Gegenüber zu Äußerungen des fanatischen Missionars Waller Barmherzigkeit, Gnade und Liebe, etwa im Gebet:

---

[60] Das Gedicht „Weihnachtsabend" entstand vermutlich 1867 während des Gefängnisaufenthalts auf Schloss Osterstein. Teile des Gedichts verwendete Karl May auch in anderen Erzählungen, etwa „In der Heimath" (1891/92); „Waldröschen" (1882); „Der verlorene Sohn" (1884). Außerdem wurde das Weihnachtsgedicht 1904 in den Sammelband „Sonnenstrahlen aus Karl Mays Volksromanen" von Adalbert Fischer aufgenommen.

[61] Vgl. Dieter Sudhoff: Weihnachten mit Karl May, Berlin 2006. Siehe auch Dieter Sudhoff: Zwischen Himmel und Hölle. Karl May und die Religion, Bamberg, Radebeul 2003.

[62] Karl May: Und Friede auf Erden!, Hamburg 2011, 123. Zu den diversen Textvarianten des Gedichts siehe Hansotto Hatzig: „Et in terra pax" – „Und Friede auf Erden". Karl Mays Textvarianten, in: Jahrbuch der Karl-May-Gesellschaft 3 (1972/73), 144–170.

„O du, der selbst den Schächer nicht verwarf,
den Mörder, der an deiner Seite hing,
wo ist ein Mensch, von dem ich sagen darf,
er sei für deinen Himmel zu gering?"[63]

Dort wo für Karl May sein schriftstellerisches Schaffen eine Eigentlichkeit und Eigenheit erreichte, reichte es jedoch kaum noch zu einer Begeisterung seiner bis dahin treuen Leserschaft. Weder „Und Friede auf Erden" noch sein einziges – bislang nie aufgeführtes[64] – Drama „Babel und Bibel" (1906)[65] oder seine „Himmelsgedanken"[66] (1900) – eine Sammlung von Gedichten und Aphorismen – konnten begeistern.

Karl May war ein beseelter Menschenkenner, der gerade im Alter auch seine eigenen Schattenseiten in den Blick nahm. Aber alles an Abgründigem, Zwiespältigem und „an Dunklem, was er in sich vorfand, konnte er nur deshalb betrachten und aushalten, weil sein christlich-religiöses Gemüt dies möglich machte."[67] Diese geistliche Grundhaltung, die etwas von seinem Frommsein ohne Frömmelei ahnen lässt und die neben den Schönheiten und Segensspuren auch die Seelenwunden und Schattenseiten eines Lebens einbezieht, spiegeln diese Zeilen wider:

„Ich bin in Gottes Hand, wo ich auch geh und steh;
Seit meinem ersten Tag bin ich geborgen.
Er kennt mein Herz mit allem seinem Weh,
Mit seinen großen, seinen kleinen Sorgen."

9. Rezension und Rezeption

Karl Mays Romane wurden in über vierzig Sprachen übersetzt und weit über 200 Millionen Mal verkauft. Zu Lebzeiten konnte er auf 33 Bände seiner Werke blicken (Inzwischen ist die legendäre grün-goldene Reihe der „Gesammelten Werke" auf 92 Bände angewachsen!).

Karl Mays Werke sind und waren leider kaum in der Fassung zu lesen, in der sie ihr Autor selbst mit letzter Hand geschrieben hatte. In etliche Bücher wurde erheblich eingegriffen und sind somit eher entstellt und stellen eine Fälschung

---

[63] Karl May: Und Friede auf Erden!, Hamburg 2011, 398.

[64] Siehe aber den Eintrag einer Aufführung am 21.6.2005 in Hachenburg unter www.youtube.com/watch?v=k1w4_UM6Fr8 (eingesehen am 30.6.2012).

[65] Siehe zum Bibel-Babel-Streit ausführlich Reinhard G. Lehmann, Friedrich Delitzsch und der Babel-Bibel-Streit, Orbis Biblicus et Orientalis 133, Freiburg/Schweiz, Göttingen 1997 sowie Bernhard Kosciuszko: Karl Mays Drama „Babel und Bibel", Sonderheft der Karl-May-Gesellschaft Nr. 10 (1978).

[66] Die „Himmelsgedanken" kamen Ende 1900 separat heraus. 1998 wurden sie unter dem Titel „Lichte Höhen. Lyrik und Drama von Karl May" von Bernhard und Lothar Schmid als Band 49 der „Karl May's Gesammelte Werke" herausgegeben. Siehe auch die Reprint-Ausgabe, hg.v. Ralf Schönbach, München 2005.

[67] So zurecht Werner Thiede: Karl Mays spirituelle Innenwelt, 2012, 164.

denn de facto die Fassung dar, die aus der Feder Karl Mays stammen könnte. Beispielsweise ist mindestens jedes dritte Buch von „Und Friede auf Erden!" erheblich verändert und nach den Vorstellungen von Karl Mays zweiter Frau Klara und des Nationalsozialismus bearbeitet. Von Anfang an gehören Eingriffe und Angriffe zum Werk und Leben Karl Mays. Manche Texte wurden zwischenzeitlich zensiert, weil sie zu christlich, zu pazifistisch[68] oder anders nicht passend waren. Immer wieder gab es das Bemühen, Karl May an den jeweiligen Zeitgeist anzupassen und ihn selbst für eigene Ideologien zu beanspruchen bzw. zu vereinnahmen. Dies führte immer wieder auch zu Re-Zensionen.

Karl Mays Erzählung „Die Gum" wird etwa in dem Erlebnisbericht von Johannes Goebel (1891-1952) „Afrika zu unsern Füßen. 40000 km Zeppelin-Kriegsfahrten" variiert verarbeitet, ohne allerdings die Sehnsucht, Faszination und Verlockung des Fremden aufzugreifen, die Karl May so eindrucksvoll schilderte. Stattdessen wird der fremde Kontinent lediglich als das zu Erobernde gesehen, mit einem Herrschaftsanspruch belegt und hat dem Kolonialismus bzw. der Kolonialapologetik zu dienen.[69]

In der DDR wurde es noch Ende der 1970er Jahre als Skandal angesehen, dass es bezüglich Karl May eine nicht genehmigte Zusammenarbeit zwischen einem Wissenschaftler aus der BRD und der DDR gegeben hatte.[70]

Etliche seiner Werke wurden verfilmt, für die Freilicht- oder Theater-Bühne adaptiert, zu Hörspielen (über 300!) oder Puppentrickfilmen verarbeitet oder als Parodien oder Comics umgesetzt – allerdings nicht selten lediglich in einer angelehnten Weise.[71] Auf Briefmarken und Münzen, aber auch in Form von Spielzeug und Kitsch wurden Karl May und seinen Titelhelden kleine oder größere Denkmäler gesetzt. Es gibt also viele Möglichkeiten, sich an Karl May zu erinnern und dabei seinen Gedanken zum Menschsein und Glauben nachzugehen.

.

---

[68] Vgl. Karl Holl: Karl May und die Deutsche Friedensbewegung. Überlegungen zu einer ungewöhnlichen Beziehung, in: Wolfram Pyta (Hg.): Karl May: Brückenbauer zwischen den Kulturen, Kultur und Technik 17, Berlin 2010, 189-195.

[69] Siehe Wolfgang Struck: Die Eroberung der Phantasie, 2010, 238-240, (Anm. 27) mit Bezugnahme auf Karl May: Die Gum, in: Orangen und Datteln. Reiseerzählungen von Karl May, Karl Mays Hauptwerke 32, Zürich 1992, 13f. sowie Johannes Goebel: Afrika zu unsern Füßen. 40000 km Zeppelin-Kriegsfahrten Lettow-Vorbeck entgegen, 76f.

[70] Siehe die Göttinger Dissertation von Teresa Brinkel: Volkskundliche Wissensproduktion in der DDR. Zur Geschichte eines Faches und seiner Abwicklung, Studien zur Kulturanthropologie/Europäischen Ethnologie 6, Münster 2012, 142f.

[71] Siehe ausführlich Stefan Meduna: Die Karl-May-Comics auf dem Prüfstand, Teil 1 („Die großen Vier") und 2 („Karl-May-Comics aus Spanien bei Condor – ein Panoptikum der Skurrilität", in: Die Sprechblase 37/2012 (Nr. 224), 44-53.

THEMA

EMPIRISCHE FORSCHUNG

WARUM SCHICKEN ELTERN IHRE KINDER AUF EINE EVANGELISCHE SCHULE? ERHEBUNG VON ELTERNMOTIVEN FÜR DIE SCHULWAHL.

Robert Schelander

1. Einleitung

Die Diakonie Bildung betreibt im Auftrag des Schulträgers, des Evangelischen Schulwerks A.B. in Wien und Umgebung fünf Volksschulen und fünf weiterführende Mittel-, Fachschulen bzw. Gymnasien.[1] Während einige dieser Schulen auf eine lange Geschichte zurückblicken können, sind andere erst in jüngster Zeit gegründet worden. Auf diese wachsende Nachfrage und dem dementsprechenden Ausbau des evangelischen Schulwesens ist schon öfter hingewiesen worden.[2] Auch in anderen Ländern Europas gibt es diesen Trend.[3] Die Ursachen für diese Nachfrage sind bisher noch kaum erforscht. Die Forschung zum evangelischen Schulwesen hat sich parallel zu seinem Ausbau entwickelt, sie hat sich jedoch bisher vor allem auf die Untersuchung des „Angebotes" konzentriert: Was bieten evangelische Schulen, welches pädagogische und theologische Profil

---

[1] Evangelische Volksschule Wien-Leopoldstadt; Evangelische Volksschule am Karlsplatz; Evangelische Volksschule Wien-Gumpendorf; Evangelische Volksschule Währing – Lutherschule; Montessori Erlebnisschule in Mödling. Evangelische Wiener Mittelschule / KMS am Karlsplatz; EPTS - Aufbaumittelschule Diakonie; Evangelisches Gymnasium und Werkschulheim; Evangelische Realgymnasium Donaustadt/WMS; Inklusive FIT Schule.

[2] „Evangelische Schulen haben Konjunktur, die Zeit für Neugründungen ist günstig." Robert Schelander, Zum evangelischen Schulwesen in Österreich, der Slowakei und Ungarn, in: Karl Ernst Nipkow, Volker Elsenbast, Werner Kast (Hrsg.), Verantwortung für Schule und Kirche in gesellschaftlichen Umbrüchen. Festschrift für Karl Heinz Potthast zum 80. Geburtstag, Münster/New York/München/Berlin (Waxmann) 2004, S. 263 – 276, hier S. 264.

[3] Helmut Hanisch und Christoph Gramzow, Elternmotive zum Besuch einer evangelischen Schule. Ergebnisse einer Befragung in Mecklenburg-Vorpommern, in: Zeitschrift für Pädagogik und Theologie 63 (4/2011), 305 – 316.

haben sie usw. Freilich muss diesem Angebot auch eine Nachfrage entsprechen. So manche Schulgründung verdankt sich dem beharrlichen Engagement von Eltern. Erwarten sich Eltern die ihre Kinder in eine evangelische Schule schicken, das was in Schulprospekten, Leitbildern und Werbeflyern versprochen wird? Und finden Sie sich in ihren Erwartungen, nachdem ihre Kinder eine Zeitlang evangelische Schulen besucht haben, bestätigt? Ist das, was wissenschaftliche Forschung als das Profil von evangelischen Schulen herausgearbeitet hat[4], ident mit dem was Eltern an evangelischen Schulen schätzen?

Solche Fragen beschäftigen nicht nur die wissenschaftliche Forschung, auch für Schulleitungen und Schulträger ist diese Passung von Angebot und Nachfrage sehr wichtig. Die Erwartungen und die Erfahrungen von SchülerInnen und deren Eltern sind für das Fortbestehen und die Entwicklung evangelischer Schulen von fundamentaler Bedeutung. Die jährliche Abstimmung via Anmeldung bedeutet für den Schulträger auch ein Risiko, weshalb er großes Interesse daran hat sich über die Motive, die der Schulwahl zugrunde liegen sich, zu informieren.

Im Laufe des Jahres 2011 ist die Diakonie Bildung an das Institut für Religionspädagogik mit der Bitte herangetreten sie bei der Erhebung von Motiven, welche Eltern für die Schulanmeldung bzw. den Schulbesuch ihrer Kinder an evangelischen Schulen haben, zu unterstützen. Während Lehrerinnen und Lehrer und Schulleitungen immer wieder Rückmeldungen von Schülern und Eltern erhalten, sind Schulverwaltungen häufig mit Konfliktfällen beschäftigt. Für sie gilt – zugespitzt formuliert: „Keine Informationen, sind gute Informationen!"

Für die überwiegende Zahl positiver Gründe für die Anmeldung (und den Verbleib!) der Schüler an den Schulen gibt es keine Daten. Verantwortliche und vorausschauende Schulplanung benötigt Informationen, um kurzfristigen Krisen und langfristigen Trends begegnen zu können und um auch auf schulorganisatorische Veränderungen adäquat reagieren zu können. Würde sich das Anmeldeverhalten ändern, wenn zum Beispiel eine verpflichtende Nachmittagsbetreuung in allen öffentlichen Schulen eingeführt werden würde? Genauere Informationen über die Anmeldemotive könnten hier zumindest Prognosen ermöglichen.

Der Schulträger hat im Vorgespräch zwei Ziele formuliert, welche er mit der Umfrage verbindet:

– Planungssicherheit. Die Möglichkeit frühzeitig auf Veränderungen im Anmeldeverhalten reagieren zu können
– Schulentwicklung. Das schulische Angebot zu verbessern und auf artikulierte Bedürfnisse abzustimmen.

Konfessionelle Schulen bieten ein bestimmtes pädagogisches (und religiöses) Profil. Die jährliche Entscheidung von Eltern scheint dem Profilangebot Recht

---

[4] Vgl. Helmar Pollitt / Margit Leuthold / Arno Preis (Hg.), Wege und Ziele evangelischer Schulen in Österreich. Eine empirische Untersuchung, Münster 2007.

zu geben, denn das Angebot stößt auf entsprechende Nachfrage. Freilich könnten Eltern auch etwas anderes an evangelischen Schulen nachfragen (und wohl auch finden) als das, was Schulleitungen für den Kern ihres Angebotes halten. In der öffentlichen Diskussion wird konfessionellen Schulen dies zum manchmal zum Vorwurf gemacht: Sie bedienen gerade nicht genuin religiöse Motive der Eltern, sondern ermöglichen, über das Merkmal der Konfessionszugehörigkeit, eine bestimmte Selektion in der Zugehörigkeit zur Bildungsschicht.

Die vorliegende Studie kann auf diese Interessen und Fragestellungen des Schulträgers und der Öffentlichkeit keine direkten Antworten liefern. Sie kann aber mit ihren Ergebnissen beitragen diese Fragen differenziert zu diskutieren und möglicherweise Anregungen für Entwicklungen bieten.

2. Ein Blick auf bisherige Untersuchungen zu evangelischen Schulen

Das evangelische Schulwesen erfreut sich seit geraumer Zeit einer gewissen Aufmerksamkeit durch die pädagogische und religionspädagogische Forschung. Stellvertretend sei die Reihe: Schulen in evangelischer Trägerschaft, welche seit 2001 erscheint, sowie das Standardwerk Handbuch Evangelischer Schulen genannt.

Empirische Untersuchungen zu evangelischen Schulen sind selten und stammen aus jüngerer Zeit. 2005 veröffentlicht Claudia Standfest, Olaf Köller und Annette Scheunpflug eine Untersuchung zur Leistungsfähigkeit von Schulen in evangelischer Trägerschaft[5]. Die Studie knüpft an die regelmäßigen PISA-Untersuchungen[6] an und verwendet auch deren Daten (Sekundäranalysen der Daten aus der PISA-E-Studie aus dem Jahr 2000). Die von der evangelischen Kirche in Deutschland initiierte Untersuchung fragt u.a. danach, ob die in den Leitbildern und Schulkonzepten geäußerten pädagogischen Ansprüche eines evangelischen Bildungsverständnisses durch die jeweiligen Schulen auch eingelöst werden. „Können Eltern erwarten, dass sich das, was Schulen in konfessioneller Trägerschaft als Profil versprechen, im Schulalltag auch tatsächlich wieder finden lässt?"[7] Durch die Verwendung der PISA Daten ist ein Vergleich mit dem staatlichen Schulen möglich. Diese quantitative Untersuchung wird durch Fallstudien an einzelnen Schulen ergänzt. Im Zentrum stehen vergleichende Fragen (staatlichen und evangelischen Schulen): Schülerherkunft, Leistungsunterschiede, Schulklima [...] Fragen der Schulwahl und der Motive von Eltern stehen nicht im Fokus der Untersuchung. Dennoch stellt diese Studie einen guten Referenzrahmen für unsere Untersuchung bereit.

---

[5] Claudia Standfest / Olaf Köller / Annette Scheunpflug: Leben – Lernen – Glauben. Zur Qualität evangelischer Schulen. Eine empirische Untersuchung über die Leistungsfähigkeit von Schulen in evangelischer Trägerschaft, Münster / Berlin 2005.

[6] PISA (Programme for International Student Assessment) ist eine internationale Schulleistungsstudie der OECD (Organisation für wirtschaftliche Zusammenarbeit und Entwicklung).

[7] Leben – Lernen – Glauben, a.a.O., S. 67.

In Österreich sind wir in der glücklichen Lage, dass umfassende Daten zu Aufgaben und Zielen evangelischen Schulen vorliegen. Initiiert durch die evangelische Kirchenleitung haben das Religionspädagogische Institut der evangelischen Kirche in Zusammenarbeit mit dem Institut respect 2006 eine breit angelegte Untersuchung durchgeführt. Fast zweitausend Fragebögen von Schüler, Eltern und Lehrer von 19 evangelischen Schulen bildeten den quantitativen Datenstock, welcher durch Experteninterviews ergänzt wurden. Die Ergebnisse wurden in dem Buch Wege und Ziele evangelischer Schulen in Österreich[8] publiziert.

Schüler, Eltern und Lehrer wurden in ca. 30 Fragen zu ihrer Einstellung bezüglich folgender Themenkreisen befragt:

- dem Bildungsangebot (was bieten evangelische Schulen?)
- der Unterrichtsausrichtung
- dem evangelischen Profil

In einer ersten Fragenstellung (Nr. 8 vgl. S. 121) wurde das grundsätzlich das Verhältnis von pädagogischen, religiösen und pragmatischen (Wohnortnähe) Gründen abgefragt. Es zeigte sich, dass für Eltern „religiöse Bildung und der christliche Charakter der Schule eher unwichtig (sind), für die Entscheidung, ihre Kinder auf eine evangelische Schule zu schicken."[9] Die Studie Ergebnisse legen auch nahe, dass aufgrund der Berufstätigkeit beider Eltern, auch pragmatische Gründe (Nachmittagsbetreuung) für die Schulentscheidung wesentlich sind. „Für Eltern ist der wichtigste Grund für die Entscheidung, ihr Kind an eine evangelische Schule zu schicken, das ansprechende Konzept der jeweiligen Schule, gefolgt von der Wohnnähe. Seltener wurde hier der Entscheidung 'Nähe zum evangelischen Glauben' zugestimmt." (S. 35) Die Zufriedenheit der Eltern „mit den Leistungen und Angeboten der Schule" (Nr. 9) wurde ebenfalls abgefragt, diese war recht hoch (S. 36).

Im ersten Themenkreis (siehe oben) wurden Motive für „die Motivationsgrundlagen (…) das eigene Kind auf eine evangelische Schule zu geben" (S. 14) abgefragt. Eltern wurden gebeten mögliche Motive (z.B. „weil diese Schule besondere Lernmöglichkeiten für SchülerInnen anbietet (Elternfragebogen Nr. 10, S. 122) im Hinblick auf ihre Bedeutung für die Schulwahl zu bewerten.

Dabei zeigte sich folgendes Bild[10]:

---

[8] Wege und Ziele evangelischer Schulen, a.a.O.
[9] Ebd., S. 38.
[10] Ebd., S. 37.

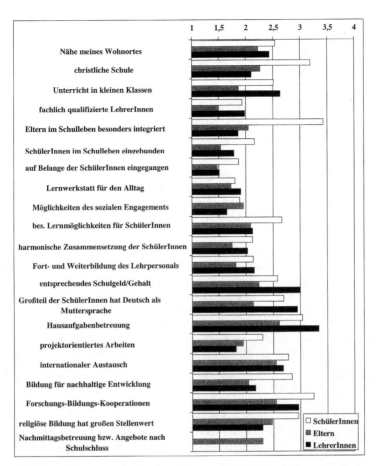

Abbildung 5: Bedeutung der einzelnen Aussagen für die Schulwahl dargestellt durch Mittelwerte

Obige Grafik kommentieren die Studienautoren folgendermaßen:

„Von großer Bedeutung für Eltern ist, dass auf die Bedürfnisse ihrer Kinder intensiv eingegangen wird und diese, sowie sie selbst, in das Schulleben miteingebunden werden. Auffällig ist, dass der Gemeinschaftlichkeit und einem guten Betreuungsverhältnis besondere Bedeutung - ähnlich wie bei den Schülerinnen und Schülern - zugeschrieben wird. Darüber hinaus sind auch für Eltern die Ausbildungsqualität und die fachliche Qualifikation der Lehrerinnen und Lehrer für die Wahl für eine evangelische Schule sehr entscheidend. Weitere wichtige Entscheidungsgrundlagen bilden die praxisorientierten Leistungen und Angebote - wiederum ist die Ähnlichkeit zu den Aussagen der

Gruppe der Schülerinnen und Schüler erkennbar. Als eher weniger wichtig werden hingegen jene Faktoren wie ‚Schulgeld' und ‚Nähe zum Wohnort' erachtet. Für Eltern scheint es jedoch im Gegensatz zu den Schülerinnen und Schülern relevant zu sein, dass der Großteil der Schülerinnen und Schüler deutsche Muttersprache hat."[11]

Das primäre Ziel der Untersuchung von Pollitt, Leuthold und Preis lag nicht darin die Motivlage der Eltern zu klären, sondern Aussagen über evangelische Schulen zu gewinnen: Wie werden evangelische Schulen eingeschätzt, was erwartet man sich von ihnen. So lauten Fragen in einem ersten Teil:
„Welchen [pädagogischen und religiösen] Schwerpunkten sollten in Evangelischen Schulen eine besondere Bedeutung zukommen?" (Elternfragebogen Nr. 4) Darüber hinaus wurden Eltern nach ihren Erfahrungen im Umgang mit evangelischen Schulen gefragt: „Kommt Ihrer Erfahrung nach der religiösen Bildung an Evangelischen Schulen eine besondere Bedeutung im schulischen Geschehen zu?" (Elternfragebogen Nr. 5)

In einem zweiten Themenkomplex wurden die Eltern zu religionspädagogischen Zielvorstellungen von evangelischen Schulen befragt. Welche religiösen und pädagogischen Aufgaben im Zentrum einer evangelischen Schule stehen sollten und daher auch als Anforderungen an LehrerInnen gestellt werden sollten. Die Studie kann vier Anforderungen an Lehrpersonen aus der Befragung erheben. Diese reichen von einer qualitativ guten Ausbildung, welche alternative Lernformen berücksichtigt bis hin zu einer ethischen und christlich evangelischen Bildung[12]. Ein dritter Fragenteil widmete sich Fragen zum evangelischen Profil.

Die Ergebnisse zur Erhebung persönlicher und allgemeiner Daten zu den Eltern (z.B. Alter, Bildungsgrad, Berufstätigkeit etc.) werden an der entsprechenden Stelle unserer Untersuchung einfließen. Jetzt kann schon auf das bekannte Faktum des vergleichsweise hohen formalen Bildungsgrades hingewiesen werden: „Auffällig ist, dass die Eltern einen sehr hohen formalen Bildungsgrad aufweisen: 36% der Eltern verfügen über einen Universitätsabschluss oder eine vergleichbare Ausbildung."[13]

Die Studie resümiert bezüglich der Schulwahlmotive: „Die Gründe für die Entscheidung eine evangelische Schule zu besuchen bzw. an dieser Schule zu unterrichten liegen vor allem in den attraktiven pädagogischen Konzepten der Schulen. Für Personen evangelischen Glaubens ist die religiös-evangelische Dimension der Schulen ein wichtiger diesbezüglicher Beweggrund - im Gegensatz zu Personen die der römisch-katholischen Kirche angehören."[14]

---

[11] Ebd., S. 39.
[12] Ebd., S. 49.
[13] Ebd., S. 30.
[14] Ebd., S. 48.

Einen kurzen Blick wollen wir noch auf eine Untersuchung im Osten Deutschlands werfen, welche ebenfalls die Elternmotive im Blick hat. Helmut Hanisch und Christoph Gramzow haben Anfang 2011 Eltern von achtzehn Schulen in der Trägerschaft der Evangelischen Schulstiftung in Mecklenburg-Vorpommern und Nordelbien zu ihren Motiven ihr Kind an eine evangelische Schule zu schicken befragt. Mittlerweile ist eine zweite Untersuchung zu Sachsen durchgeführt worden.[15] Mit diesen Erhebungen möchte man den Hintergrund für den Trend zu Schulgründungen in den Neuen Bundesländern, sowie die Nachfrage nach Schulen in evangelischer Trägerschaft erforschen: welche Motive haben Eltern „ihre Kinder auf evangelische Schulen zu schicken."[16] Die Interessenlage der Eltern – so die Erwartung und Absicht der Autoren – könnte in einem zweiten Schritt auch für die Anpassung/Verbesserung des pädagogischen und konfessionellen Angebotes an evangelischen Schulen herangezogen werden. Aufgrund von über eintausend Antworten (in Mecklenburg-Vorpommern und Nordelbien) ergab sich für die Autoren folgendes Bild:

Für Eltern sind vor allem pädagogische Gründe ausschlaggebend. Man erwartet sich vom Besuch der evangelischen Schule eine individuelle Förderung sowie bestmögliche Entfaltung der Persönlichkeit des eigenen Kindes. Mithilfe statistischer Methoden konnten die 27 vorgegebenen Einzelmotiven auf fünf Motivkomplexe reduziert werden: Pädagogische Gründe (z.b. reformpädagogisches Konzept), religiöses Profil, daß z.B. ein religiöses Schulleben den schulischen Alltag bereichert, Vergleich und Ablehnung von staatlichen Schulen, außerunterrichtliche Rahmenbedingungen, wie Räumlichkeiten und Nachmittagsbetreuung und schließlich pragmatische Gründe der Wohnortnähe und Erreichbarkeit.

Die Frage der Bildungsselektivität spielt ebenfalls eine Rolle: „Unübersehbar ist die Tatsache, dass besonders Eltern mit Abitur bzw. Hochschulabschluss evangelische Schulen als Bildungsstätten für ihre Kinder wählen. Immerhin macht diese Personengruppe fast zwei Drittel aller Probandinnen und Probanden aus. Nur sehr wenige Eltern mit Volksschul- bzw. Hauptschulabschluss schicken ihre Kinder auf evangelische Schulen."[17]

---

[15] Christoph Gramzow / Helmut Hanisch, An einer evangelischen Schule lernen. Eine Befragung zu Elternmotiven im Freistaat Sachsen, in: Dies. (Hrsg.), Religionsunterricht im Freistaat Sachsen. Lernen, Lehren und Forschen seit 20 Jahren, Leipzig (Evangelische Verlagsanstalt) 2012, S. 259 – 286.

[16] Hanisch und Gramzow betonen: „Bislang liegen darüber (zur Frage der Elternmotive R.S.) – abgesehen von einigen kleineren Untersuchungen – keine verlässlichen Daten vor". Helmut Hanisch/Christoph Gramzow, Elternmotive zum Besuch einer evangelischen Schule. Ergebnisse einer Befragung in Mecklenburg-Vorpommern, S. 1 [http://schulen.evangelischer-bildungsserver.de/files/Untersuchung_-Eltern-_Motive.pdf, Zugriff 21-10.-2012].

[17] Ebd., S. 9.

Wie zu erwarten spielen religiöse Motive für die Schulwahl bei evangelischen Eltern eine größere Rolle als bei anderskonfessionellen oder konfesssionslosen Eltern.

Zusammenfassend stellen die Autoren die Frage nach dem Verhältnis von pädagogischen und religiösen Motiven. „Wundern könnte man sich darüber, dass Motive, die sich auf das evangelische Profil der Schulen der Schulstiftung beziehen, weniger dominant sind als pädagogische Gründe." (13f) Die Autoren formulieren dazu eine Hypothese: Eltern sehen im evangelischen Charakter der Schule eine „Selbstverständlichkeit", sodass dieses Motiv in den Antworten zurückfällt.[18]

Es war eine glückliche Überschneidung, dass in diesem Jahr eine Vikarin und ein Vikar im Rahmen ihrer Abschlussprüfungen zu dem Thema „Aufgaben und Chancen evangelischer Privatschulen" ebenfalls jeweils empirische Arbeiten vorgelegt haben, welche den Fokus auf Eltern und ihre Einstellung zu evangelischen Schulen legten. Diese Arbeiten sind im Anschluss an diesen Artikel in gekürzter Form abgedruckt. Eine Diskussion mit diesen Ergebnissen wird an dieser Stelle zurückgestellt und erfolgt im angekündigten zweiten Beitrag zu diesem Thema, welcher im nächsten Heft von SchR sich der vertieften Auswertung der Ergebnisse widmen wird.

3. Zum methodischen Vorgehen – der Fragebogen

Aus Gründen der Praktikabilität und aus Kostengründen haben wir uns für eine online Befragung entschieden. Die Schulleitungen benutzen in der Kommunikation mit den Eltern E-Mail. Jene Eltern ohne Internetzugang bzw. ohne aktive Nutzung desselben seien, so die Information, eine sehr kleine Gruppe.

Der Fragebogen setzt bei der Entscheidung von Eltern, ihr Kind an einer evangelischen Schule anzumelden, an. Vielfältige Motive mögen für diese bewusste Entscheidung ausschlaggebend sein. Die Erwartungshaltung wird, sobald das Kind die Schule besucht, mit Erfahrungen konfrontiert. Die Spannung zwischen Erwartungen und bestätigenden bzw. enttäuschenden Erfahrungen thematisiert der folgende Fragebogen. Als dritte Größe kommen Angaben zur befragten Person dazu. Daher sieht der schematischer Aufbau des Fragebogens folgendermaßen aus:

1. Wer? meldet seine Kinder (Angaben zum Kind und zu den Eltern)
2. Warum? an einer (bestimmten) evangelischen Schule an und
3. Welche Erfahrungen? haben diese Eltern gemacht.

---

[18] „Vermutlich wird es von den Eltern als normal angesehen, dass der christliche Glaube in seinen unterschiedlichen Gestaltungsformen zum Alltag einer evangelischen Schule gehört und Väter und Mütter in großer Zahl an gottesdienstlichen Feiern teilnehmen, die evangelische Schulen für die Familien der Schülerinnen und Schüler anbieten." Ebd., S. 14.

Die herkömmliche Antwort: evangelische Eltern melden ihre Kinder in evangelischen Schulen an, wird allein dadurch, dass in keiner der untersuchten Schulen die evangelischen Kinder die Mehrheit bilden, widerlegt. Die Zugehörigkeit zu einem evangelisch-kirchlichen Kernmilieu führt nicht automatisch zu einer Schulanmeldung, wie umgekehrt eine andere religiöse oder nicht-religiöse Einstellung dies auch nicht verhindert. Damit ist aber schon ein Themenkomplex für die Untersuchung benannt: religiöse Zugehörigkeit. Wir fragen nach den Religionszugehörigkeiten von Kind und Eltern (einschließlich keiner Religionszugehörigkeit) (Frage 6, 11, 17), sowie nach einer Verbundenheit mit einer konkreten religiösen Gemeinschaft (Pfarrgemeinde) (Frage 16, 22) und danach, ob Eltern „ihr Kind religiös erzogen" haben (Frage 23)?

Der naheliegende Einwand, dass Eltern selbst nur wenig direkte Erfahrungen mit bzw. in der Schule machen, setzt dem Instrument eine Grenze. Der vorliegende Fragebogen konzentriert sich auf die Rolle der Eltern. Die SchülerInnen wurden nicht direkt einbezogen. Wir dürfen aber annehmen, dass ein Gutteil der „Erfahrungen mit der Schule" über Schulkinder ihren Eltern vermittelt wurde. In Zusammenarbeit mit dem Schulträger und den Schulleitungen[19] wurden weitere Hintergrunddaten zu den einzelnen Personengruppen aufgenommen: Alter, Geschlecht und Muttersprache des Kindes, sowie Angaben zur schulischen Situation des Kindes. Für beide Eltern wurden neben Alter, Geschlecht und Muttersprache auch der Bildungsabschluss und die berufliche Situation abgefragt. Das Merkmal „Sind sie alleinerziehend?" wurde ebenfalls mit hinzugenommen.

Im zweiten Teil des Fragebogens wurden den Eltern eine Reihe von möglichen Motiven und Erwartungen für die Schulwahl vorgelegt und sie gebeten, die für sie zutreffenden anzukreuzen. Neben pädagogischen Gründen (zum Beispiel besondere Förderung in sozialer, intellektueller Hinsicht …) und Erwartungen in bestimmte religiöse Zielsetzungen (z.B. Erziehung im christlichen Glauben) sowie schulische Gegebenheiten (Ausstattung, Atmosphäre) bzw. Angebote (z.B. Musikangebote, Nachmittagsbetreuung) wurden auch pragmatische Gründe (nähe zum Arbeitsplatz) aufgelistet. Durch eine Abfrage, welche den Vergleich mit staatlichen öffentlichen Schulen, in den Blick nimmt, können vorangehende Motive geschärft werden. Der Fokus der Items liegt hier auf schulischen Gegebenheiten, welche für eine Schule in privater Trägerschaft kennzeichnend sein können[20]. Auch hier handelt es sich um Erwartungen, da wir nicht davon ausgehen,

---

[19] Den einzelnen abgefragten Items lag ein Vorschlag durch Ruth Schelander-Glaser und Robert Schelander zugrunde, welcher in Auseinandersetzung mit der vorhandenen wissenschaftlichen Literatur und im Hinblick auf das Interesse des Auftraggebers, des evangelischen Schulträgers entwickelt wurde. In der Folge wurden die Fragen durch Schulträger und Schulleitungen überarbeitet und auch einem Probelauf unterzogen. Die Letztentscheidung über einzelne Formulierungen blieb beim Auftraggeber.

[20] Die Untersuchung von Pollitt/Leuthold/Preis (2007, a.a.O.) war uns eine Hilfe. Leider lagen uns zum Zeitpunkt der Erstellung des Fragebogens keine Informationen über die Untersuchung von Hanisch und Gramzow vor. Im Fragebogen wurde der (umgangssprachli-

dass bei den Befragten in der Regel konkrete aktuelle Schulerfahrungen vorhanden sind.

Wir erwarten uns hier Aussagen über Motive, welche für die Schulwahl ausschlaggebend waren. Dabei ist jedoch der Abfragezeitpunkt zu bedenken. Der Zeitpunkt der Einschreibung und damit der Schulwahl ist für alle Befragten schon vorbei. Sie haben schon erste, manche sogar langjährige, Erfahrungen mit der gewählten Schule gesammelt. Dies wird – so ist zu vermuten – auf die Sicht und damit das Antwortverhalten bezüglich der eigenen Motive für die Schulwahl rückwirken.

Im dritten Teil des Fragebogens werden die potentiellen Motive für einen Schulbesuch mit den tatsächlichen Erfahrungen abgeglichen. Die Eltern wurden gebeten anzugeben ob bestimmte wünschenswerte Erwartungen durch die schulische Erfahrung eingelöst wurden. Die vorhin als Erwartung formulierte Aussagen: Ich habe die Schule gewählt, „weil es ein qualitativ hochwertiges Nachmittagsbetreuungsangebot" gibt, wird jetzt zur Erfahrungsaussage: „Wir haben die Erfahrung gemacht, dass es ein qualitativ hochwertiges Nachmittagsbetreuungsangebot an dieser Schule gibt." Die Eltern konnten den Grad ihrer Zustimmung/Ablehnung mittels einer fünfteiligen Skala, welche von „hat sich in hohem Maße erfüllt", „hat sich etwas erfüllt", „weder noch", „hat sich kaum erfüllt" und „hat sich gar nicht erfüllt" reichte, angeben.[21]

Abschließend bot der Fragebogen in einer offenen Frage Gelegenheit Wünsche an die eigene Schule zu formulieren: „Wenn Sie an der Schule Ihres Kindes etwas ändern könnten: was würden Sie ändern?" (Frage 53) und Bemerkungen zum Fragebogen rück zu melden (Frage 54).

Wie oben schon ausgeführt, dient der Fragebogen verschiedenen Zwecken. Der Auftraggeber, der Schulträger, erhofft sich durch ihn genauere und detailliertere Informationen zu den Motive, welche auf Elternseite hinter der Schulentscheidung stehen, zu erhalten und damit das Anmeldeverhalten besser verstehen und damit auch prognostizieren zu können. Die Elternmotive sind zweitens ein wichtiges Element für die Weiterentwicklung von Schulkonzepten. Mit ihrer Hilfe kann die Übereinstimmung von Elternerwartung und dem theologischen und pädagogischen Selbstbild der Schulen (Leitbild, Schulprofil) kritisch analysiert werden und wichtige Impulse für eine Veränderung gewonnen werden. Schließlich bieten die Ergebnisse des Fragebogens auch Ansatzpunkte für Überprüfung und Evaluationen von schulischer Praxis. Wenn Elternerwartung an eine Schule und die Erfahrung mit schulischer Wirklichkeit sehr weit auseinanderliegen,

---

che) Begriff der „öffentlichen" Schule verwendet und den „evangelischen" Schulen gegenübergestellt. Die korrekten juristischen bzw. pädagogischen Begriffe (konfessionelle Privatschule mit Öffentlichkeitsrecht) wurden nicht verwendet. Vgl. Bundesgesetz über das Privatschulwesen 1962 (Privatschulgesetz).

[21] Eine Erfahrungsfrage, welche nicht in den Erwartungen abgefragt wurde, kam hinzu: die Frage nach der Bewertung des Essens (Frage 49).

dann sind dies kritische Themen bei denen genauer hinzusehen ist. Die im Folgenden präsentierten Ergebnisse können m.E. zu allen drei Zwecken beitragen. Allerdings sei vor naiven Kurzschlüssen gewarnt. Pädagogische Konzepte dürfen genauso wenig unmittelbar aus Elternerwartungen gewonnen werden, wie die Diskrepanz zwischen Elternerwartungen und deren schulischen Erfahrungen einfach als Impuls für eine veränderte schulische Praxis genommen werden darf. Für die wissenschaftliche Forschung liegt der Nutzen der Ergebnisse des Fragebogens vor allem in einem vertieften Einblick in Elternmotive zum Besuch von evangelischen Schulen. Hier bietet sich ein Vergleich mit anderen Untersuchungen wie beispielsweise jener von Helmut Hanisch und Christoph Gramzow an. Dies soll in einer zukünftigen Publikation geschehen.

Detaillierter Aufbau des Fragebogens

1. Wer? meldet seine Kinder
1.a. Angaben zum Kind (Alter, Geschlecht, Muttersprache, Religion, Schule)
1.b. und zu den Eltern (Alter, Geschlecht, Muttersprache, Religion, Beruf, Familienstand)
2. Warum? an einer (bestimmten) evangelischen Schule an und
    2.a. pragmatische Gegebenheiten
    2.b. pädagogische Zielsetzungen
    2.c. religiöse Zielsetzungen
    2.d. schulische (Lern)Angebote
    2.e. Besserstellung gegenüber staatlichen Schulen
3. Welche Erfahrungen? haben diese Eltern gemacht.
    3.a. pragmatische Gegebenheiten
    3.b. pädagogische Zielsetzungen
    3.c. religiöse Zielsetzungen
    3.d. schulische (Lern)Angebote
    3.e. Besserstellung gegenüber staatlichen Schulen
4. Allgemeine Rückmeldungen
    4.a. Änderungswünsche
    4.b. zum Fragebogen

Im Frühjahr 2012 wurde an fast allen Schulen, welche zum Evangelischen Schulwerk A.B. Wien gehören die Umfrage unter Eltern durchgeführt. Dazu wurden die Eltern von den Schulleitungen brieflich aufgefordert an einer Umfrage zum Thema "Motive für die Schulwahl" (online) teilzunehmen. Den Eltern wurde mitgeteilt; „Ziel dieser Befragung ist es, mehr über Ihre Beweggründe für die Wahl einer evangelischen Schule für Ihre Kinder zu erhalten und auch abzufragen, inwiefern die Erfahrungen, die Sie mit unseren Schulen machen, Ihren Erwartungen entsprechen." (Elternbrief vom 29.3.2012) Die Möglichkeit über die Befragung an der Gestaltung der Schule für ihre Kinder mitwirken zu können, mag zusätzliche Motivation für Eltern gewesen sein.[22]

4. Erste Ergebnisse

448 Eltern haben sich an der Umfrage beteiligt. Wir haben Daten aus allen Schulen bekommen, aufgrund der geringen Zahl an Rückmeldungen musste jedoch die Evangelische Aufbaumittelschule Karlsplatz ausgeschieden werden: durchschnittlich haben pro Volksschule 20-30 Eltern geantwortet, von den Eltern der Familienschule konnten wir die doppelte Anzahl an Fragebögen bekommen (60). Besonders hoch war die Beteiligung im Evangelischen Gymnasium Simmering mit 200 Antworten.[23]

Anzahl der ausgefüllten Fragebögen pro Schule

Evangelische Volksschule am Karlsplatz	45
Evangelische Volksschule Wien - Leopoldstadt Familienschule	60
Evangelische Volksschule Währing - Lutherschule	28
Evangelische Volksschule Wien - Gumpendorf	28
Montessori Erlebnisschule Mödling	28
Evangelische Mittelschule Karlsplatz	20
Evangelische Aufbaumittelschule Karlsplatz	1
Evangelisches Gymnasium und Werkschulheim Simmering	212
Evangelisches Realgymnasium Donaustadt	20
ohne Antwort	6
Summe	448

Wenn im Folgenden erste Ergebnisse der Umfrage vorgestellt werden, so ist zu bedenken, dass sich diese primär auf jenen Teil der Eltern beziehen, welche geantwortet haben. Rückschlüsse auf alle Eltern und Verallgemeinerungen auf „die" evangelischen Schulen insgesamt sind nicht bzw. nur unter Vorbehalt möglich. Insgesamt besuchen ca. 1800 Kinder die Schulen an denen die Befragung durchgeführt wurde. Die durchschnittliche Antwortquote beträgt daher ca. 25 %. Die Vermutung, dass vor allem Eltern der ersten Jahrgänge der jeweiligen Schule sich vom Fragebogen angesprochen fühlten, wird nur zum Teil bestä-

---

[22] „Uns ist es ein großes Anliegen, Ihren Kindern ausgezeichnete Bildung zu bieten. Je besser wir Ihre Vorstellungen und Wünsche kennen, desto besser können wir unsere Arbeit darauf abstimmen." (Elternbrief 29.3.2012).
[23] Zu den Schulen und ihrer Bezeichnung vergleiche Anmerkung 1.

tigt.[erklären warum Mitbestimmung contra Feed back!] Während in den Volks-schulen sich die Eltern aller vier Jahrgangstufen recht gleichmäßig beteiligt ha-ben, sinkt die Beteiligung im evangelisches Gymnasium und Werkschulheim Simmering in der Unterstufe mit jedem Jahrgang leicht, in der Oberstufe jedoch deutlich.

Die Ergebnisse zum familiären und persönlichen Umfeld der Schülerinnen sind bemerkenswert. Es ist jedoch nicht leicht angemessene Vergleichswerte für die-se Ergebnisse zu finden. Wohnortbezogene Aspekte wären hier zu berücksichti-gen, zeigt die allgemeine Schulstatistik ja auch große regionale Unterschiede. Vergleichszahlen von Eltern mit Schulkindern liegen in der Regel nicht vor, sondern nur Merkmalausprägungen bezogen auf die Gesamtbevölkerung. Den-noch können Auffälligkeiten festgehalten werden.

Die Eltern haben ihr Alter in Jahren angegeben, der Median des ausfüllenden Elternteils liegt bei 44 Jahren (Mittelwert 43 Jahre). In der überwiegenden Zahl der Fälle wurde der Fragebogen von der Mutter ausgefüllt, nur jeder fünfte Fra-gebogen wurde von einem Mann ausgefüllt.

Ein Fünftel der Eltern gibt an, dass er alleinerziehend ist. Durchwegs handelt es sich dabei um Frauen. Diese Zahl ist mit jener bezogen auf die österreichische Gesamtbevölkerung vergleichbar.[24] Während diese Zahlen sich also in einem vergleichbaren Rahmen bewegen wollen wir im Folgenden auf einzelne Ergeb-nisse hinweisen, welche auf eine Sonderstellung hindeuten.

Religiöse Zugehörigkeit

Ein Merkmal, welches sofort in den Daten auffällt, ist der religiöse Hintergrund der SchülerInnen.

Religionszugehörigkeit des Kindes

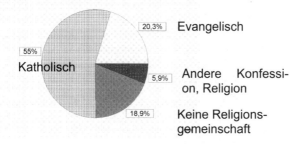

20,3% Evangelisch

55% Katholisch

5,9% Andere Konfessi-on, Religion

18,9% Keine Religions-gemeinschaft

---

[24] Vergleiche Angaben zum Merkmal „alleinerziehend" in den Statistiken zum Thema Be-völkerung auf statistik.at (Menüpunkt: Haushalte, Familien, Lebensformen).

Nur ein Fünftel der Schülerinnen und Schüler ist evangelisch. Viele Kinder sind römisch-katholisch. Der Anteil der Kinder ohne religiöses Bekenntnis entspricht jenem der evangelischen Kinder (ebenfalls ca. 20 %). Auffällig ist auch, dass es kaum Angaben einer Zugehörigkeit zu einer Freikirche, einem orthodoxem Christentum bzw. muslimische Kinder gibt.

Bildungsabschlüsse Eltern und soziale Selektivität

Schon vorausgehende Untersuchungen (siehe oben) haben auf die vergleichsweise hohen formalen Bildungsgrad der Eltern an evangelischen Schulen hingewiesen.[25] Hanisch und Gramzow haben in ihrer Untersuchung der evangelischen Schulen in Mecklenburg-Vorpommern festgestellt: „Unübersehbar ist die Tatsache, dass besonders Eltern mit Abitur bzw. Hochschulabschluss evangelische Schulen als Bildungsstätten für ihre Kinder wählen. Immerhin macht diese Personengruppe fast zwei Drittel aller Probandinnen und Probanden aus." (S. 9) Unsere Daten zeigen für die untersuchten Schulen, dass die Hälfte der ausfüllenden Eltern und 43 % des anderen Elternteils einen Hochschulabschluss hat. In 31 % der Fälle haben beide Eltern einen Hochschulabschluss. Dies übertrifft den Durchschnitt der österreichischen Bevölkerung deutlich.

Auch in Hinsicht auf die berufliche Tätigkeit der Eltern gibt es Auffälligkeiten. Viele Eltern sind selbständig und fast niemand als ArbeiterIn beschäftigt ist. In 41 % der Fälle sind beide Eltern „vollbeschäftigt berufstätig" und in 3% der Haushalte ist die Mutter Hausfrau (es gibt keinen Hausmann); 4 % geben an auf Arbeitssuche zu sein.

Die oben besprochene Sekundärstudien zu PISA mahnt dennoch zu Vorsicht bei einem schnellen Urteil bezüglich sozialer Selektivität an evangelischer Schulen. „Insgesamt zeigte sich so für die Schülerinnen und Schüler an Schulen in konfessioneller Trägerschaft, dass sie hinsichtlich der elterlichen Bildungsabschlüsse und des sozioökonomischen Status aus leicht positiv selegierten Elternhäusern stammen und bezüglich ihrer kognitiven Grundfähigkeiten geringfügig höher liegen als ihre Kollegen an staatlichen Schulen."[26]

Die Frage der Selektivität betrifft auch das Thema Migration und der damit verbundenen Herausforderungen für Schulen, insbesondere auf dem Gebiet der Sprache. Es zeigt sich damit, dass die Zahl der Schüler, welche nicht Deutsch als Muttersprache haben, an evangelischen Schulen deutlich niedriger ist als an an-

---

[25] Die Umfrage „Leben – Lernen – Glauben" kann für Gesamtdeutschland eine „schwache" Abweichung feststellen: „Dementsprechend ergibt sich auch ein Bild dahin gehend, dass Eltern der Schüler an Schulen in konfessioneller (evangelischer wie katholischer) Trägerschaft im Schnitt höhere Bildungsabschlüsse erreicht haben, als dies an staatlichen Schulen der Fall ist (vgl. Tabelle 13). Allerdings ist dieser Zusammenhang nicht stark (Cramers $V =$ .08) und verliert bei Kontrolle der Schulart weiter an Bedeutung (ohne Tabelle)." Leben – Lernen – Glauben, 2005, S. 67. Die österreichischen Studien haben, wie oben festgehalten, eine sehr deutliche Abweichung festgestellt.

[26] Leben – Lernen – Glauben (2005), S. 69.

deren öffentlichen Schulen. Dennoch ist an den evangelischen Schulen eine Vielzahl an sprachlicher Herkunft der Schüler gegeben. Diese verteilen sich auf andere europäische und asiatische Sprachen, als in den meisten öffentlichen Schulen. 6% der Schüler sprechen eine andere Muttersprache als Deutsch. Bei den Eltern ist diese Vielfalt größer: Bei 14 % der Schüler hat zumindest ein Elternteil eine andere Muttersprache (bei 5 % beide).[27] In Wiener öffentlichen Schulen hingegen haben 45 % der Schüler eine „nicht-deutsche Umgangssprache".[28] Im Volksschulbereich erreicht die Diskrepanz hinsichtlich des Merkmales nicht-deutsche Umgangssprache zwischen öffentlichen Schule (57,2 %) und Privatschulen (30,6 %) 26 Prozentpunkte.[29] Die Werte an evangelischen Schulen liegen nochmals deutlich darunter.

Motive für die Schulwahl

Antworten der Eltern auf Frage 25 und 26: Warum besucht ihr Kind gerade diese Schule?

Weil die Schule eine freundliche Atmosphäre bietet	66,5 %
Weil mich die Zielsetzungen dieser Schule überzeugt haben, insbesondere	53,6 %
Weil ich die familiäre Atmosphäre schätze	50,5 %
Weil mein Kind dort im Bereich des sozialen Lernens besonders gefördert wird	49,6 %
Weil an dieser Schule innovatives Lernen verwirklicht wird (Offenes Lernen, Projekte)	44,9 %
Weil sich die LehrerInnen und HortpädagogInnen der SchülerInnen in besonderer Weise annehmen	43,5 %
Weil sie besonders engagierte LehrerInnen und HortpädagogInnen hat	42,2 %
Weil sie eine sichere Umgebung für mein Kind bietet	41,5 %
Weil mein Kind dort im Bereich der intellektuellen Fähigkeiten besonders gefördert wird	39,1 %
Weil es ein qualitativ hochwertiges Nachmittagsbetreuungsangebot	26,1 %

---

[27] Häufigste Muttersprachen bei den Eltern, in Klammern die Anzahl: Chinesisch (8), Englisch (7), Bulgarisch (6), Ungarisch (5), Spanisch (5), Türkisch (4). Die entsprechenden Zahlen aus der Studie von Standfest/Köller/Scheunpflug lauten: „93,4 Prozent teilten mit, dass sie zu Hause üblicherweise Deutsch sprechen." Leben – Lernen – Glauben (2005), S. 74.

[28] Statistik Austria (Hg.), Bildung in Zahlen (Tabellenband). Wien 2012. S. 155.

[29] Ebd., S. 155f.

an dieser Schule gibt	
Weil die Klassengemeinschaft auch in Nachmittagsbetreuung gegeben ist	26,1 %
Weil mir eine diakonisch soziale Erziehung wichtig ist	23,2 %
Weil sie mir empfohlen wurde und zwar von	23 %
Weil mich die (räumliche) Ausstattung angesprochen hat	21,4 %
Weil sie verkehrsgünstig gelegen ist	20,1 %
Weil Freunde unseres Kindes diese Schule besuchen oder besucht haben	19 %
Weil sie die nächste zu unserem Wohnort ist	17,9 %
Weil Erziehung im christlichen Glauben wichtig ist und an dieser Schule verwirklicht wird	17,9 %
Weil schon ein Geschwisterkind diese Schule besucht hat	11,8 %
Weil mein Kind dort dem christlichen Glauben enger verbunden wird	10,9 %
Weil es besondere musikalische Angebote gibt (Musikschule)	8,3 %
Weil sie zu meinem Arbeitsplatz sehr nahe ist	8 %
Weil ich Personen, die an der Schule beschäftigt sind, persönlich kenne	3,1 %
Weil ich selbst eine evangelische Schule besucht habe	2,5 %

Wenn wir die Motive in den Blick nehmen, welche Eltern als ausschlaggebend für die Schulwahl/Schulbesuch sind, so schätzen Eltern evangelische Schulen nicht nur aus pragmatischen Gründe (z.B. Nähe zu Arbeitsplatz, Nachmittagsbetreuung). Für fast die Hälfte der Eltern oder mehr waren folgende Gründe wichtig:

- Weil die Schule eine freundliche Atmosphäre bietet
- Weil ich die familiäre Atmosphäre schätze
- Weil mein Kind dort im Bereich des sozialen Lernens besonders gefördert wir

Was ist kein (häufiger) Grund eine evangelische Schule zu wählen? Weniger als 10 % geben folgende Gründe an

- Weil es besondere musikalische Angebote gibt (Musikschule)
- Weil sie zu meinem Arbeitsplatz sehr nahe ist
- Weil ich Personen, die an der Schule beschäftigt sind, persönlich kenne
- Weil ich selbst eine evangelische Schule besucht habe

194

Erwartungen hinsichtlich religiöser oder kirchlicher Erziehungszielen scheinen keine herausragende Rolle für die Wahl einer Schule in konfessioneller Träger-schaft zu spielen. Weniger als jeweils einem Fünftel der Eltern haben sich beider Schulwahl von folgenden Motiven leiten lassen

- Weil Erziehung im christlichen Glauben wichtig ist und an dieser Schule verwirklicht wird
- Weil mein Kind dort dem christlichen Glauben enger verbunden wird

Auffallend ist, dass 53,6 % der Eltern selbstformulierte Zielsetzungen für ihre Schulwahl[30] geltend machen. Hier sind zum einen die distinkten Schulprofile der Erlebnisschule Mödling mit der Orientierung an der Montessoripädagogik zu nennen[31], sowie das Gymnasium mit Werkschulheim und damit die Kombinati-on von Lehrabschluss und Matura[32], welche Eltern als Motive für ihre Schul-wahl angegeben haben. Weiters schätzen Eltern die ethische Erziehung (z.B. „ethische Werte und tolerante Grundhaltung", „christliches Miteinander"), die Gemeinschaft (z.B. „Wärme", „besonders familiäres Verhältnis") und hegen die Erwartung nach höherer Qualität des Unterrichts und gesteigerter individueller Betreuung und Förderung des Kindes in einer „Privatschule"[33]. Religiöse Motive werden nur von einem (kleineren) Teil der Eltern genannt.

Wir können aus diesen direkten Angaben der Eltern schließen, dass die Schul-wahl wohlüberlegt ist. Die Eltern wissen, warum sie diese Schule gewählt ha-ben. Erstaunlich ist die hohe Übereinstimmung mit den Zielsetzungen (Leitbil-dern) der jeweiligen Schule.[34]

Wir haben die Eltern auch danach gefragt worin sie die Vorteile der gewählten evangelischen Schule gegenüber einer staatlichen Schule sehen.

Frage Nr. 27: „Ich erwarte mir im Vergleich zu einer öffentlichen Schule von dieser Schule …

---

[30] Vgl. Frage 25 J „Weil mich die Zielsetzungen dieser Schule überzeugt habe, insbesondere …"

[31] Beispiele: „Hilf mir, es selbst zu tun", „Mehrstufenklassen", „Montessori Lernmethoden".

[32] Beispiele: „zusätzlicher Lehrabschluss", „handwerkliche Ausbildung", „Matura und Lehr-beruf". Ca. 50 Eltern gaben dies als Motive an.

[33] Einzelne Rückmeldungen der Eltern („weil es eine Privatschule ist und wir hoffen, dass dadurch die QUALITÄT (sic! R.S.) der Schulausbildung eine bessere ist") deuten darauf hin, dass manche Eltern erwarten an diesen Schulen Schwächen staatlicher Schulen nicht zu begegnen. Hier könnten weitere Untersuchungen ansetzten und auch andere Privatschu-len in den Blick nehmen. Von manchen Eltern wird das Verhalten von Schulleitungen in der Phase des Aufnahme (Verständnis, Flexibilität „nehmen sich für Probleme Zeit, um die richtige Lösung zu finden" …) als Motiv genannt. Hier stellt sich die Frage, in welchem Verhältnis solche pragmatische (von Eltern aber sehr wichtig erlebten) Motive und Erfah-rungen zu den dezidiert pädagogischen Zielen stehen.

[34] Ein pragmatischer Grund der nicht leicht zu überschätzen ist, zeigt sich auch in den Daten: Mundpropaganda ist wichtig. 23% der Eltern nennen Personen, welche ihnen diese Schule empfohlen habe.

Freundliche Atmosphäre	75%
Individuellere Förderung meines Kindes	71,2%
Fundiertere Bildung	67,4%
Bessere Information/Kommunikation zwischen Eltern und Schule	64,7%
Persönlicheren Kontakt zu Lehrenden, Schulleitung …	59,8%
Höheres Leistungsniveau	49,6%
Weniger Kinder, die Deutsch nicht als Muttersprache haben	33,3%
Homogenere Klassen	31,7%
Mehr Mitbestimmungsmöglichkeiten bei Unterricht und schulischen Entscheidungen	27,5%
Mehr Kontakt/Kommunikation zu (anderen) Eltern	23,7%
Keine Sammelgruppen im Hort	13,8%
Intensivere religiöse Erziehung	11,6%
Sonstiges …	10%

Es zeigt sich wiederum, dass es vier (pädagogische) Erwartungen sind, welche Eltern an dieser Schule haben und erwarten diese hier vorzufinden:

- Freundliche Atmosphäre
- Individuelle Förderung des Kindes
- Fundierte Bildung / hohes Leistungsniveau
- Gute Kommunikation und persönlicher Kontakt zur Schule

Durchschnittlich ein Drittel der Eltern geben Erwartungen, welche sich auf eine Segregation, beziehen (homogenere Klassen), an. Die Angaben, welche 10 % der Eltern im freien Feld für weitere Erwartungen im gegenüber zu einer staatlichen Schule ermöglichen genauere Einblicke in die Motive. Eltern erwarten sich bessere Bedingungen für das schulische Lernen der eigenen Kinder zum Beispiel durch „*motiviertere und engagiertere Lehrer*"[35]. Manche Erwartungen sind in sich durchaus spannungsreich: so die Erwartung nach homogeneren Klassen und der Wunsch nach Berücksichtigung von individuellen Besonderheiten und Voraussetzungen der Schüler („*intensiveres Eingehen auf die persönlichen Bedürfnisse meines Kindes*" und „*Anerkennung des einzelnen Wesens, als das, was es ist - unabhängig von seiner Herkunft oder sonstigen Zugehörigkeiten*") oder der vielfach geäußerte Erwartung nach ethischer Erziehung mit Werten wie Toleranz und soziale Verständnis und zugleich der Wunsch nach einheitlicheren

---

[35] Kursiv gesetzte Texte sind in der Regel direkte Zitate aus den Antworten der Eltern.

Lernvoraussetzung auf Seiten der Schüler. Von manchen Eltern werden diese Spannungen auch angesprochen[36].

Werden die Erwartungen der Eltern erfüllt?

Wir haben die Eltern nach ihren Erfahrungen gefragt: haben sich die Erwartungen erfüllt? Für die Erwartungen wurden auch vergleichende Fragen mit den „öffentlichen Schulen" (Frage 27) hinzugenommen. Bei letzteren liegt auf Elternseite (in der Regel) keine direkte Erfahrung mit der staatlichen Schule vor. Für die Auswertung ist dies zu berücksichtigen. In der folgenden Tabelle sind in der ersten Spalte die Prozentzahlen jener Eltern vermerkt, welche das entsprechende Motiv in den Fragen 25-27 angegeben haben. Die Häufigkeit von gemachten Erfahrungen wurden mit Hilfe einer fünfteiligen Skala abgefragt (siehe oben). Für die Prozentzahl in der zweiten Spalte wurden zwei Antwortmöglichkeiten (hat sich etwas und hat sich in hohem Maße erfüllt) summiert und mit dem Merkmal (die Erwartung hat sich) „erfüllt" ausgewiesen.

Für jene vorhin identifizierten vier wichtigen Erwartungen[37] ergibt sich folgender Zusammenhang

	erwartet	erfüllt
Freundliche Atmosphäre	75 %	94 %
Individuelle Förderung meines Kindes	71 %	85 %[38]
Fundierte Bildung	67 %	87 %
Gute Information /Kommunikation zwischen Eltern und Schule	65 %	83 %
Persönlicher Kontakt zu Lehrenden, Schulleitung	60 %	86 %

Die Zahlen für diese Auswahl an Motiven sprechen für sich: Die Erwartungen der Eltern haben sich mehr als bestätigt! Freilich, wenn man den Maßstab erhöht und nur jene Antworten, bei welchem „hat sich in hohem Maße erfüllt" angegeben wurde, zählt, ändert sich das Bild:

---

[36] Antwortbeispiel auf Frage 27m: „*das mit den nicht-deutschsprachigen Kindern tut mir selbst weh, aber in der unmittelbaren Umgebung sind die öffentlichen Alternativen einfach nur abschreckend*".

[37] Gute Kommunikation und persönlicher Kontakt zur Schule wird wie im Fragebogen getrennt ausgewiesen. Inhaltlich stehen beide Aussagen jedoch nahe beieinander.

[38] Für diesen Wert wurden die Antworten auf Frage Nr. 30 „Wir haben die Erfahrung gemacht, dass sich die LehrerInnen und HortpädagogInnen der SchülerInnen in besonderer Weise annehmen" genommen.

	erwartet	In hohem Maße erfüllt
Freundliche Atmosphäre	75 %	69 %
Individuelle Förderung meines Kindes	71 %	52 %[39]
Fundierte Bildung	68 %	54 %
Gute Information /Kommunikation zwischen Eltern und Schule	65 %	45 %
Persönlicher Kontakt zu Lehrenden, Schulleitung	60 %	56 %

Gibt es auch enttäuschte Erwartungen? Wir sehen uns im Folgenden einige Items an, bei welchen die Mittelwerte sehr gering sind.

Wir haben die Erfahrung gemacht,	Mittelwert[40]
Kontakt/Kommunikation mit (anderen) Eltern	0,61
Erfahrungen Klassengemeinschaft auch in der Nachmittagsbetreuung	0,6
Erfahrungen musikalische Angebote	0,56
Erfahrungen Nachmittagsbetreuungsangebot	0,53
dass mein/unser Kind an der Schule dem christlichen Glauben enger verbunden wird (Frage 34)	0,38
Erfahrungen Mitbestimmungsmöglichkeiten	0,26
Erfahrungen gutes Essen	-0,14

Überdeutlich ist die Kritik am Essen, ein Ergebnis, welches auch in den Rückmeldungen auf Frage 53 (Wenn Sie an der Schule Ihres Kindes etwas ändern könnten: was würden Sie ändern?) häufig geäußert wurde. Für manche Items lässt sich der Grad einer möglichen Enttäuschung nicht feststellen, dazu müsste man wissen, wie wichtig für Eltern das entsprechende Merkmal ist. Es lässt sich jedoch eine gewisse Diskrepanz zwischen den in schulischen Leitbildern vertre-

---

[39] Für diesen Wert wurden die Antworten auf Frage Nr. 30 „Wir haben die Erfahrung gemacht, dass sich die LehrerInnen und HortpädagogInnen der SchülerInnen in besonderer Weise annehmen" genommen.

[40] Die Mittelwerte (bezogen auf die Abfrageskala) werden an dieser Stelle als Hilfskonstruktion benutzt um jene Aussagen zu identifizieren, welche eine geringe Zustimmung erhalten haben. Dabei entspricht „hat sich in hohem Maße erfüllt" + 2 und „hat sich gar nicht erfüllt" – 2.

tenen pädagogischen Ansprüchen nach Mitbestimmungsmöglichkeiten und Kommunikationsangeboten und der von Eltern wahrgenommenen Situation an Schulen feststellen. Manche Merkmale sind nicht für alle Eltern gleich bedeutsam. Eltern mit älteren Kindern interessieren sich weniger für die Nachmittagsbetreuung. Meines Erachtens deuten hohe Werte bei der Antwortmöglichkeit „Weder noch" auf solche Merkmale hin: Gutes Essen, Frage 49 (26 %); Mitbestimmungsmöglichkeiten, Frage 47 (31 %); musikalische Angebote, Frage 35, (36 %). Insofern schärft die Entfernung dieser Antwortmöglichkeit, bzw. jener Eltern, die diese Antwort gewählt haben, die Deutlichkeit mit welcher bestimmte Schulerfahrungen gemacht wurden bzw. eben nicht. Von dieser verbleibenden Gruppen geben über die Hälfte der Eltern (56 %) an, dass sich die Erwartung, dass es gutes Essen gibt, nicht bzw. kaum erfüllt habe. Hohe Werte an nicht eingetroffenen Erwartungen haben:

Mehr als jeder fünfte Elternteil dieser Gruppe (ohne die neutrale Antwortmöglichkeit) antwortet auf folgende Items mit Nein[41]!

Wir haben die Erfahrung gemacht,

- dass es ein qualitativ hochwertiges Nachmittagsbetreuungsangebot an dieser Schule gibt (24 %).
- dass es Mitbestimmungsmöglichkeiten bei Unterricht und schulischen Entscheidungen gibt (33 %).
- dass es viel Kontakt/Kommunikation mit (anderen) Eltern gibt (22 %).

In diesen Ergebnissen mag durchaus einiges an enttäuschter Erwartung und daher an Handlungsbedarf für Schulleitungen liegen.

Von besonderem Interesse für uns ist das Merkmal Religion. Wir haben dieses Merkmal mit zwei Items abgefragt. Das eine bezieht sich auf praktizierende Religion des einzelnen Schüler, das andere auf den Stellenwert von Religion für die pädagogische Praxis an der Schule. Während 23 % der Eltern (wiederum ohne die neutrale Antwortmöglichkeit) die Erfahrung „dass mein/unser Kind an der Schule dem christlichen Glauben enger verbunden wird" nicht gemacht haben, haben die Erfahrung, „dass Erziehung im christlichen Glauben wichtig ist und an dieser Schule verwirklicht wird" nur 10 % der Eltern gemacht. D.h. dass über 90 % dieser Elterngruppe diese Erfahrung an evangelischen Schulen (zumindest etwas) gemacht hat. Freilich beziehen wir jene Eltern, welche auf diese Frage mit „weder noch" geantwortet haben, mit ein – diese machen fast ein Viertel der Gesamtgruppe aus (23 %) – so sinkt diese Zustimmung auf weniger als zwei Drittel.

---

[41] Als Verneinung wird die Summe von „hat sich gar nicht erfüllt" und „hat sich kaum erfüllt" angesehen.

Standortbezogene Vielfalt

Eine Auswertung auf Ebene der einzelnen Schule ist aufgrund der (für die einzelne Schule zum Teil geringe Gesamtzahl) nur begrenzt möglich. Dazu kommt ein weiteres Hindernis: Eltern haben an evangelische Schulen mit unterschiedlichen Schulprofilen auch andere Erwartungen. Im Folgenden werden die Erwartungen, welche Eltern an zwei unterschiedliche Schulen haben einander gegenübergestellt.

Auf die Frage „Ich erwarte mir im Vergleich zu einer öffentlichen Schule von dieser Schule ..." hat folgender Prozentsatz der antwortenden Eltern der jeweiligen Schule diese Motive als zutreffend angegeben:

Erwartungen der Eltern	Karlsplatz	Mödling
Persönlicheren Kontakt zu Lehrenden, Schulleitung ...	53 %	96 %
Höheres Leistungsniveau	76 %	11%
Intensivere religiöse Erziehung	13 %	0 %
Individuellere Förderung meines Kindes	73 %	86 %
Anzahl der Eltern, die geantwortet haben	45	28

Es wird deutlich, wie stark Eltern unterschiedliche Prioritäten haben! Der persönliche Kontakt zur Schule, Mitbestimmung und bessere Kommunikation zwischen Eltern und Schule ist für Eltern der Erlebnisschule verhältnismäßig wichtiger als für die Eltern der anderen Volksschule am Karlsplatz. Leistung und religiöse Erziehung ist wiederum diesen Eltern ein Anliegen. Mit diesen Prioritäten beurteilen diese Eltern ihre Schule und die jeweilige Perspektive beeinflusst daher das Ergebnis mit, weshalb der unmittelbare Vergleich nur unter Einschränkungen möglich ist.

Zusammenfassend können wir feststellen, dass evangelische Schulen die Erwartungen, die Eltern in sie setzen, in hohem Maße erfüllen. Die Ergebnisse der Detailauswertung werden im nächsten Heft von Schulfach Religion präsentiert.

Literatur:

Gottfried Adam, Bildungsverantwortung wahrnehmen im Blick auf das evangelische Schulwesen, in: Schulfach Religion 16/1997 Nr. 1-2, Wien, S. 129 – 159.
Evangelische Kirche in Deutschland (EKD), Schulen in evangelischer Trägerschaft. Selbstverständnis, Leistungsfähigkeit und Perspektiven. Eine Handreichung, Gütersloh 2008.
Helmut Hanisch / Christoph Gramzow, Elternmotive zum Besuch einer evangelischen Schule. Ergebnisse einer Befragung in Mecklenburg-Vorpommern, in: Zeitschrift für Pädagogik und Theologie 63 (4/2011), 305 – 316.

Christoph Gramzow / Helmut Hanisch, An einer evangelischen Schule lernen. Eine Befragung zu Elternmotiven im Freistaat Sachsen, in: Dies. (Hrsg.), Religionsunterricht im Freistaat Sachsen. Lernen, Lehren und Forschen seit 20 Jahren, Leipzig: Evangelische Verlagsanstalt, 2012, S. 259 – 286.

Helmar Pollitt/Margit Leuthold/Arno Preis (Hg.), Wege und Ziele evangelischer Schulen in Österreich. Eine empirische Untersuchung, Münster (LIT) 2007.

Christoph Scheilke/Martin Schreiner (Hg.), Handbuch Evangelische Schulen, Gütersloh 1999.

Robert Schelander, Zum evangelischen Schulwesen in Österreich, der Slowakei und Ungarn, in: Karl Ernst Nipkow, Volker Elsenbast, Werner Kast (Hrsg.), Verantwortung für Schule und Kirche in gesellschaftlichen Umbrüchen. Festschrift für Karl Heinz Potthast zum 80. Geburtstag, Münster/New York/München/Berlin (Waxmann) 2004, S. 263 – 276.

Claudia Standfest/Olaf Köller/Annette Scheunpflug, Leben – Lernen – Glauben. Zur Qualität evangelischer Schulen. Eine empirische Untersuchung über die Leistungsfähigkeit von Schulen in evangelischer Trägerschaft. Münster/Berlin (Waxmann) 2005.

Anhang

Fragebogen zu Motiven der Schulwahl und Erfahrungen von Eltern

Liebe Eltern!

Ihr Kind (Ihre Kinder) besucht/besuchen eine unserer evangelischen Schulen. Wir hoffen natürlich - und setzen uns nach Kräften in der täglichen Arbeit dafür ein - dass diese Entscheidung für Sie gut war. Um Ihren Erwartungen auch in Zukunft gerecht werden zu können, möchten wir gerne etwas über die Motive erfahren, die dazu geführt haben, dass Sie Ihr Kind an dieser Schule angemeldet haben. Der Fragebogen wurde in Zusammenarbeit mit der Universität Wien erstellt, Ihre (online) ausgefüllten Antworten werden den Datenschutzgesetzen entsprechend ausgewertet und Ihre Anonymität dabei gewahrt.

****

Angaben zum Kind.

Wir bitten Sie nun einige Angaben zu Ihrem Sohn/Ihrer Tochter zu machen. Bitte kreuzen Sie die für Sie zutreffende(n) Antwortmöglichkeit(en) an.

****

1.   Welche Schule besucht Ihr Kind?

Sollten Sie mehrere Kinder an evangelischen Schulen haben, so machen Sie bitte Angaben zum jüngsten Kind.

a   Evangelische Volksschule am Karlsplatz
b   Evangelische Volksschule Wien - Leopoldstadt Familienschule

c   Evangelische Volksschule Währing - Lutherschule
d   Evangelische Volksschule Wien - Gumpendorf
e   Montessori Erlebnisschule Mödling
f   Evangelische Mittelschule Karlsplatz
g   Evangelische Aufbaumittelschule Karlsplatz
h   Evangelisches Gymnasium und Werkschulheim Simmering
i   Evangelisches Realgymnasium Donaustadt

2.   In welche Klasse geht Ihr Kind?

a   1. Klasse
b   2. Klasse
c   3. Klasse
d   4. Klasse
e   5. Klasse
f   6. Klasse
g   7. Klasse
h   8. Klasse
i   9. Klasse

3.   Besucht er/sie den Hort/Tagesschulheim?

a   Ja   b   Nein

4.   Geschlecht des Kindes

a   männlich   b   weiblich

5.   Geben Sie bitte das Alter des Kindes an

....

6.   Bitte kreuzen Sie die Religionszugehörigkeit ihres Kindes an:

a evangelische Kirche (ohne Freikirchen)
b evangelische Freikirche
c römisch-katholische Kirche
d andere christliche Kirche oder Religionsgemeinschaft
e islamischen Religionsgemeinschaft
f jüdische Religionsgemeinschaft
g keiner Religionsgemeinschaft
h andere nicht-christliche Religionsgemeinschaft. Wenn ja, welcher ...

7.   Die Muttersprache Ihres Kindes ist

a   Deutsch   b   andere, nämlich:

****

Angaben zu den Eltern

Wir bitten Sie nun auch einige Angaben über sich, den ausfüllenden Elternteil, und - wenn möglich - anschließend den zweiten Elternteil zu machen.

****

8. Geschlecht des ausfüllenden Elternteiles. (Auch wenn sie den Fragebogen gemeinsam ausfüllen, geben Sie bitte hier den ausfüllenden Elternteil an).

a   männlich   b   weiblich

9. Wie alt sind Sie? (ausfüllender Elternteil)   Jahre

10. Sind Sie alleinerziehend   a   Ja   b   Nein

11. Welche Religionszugehörigkeit trifft auf Sie zu? (Angaben zum ausfüllenden Elternteil)

a evangelische Kirche (ohne Freikirchen)
b evangelische Freikirche
c römisch-katholische Kirche
d andere christliche Kirche oder Religionsgemeinschaft
e islamische Religionsgemeinschaft
f jüdische Religionsgemeinschaft
g keine Religionsgemeinschaft
h andere nicht-christliche Religionsgemeinschaft, nämlich:

12. Was ist Ihre Muttersprache? (ausfüllender Elternteil)

a   Deutsch   b   andere, nämlich:

13. Was ist Ihr höchster formaler Bildungsabschluss? (ausfüllender Elternteil)

a   Hauptschulabschluss
b   Lehrabschluss
c   Berufsbildende mittlere Schule
d   Matura
e   Hochschulabschluss
f   Kein Bildungsabschluss

g   Sonstiges

14. Wir bitten Sie um Angaben zu Ihrem Beschäftigungsverhältnis. Bitte kreuzen Sie das entsprechende Feld an. (ausfüllender Elternteil)

a   Vollzeitbeschäftigt mit einer wöchentlichen Arbeitszeit von
        35 Stunden oder mehr
b   Teilzeitbeschäftigt mit einer wöchentlichen Arbeitszeit von
        unter 35 Stunden
c   Ich bin auf Arbeitssuche
d   Karenziert, Mutterschutz etc.
e   In Ausbildung, Umschulung
f   Hausfrau
g   In Pension
h   Sonstiges

15. In welcher beruflichen Stellung sind Sie tätig? (ausfüllender Elternteil)

a   Arbeiterin
b   Angestellte
c   Selbständige
d   Freiberuflich
e   Beamte

16. Fühlen Sie sich einer Pfarrgemeinde (oder anderen religiösen Gemeinschaft) zugehörig? (ausfüllender Elternteil)

a   Nein
b   Ja. Bitte geben sie an, welcher ...

17. Welche Religionszugehörigkeit trifft auf Sie zu? Bitte machen Sie (wenn möglich) Angaben zum anderen Elternteil

a   evangelische Kirche (ohne Freikirchen)
b   evangelische Freikirche
c   römisch-katholische Kirche
d   andere christliche Kirche oder Religionsgemeinschaft
e   islamische Religionsgemeinschaft
f   jüdische Religionsgemeinschaft
g   keine Religionsgemeinschaft
h   andere nicht-christliche Religionsgemeinschaft, nämlich:

18. Was ist Ihre Muttersprache? (anderer Elternteil)

a   Deutsch
b   andere, nämlich:

19. Was ist Ihr höchster formaler Bildungsabschluss? (anderer Elternteil)

a   Hauptschulabschluss
b   Lehrabschluss

c   Berufsbildende mittlere Schule
d   Matura
e   Hochschulabschluss
f   Kein Bildungsabschluss
g   Sonstiges

20. Wir bitten Sie um Angaben zu Ihrem Beschäftigungsverhältnis. Bitte kreuzen Sie das entsprechende Feld an. (anderer Elternteil)

a   Vollzeitbeschäftigt mit einer wöchentlichen Arbeitszeit
            von 35 Stunden oder mehr
b   Teilzeitbeschäftigt mit einer wöchentlichen Arbeitszeit von
            unter 35 Stunden
c   Ich bin auf Arbeitssuche
d   Karenziert, Mutterschutz etc.
e   In Ausbildung, Umschulung
f   Hausmann
g   In Pension
h   Sonstiges

21. In welcher beruflichen Stellung sind Sie tätig? (anderer Elternteil)

a Arbeiter
b Angestellter
c Selbständiger
d Freiberuflich
e Beamter

22. Fühlen Sie sich einer Pfarrgemeinde (oder anderen religiösen Gemeinschaft) zugehörig? (anderer Elternteil)

a Nein
b Ja. Bitte geben sie an, welcher ...

23. Haben Sie Ihr Kind religiös erzogen?

a Ja
b Eher ja
c Eher nicht
d Nein

24. Bitte geben Sie schließlich noch an, wer von Ihnen den Fragebogen ausgefüllt hat

a Vater/Stief- oder Pflegevater
b Mutter/Stief- oder Pflegemutter

****

Angaben zur Entscheidung für diese Schule.

Wir bitten Sie im Folgenden um einige Angaben zur Schulwahl.

****

25. Warum besucht Ihr Kind gerade diese Schule?

Bitte kreuzen Sie alle zutreffenden Aussagen an. Mehrfachnennungen möglich

A   Weil sie die nächste zu unserem Wohnort ist
B   Weil sie zu meinem Arbeitsplatz sehr nahe ist
C   Weil es ein qualitativ hochwertiges Nachmittagsbe - treuungsangebot an dieser Schule gibt
D   Weil sie verkehrsgünstig gelegen ist
E   Weil sich die LehrerInnen und HortpädagogInnen der SchülerInnen in besonderer Weise annehmen
F   Weil Erziehung im christlichen Glauben wichtig ist und an dieser Schule verwirklicht wird
G   Weil mein Kind dort im Bereich des sozialen Lernens be - sonders gefördert wird
H   Weil mein Kind dort im Bereich der intellektuellen Fähig keiten besonders gefördert wird
I   Weil mein Kind dort dem christlichen Glauben enger ver bunden wird
J   Weil mich die Zielsetzungen dieser Schule überzeugt haben, insbesondere …

26. Warum besucht Ihr Kind gerade diese Schule? Fortsetzung

Bitte kreuzen Sie alle zutreffenden Aussagen an. Mehrfachnennungen möglich

A   Weil es besondere musikalische Angebote gibt (Musikschule)
B   Weil die Klassengemeinschaft auch in Nachmittagsbetreuung gegeben ist
C   Weil schon ein Geschwisterkind diese Schule besucht hat
D   Weil Freunde unseres Kindes diese Schule besuchen oder be-sucht haben
E   Weil ich selbst eine evangelische Schule besucht habe
F   Weil sie eine sichere Umgebung für mein Kind bietet
G   Weil ich Personen, die an der Schule beschäftigt sind, persönlich kenne
H   Weil ich die familiäre Atmosphäre schätze
I   Weil an dieser Schule innovatives Lernen verwirklicht wird (Offenes Lernen, Projekte)
J   Weil mir eine diakonisch soziale Erziehung wichtig ist
K   Weil sie besonders engagierte LehrerInnen und HortpädagogInnen hat
L   Weil mich die (räumliche) Ausstattung angesprochen hat
M   Weil die Schule eine freundliche Atmosphäre bietet

N   Weil sie mir empfohlen wurde und zwar von

27. Ich erwarte mir im Vergleich zu einer öffentlichen Schule von dieser Schule ...

Bitte kreuzen Sie alle zutreffenden Aussagen an. Mehrfachnennungen sind möglich

A   Homogenere Klassen
B   Weniger Kinder, die Deutsch nicht als Muttersprache haben
C   Persönlicheren Kontakt zu Lehrenden, Schulleitung ...
D   Mehr Mitbestimmungsmöglichkeiten bei Unterricht und schulischen Entscheidungen
E   Bessere Information/Kommunikation zwischen Eltern und Schule
F   Mehr Kontakt/Kommunikation zu (anderen) Eltern
G   Freundliche Atmosphäre
H   Fundiertere Bildung
I   Höheres Leistungsniveau
J   Intensivere religiöse Erziehung
K   Individuellere Förderung meines Kindes
L   Keine Sammelgruppen im Hort
M   Sonstiges ...

28. Wir haben die Erfahrung gemacht, dass es ein qualitativ hochwertiges Nachmittagsbetreuungsangebot an dieser Schule gibt.

-2 Hat sich gar nicht erfüllt	-1 Hat sich kaum erfüllt	0 weder noch	+ Hat sich etwas erfüllt	++ Hat sich in hohem Maße erfüllt

29. Wir haben die Erfahrung gemacht, dass die Schule verkehrsgünstig gelegen ist.

-2 Hat sich gar nicht erfüllt	-1 Hat sich kaum erfüllt	0 weder noch	+ Hat sich etwas erfüllt	++ Hat sich in hohem Maße erfüllt

30. Wir haben die Erfahrung gemacht, dass sich die LehrerInnen und HortpädagogInnen der SchülerInnen in besonderer Weise annehmen.

-2 Hat sich gar nicht erfüllt	-1 Hat sich kaum erfüllt	0 weder noch	+ Hat sich etwas erfüllt	++ Hat sich in hohem Maße erfüllt

31. Wir haben die Erfahrung gemacht, dass Erziehung im christlichen Glauben wichtig ist und an dieser Schule verwirklicht wird.

-2 Hat sich gar	-1 Hat sich kaum	0	+ Hat sich etwas	++ Hat sich in hohem

nicht erfüllt	erfüllt	weder noch	erfüllt	Maße erfüllt

32. Wir haben die Erfahrung gemacht, dass mein/unser Kind im Bereich des sozialen Lernens besonders gefördert wird.

-2	-1	0	+	++
Hat sich gar nicht erfüllt	Hat sich kaum erfüllt	weder noch	Hat sich etwas erfüllt	Hat sich in hohem Maße erfüllt

33. Wir haben die Erfahrung gemacht, dass mein/unser Kind im Bereich der intellektuellen Fähigkeiten besonders gefördert wird.

-2	-1	0	+	++
Hat sich gar nicht erfüllt	Hat sich kaum erfüllt	weder noch	Hat sich etwas erfüllt	Hat sich in hohem Maße erfüllt

34. Wir haben die Erfahrung gemacht, dass mein/unser Kind an der Schule dem christlichen Glauben enger verbunden wird.

-2	-1	0	+	++
Hat sich gar nicht erfüllt	Hat sich kaum erfüllt	weder noch	Hat sich etwas erfüllt	Hat sich in hohem Maße erfüllt

35. Wir haben die Erfahrung gemacht, dass es besondere musikalische Angebote gibt (Musikschule).

-2	-1	0	+	++
Hat sich gar nicht erfüllt	Hat sich kaum erfüllt	weder noch	Hat sich etwas erfüllt	Hat sich in hohem Maße erfüllt

36. Wir haben die Erfahrung gemacht, dass die Klassengemeinschaft auch in der Nachmittagsbetreuung gegeben ist.

-2	-1	0	+	++
Hat sich gar nicht erfüllt	Hat sich kaum erfüllt	weder noch	Hat sich etwas erfüllt	Hat sich in hohem Maße erfüllt

37. Wir haben die Erfahrung gemacht, dass eine familiäre Atmosphäre herrscht.

-2	-1	0	+	++
Hat sich gar nicht erfüllt	Hat sich kaum erfüllt	weder noch	Hat sich etwas erfüllt	Hat sich in hohem Maße erfüllt

38. Wir haben die Erfahrung gemacht, dass in dieser Schule innovatives Lernen verwirklicht wird (Offenes Lernen, Projekte).

-2	-1	0	+	++

Hat sich gar nicht erfüllt	Hat sich kaum erfüllt	weder noch	Hat sich etwas erfüllt	Hat sich in hohem Maße erfüllt

39. Wir haben die Erfahrung gemacht, dass eine diakonisch-soziale Erziehung verwirklicht wird.

-2	-1	0	+	++
Hat sich gar nicht erfüllt	Hat sich kaum erfüllt	weder noch	Hat sich etwas erfüllt	Hat sich in hohem Maße erfüllt

40. Wir haben die Erfahrung gemacht, dass besonders engagierte LehrerInnen und HortpädagogInnen in der Schule arbeiten.

-2	-1	0	+	++
Hat sich gar nicht erfüllt	Hat sich kaum erfüllt	weder noch	Hat sich etwas erfüllt	Hat sich in hohem Maße erfüllt

41. Wir haben die Erfahrung gemacht, dass es eine gute (räumliche) Ausstattung gibt.

-2	-1	0	+	++
Hat sich gar nicht erfüllt	Hat sich kaum erfüllt	weder noch	Hat sich etwas erfüllt	Hat sich in hohem Maße erfüllt

42. Wir haben die Erfahrung gemacht, dass eine freundliche Atmosphäre herrscht.

-2	-1	0	+	++
Hat sich gar nicht erfüllt	Hat sich kaum erfüllt	weder noch	Hat sich etwas erfüllt	Hat sich in hohem Maße erfüllt

43. Wir haben die Erfahrung gemacht, dass die Schule eine sichere Umgebung für mein/unser Kind bietet.

-2	-1	0	+	++
Hat sich gar nicht erfüllt	Hat sich kaum erfüllt	weder noch	Hat sich etwas erfüllt	Hat sich in hohem Maße erfüllt

44. Wir haben die Erfahrung gemacht, dass es homogene Klassen gibt.

-2	-1	0	+	++
Hat sich gar nicht erfüllt	Hat sich kaum erfüllt	weder noch	Hat sich etwas erfüllt	Hat sich in hohem Maße erfüllt

45. Wir haben die Erfahrung gemacht, dass es wenige Kinder mit nicht Deutsch als Muttersprache gibt

-2	-1	0	+	++
Hat sich gar nicht erfüllt	Hat sich kaum erfüllt	weder noch	Hat sich etwas erfüllt	Hat sich in hohem Maße erfüllt

46. Wir haben die Erfahrung gemacht, dass es einen persönlichen Kontakt zu Lehrenden, Schulleitung gibt

-2 Hat sich gar nicht erfüllt	-1 Hat sich kaum erfüllt	0 weder noch	+ Hat sich etwas erfüllt	++ Hat sich in hohem Maße erfüllt

47. Wir haben die Erfahrung gemacht, dass es Mitbestimmungsmöglichkeiten bei Unterricht und schulischen Entscheidungen gibt

-2 Hat sich gar nicht erfüllt	-1 Hat sich kaum erfüllt	0 weder noch	+ Hat sich etwas erfüllt	++ Hat sich in hohem Maße erfüllt

48. Wir haben die Erfahrung gemacht, dass es gute Information/Kommunikation zwischen Eltern und Schule gibt

-2 Hat sich gar nicht erfüllt	-1 Hat sich kaum erfüllt	0 weder noch	+ Hat sich etwas erfüllt	++ Hat sich in hohem Maße erfüllt

49. Wir haben die Erfahrung gemacht, dass es gutes Essen gibt

-2 Hat sich gar nicht erfüllt	-1 Hat sich kaum erfüllt	0 weder noch	+ Hat sich etwas erfüllt	++ Hat sich in hohem Maße erfüllt

50. Wir haben die Erfahrung gemacht, dass es viel Kontakt / Kommunikation mit (anderen) Eltern gibt

-2 Hat sich gar nicht erfüllt	-1 Hat sich kaum erfüllt	0 weder noch	+ Hat sich etwas erfüllt	++ Hat sich in hohem Maße erfüllt

51. Wir haben die Erfahrung gemacht, dass fundierte Bildung vermittelt wird

-2 Hat sich gar nicht erfüllt	-1 Hat sich kaum erfüllt	0 weder noch	+ Hat sich etwas erfüllt	++ Hat sich in hohem Maße erfüllt

52. Wir haben die Erfahrung gemacht, dass ein hohes Leistungsniveau vermittelt wird

-2 Hat sich gar nicht erfüllt	-1 Hat sich kaum erfüllt	0 weder noch	+ Hat sich etwas erfüllt	++ Hat sich in hohem Maße erfüllt

****

Wünsche an die Schule

****

53. Wenn Sie an der Schule Ihres Kindes etwas ändern könnten: was würden Sie ändern?

a   gar nichts ändern

b   ich würde folgendes ändern:

54. Wenn sie Rückmeldungen zum Fragenbogen haben, so können sie uns diese hier mitteilen.

Herzlichen Dank für Ihre Bereitschaft an dieser Umfrage mitzuwirken. Die Auswertung der Daten wird Ihnen über die Schulen zugänglich gemacht werden.

AUFGABEN UND CHANCEN EVANGELISCHER PRIVATSCHULEN

Karin Kirchtag

1. Einleitung

Evangelische Privatschulen sind konfessionelle Schulen und gleichzeitig Schulen mit Öffentlichkeitsrecht. Als solche übernehmen sie einen wichtigen Bildungsauftrag im allgemeinen Bildungssystem, dessen Basis das evangelisch-christliche Menschenbild ist und leisten einen besonderen Beitrag zum pluralen Bildungsangebot unserer Gesellschaft.

Den Aufgaben und Chancen, mit denen sich evangelische Privatschulen heute konfrontiert sehen, wird am Fallbeispiel der Schulen des evangelischen Diakonievereins genauer nachgegangen. Dafür bieten qualitative Interviews, die mit den Schulleiterinnen und Schulleitern geführt wurden, die Grundlage. Die Erfahrungen von Menschen, die die Leitung evangelischer Schulen wesentlich mittragen, geben einen guten Einblick, wie die Aufgaben und Chancen in der Praxis wahrgenommen werden und welchen besonderen Beitrag evangelische Schulen zum Bildungssystem unserer Gesellschaft leisten.

2. Kennzeichen und Aufgaben evangelischer Privatschulen

Ein Blick in die verschiedenen Leitbilder evangelischer Schulen in Österreich und Bayern zeigt, dass die jeweiligen Schulprofile sehr unterschiedlich und individuell sind. Es ist daher unmöglich ein Bild einer evangelischen Schule per se zu beschreiben. Dennoch gibt es ein Proprium an Merkmalen, das sich in ähnlicher Weise in allen evangelischen Schulen und in den kirchlichen Ordnungen für evangelische Schulen finden. Sie sind für das Selbstverständnis aller evangelischen Schulen grundlegend. Diese Kennzeichen, ihre theologischen Begründungen und damit verbundenen Aufgaben werden in den folgenden Punkten näher beschrieben.

2.1 Die christliche Botschaft als Grundlage

„Evangelische Schulen orientieren sich in Unterricht und Schulleben am christlichen Menschenbild" (EvSchul-O Abs. 1). Das bedeutet, dass jeder Mensch als eigene Persönlichkeit wahrgenommen wird. Gott hat den Menschen als sein Ebenbild (Imago Dei) geschaffen. Die Würde und Achtung, die darin jeder und jedem Einzelnen zugesagt wird, soll im Schullalltag spürbar werden. Das christliche Menschenbild ist in Folge dessen auch Maßstab für die Wertevermittlung (Leitbild der Paul-Gerhardt Schule Kahl[1]).

Kennzeichnend für das christliche Menschenbild ist auch die Freiheit. Gott befreit uns Menschen von den Zwängen, die wir uns selbst auferlegen oder die wir von anderen auferlegt bekommen. Diese Freiheit will im Schulalltag gelebt werden. Diese Freiheit ist jedoch nicht grenzenlos. Sie respektiert die Grenzen des anderen. Gemeinsame Regeln sollen ein soziales Miteinander in den Schulen gelingen lassen (Adam 1997, S. 135).

2.2 Die religiöse Dimension und Sinnorientierung im Schulalltag

„Evangelische Schulen sind Orte christlicher Spiritualität, [...]. Sie sorgen dafür, dass die religiöse Dimension sich auf alle Fächer bezieht und das Schulleben durch gemeinsame regelmäßige Rituale, Feste und Feiern geprägt ist" (Evschul-O Abs.1). In den Gottesdiensten, den Festen im Jahreskreis, in den Andachten oder Meditationen sollen Kinder und Jugendliche Erfahrungen christlicher Spiritualität sammeln können.

Zusätzlich dazu sollen die religiöse Dimension und die Frage nach dem Sinn in allen Fächern ihren Platz finden. Dazu zählt die Förderung der kritischen Auseinandersetzung mit religiösen Fragen, genauso wie das Bewusstmachen verschiedener Dimensionen der Wirklichkeit. Hier gilt es beispielsweise die naturwissenschaftliche oder ökonomische Weltsicht mit der ethisch-religiösen Sichtweise in Verbindung zu bringen. Durch eine entsprechende Themenauswahl und die Verknüpfung mit Sinnfragen kann die religiöse Dimension in allen Fächern auf ganz natürliche Weise erfahrbar werden (Evangelische Schule Ansbach[2]).

2.3 Das Prinzip der Ganzheitlichkeit und Reformpädagogik

„Evangelische Schulen sehen sich dem ganzheitlichen Lehren und Lernen verpflichtet, wobei nach christlichem Verständnis der junge Mensch und seine Person im Mittelpunkt steht" (Evschul-O Abs.1). Die Ganzheitlichkeit stellt ein wichtiges Prinzip für evangelische Schulen dar. Der Mensch wird als Individuum, mit seinen Stärken und Schwächen, wahrgenommen und geachtet. Das erfordert ein pädagogisches Konzept, bei dem nicht nur die Leistung zählt, sondern bei dem Schülerinnen und Schüler auch ihre sozialen und emotionalen Fähigkeiten entfalten können.

---

[1] http://www.pgs-kahl.de/pgs_info/christlicher_schulverein/leitbild.shtml, 21.02.2012, 12:17 Uhr.

[2] http://web110.srv16.sysproserver.de/typo/index.php?id=37, 21. 02. 2012, 13:23 Uhr.
http://laurentius-gymnasium.de/lg15/pdf/Schulprogramm_05.pdf, 21. 02. 2012, 12:43 Uhr

Verbunden damit ist oft auch die Orientierung an pädagogischen Konzepten von Reformpädagoginnen oder -pädagogen (Montessori, Petersen, Freinet,...). Ihr Grundsatz ist das Prinzip der Ganzheitlichkeit. Das Hauptaugenmerk der Schulen gilt dabei auch der Gewährleistung von hoch qualifizierter Bildung. Dazu zählt die Vermittlung von Wissen auf solider wissenschaftlicher Grundlage und professionelles methodisch-didaktischen Arbeiten und die Einbindung neuer Ansätze in die Unterrichtsgestaltung (Schulprogramm des Laurentius Gymnasiums Neuendettelsau).

2.4 Bildung von Urteilsfähigkeit und Verantwortungsbewusstsein

„Evangelische Schulen fördern die Urteilsbildung in ethischen Fragen [...] und leiten junge Menschen an ihre Zukunft selbst zu gestalten" (Evschul-O Abs.1). Die Erziehung der Schülerinnen und Schüler zu selbstständigen und urteilsfähigen Menschen, die ihr Leben in die Hand nehmen, ist ein weiteres Kriterium evangelischer Schulen. Dieses entspricht dem reformatorischen Bildungsverständnis und findet sich in den pädagogischen Konzepten evangelischer Schulen. Dazu zählen auch die demokratische Organisation evangelischer Schulen und die Einübung demokratischer Verhaltensweisen

2.5 Die Verankerung des Religionsunterrichtes

„Evangelische Schulen setzen voraus, dass alle Schülerinnen und Schüler an einem Religionsunterricht teilnehmen" (Evschul-O Abs.1). Der Religionsunterricht wird in den evangelischen Schulen als Selbstverständlichkeit angesehen. Er ist für alle Schülerinnen und Schüler verpflichtend. Dabei ist es wichtig die Aufgaben und Funktionen dieses Faches immer wieder neu zu überdenken, um den Wandel von Religion und Kirche in der Gesellschaft auch wirklich Rechnung tragen zu können (EKD 2008, S. 24). Dazu zählt die kleine Zahl an evangelischen Schülerinnen und Schülern in Österreich im Vergleich zu den katholischen, die zunehmende Zahl an Schülerinnen und Schüler ohne Religionszugehörigkeit und die Rücksichtnahme auf muslimische Schülerinnen und Schüler. Diese Faktoren gilt es wahrzunehmen und dabei zu überlegen, wie ein christlich-ökumenisches und interreligiöses Lernen sinnvoll möglich ist.

2.6 Die besondere Atmosphäre innerhalb der Schulfamilie

„Evangelische Schulen erwarten von allen an der Schule beteiligten, insbesondere von Schülerinnen und Schülern, Eltern und Lehrenden, dass sie die Zielsetzung der Schule bejahen und in gemeinsam wahrgenommener Verantwortung miteinander umsetzen" (Evschul-O Abs.1). Das Ziel der gelebten Schulgemeinschaft aller an der Schule tätigen Personen ist eine vertrauensvolle Atmosphäre. Die Voraussetzung dafür ist, dass das Schulprofil den Lernenden entspricht, eine engagierte Zusammenarbeit zwischen Eltern und Schule gegeben ist und die Lehrenden sich mit dem Schulprofil identifizieren und dieses entsprechend repräsentieren.

2.7 Die Übernahme diakonischer Verantwortung

„Evangelische Schulen betrachten die Integration von Menschen mit Behinderung als wesentlichen Bestandteil ihres diakonischen Auftrages" (Evschul-O Abs.1). Das Angebot evangelischer Schulen gilt im Besonderen Schülerinnen und Schülern, die im staatlichen Schulwesen geringere Chancen haben. Dazu zählen all jene, die einen besonderen Förderbedarf haben und genauso besonders leistungsstarke Schülerinnen und Schüler, die es in Regelschulen oft schwer haben. Darin übernehmen diese Schulen eine gesamtgesellschaftliche Verantwortung, wie sie dem evangelischen Bildungsverständnis entspricht.

2.8 Offenheit für andere Konfessionen, Religionen und religiös ungebundene Menschen

„Evangelische Schulen sind offen für Angehörige anderer christlicher Kirchen, anderer Religionen und für nicht religiös gebundene Menschen" (Evschul-O Abs.1). Die damit verbundene Herausforderung wurde bereits im Zusammenhang mit dem Religionsunterricht deutlich. Die Offenheit für alle Menschen, unabhängig ihrer Religion, ihres finanziellen Status und ihrer Nationalität, findet ihre Grundlage in der Universalität der Botschaft des Evangeliums. Hier gilt es deutliche Signale zu setzen, die diese Offenheit aus christlicher Überzeugung heraus erkennen lassen (Jung 1999, S. 166).

3. Aufgaben und Chancen evangelischer Privatschulen

Mit den Merkmalen evangelischer Schulen sind bestimmte Herausforderungen und Fragen verbunden, mit denen diese Schulen im Blick auf ihr Selbstverständnis konfrontiert sind.

In den Kennzeichen evangelischer Schulen wird deutlich, dass die Merkmale evangelischer Schulen theologisch begründete Hintergründe haben und als solche für das „Evangelische" in den Schulen stehen. Aufgrund der Verknüpfung pädagogischer mit theologischen Inhalten können diese Schulen Praxisräume sein, in denen Glaube und Bildung unmittelbar erfahrbar werden. Hier gilt es jedoch kritisch zu hinterfragen, ob diese Schulen auch als „Evangelisch" wahrgenommen werden. Ein Spiegel dessen ist die Sichtweise und Einstellung der Lehrkräfte, Eltern, Schülerinnen und Schüler an der Schule mitzuwirken. Kann doch das „Evanglisch-Sein" dieser Personen nicht als selbstverständlich vorausgesetzt werden, besonders wenn Lernende und Lehrende evangelischen Bekenntnisses an evangelischen Schulen in Österreich stets in der Minderheit sind.

Eine zweite Frage, die sich bei der Auseinandersetzung mit den Kennzeichen evangelischer Schulen stellt, ist jene, was evangelische Schulen bieten, das es in anderen Schulen nicht gibt. Die Wertevermittlung, der Religionsunterricht, durchdachte pädagogische Konzepte, die Förderung der Selbstständigkeit und Urteilsfähigkeit der Lernenden, Zusammenarbeit von Eltern und Lehrkräften, Integration und die Offenheit gegenüber anderen Religionen und Nationen finden sich auch in öffentlichen Schulen. Worin wird also der spezielle Beitrag evangelischer Schulen zum pluralen Bildungssystem deutlich?

Ist der spezielle Beitrag zum bestehenden Bildungsangebot in der Gesellschaft ein wichtiges Kennzeichen evangelischer Schulen, so stellt sich die Frage, ob diese Schulen für den Staat oder für die Kirche da sind. Hier gilt auf jeden Fall, dass evangelische Schulen nicht für kirchliche Zwecke ausgenützt werden dürfen. Evangelische Schulen sind nicht für die Heranbildung kirchlichen Nachwuchses zuständig und als solche nicht für die Kirche da. Sie sind dem reformatorischen Bildungsverständnis entsprechend für den Staat und für die Welt da (Schreiner 1999, S. 28). Das widerspricht sich allerdings nicht mit der Forderung der Evangelischen Kirche in Deutschland, die Vernetzung mit anderen kirchlichen Lernbereichen, wie Pfarrgemeinden oder diakonischen Einrichtungen, als besondere Arbeitsmöglichkeit zu nützen (EKD 2008, S. 20).

Wie bereits im vorhergehenden Kapitel angesprochen sind Privatschulen in unserer Gesellschaft zunehmend mehr gefragt, da das Vertrauen in öffentliche Schulen immer mehr bröckelt. Nachdem Privatschulen aufgrund ihrer Kapazitäten nur eine gewisse Anzahl an Schülerinnen und Schüler aufnehmen können und auf das Schulgeld der Eltern angewiesen sind, haben diese Schulen automatisch auch den Status einer Eliteschule. Hier stehen evangelischen Schulen vor der Herausforderung dem Prinzip der Bildungsgerechtigkeit gerecht zu werden.

Mit dem steigenden Interesse an Privatschulen ist nicht automatisch das Interesse an konfessionellen Schulen gebunden. Damit verbunden ist die Frage, was evangelische Privatschulen gerade als konfessionelle Schulen im Blick auf die Zukunft bieten können. Birgt die Tatsache, dass das Religiöse immer mehr aus den öffentlichen Schulen verdrängt wird eine Chance für evangelische Schulen? Oder ist es primär das pädagogische Konzept, das zählt?

Diese Grundsatzfragen, mit denen alle evangelischen Schulen, unabhängig von ihren Schwerpunkten, konfrontiert sind zeigen wichtige Aufgaben und Chancen für diese Schulen auf.

## 4.	Fallbeispiel: Schulen des evangelischen Diakonievereins Salzburg

Den Grundsatzfragen, die sich im Zusammenhang mit dem Selbstverständnis evangelischer Schulen stellen, wird im Fallbeispiel „Evangelischer Diakonieverein Salzburg" nachgegangen.

Die Erfahrungen von Schulleiterinnen und Schulleiter dieser Schulen sollen einen Einblick in die Aufgaben und Chancen geben, die mit den aktuellen Gegebenheiten verbunden sind und wie damit in der Praxis umgegangen wird.

4.1 Evangelischer Diakonieverein Salzburg

Der evangelische Diakonieverein ist Träger von vier evangelischen Privatschulen, einer Volksschule, einer neuen Mittelschule, einer Orientierungsstufe und eines Oberstufenrealgymnasiums. Die pädagogische Arbeit beruht auf vier Säulen: der Integration von Kindern mit besonderen Bedürfnissen, dem christlichen Menschenbild, einem musisch-kreativem Schwerpunkt und der Montessoripädagogik. Als solche haben diese Einrichtungen neben ihrem evangelisch-christlichen Profil auch „Vorbild- und Modellcharakter für die öffentlichen Schulen in Salzburg erlangt"[3]5.

Abbildung 1: Startseite der Homepage des Evangelischen Diakonievereins Salzburg

4.1.1 Das Leitbild der evangelischen Schulen

„Mehr Mensch. Mehr Zukunft." So lautet die Überschrift des pädagogischen Konzeptes auf der Webseite des Diakonievereins[4], das allen vier Schulen zugrunde liegt. Dort sind die vier Säulen wie folgt beschrieben:

1) Integration bedeutet, dass Kinder und Jugendliche mit unterschiedlichen Bedürfnissen miteinander leben, spielen und arbeiten. Kreativität, Umdenken, Reflexion und Weiterentwicklung des Herkömmlichen ist der soziale Grundsatz der Schulen.

2) Christlich ganzheitliche Erziehung spricht das Bedürfnis nach Liebe, Sicherheit und Geborgenheit an, unter Bedachtnahme auf die Freiheit und Persönlichkeit der Kinder und Jugendlichen.

3) Durch den musisch-kreativen Schwerpunkt wird den Kindern und Jugendlichen ermöglicht ihre Neugierde und Experimentierfreude auszuleben, die Sinne anzuregen und die Erlebnisfähigkeit zu steigern.

4) Entsprechend der Montessori-Pädagogik kann jedes Kind je nach Entwicklungsstand, Begabungen, Fähigkeiten und Interesse seine individuellen Lernschritte setzen. Kern der Pädagogik ist die angeleitete Freiarbeit in vorbereiteter

---

[3] http://www.sichtbar-evangelisch.at/template1/x/catnr/54/catid/66/artid/93/navart/nav1/
  template1.htm
[4] www.diakonie.cc

218

Umgebung, in der Kinder Selbstständigkeit, Eigenverantwortlichkeit und Projektarbeit lernen. Auf diese Weise erleben die Kinder und Jugendlichen, dass Lernen Freude macht und somit Lerninhalte auch viel länger und besser erhalten bleiben.

Alle vier Schulen sind im Besitz des Öffentlichkeitsrechtes, das in Österreich konfessionellen Schulen zusteht.

4.1.2 Organisation und Angebot in den jeweiligen Schulen

Alle vier Schulen sind demokratisch organisiert. Bezeichnend dafür ist der Klassenrat und das Schulparlament, Foren in denen die Schülerinnen und Schüler ihre relevanten Themen besprechen und Entscheidungen für die Gestaltung ihres Zusammenlebens treffen. Von wichtiger Bedeutung für alle Schulen sind zu dem die Elternarbeit und die ernährungsbewusste und gesunde Jause im Schulalltag.

a) Volksschule

In den Klassen werden jeweils 22 Kinder, davon vier bis fünf mit sonderpädagogischen Förderbedarf, von zwei Pädagoginnen und Pädagogen unterrichtet. In der ersten bis zur dritten Schulstufe sind die Klassen jahrgangsgemischt. Der wichtigste Teil des Unterrichts ist Freiarbeit.

b) Neue Mittelschule

Die Klassen sind so organisiert, dass jeweils fünf Schülerinnen und Schüler mit sonderpädagogischen Förderbedarf und 20 ohne Förderbedarf gemeinsam lernen. Jede Klasse wird von einem Team von Fachlehrern gemeinsam mit Sonderpädagoginnen und Sonderpädagogen unterrichtet. Die Arbeit an fachspezifischen Arbeitsplänen, abwechselnd mit Freiarbeit, kennzeichnet den Schulalltag.

c) Orientierungsstufe

Diese Schule dient der Berufs- und Lebensorientierung von Jugendlichen mit sonderpädagogischen Förderbedarf. Dazu gehört: Verantwortung für sich und andere übernehmen und Beziehungen gestalten lernen. Aber auch der Umgang mit Geld, die Benützung von öffentlichen Verkehrsmitteln u.v.m. Die Schule wird in zwei Klassen mit insgesamt zehn Schülerinnen und Schülern geführt. Ausgehend von den Stärken der Jugendlichen erfolgt der Unterricht handlungs- und projektorientiert und ist jahrgangsübergreifend.

d) Musisches Oberstufenrealgymnasium

Das Gymnasium wird mit vier Klassen geführt. Davon werden in einer Klasse auch Kinder mit sonderpädagogischen Förderbedarf unterrichtet. Hier handelt es sich um ein Pilotprojekt, das zeigen soll, ob sich Integration auch in dieser Schule verwirklichen lässt. Der Schulalltag des Gymnasiums ist klar strukturiert. Jede Schulwoche beginnt mit einer Stunde „sozialen Lernens" und jeder Schultag mit einer zehnminütigen „Ankunftsphase", in der der Tag gemeinsam im Klassenverband begonnen wird. Der Unterricht erfolgt in Form von Input- und Freiarbeitsphasen, in denen die Lehrkräfte zur individuellen Unterstützung der Jugendlichen zur Verfügung stehen.

4.2 Forschungsvorgehen

Nach einem Erstgespräch mit der Geschäftsleitung des Evangelischen Diakonievereins Salzburg, Eva Kothbauer, entschied ich mich qualitative Interviews mit den Schulleiterinnen und dem Schulleitern zu führen. Das Anliegen dabei ist, die Erfahrungen der Schulleiterinnen und Schulleiter zu Wort kommen zu lassen. Sie sind die Expertisen, im Blick auf die Aufgaben und Chancen evangelischer Schulen, da sie für die praktische Umsetzung des Schulprofils verantwortlich und Teil des Schulgeschehens sind.

In qualitativen Forschungsgesprächen werden Personen angeregt, über Erlebtes zu erzählen. Dadurch wird ein Zugang zu sonst unbeobachtbaren Ereignissen und ihren relevanten Deutungen geschaffen. Für die Durchführung qualitativer Interviews ist eine offene Fragestellung entscheidend, da diese kein Antwortspektrum vorgibt und die Teilnehmerinnen entscheiden lässt, welche Themen für sie von Relevanz sind. Der Interviewleitfaden wird somit von den interviewten Personen vorgegeben. InterviewerInnen sind gefordert, die Gesprächsangebote der TeilnehmerInnen aufzugreifen, indem sie diese vorerst ohne Unterbrechung erzählen lassen und nur eingreifen, wenn Verständnisfragen notwendig sind, oder vom Thema abgewichen wird (Froschauer/Lueger 2003, 51 f.).

Die Interviews werden mit einem Tonband aufgenommen und anschließend wortwörtlich transkribiert. Die Zeilen sind nummeriert und die einzelnen Interviewtexte mit Großbuchstaben gekennzeichnet. Da das Hauptinteresse der Interviews auf dem thematisch inhaltlichen Schwerpunkt liegt, werden bei der Bearbeitung der Transkription Sprechpausen, „Ahs" und dergleichen, die den Inhalt nicht verändern, weggelassen. Der Dialekt wird so gut als möglich in normales Schriftdeutsch übertragen und Satzbaufehler geglättet.

Für die Auswertung der Interviews werden in einem ersten Durchgang wichtige Passagen aus dem Interview A ausgewählt und mit den anderen Interviews verglichen, inwiefern sich deren Aussagen decken oder widersprechen. Anschließend werden die anderen drei Interviews auf wichtige Aussagen, die im ersten Interview nicht vorkommen, untersucht. In einem nächsten Schritt werden die Aussagen in Hypothesen zusammengefasst. Um die Generierung der Hypothesen für die Leserinnen und Leser anschaulich und nachvollziehbar darzustellen, werden die Zitate bei der Erläuterung der Hypothesen angeführt.

Obwohl ein männlicher Leiter unter den Interviewpartnern ist, wird immer von den Interviewpartnerinnen geschrieben, da so die Anonymität gewahrt bleibt.

4.3 Aufgaben und Herausforderungen evangelischer Privatschulen am Beispiel des Diakonievereins Salzburg

Für die gehaltenen Interviews waren drei Themenkomplexe von Bedeutung, wovon der erste dem Einstieg in die jeweiligen Interviews diente und die anderen beiden von den Befragten, je nach Interviewsituation, in unterschiedlicher Reihenfolge zur Sprache kamen:

1. Was zeichnet das Profil/Leitbild der Schule aus?
2. Inwiefern wird die Schule als „evangelisch" wahrgenommen?
3. Welche Chancen und Herausforderungen sehen Sie für die Zukunft?

Die Auswertungsergebnisse lassen sich in folgende Hypothesen zusammenfassen. Diese basieren auf den Erkenntnissen, die von der Interviewenden beim systematischen Vergleich der Interviewaussagen gewonnen wurden. In der qualitativen Forschung beanspruchen Theorien keine Allgemeingültigkeit. In diesem Sinne gelten die Ergebnisse nur für die Schulen des Evangelischen Diakonievereins Salzburg und sind zeitlich begrenzt.

4.3.1 Das Besondere, das Evangelische Schulen auszeichnet

Der Schwerpunkt Integration und gelebte christliche Werte zeichnen das Profil der evangelischen Schulen aus. Diese beiden Merkmale bedingen einander und finden sich in der Umsetzung von Reformpädagogik wieder. Die familiäre Atmosphäre und der Umgang mit anderen machen das Profil für alle Beteiligten im Schulalltag erlebbar.

Die Frage nach dem Profil war der Intervieweinstieg bei allen vier Interviewpartnerinnen. Dabei kamen alle auf den Schwerpunkt Integration zu sprechen. Dieser ist für die Schulen bezeichnend, da die Integration von Kindern mit sonderpädagogischem Förderbedarf ausschlaggebend für die Gründung des Diakonievereins und dessen Schulen war und sie bis heute auszeichnet.

„Das heißt vor 20 Jahren war die Gründung dieser Schule, vom evangelischen Pfarrer Toth, der selbst ein Kind mit Down-Syndrom gehabt hat. […]Da waren wir österreichweit eine der ersten Schulen, die im Sinne der Integration, da praktisch etwas gemacht haben (Interview A, Z 3-5 + 7-8)", erklärt eine Interviewpartnerin gleich zu Beginn des Interviews.

Verbunden mit Integration ist auch eine bestimmte Wertehaltung gegenüber den Schülerinnen und Schülern. *„ Vor allem auch dadurch, dass wir Integration haben, ist der Wert des Menschen ein ganz zentraler Punkt, wo wir viel dazu machen (Interview B, Z 10-11)."* Die Wertehaltungen, wie sie dem christlichen Menschenbild entsprechen, kamen bei allen Leiterinnen zur Sprache.

„Das Leitbild der Schule, beziehungsweise die Besonderheit der Schule, ist die tragende Säule der Integration. Die zweite tragende Säule ist eben das christliche Menschenbild, das ja für eine evangelische Schule eine Selbstverständlichkeit ist (Interview C, Z 3-5)", lautet die erste Antwort einer anderen Interviewpartnerin.

Das christliche Menschenbild als Grundlage des Profils wurde allerdings nur von zwei Leiterinnen explizit als solches bezeichnet. Die anderen beiden betonten ebenfalls die Wichtigkeit menschlicher Werte in ihrer Schule, benannten diese jedoch nicht explizit als christlich.

„Das Besondere der Schule ist, dass sie eben sehr familiären Charakter hat, dass sehr viel darauf geschaut wird, dass ein wertschätzender Umgang gepflegt wird [...]und dadurch auch der Atmosphäre der Schule eine besonders gute ist (Interview C, Z 6-9)."

Die Gemeinschaft in der sich alle Schülerinnen und Schüler wohlfühlen, die Mitmenschlichkeit, die Förderung sozialer Kompetenz, die Persönlichkeitsbildung, die Ganzheitlichkeit bei der nicht nur die Leistung der Schülerinnen und Schüler zählt und die Kleinheit der Schule und damit verbundene familiäre Atmosphäre und das Einüben demokratischer Verhaltensweisen werden von allen Leiterinnen im Laufe der Interviews immer wieder betont.

Verbunden mit dieser Wertehaltung ist auch die Orientierung an der Reformpädagogik. Dabei ist die Montessori-Pädagogik in der Volksschule, der Neuen Mittelschule und im Oberstufenrealgymnasium maßgebend. In der Orientierungsstufe, die die Vorbereitung auf das Berufsleben von Schülerinnen und Schülern mit besonderem Förderbedarf zum Ziel hat, ist die Pädagogik von Freinet ein wichtiger Inhaltspunkt.

4.3.2 Die Schulfamilie macht das Schulprofil erlebbar

Die Lehrkräfte sind in hohem Maße für die Umsetzung des Profils verantwortlich. Zudem wird großer Wert darauf gelegt, dass das Leitbild der Schule von den Eltern mitgetragen wird. Die Schulfamilie hat für alle vier Leiterinnen einen hohen Stellenwert.

Eine wichtige Funktion für das Schulleben wird den Lehrkräften zugewiesen, die hinter dem Schulprofil stehen und dafür verantwortlich sind, dass dieses im Schulalltag auch spürbar wird. „Ich denke man merkt es sehr stark an der Haltung der Lehrerinnen und Lehrer an der Schule, wie sie mit schwierigen Schülern umgehen und wie sie mit anderen Schülern umgehen, die ihren Rucksack dabei haben und ihn einfach schwer vor sich hertragen (Interview B, Z 13-16)."

Die Haltung der Lehrkräfte, die das Schulprofil lebendig macht, wurde von allen vier Leiterinnen betont. Sie ist kennzeichnend für alle vier Schulen. Regelmäßige Fortbildung und die gemeinsame Erarbeitung pädagogischer Konzepte sollen die Lehrerinnen und Lehrer dabei unterstützen.

Zusätzlich dazu spielt die Schulgemeinschaft bzw. die Elternarbeit eine wichtige Rolle. Auf die Frage hin, wie diese funktionieren, fallen die Antworten der Interviewpartnerinnen unterschiedlich aus. Zwei Schulleiterinnen würden sich eine intensivere Elternarbeit wünschen. In ihren Schulen gibt es ganz gezielt Angebote, wo die Eltern in den Schulalltag mit eingebunden werden. Dazu zählen Sprechstunden, die Einladung zu einem Berufsinformationstag oder das Bemühen, dass Integration auch außerhalb der Schule gelebt wird. Die Zusammenarbeit und Gemeinschaft der Eltern könnte für die beiden Schulleiterinnen jedoch mehr sein. Die anderen beiden Interviewpartnerinnen hingegen sagen, dass die

Zusammenarbeit mit den Eltern sehr gut funktioniert. Die intensive Elternarbeit führen diese beiden Leiterinnen auf die Kleinheit ihrer Schule zurück, wo automatisch mehr Kontakt mit den Eltern gegeben ist.

Die Bedeutung der Schulfamilie spiegelt sich auch im Aufnahmeverfahren wider, bei dem genau hingesehen wird, ob das Schulprofil den Schülerinnen und Schülern, wie den Eltern, auch wirklich entspricht (s. 4.3.6 Das Privatschulrecht eröffnet Freiräume, bringt aber auch Herausforderungen).

4.3.3 Das „Evangelische" an sich ist nicht das vordergründige Merkmal

Das „Evangelische" ist nicht das primäre Merkmal der Schulen. Im Vordergrund stehen das pädagogische Konzept und die entwicklungsgemäße und individuelle Umsetzung dessen. Als solche leisten die Schulen einen unverzichtbaren Beitrag für das öffentliche Bildungssystem.

Die Identifikation mit dem „Evangelischen" von Lehrer-, Eltern- und Schülerseite wird von allen vier Interviewpartnerinnen gegenüber dem pädagogischen Konzept, als nachrangig dargestellt.

Auf die Frage, wo das „Evangelische" der Schule deutlich wird, antwortet eine Interviewpartnerin: „In dem Sinn evangelisch ist bei uns nicht so das Thema, aber Humanismus, Mitmenschlichkeit, ja, diese Themen halt (Interview D, Z 22-23)." Darin spiegelt sich eine Haltung wider, die sich bei allen vier Leiterinnen findet.

Die Frage ob sich Lehrer mit dem Evangelischen identifizieren können müssen, wird von zwei Leiterinnen klar mit „Nein" beantwortet: „Es wird wertgelegt auf das, was die Unterrichtspraxis ist, auf das Miteinander, die Teamarbeit und Elternarbeit. Einfach wirklich aus dem sozialen Bereich, aber nicht aus dem konfessionellen Bereich (Interview A, Z 76-78)." Auch die anderen beiden Interviewpartnerinnen betonen, dass das Mittragen des Schulprofils für die Auswahl der Lehrer das Kriterium ist.

Auch bei den Interessen der Eltern ist das Evangelische „nachrangig. Vorrangig für die Eltern ist wirklich Integration, Montessori, zwei Lehrer in einer Klasse, eine kleine Schule. [...] Das Evangelische ist einfach nebenbei hier (Interview A, Z 132 – 133)." Diese Meinung findet sich in allen vier Interviews.

Dass es das pädagogische Konzept ist, für das die Schule steht, zeigt sich in dem folgenden Zitat: „Also für mich wäre es auch zu wenig als Leiterin von einer Schule zu sagen, ich bin an einer evangelischen Schule, wenn die nicht ein besonders Ziel in der sozialen Erziehung hätte [...] dass ich sage ich will was bewegen in der Gesellschaft, ich will neue Wege gehen, ich will was ausprobieren und da habe ich die Chance, weil ich einen Verein im Hintergrund habe und weil ich einfach eine Kirche [...] habe, dann denke ich, dann hat das einen Sinn (Interview A, Z 227-234)." Hierin wird deutlich, dass eine konfessionelle Schule um sich profilieren zu können, etwas bieten muss, worin ihre Bedeutung für die Bildungslandschaft deutlich wird. Davon, dass die Schulen des Diakonievereins mit ihrem Schwerpunkt einen Bildungsbedarf abdecken, wofür dem Staat die Möglichkeiten fehlen, sind alle Leiterinnen überzeugt.

Als Verbindungsperson zur Kirche wird von allen vier Leiterinnen der Fachinspektor für Evangelische Religion Peter Pröglhöf genannt. Die Zusammenarbeit mit anderen evangelischen Institutionen, wie die Diakonie, in Form von Projekten wird von zwei Leiterinnen mehr gewünscht. Die Vernetzung mit Kirchengemeinden ist in keiner der Schulen gegeben. Nur eine Person betont, dass sie auch gerne mehr Zusammenarbeit mit kirchlichen Gemeinden hätte. Eine andere Leiterin äußert sich dazu eher skeptisch, mit der Begründung, dass das Gebiet aus dem die Schülerinnen und Schüler kommen sehr weitläufig ist und es keinen Bezug zu einer bestimmten Gemeinde gibt.

4.3.4 Die religiöse Dimension ist Teil des Schulalltags

Das Bemühen um die religiöse Dimension und christliche Sinnvermittlung im Schulalltag ist in allen Schulen erkennbar. Das zeigt sich zum einen in der Einstellung der Schulleiterinnen und zum anderen in der Stellung des Religionsunterrichts gegenüber anderen Fächern und religiösen Angeboten im Schulalltag.

Wenn auch für alle vier Interviewpartnerinnen das „Evangelische" im Hintergrund steht, so spielt Religion als solches für alle Schulen eine bezeichnende Rolle.

„Ich denke mal konfessionelle Schulen sind vor allem auch im Umgang mit Religion grundsätzlich erkennbar, oder eben auch mit der Wertschätzung des Menschen, mit dem sozialen Engagement, dass man finden kann. Dass es speziell evangelisch ist kann ich jetzt wirklich nicht unterstreichen (Interview B, Z 63-65)."

Auf die Frage nach religiösen Angeboten im Schulalltag erwähnen alle Interviewpartnerinnen die regelmäßigen Schulgottesdienste, zum Schulanfang, zu Weihnachten und zum Schulschluss, als selbstverständlich. Dazu kommt der jährliche Schulsonntag, bei dem alle Schulen gemeinsam ein Fest feiern.

„Also wir beginnen das Schuljahr mit einem Eröffnungsgottesdienst. Wir haben zu Weihnachten einen Gottesdienst in der Kirche. Und wir schließen mit einem Gottesdienst. [...] Im täglichen Schulalltag gibt es das natürlich auch. Ein Gebet oder sowas haben wir nicht, sondern wir beginnen jeden Tag zehn Minuten vor Unterrichtsbeginn mit einer Meditationsphase" (Interview B, Z 33 - 35).

Zusätzlich zu den Gottesdiensten gibt es in allen Schulen auch religiöse Angebote im täglichen Schulbetrieb in Form von Meditationen. Das passiert in zwei Schulen täglich *„zum Beispiel im Rahmen des Klassenrates, manchmal in einer Unterrichtsstunde, weil es einfach dazu passt und auch vor der gemeinsamen Jause gibt es dieses Ritual" (Interview C, Z 181 - 184).* In den anderen beiden Schulen werden zu bestimmten Anlässen, wie den Festen im Jahreskreis, religiöse Impulse gesetzt.

Die Bedeutung von Religion an den Schulen wird besonders an der Handhabung des Religionsunterrichts deutlich, worin sich alle vier Leiterinnen einig sind. In allen Schulen sind die Eltern verpflichtet ihre Kinder für den Religionsunterricht anzumelden. Dieser ist ein Kriterium für die Aufnahme in den Schulen: „Ich konfrontiere die Eltern damit, dass sie im Schulvertrag unterschreiben müssen, dass die Kinder den Religionsunterricht besuchen müssen (Interview C, Z 60 – 62)." Das gilt für Schülerinnen und Schüler mit einem christlichen Bekenntnis und auch für alle, die ohne Bekenntnis sind. Mit Ausnahme der Volksschule, die einen ökumenischen Religionsunterricht anbietet, gibt es in allen Schulen einen Religionsunterricht für beide Konfessionen, sofern Kinder von beiden Konfessionen an der Schule sind.

Sind in den evangelischen Privatschulen möglicherweise mehr evangelische Kinder als in anderen Schulen, so sind diese auch dort eine Minderheit. Das hat die Konsequenz, dass aufgrund der Anzahl evangelischer Schülerinnen und Schüler, oft nur eine Wochenstunde vom Staat bezahlt wird. In diesen Fällen wird die zweite Stunde vom Diakonieverein bezahlt, sodass der Religionsunterricht immer zweistündig erfolgen kann.

Auch über die Ziele des evangelischen Religionsunterrichts lässt sich bei allen vier Leiterinnen ein Konsens erkennen: „*Es geht um die Gemeinschaft und auch darum sich mit diesem christlichen Menschenbild, das eben auch eine grundlegende Funktion erfüllen soll, auseinanderzusetzen (Interview C, 76-77).*"

4.3.5 Offenheit gegenüber neuen Entwicklungen

Die Offenheit für Neues ist für die Schulen des Diakonievereins kennzeichnend. Das zeigt sich in der Entwicklung pädagogischer Konzepte und im Umgang mit der Pluralität unserer Gesellschaft.

„*Ich denke eben, dass es sehr wichtig ist die Schule immer weiter zu entwickeln, dass diese Schule eine Reformschule bleibt. Man sollte nicht alle Tendenzen immer sofort irgendwie aufgreifen und versuchen zu übernehmen. Man muss sich das schon immer irgendwie erarbeiten. [...] Aus diesem Grund ist auch hier an dieser Schule die Neue Mittelschule nicht gleich in der ersten Generation losgestartet*" *(Interview C, Z 232 – 238).* Die Weiterentwicklung bzw. die Perfektionierung der Schule wurde von zwei Leiterinnen genannt, deren Schulen in der aktuellen Form erst wenige Jahre existieren. Dabei gilt es eben immer wieder zu hinzusehen, wie gewisse Dinge funktionieren und ob diese auch in einer entsprechenden Qualität angeboten werden können. Die anderen beiden betonen, dass ihr Augenmerk besonders auch darauf liegt, die Qualität, die sie als „Vorreiterschulen" bieten, auch weiter aufrecht zu erhalten.

Kennzeichnend für alle vier Schulen ist auch die Offenheit gegenüber Schülerinnen und Schüler, die einer anderen Religion angehören. . „*Wir würden ja gerne viel mehr Kinder, die islamischen Hintergrund haben, aufnehmen, dass wir eine gute Mischung haben, oder überhaupt Kinder mit anderem religiösen Hintergrund (Interview A, Z 287 - 289).*" Der verpflichtende Religionsunterricht soll keinesfalls ein Hindernisgrund für die Aufnahme dieser Schülerinnen und Schüler sein. Diese nehmen, soweit die Eltern damit einverstanden sind, freiwillig am christlichen Religionsunterricht teil, bekommen aber keine Note. Es gibt in allen vier Schulen Kinder, die einer anderen Religion angehören, wenn auch nur vereinzelt. Sie besuchen alle den Religionsunterricht.

4.3.6 Das Privatschulrecht eröffnet Freiräume, bringt aber auch Herausforderungen

Die gesetzlichen Rahmenbedingungen sind maßgebend, um den Anforderungen des Schulprofils gerecht werden zu können. Daraus ergibt sich ein Handlungsspielraum, der es ermöglicht gewisse Dinge auszuprobieren, die notwendig sind, um den Anforderungen einer „Reformschule" gerecht zu werden. Gleichzeitig ermöglicht und zwingt der Status Privatschule die Schulleiterinnen eine Auswahl zu treffen. Damit ist auch die Herausforderung verbunden ein stimmiges Auswahlverfahren für Schülerinnen und Schülern zu entwickeln.

„Evangelische Schulen, also sowie ich es mal gehört habe oder auch verstehe, haben auch den Aufgabenbereich neue Dinge auszuprobieren, die gesellschaftlich oder im diakonischen Bereich einfach auch notwendig sind. […] Das denke ich ist eine unglaubliche Chance, dass man viel ausprobieren kann, aber natürlich auch immer aufpassen muss auf das Öffentlichkeitsrecht, dass man die Grenze einfach nicht übersteigt (Interview A, Z 142 – 148)." Diese Herausforderung bzw. diese Gradwanderung wird von den anderen Leiterinnen ebenfalls genannt. Der Status „Reformschule" ist allen ein großes Anliegen. Diesem Status gerecht zu werden hat oberste Priorität. Demgegenüber ist aber auch das Öffentlichkeitsrecht, das an gewisse Vorgaben gebunden ist, unverzichtbar, da die Finanzierung der Lehrkräfte und die Anerkennung des Schulabschlusses damit verbunden sind. Dass neben den Chancen, die mit dem Privatschulgesetz gegeben sind, auch gewisse Einschränkungen verbunden sind, zeigt das folgende Zitat: „Da wär es natürlich auch nicht uninteressant wenn man Personen kriegt, die nur Montessoriausbildung haben und keineswegs im Lehrberuf tätig sind. […] Dafür kriegt man keine Unterstützung. Also ist man natürlich sehr im schulischen Bereich (Interview A, Z 152 – 156)."

Das Privatschulrecht ermöglicht den Schulen ihre Schülerinnen, Schüler und Lehrkräfte nach bestimmten Kriterien auszuwählen. Das wird klar als Privileg gegenüber anderen öffentlichen Schulen empfunden. „Der Vorteil dabei ist, dass man Personen, die nicht in das Schulprofil passen, sage ich jetzt einmal, ablehnen kann […] Da hat man natürlich ein paar Freiheiten. Was brauch ich genau für dieses Profil an Lehrer, oder was auch immer, männlich oder weiblich. (Interview A, Z 157 – 158)."

In diesem Sinne ist der Status Privatschule eine wichtige Unterstützung bei der Verwirklichung des Schulprofils. Als Privatschule haben die Schulen jedoch auch automatisch den Status einer Eliteschule. Damit verbunden ist die große Nachfrage, die zur Folge hat, dass Schülerinnen und Schüler immer wieder abgelehnt werden müssen. Es kann also nur ausgewählten Schülern ein Schulplatz gewährt *werden. Damit sind wiederum Entscheidungen verbunden, die oft schwierig sind.*

„Jede Privatschule, jede konfessionelle Schule ist eine Eliteschule. [...] Wir würden auch alle nehmen, sage ich jetzt einmal. Aber wir haben viele Förderkinder, 15 Kinder sind zum Beispiel angemeldet und wir können nur vier nehmen. So ist eine Auswahl da. [...] Ganz eine schwere Entscheidung immer wieder, weil muss ablehnen" (Interview A, Z 255 – 258).

Eine Situation, die alle Leiterinnen ähnlich erleben. Um dieser Situation annähernd gerecht zu werden, wird sorgfältig darauf geachtet, dass das Auswahlverfahren möglichst gerecht ist. Kinder, die bereits eine Institution des Diakonievereins besucht haben, werden, sofern es keine groben Unstimmigkeiten gegeben hat, immer übernommen. Darüber hinaus wird darauf geachtet, welche Kinder in die jeweilige Klasse passen. Dafür sind Kriterien, wie das Geschlecht, die Art der Behinderung und das Interesse der Schülerinnen und Schüler ausschlaggebend. Entscheidend ist letztendlich auch die Zustimmung der Eltern zum Profil, der bei Aufnahmegesprächen nachgegangen wird. „Es ist so, dass wir ein Angebot haben und das muss für die Eltern passen. Also wir sagen was wir machen und da müssen die Eltern sagen, ok das passt uns. [...] Also es muss einfach stimmig sein für beide Seiten (Interview D, Z 246-251)." Diese Einstellung findet sich auch in den anderen drei Interviews.

4.3.7 Notwendiger Beitrag zum öffentlichen Bildungssystem in der Zukunft

Der Blick in die Zukunft lässt erkennen, dass die Schulen ihren Beitrag für das öffentliche Bildungssystem unverzichtbar halten. Ihrem Selbstverständnis nach, sind sie dabei nicht für die Kirche, sondern primär für das öffentliche Interesse und für die Gesellschaft.

Geht es um die Frage nach der finanziellen Unterstützung von staatlicher Seite sind sich alle Interviewpartnerinnen einig. Würden diese eingeschränkt, so würden die Schulen nicht mehr länger existieren können.

Ihrem Selbstverständnis nach leisten die Schulen aufgrund ihres pädagogischen Konzeptes einen unverzichtbaren Beitrag für den Staat, so dass es für alle Interviewpartnerinnen äußerst unfair wäre, wenn der Staat die finanziellen Mittel streichen sollte. Ein ausschlaggebendes Argument dafür ist, dass der Bildungsgerechtigkeit, wonach „alle Kinder das gleiche Recht haben und auch alle Schüler das Recht haben ob mit oder ohne Beeinträchtigung Schulbildung zu genießen und dass aufgrund der Rahmenbedingungen sozusagen in einer großen Schule gar nicht möglich ist (Interview B, Z 165 – 167)."

Als Chance für ihre Schulen sehen dazu drei Schulleiterinnen gerade auch das Angebot, dass sie besonders als konfessionelle Schule bieten können, nämlich die Vermittlung von Werten. „Also ich bemerke sogar, dass vielen Mensch das heute wieder mehr Anliegen ist und die auch dazu stehen wollen und denen ein christliches Menschenbild sehr wohl wichtig ist. Und ich beobachte, dass es sogar Menschen gibt, die das auch für ihre Kinder unbedingt wollen (Interview C, Z 209-211)." Diese Wahrnehmung teilen drei Leiterinnen.

„Außerdem glaube ich, dass wir als ganzer Verein einfach sehr innovativ sind und eigentlich aus dem salzburgerischen Schulsystem nicht mehr wegzudenken sind (Interview D, Z 317-318)". Damit wird deutlich, dass für die Profilierung evangelischer Privatschulen im öffentlichen Schulsystem ein pädagogischer Schwerpunkt unverzichtbar ist.

„Ich glaube, wenn im Vordergrund wirklich nur das Religiöse steht und das Schulsystem dadurch nicht beeinflusst wird, dann ist für mich die Frage, ob die Rechtfertigung da ist. [...] Ich denke ein diakonischer Charakter gehört für mich da sehr wohl dazu, dass entweder im Integrationsbereich oder im Migrationsbereich oder im pädagogischen Bereich, dass ich dort Vorreiter bin (Interview A, Z 216 – 220)." In dem Zitat wird außerdem auch der optimistische und motivierte Blick in die Zukunft erkennbar, den alle vier Interviewpartnerinnen haben. Ihr Ziel ist es das qualitative pädagogische Angebot, das sie bisher geboten haben, auch in Zukunft zu erhalten bzw. zu perfektionieren.

5. Zusammenfassung

Die Aufgaben und Chancen die sich für evangelische Schulen ergeben, werden in dem Fallbeispiel der Schulen des Diakonievereins deutlich. Die Ergebnisse sind ein Beispiel dafür, wie Herausforderungen und Chancen von verantwortlichen Personen wahrgenommen werden und wie darauf eingegangen wird.

Wird das „Evangelische" von den Schulleiterinnen und Schulleitern des Diakonievereins auch als nebensächlich dargestellt und das christliche Menschenbild nicht von allen Leiterinnen explizit erwähnt, so entspricht das Schulprofil der evangelischen Schulen des Diakonievereins sehr wohl einem evangelischen Bildungsverständnis, wie es im 2. Kapitel Kennzeichen und Aufgaben evangelischer Privatschulen, beschrieben wurde. Sie übernehmen Bildungsverantwortung, indem sie die Merkmale evangelischer Schulen praktisch umsetzen. Erlebbar werden diese Merkmale im Miteinander der Schulfamilie. Damit geht die Identifikation der Lehrkräfte, Eltern und Schüler mit dem Schulprofil einher, die die Verantwortung für die Umsetzung des Schulprofils tragen. Die Schulfamilie macht das Schulprofil erlebbar.

Die Entkirchlichung unserer Gesellschaft ist eine Tatsache, die sich auch in der Personal- und Schülersituation der Schulen abzeichnet. Das zeigt sich neben der evangelischen Minderheit in der Schüler- und Lehrerschaft und auch in der geringen Bedeutung, die dem „Evangelischen" zugeschrieben wird. Das „Evangelische" an sich ist nicht das vordergründige Merkmal. Dem zunehmenden Verdrängen religiöser Inhalte aus den Schulen entgegnen die Schulen des Diakonievereins hingegen ganz bewusst, indem sie in ihren pädagogischen Konzepten den Fokus auf die Vermittlung christlicher Werte legen, den Religionsunterricht fix verankert haben und aus ihrer Überzeugung heraus neuen Entwicklungen sowohl offen als auch kritisch gegenüberstehen.

Die rechtliche Situation ist für die Existenz der Schulen und für die Umsetzung ihrer Ziele maßgebend. Sie garantiert die finanzielle Absicherung hinsichtlich der Personalkosten und eröffnet die Freiheit in der Auswahl der Lehrer und Schüler. Der Status einer „Eliteschule", der allen Privatschulen anhaftet, wird von allen Leiterinnen und Leitern durchaus kritisch gesehen. So wird durch überlegte Auswahlverfahren versucht den Kriterien der Bildungsgerechtigkeit gerecht zu werden.

Der besondere Beitrag evangelischer Schulen zum öffentlichen Schulsystem wird von den Leiterinnen und Leitern klar benannt. Kennzeichnend dafür ist die Verantwortung, die sie gegenüber dem Staat und der Welt übernehmen. Dabei bieten sie ein Bildungsangebot, das staatliche Schulen so nicht wahrnehmen können. Ausschlaggebend dafür sind die organisatorischen Rahmenbedingungen und primär das pädagogische Konzept (weniger die religiösen Schwerpunkte), auf dem diese Schulen aufbauen.

Eine Frage, die in der Auswertung der Interviews offen bleibt, ist die, wo das „Evangelische" der Schulen besser zum Ausdruck kommen kann bzw. muss. Ein Vergleich der Profile österreichisch-evangelischer Privatschulen mit den bayrisch-evangelischen Privatschulen zeigt, dass bei letzteren theologische Begründungen bei einer Vielzahl der Schulen im Leitbild der Schule klarer benannt werden und somit im Profil stärker verankert sind. In den österreichischen Schulen, insbesondere auch in den Schulen des Diakonievereins Salzburg, wird die Verantwortung, die sie gegenüber dem Staat und der Gesellschaft übernehmen, in den pädagogischen Angeboten deutlich kommuniziert. Dabei bleibt aber sicher noch weiter zu überlegen, ob die stärkere Einbindung theologischer Begründungen für die Profilierung und Unverwechselbarkeit evangelischer Schulen nicht eine wichtige Chance darstellen, die es zu nützen gilt.

Literatur:

ADAM Gottfried, Bildungsverantwortung wahrnehmen im Blick auf das evangelische Schulwesen, in: FRANK Werner (Hg.), Schulfach Religion 16/1997 Nr. 1-2, Wien, S. 129 – 159.

BOLZ Martin, Evangelische Schulen in Österreich: Gefragte Freiheit, in: SCHEILKE Christoph TH, / SCHREINER Martin (Hg.), Handbuch Evangelische Schulen, Gütersloh 1999, S.351-359.

EVANGELISCHE KIRCHE DEUTSCHLAND (EKD), Schulen in evangelischer Trägerschaft. Selbstverständnis, Leistungsfähigkeit und Perspektiven. Eine Handreichung, Gütersloh 2008.

FROSCHAUER Ulrike / LUEGER Manfred: Das qualitative Interview. Zur Praxis interpretativer Analyse sozialer Systeme, Wien 2003.

JUNG Burkhard, Überlegungen zum Eigentlichen evangelischer Schulen, in: SCHEILKE Christoph TH, / SCHREINER Martin (Hg.), Handbuch Evangelische Schulen, Gütersloh 1999, S. 162-168.

NIPKOW Karl Ernst, Evangelische Schulen als öffentlicher Handlungs- und Verantwortungsbereich der Kirche, in: SCHEILKE Christoph TH, / SCHREINER Martin (Hg.), Handbuch Evangelische Schulen, Gütersloh 1999, S. 13-23.

POLLITT Helmar-Ekkehart / LEUTHOLD Margit / PREIS Arno (Hg.), Wege und Ziele evangelischer Schulen in Österreich. Eine empirische Untersuchung, Münster 2007.

SCHREINER Martin, Theologische und pädagogische Begründungszusammenhänge evangelischer Schulen, in: SCHEILKE Christoph TH, / SCHREINER Martin (Hg.), Handbuch Evangelische Schulen, Gütersloh 1999, S. 24 – 33.

VOR- UND NACHTEILE EVANGELISCHER PRIVATSCHULEN AM BEISPIEL DES EVANGELISCHEN GYMNASIUMS WIEN

Benjamin Battenberg

Einleitung

Diese Arbeit beschäftigt sich mit den Vor- und Nachteilen evangelischer Schulen in Österreich anhand einer empirischen Untersuchung am evangelischen Gymnasium Wien.

Persönlich hatte ich bisher sehr wenig direkte Berührungspunkte mit dem evangelischen Gymnasium Wien. Allerdings besuchen Kinder von etlichen MitarbeiterInnen und Gemeindegliedern diese Schule. Obwohl geographisch gesehen andere Schulen oft viel näher liegen, fällt die Wahl doch sehr häufig auf die „bessere" Schule, eben das evangelische Gymnasium in Wien-Simmering. Der Frage, was Vor- und Nachteile eines evangelisches Gymnasiums sein können – also der Frage nach der „besseren" Schule – widmet sich diese Arbeit.

Dabei wird zunächst ein kurzer Blick auf die Schule als solches, auf die rechtliche Situation und das Projekt „EVAS PROFIL" geworfen, wo einige Parallelen zu dieser Untersuchung ersichtlich sind.

Im Anschluss daran werden einige Vor- und Nachteile genannt, die ich in der Untersuchung näher beleuchten werde. Außerdem werden Vorgehensweise und Ergebnisse der vorliegenden Befragung dargestellt.

Zum Schluss wird eine kurze Gesamtschau zu den Ergebnissen der hier dargestellten Untersuchung präsentiert.

Kontext der Untersuchung

Das evangelische Gymnasium in Wien

Am 4. September 2006 wurde das seit 1996 bestehende evangelische Gymnasium Wien als neu erbautes evangelisches Gymnasium und Werkschulheim Wien feierlich eingeweiht. Das evangelische Gymnasium umfasst zwei Schultypen: Einerseits ein „neusprachliches Gymnasium mit diakonisch-sozialem Schwerpunkt", andererseits auch ein „Realgymnasium mit handwerklicher Ausbildung"[1].

Das „neusprachliche Gymnasium mit diakonisch-sozialem Schwerpunkt" beinhaltet einerseits eine sprachliche Spezialisierung und andererseits auch den Bereich „diakonisch soziales Lernen"[2], in dem sowohl im theoretischen Unterricht als auch praktisch durch Zusammenarbeit mit der Pflege - Einrichtung des Diakoniewerks Gallneukirchen diakonische und soziale Themen behandelt und eingeübt werden[3].

Das „Realgymnasium mit handwerklicher Ausbildung" oder auch „Werkschulheim" ist in der Unterstufe ein Realgymnasium mit stärkerer Betonung des Werkunterrichts und in der Oberstufe wird zusätzlich zur gymnasialen Ausbildung auch eine Lehrausbildung in einem der Berufe TischlerIn, GoldschmiedIn oder EDV-TechnikerIn absolviert[4].

„Wege und Ziele evangelischer Schulen in Österreich"

Erste evangelische Schulen gab es in Österreich schon in der Reformationszeit. Trotzdem gibt es keine einheitliche und kontinuierliche Tradition evangelischer Schulen in Österreich[5]. Heute müssen evangelische Schulen für sich selbst ein Schulprofil erarbeiten. Dies ist nicht nur aufgrund der allgemeinen Schulautonomie an öffentlichen Schulen ratsam[6], sondern auch gesetzlich geregelt[7].

Im Zuge von „EVAS PROFIL – EVAngelische SchulPROFILe – Wege und Ziele evangelischer Schulen in Österreich 2005-2007" wurde unter anderem eine empirische Untersuchung gestartet, um gemeinsame Grundlagen unter Berücksichtigung aller Vielfalt in den verschiedenen evangelischen Schulen zu erheben[8]. Dabei wurden Eltern, SchülerInnen und LehrerInnen der verschiedenen evangelischen Schulen und Schultypen befragt[9].

Daneben wurde auch eine qualitative Untersuchung gestartet, für die in 47 Interviews mit DirektorInnen evangelischer Schulen, FachinspektorInnen, Superin-

---

[1] Vgl. http://www.evangelischesgymnasium.at/schulprofil/index.html am 26.2.2012.
[2] Evangelisches Schulprofil: 25 Jahre Schulfach Religion, Schulfach Religion 26/2007 Nr. 1-2, Hg. Roland Kadan u. a., Wien 2007, S. 17 f.
[3] Vgl. http://www.evgym.at/schulprofil/gymnasium.html am 26.2.2012.
[4] Vgl. http://www.evgym.at/schulprofil/werkschulheim.html am 26.2.2012.
[5] Helmar-Ekkehart Pollitt / Margit Leuthold u. a., Wege und Ziele evangelischer Schulen in Österreich: eine empirische Untersuchung, Schule in evangelischer Trägerschaft 7, Münster 2007, S. 8.
[6] Pollitt / Leuthold 2007, S. 9.
[7] EvSchul-O, Abs. 4.
[8] Pollitt / Leuthold 2007, S. 13 f.
[9] Es ist zu fragen, warum bei dieser Erhebung von 1770 Fragebögen lediglich 761 ausgewertet wurden, insbesondere, da die LehrerInnenbögen komplett ausgewertet wurden, vgl. ebd. S. 29.

232

tendentInnen, OberkirchenrätInnen und zwei Personen aus der Leitung des Wiener Schulträgers befragt wurden[10].

Auf die Ergebnisse dieser Studie wird im Folgenden bei der Durchführung und Auswertung meiner eigenen Untersuchung immer wieder Bezug genommen werden.

Beschreibung der Untersuchung

Die im Rahmen dieser Arbeit erstellte Untersuchung versucht anhand der Angaben von Eltern SchülerInnen des evangelischen Gymnasiums Wien darzustellen werden, inwieweit Vor- und Nachteile einer evangelischen Privatschule von den Eltern und SchülerInnen als solche empfunden werden.

Im Gespräch mit Direktorin Elisabeth Sinn und Administratorin Bettina Huber-Leidenfrost ergaben sich wertvolle Anregungen zu solchen Vor- und Nachteilen. Auf Basis der Aussagen in diesen Gesprächen und der gültigen gesetzlichen Bestimmungen wurden folgende Bereiche identifiziert, die empirisch untersucht werden sollten:

Vorteile:

- Erleichterte Kommunikation
- Großes Mitspracherecht von Eltern
- Angenehme Atmosphäre
- Individuelles Eingehen auf die Bedürfnisse von SchülerInnen
- Verstärkte Vermittlung von Glauben und Werten
- Hohes Leistungsniveau
- Bessere Möglichkeit zur Auswahl von LehrerInnen durch die Schule.

Nachteil:

- Hohe Kostenbeiträge

Zusätzlich wurden ein paar allgemeine Informationen abgefragt, um auch Querverbindungen zu Religionszugehörigkeit etc. abfragen zu können.

Im Januar 2012 wurden die Bögen an Eltern von SchülerInnen verschiedener Schulstufen sowie an die SchülerInnen der achten und neunten Klassen ausgegeben[11].

---

[10] Ebd. 2007, S. 15.

[11] Die Fokussierung auf die SchülerInnen der achten und neunten Klassen kam in Absprache mit der Direktion zustande und hatte – neben den rechtlichen Schwierigkeiten bei der Befragung jüngerer SchülerInnen – vor allem den Grund, dass diese SchülerInnen auf Grund ihrer langjährigen Erfahrung das schulische Geschehen wohl am kompetentesten einschätzen und vergleichen können. Da es in diesen Schulstufen jedoch bedauerlicher Weise im Moment keine Gymnasium-Klasse gibt, konnten nur SchülerInnen aus dem Werkschulheim befragt werden.

Der Rücklauf an Bögen bei den Eltern betrug 67 Bögen bei den Eltern und 43 Bögen bei den SchülerInnen.

Hypothesen

Wie oben erwähnt wurden sieben Vorteile und ein Nachteil gefunden, die hier noch einmal als Hypothesen dargestellt werden. Genauere Angaben über diese jeweiligen Hypothesen finden sich jeweils in den Einleitungen zur statistischen Auswertung.

- Vorteil: Erleichterte Kommunikation
  Die Kommunikation zwischen Eltern, Lehrern, Schulleitung und SchülerInnen ist an evangelischen Privatschulen leichter als in anderen Schulen möglich und damit als Vorteil zu werten.
- Vorteil: Großes Mitsprecherecht der Eltern
  Eltern haben an evangelischen Privatschulen ein großes Mitspracherecht, was einen Vorteil darstellt. (Dieser Punkt wird in der gekürzten Fassung nicht berücksichtigt.)
- Vorteil: Angenehme Atmosphäre
  An evangelischen Privatschulen herrscht ein gutes Schulklima vor, was einen weiteren Vorteil darstellt. (Dieser Punkt wird in der gekürzten Fassung nicht berücksichtigt.)
- Vorteil: Individuelles Eingehen auf die Bedürfnisse von SchülerInnen
  SchülerInnen werden an evangelischen Privatschulen von LehrerInnen und Schulleitung sehr individuell wahrgenommen und betreut, was ebenfalls als Vorteil gewertet wird.
- Vorteil: Verstärkte Vermittlung von Glaube und Werten
  SchülerInnen an evangelischen Privatschulen erfahren über den Religionsunterricht hinausgehend Glaubensinhalte uns –praxis sowie christliche und allgemein soziale Werte.
- Vorteil: Hohes Leistungsniveau
  Das Leistungsniveau, das an evangelischen Privatschulen im Unterricht eingefordert und erbracht wird, ist besonders hoch.
- Vorteil: Bessere Möglichkeit zur Auswahl von LehrerInnen durch die Schule Evangelische Privatschulen können sich LehrerInnen besser selbst aussuchen als andere Schulen, was sich für den Unterricht in seinen pädagogischen und fachlichen Aspekten vorteilhaft auswirkt. (Dieser Punkt wird in der gekürzten Fassung nicht berücksichtigt.)
- Nachteil: Hohe Kostenbeiträge
  Hohe Kostenbeiträge machen es Eltern eher schwer, ihre Kinder an evangelischen Privatschulen unter zu bringen, was einen Nachteil darstellt.

Statistische Auswertung

Die statistische Auswertung des Datenmaterials erfolgte durch das bekannte Statistikprogramm SPSS und unter Einbeziehung der Beratung einer in diesem Bereich erfahrenen Psychologin.

Da die Antworten von Eltern und Schülerinnen und Schülern sich teilweise beträchtlich voneinander unterscheiden, werden die Ergebnisse im Folgenden meist zunächst getrennt für Eltern und Schülerinnen und Schüler dargestellt.

Art der Schule

In einem ersten Auswertungsschritt soll nun – im Anschluss an die Studie von Pollitt / Leuthold u. a. – beschrieben werden, welchen Stellenwert der Schultyp für die befragten Eltern und Schülerinnen und Schüler einnimmt und wie wichtig es für sie ist, dass es sich beim Evangelischen Gymnasium um eine konfessionell geprägte Privatschule handelt.

Eltern

Ein bisschen höher (69,7%) liegt der Wert der Eltern, denen eine Schule mit christlicher Prägung wichtig ist.

Ganz anders ist die Gewichtung bei der dritten Frage angesiedelt: Lediglich der Hälfte der Eltern ist es (eher) wichtig, dass ihr Kind eine Schule mit spezifisch evangelischer Ausrichtung besucht. Nur 9,4 % stimmen dieser Aussage dabei voll zu.

Zusammenfassend können wir daher an dieser Stelle festhalten, dass es vielen Eltern zwar wichtig ist, dass ihr Kind eine Privatschule besucht und diese eine christliche Prägung hat, dass die spezifisch evangelische Ausrichtung jedoch für deutlich weniger Befragte von Bedeutung ist.

SchülerInnen

Für die Gruppe der SchülerInnen ergibt sich bei der Auswertung ein etwas anderes Bild. Allgemein fällt dabei auf, dass die Zustimmung zu den einzelnen Aussagen generell niedriger ist als bei den Eltern.

Der ersten Aussage - „Mir ist es wichtig, eine Privatschule zu besuchen" – stimmen nicht einmal die Hälfte der SchülerInnen zu, lediglich 11,6% stimmen der Aussage voll zu.

Im Hinblick auf die Wichtigkeit der christlichen Prägung der Schule stimmen lediglich 4,7 % dieser Aussage voll zu, dagegen stimmen knapp über der Hälfte gar nicht zu.

Noch geringer fällt die Zustimmung zu der letzten Aussage dieses Themenblocks aus: Bei der Frage nach der Wichtigkeit der evangelischen Ausbildung stimmen 88,4 % nicht bzw. eher nicht zu.

Vergleicht man die Umfrageergebnisse der Eltern mit denen der SchülerInnen der achten und neunten Klassen ergeben sich hier sehr deutliche Unterschiede: Während bei den Eltern 30,3% den Besuch einer Privatschule als sehr wichtig erachten beträgt dieser Wert bei SchülerInnen lediglich 11,6%.

Noch viel deutlicher wird dieser Unterschied bei der Frage nach einer christlichen Schule. Während 31,8% der Eltern eine christliche Schule wichtig ist, so trifft dies bei nur 4,7% der SchülerInnen zu. Zusammen mit den Werten derer, die „eher" zustimmen, beträgt der kumulierte Wert bei den Eltern ganze 69,7%, bei den SchülerInnen lediglich 23,3%.

Bei der Frage nach der Wichtigkeit einer spezifisch evangelischen Schule ist zu berücksichtigen, dass die Werte von evangelischen SchülerInnen und SchülerInnen anderer Konfessionen hier vermutlich stark voneinander abweichen, weswegen im folgenden die Korrelation zwischen Konfession und der Frage nach einer evangelischen Schule aufgezeigt wird.

Korrelationen

Es besteht eine signifikante Korrelation[12] zwischen der Religionszugehörigkeit des Kindes und der Bedeutung der Schule als evangelischer Schule für die Eltern:

Bei evangelischen Kindern stimmen 24 % der Eltern der Aussage „Mir ist es wichtig, dass mein Kind eine Schule mit spezifisch evangelischer Ausrichtung

---

[12] Die Korrelation ist statistisch deutlich signifikant, muss jedoch auf Grund der geringen Stichprobengröße mit Vorsicht behandelt werden.

besucht" voll zu, während bei Kindern anderer Konfessionen gar niemand dieser Aussage voll zustimmt. Trotzdem finden sich auch bei katholischen Eltern bei dieser Variable ein relativ hoher Prozentsatz, der hier „eher" zustimmt (20%). Bei den evangelischen Eltern stimmen nur 12% gar nicht zu, bei den römisch-katholischen sind es mit 54,2% über die Hälfte.[13]

Analog zu den Angaben der Eltern gibt es auch eine signifikante Korrelation[14] zwischen der Religionszugehörigkeit und der Bedeutung der Schule als evangelischer Schule für die SchülerInnen:

Nur eineR der befragten evangelischen SchülerInnen stimmte der Aussage „Mir ist es wichtig, eine evangelische Schule zu besuchen." voll zu. Dagegen stimmten 1/3 der befragten evangelischen SchülerInnen dieser Aussage gar nicht zu. Hier ist der Unterschied zu den befragten römisch-katholischen SchülerInnen sehr deutlich, denn bei diesen stimmten beinahe 80% dieser Aussage gar nicht zu.[15]

Deutung

Die breite Streuung bei den drei Variablen sowohl bei Eltern als auch bei den SchülerInnen zeigt, dass die Motive der Schulauswahl sehr unterschiedlich sind. Trotzdem zeichnen sich sehr deutliche Trends ab: Während es den Eltern (eher) wichtig ist, dass ihr Kinder eine Privatschule bzw. eine christliche Schule besucht, ist es den SchülerInnen relativ unwichtig. Dass die Schule evangelisch ist, ist hingegen auch für die Eltern von eher untergeordneter Bedeutung. Den SchülerInnen ist dieser Aspekt ebenso wenig wichtig.

In der Untersuchung von Pollitt / Leuthold u. a. wurden bei den Eltern für die Schulwahl entscheidungsrelevante Motive abgefragt. Dabei war der wichtigste Entscheidungsgrund das ansprechende Konzept der jeweiligen Schule, gefolgt von der Wohnnähe. Die Motive der „religiösen Bildung" oder der „christlichen Schule" wurde dabei ziemlich weit hinten gereiht. Interessant ist auch hier, dass die Aussage „christliche Schule" für die Schulwahl den Eltern und LehrerInnen viel wichtiger war, als den SchülerInnen[16]. Ein ähnliches Ergebnis zeigt eine deutsche Studie über evangelische Privatschulen Ende der 90er Jahre: Dabei stellten zwar 70% der Eltern Erwartungen an die christliche Prägung der Schule, jedoch stellten nur 29% Erwartungen an die konfessionelle Prägung der Schule[17].

---

[13] Vgl. Anhang.
[14] Die Korrelation ist statistisch deutlich signifikant, muss jedoch auf Grund der geringen Stichprobengröße mit Vorsicht behandelt werden.
[15] Vgl. Anhang.
[16] Pollitt / Leuthold 2007, S. 35 ff.
[17] Klaus Klemm / Peter Krauss-Hoffmann, „Evangelische Schulen im Spiegel von Selbstdarstellung und Elternurteil" in Scheilke, Christoph / Schreiner Martin (Hg.), *Handbuch Evangelische Schulen*, Gütersloh 1999, S. 72.

Dementsprechend fügen sich die Ergebnisse dieser Untersuchung hier sehr gut in das große Bild der Untersuchung von Pollitt / Leuthold u. a. ein.

Eine Frage, die aufgrund der Ergebnisse unserer Untersuchung auftaucht, hat mit der Bedeutung von Religion und Glaube zu tun: Offensichtlich ist eine christliche Ausrichtung der Schule den Eltern deutlich wichtiger als den SchülerInnen der achten und neunten Klassen.

Dementsprechend stellt sich die Frage, ob das evangelische Gymnasium bei den SchülerInnen dazu beiträgt, ein christliches Bewusstsein zu bilden. Diese Fragestellung wird auch später noch behandelt werden.

Erleichterte Kommunikation

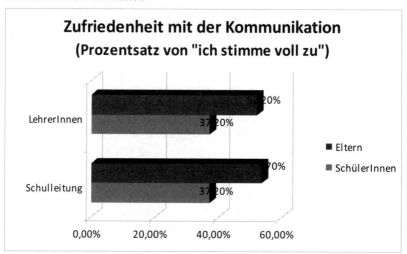

Ab diesem Frageblock beschäftigen wir uns mit den verschiedenen Vorteilen / Nachteilen von evangelischen Privatschulen, wie oben erläutert. Zunächst geht es um die Kommunikation zwischen Schulleitung, LehrerInnen, Eltern und SchülerInnen. Auch diese Auswertung wird getrennt nach Eltern und SchülerInnen vorgenommen. Die Hypothese zur erleichterten Kommunikation fußt vor Allem auf den Aussagen der Schulleitung im der Untersuchung vorausgehenden Gespräch.

Eltern

Die Kommunikation mit den LehrerInnen an der Schule wird von über der Hälfte der befragten Eltern als sehr unkompliziert empfunden und ganze 91 % stimmen hier eher oder voll zu. Darüber hinaus stimmt keine einzige befragte Person hier nicht zu, auch das Maß für die Streuung - die Standardabweichung - ist mit 0,66 nicht besonders hoch.

Die Kommunikation mit der Schulleitung wird sehr ähnlich gewertet wie die Kommunikation mit den Schülern. Die Zustimmung ist etwas höher, sowohl bei denen, die voll zustimmen, als auch bei denen die eher zustimmen. Ganz ähnliche Werte finden sich hier auch in der Bewertung der Kommunikation zwischen SchülerInnen und LehrerInnen durch die Eltern. 95,5 % der Eltern stimmen hierbei voll oder eher zu, die Standardabweichung vom Mittelwert ist auch hier mit 0,59 nicht besonders hoch.

Zusammenfassend lässt sich festhalten, dass unter den Eltern große Einigkeit darüber besteht, dass die Kommunikation in der Schule unkompliziert und gut funktioniert.

SchülerInnen

Die SchülerInnen sehen ihre eigene Kommunikation mit den LehrerInnen zum überwiegenden Teil als sehr unkompliziert an, jedoch sind es nur knapp ein Drittel (27,2%) die hier ihre volle Zustimmung geben.

Ein zahlenmäßig sehr ähnliches Bild ergibt sich auch bei der Kommunikation mit der Schulleitung. Der größte Unterschied ergibt sich hier dadurch, dass immerhin zwei SchülerInnen gar nicht zustimmen.

Geringfügig anders liegen die Werte bei der Kommunikation zwischen Eltern und LehrerInnen aus Sicht der SchülerInnen. Immerhin 16,6 % stimmen hier nicht oder eher nicht zu. Deutung

Bei der Frage der Kommunikation ergibt sich ein relativ homogenes Bild. Bei allen Befragten überwiegt hier die Zufriedenheit, wobei bei den Elternangaben der Median bei allen Aussagen auf 1 liegt und damit über 50% der Befragten den positiven Aussagen zur Kommunikation zustimmen, während bei den SchülerInnen der Median jedoch immer klar auf 2 angesiedelt ist. Die Eltern sehen also die Kommunikation mit Schulleitung und LehrerInnen sowie zwischen SchülerInnen und LehrerInnen als sehr unkompliziert an. Die SchülerInnen sehen dies etwas negativer, aber immer noch überwiegend positiv.

Da es sich bei den befragten Eltern nicht um die der befragten SchülerInnen handelt, sind hier eindeutige Schlüsse nicht möglich, aber es lässt sich festhalten, dass sowohl Eltern als auch SchülerInnen die Kommunikation mit Schulleitung und Lehrerinnen positiv bewerten, wobei der Enthusiasmus der Eltern an diesem Punkt deutlich höher ist als bei den SchülerInnen. Individuelles Eingehen auf Bedürfnisse von SchülerInnen

Im Gespräch mit der Schulleitung ergab sich ein Bild dass ein hohes Maß an Eingehen auf individuelle Bedürfnisse von SchülerInnen anzeigt. Dies deckt sich u.a. mit den Meinungen von KirchenvertreterInnen, weswegen dieser Punkt auch ein wichtiger Vorteil einer evangelischen Privatschule sein könnte[18].

Eltern

Wenn man die Eltern befragt, inwieweit die Probleme der SchülerInnen gut besprochen und bearbeitet werden, ergibt sich folgendes Bild: Knapp über der Hälfte stimmen eher zu, über ¼ der Eltern stimmen voll zu. Zusammen ergibt das 80,3 % der Eltern die voll oder eher zustimmen. Nur wenige stimmen dagegen nicht zu.

Diese Aussage ähnelt der vorigen, jedoch soll hier zusätzlich ein Vergleich zu anderen Schulen gezogen werden. Relativ hoch ist dabei die Anzahl der fehlenden Stimmen mit 7,5% - was darauf hinweist, dass die Eltern der Fragebogen gewissenhaft ausgefüllt haben und nur jene Fragen beantwortet haben, auf welche sie ihrer Erfahrung nach auch tatsächlich eine Antwort geben konnten. Von den gültigen Antworten stimmen genau die Hälfte aller Eltern hier eher zu, knapp über 20% stimmen voll zu oder eher nicht zu. Nur 6,5% stimmen gar nicht zu.

Bei der Frage nach der außergewöhnlich individuellen Betreuung der SchülerInnen fällt auf, dass ziemlich genau die Hälfte der Eltern eher zustimmt. Nur wenige stimmen voll zu und noch weniger stimmen nicht zu. Immerhin ¼ stimmen eher nicht zu.

SchülerInnen

Der Aussage, dass die LehrerInnen Zeit haben für die eigenen Anliegen, stimmen beinahe 90% der SchülerInnen zu oder eher zu, etwas mehr als ein Viertel stimmt sogar voll zu. Die vierte Antwortkategorie (ich stimme nicht zu) wird von gar keiner Person verwendet. Die SchülerInnen sind sich mit dieser positiven Bewertung daher sehr einig (die Standardabweichung ist mit 0,60 ziemlich gering).

Wenn es darum geht, ob die Probleme sinnvoll besprochen und bearbeitet werden, so stimmt genau die Hälfte der SchülerInnen hier eher zu, weitere 25% stimmen voll zu, eher wenige stimmen nicht oder eher nicht zu. Knapp die Hälfte stimmt eher zu, aber auch über ein Drittel stimmen eher nicht zu, wenn des ums Mitspracherecht von SchülerInnen geht. Nur jeweils 9,3 % stimmen hier voll oder nicht zu.

Im Hinblick auf die individuelle Betreuung ergibt sich auch bei den SchülerInnen ein ähnliches Bild wie bei den Eltern, allerdings ist dieses – wie so oft – etwas negativer: Die meisten der SchülerInnen stimmen eher oder eher nicht zu (mit einem leichten Vorsprung der eher zustimmenden), nur wenige stimmen voll oder nicht zu, wobei hier die Zustimmenden klar mehr sind. 2,41 beträgt der

---

[18] Pollitt / Leuthold 2007, S. 69 f.

Mittelwert und die Standardabweichung liegt bei 0,73. Die Betreuung an der Schule wird also nur von der knappen Mehrheit der SchülerInnen als besonders individuell wahrgenommen.

Deutung

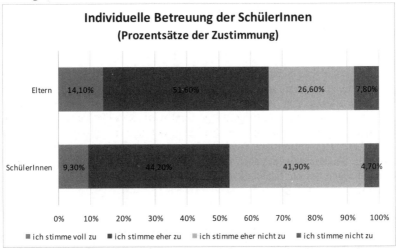

Bei den Eltern ist hier eine relativ hohe Zufriedenheit festzustellen. Besonders bei der Aussage „Probleme von SchülerInnen werden von LehrerInnen gut besprochen und sinnvolle Lösungen erarbeitet" ist die Zustimmung sehr hoch. Etwas weniger hoch ist die Zustimmung wenn der Vergleich mit anderen Schulen angesprochen wird. Zwar ist auch hier die Tendenz stark positiv, aber die Eltern bewerten hier im Allgemeinen ein bisschen vorsichtiger. Sehr auffällig ist auch, dass bei den Eltern bei jeder Aussage 50 % oder leicht darüber „Ich stimme eher zu" wählen. Die Anzahl derer, die voll zustimmen ist in der Regel etwa halb so hoch. Ähnliches ist bei den SchülerInnen festzustellen, jedoch mit deutlich größeren Schwankungen. Während bei der Aussage „LehrerInnen dieser Schule haben Zeit für meine Anliegen" fast 90% voll oder eher zustimmen, sind es bei der Aussage „SchülerInnen werden an dieser Schule sehr individuell betreut" nur etwas über 50%, die im positiven Bereich antworten. Auch bei den SchülerInnen liegt der höchste Wert immer bei „Ich stimme eher zu", wobei hier die 50% nicht immer ganz erreicht werden wie bei den Eltern. Der Median beträgt bei den SchülerInnen ebenfalls durchgängig 2.

Insgesamt wird die individuelle Betreuung sowohl bei den Eltern als auch bei den Schülern hier durchaus positiv beantwortet. Es fällt jedoch bei beiden Gruppen auf, dass nur wenige Aussagen bei mehr als 25 % der Ausfüllenden volle Zustimmung bekommen. Der Median liegt immer bei 2, der Mittelwert manchmal unter 2, manchmal auch schon nahe an 2,5. Dementsprechend ist festzuhalten, dass die individuelle Betreuung zwar positiv, aber eher verhalten positiv beurteilt wird. An dieser Stelle ist interessant, dass in der qualitativen Untersuchung von Pollitt / Leuthold u. a. als Merkmal evangelischer Identität sehr stark die Individualität, Eigenverantwortung und Mündigkeit von Seiten der befragten Kirchenvertretern hervorgehoben wurden[19]. Auch die DirektorInnen sehen hier eine große Stärke evangelischer Schulen[20]. Laut der Meinung der befragten Eltern und SchülerInnen scheint es jedoch in diesem Bereich noch Verbesserungspotenzial zu geben.

Verstärkte Vermittlung von Glaube und Werte

Die österreichische Schule soll laut „Zielparagraphen" des Schulorganisationsgesetzes unter anderem nach „sittlichen, religiösen und moralischen Werten" an der „Entwicklung der Anlagen der Jugend" mitwirken[21]. Ähnliches finden wir auch in der Bundes-Verfassung, wo genannt wird, dass die Verantwortung von Menschen unter anderem an „sozialen, religiösen und moralischen Werten" orientiert ist[22]. Die Vermittlung solcher Werte muss also schon an sich in österreichischen Schulen gewährleistet werden. Hier ist also anzunehmen, dass in einer evangelischen Schule Glaube/Religion und Werte von noch weitreichender Bedeutung sind.

Eltern

Bei der Frage, ob den SchülerInnen der christliche Glaube an der Schule näher gebracht wird, zeigt sich, dass hier nur die wenigsten Eltern (6,2 %) nicht zustimmen würden. Etwas über ein Drittel stimmen eher zu, etwas unter ein Drittel stimmen eher nicht zu, nur ein Viertel stimmt voll zu. Damit befinden sich deutlich über der Hälfte der Eltern im positiven Bereich (63,1 %), trotzdem ist hier die Zustimmung nicht eindeutig (Mittelwert: 2,18, Standardabweichung: 0,88).
Wenn es um die Förderung der sozialen Fähigkeiten des Kindes geht, so stimmt etwa die Hälfte hier eher zu, etwas mehr als ein Viertel stimmt voll zu und nur 4,5 % stimmen nicht zu. Das Bild ist hier deutlich stärker positiv als bei der Aussage zum christlichen Glauben.

SchülerInnen

Ganz anders sieht das Bild hingegen bei den SchülerInnen aus: Beinahe drei Viertel der SchülerInnen stimmen nicht zu (74,4 %), dass ihnen der christliche

---

[19] Pollitt / Leuthold 2007, S. 69 f.
[20] Ebd., S. 50 f.
[21] § 2 SchOG.
[22] Siehe Art. 14 Abs 5a B-VG i.d.F. BGBl. I Nr. 31/2005 „Im partnerschaftlichen Zusammenwirken von Schülern, Eltern und Lehrern ist Kindern und Jugendlichen die bestmögliche geistige, seelische und körperliche Entwicklung zu ermöglichen, damit sie zu gesunden, selbstbewussten, glücklichen, leistungsorientierten, pflichttreuen, musischen und kreativen Menschen werden, die befähigt sind, an den sozialen, religiösen und moralischen Werten orientiert Verantwortung für sich selbst, Mitmenschen, Umwelt und nachfolgende Generationen zu übernehmen."

Glaube an dieser Schule deutlich näher gebracht wurde. Lediglich ein Schüler (2,3 %) stimmt dieser Aussage voll zu. Die restlichen 23,2 % sind gleichmäßig auf „Ich stimme eher zu" und „Ich stimme eher nicht zu" verteilt.

Auch die Förderung der sozialen Fähigkeiten wird von den SchülerInnen eher verhalten bewertet, nur etwa ein Fünftel stimmen entweder voll oder nicht zu. Insgesamt fällt das Ergebnis leicht negativ aus, die meisten Stimmen finden sich zu „Ich stimme eher nicht zu" (41,9 %).

Auch wenn die SchülerInnen eher nicht zustimmen, dass in der Schule ihre sozialen Fähigkeiten besonders gefördert werden, so haben dennoch ganze 86 % der SchülerInnen zumindest den Eindruck, dass ihnen gute Werte vermittelt werden. Über 50% stimmen dabei eher zu, nur wenige (11,6 %) stimmen eher nicht zu und nur eine Person stimmt nicht zu. Auch hier ist das Echo eindeutiger und deutlich positiver als bei der vorigen Aussage.

Deutung

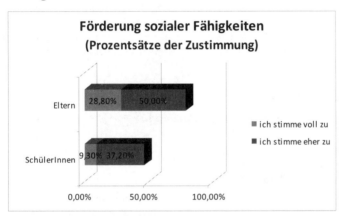

In der Untersuchung von Pollitt, Leuthold u. a. wurde festgestellt, dass bei der Ausrichtung des Unterrichts an evangelischen Schulen Aussagen mit sozialen und aktivistischen Inhalten sehr wichtig bewertet wurden[23]. Aussagen mit impliziten allgemeineren religiösen bzw. ethischen Inhalten wurden als eher wichtig eingestuft[24]. Aussagen mit explizit christlich-religiösen Inhalten wurden dagegen als nicht so wichtig eingestuft[25]. Diese Wertungen stimmen im Großen und Gan-

---

[23] Z.B.: „Gemeinschaft mit anderen entwickeln", Pollitt / Leuthold 2007, S. 42.

[24] Z.B.: „Lernen, über den eigenen Glauben selbst zu bestimmen", Pollitt / Leuthold 2007, S. 42.

[25] Z.B.: „Sich an der Botschaft Jesu orientieren können", ebd., S. 42.

zen bei allen drei befragten Gruppen (Eltern, SchülerInnen, LehrerInnen) über-ein[26] und passen gut zu den Ergebnissen dieser Untersuchung.

Der Punkt „Glaube und Werte" scheint mit Abstand der strittigste in unserer aktuellen Umfrage zu sein: Während die Eltern die Vermittlung sozialer Fähigkeiten ziemlich hoch einschätzen und auch die knappe Mehrheit der Meinung ist, dass ihren Kindern der christliche Glaube deutlich nähergebracht wird, ergibt sich bei den SchülerInnen ein ganz anderes Bild.

Die meisten SchülerInnen haben zwar den Eindruck, dass ihnen zumindest (eher) gute Werte vermittelt werden, aber bei der Vermittlung sozialer Fähigkeiten ist die Einschätzung schon leicht negativ. Die sehr positive Sicht der Eltern wird hier nicht widergespiegelt.

Einschränkend festzuhalten ist hier jedoch, dass die Schule im diakonisch-sozialen Schwerpunkt sehr weitreichende diakonische Projekte und Unterrichtseinheiten anbietet, die aber von den befragten SchülerInnen nicht absolviert wurden, da unter den achten und neunten Klassen derzeit keine Klasse mit diakonisch-sozialem Schwerpunkt vertreten ist. Trotzdem können die signifikanten Abweichungen zwischen der Wahrnehmung der Eltern und der SchülerInnen nicht restlos durch diesen Umstand erklärt werden und bedürfen daher einer weiterführenden Analyse.

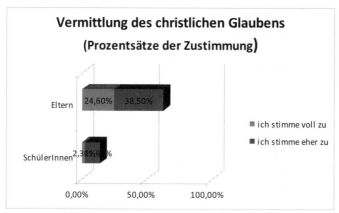

Einen besonders harten Einschnitt findet man bei der Aussage „Der christliche Glaube ist mir an dieser Schule wichtiger geworden". Hier stimmt die große Mehrzahl nicht zu, obwohl bei den Eltern noch fast zwei Drittel der Meinung waren, dass ihren Kindern der christliche Glaube zumindest eher deutlich näher

---

[26] Ebd., S. 41 ff.

gebracht wurde. Bei den evangelischen SchülerInnen stimmen hier zwar geringfügig mehr eher zu, aber statistisch signifikant ist der Zusammenhang nicht[27].

Dass SchülerInnen- und Elternmeinungen hier derart auseinanderklaffen, ist sehr bemerkenswert und wirft die Frage auf, ob hier den Erwartungen der Eltern an eine evangelische Schule entsprochen wird, denn offensichtlich ist es vielen Eltern wichtig, dass ihre Kinder an eine christliche Schule gehen (siehe oben).

Daneben stellt sich auch die Frage, ob hier eventuell das Selbstverständnis der Schule zu wenig „evangelisch" ist: Wenn die Schüler nicht das Gefühl haben, dass Ihnen der christliche Glaube wichtiger wird, dann kann es entweder sein, dass die SchülerInnen schon vorher sehr christlich eingestellt waren und gar nicht merken, wie „evangelisch" ihre Einstellung eigentlich ist, oder aber, dass die Auseinandersetzung mit dem christlichen Glauben möglicherweise zu kurz kommt. Diese Vermutung wird unterstützt durch die Beobachtung von Pollitt / Leuthold u. a. dass sich evangelische Schulen in Österreich auszeichnen „ [...] durch Aspekte, die die Gemeinschaftlichkeit betonen, qualitätsorientierte Ausbildung und interessante pädagogische Konzepte – allerdings weniger durch ein spezielles evangelisches Profil [...][28]".

Wie ein solches Profil auszusehen hat, ist sicherlich eine große Fragestellung. Die Aussagen der KirchenvertreterInnen dazu reichen von einem ethisch spürbaren evangelischen Menschenbild über evangelische Gesellschaftskritik bis hin zu Verkündigung und dem Umgang mit der Bibel[29]. Diese Aspekte allein auf den Religionsunterricht zu beschränken würde keinen Qualitätsunterschied zu anderen Schulen bewirken - vielleicht abgesehen von der Tatsache, dass Religionsunterricht an einer evangelischen Schule nicht abwählbar ist[30]. Auch die Beschränkung des „evangelischen" Anspruchs auf den neusprachlich-diakonischen Zweig würde die Mehrheit SchülerInnen übergehen. Die KirchenvertreterInnen wünschen sich hier LehrerInnen, die „[...] ein Vorbild für ein Leben in verantwortetem Glauben sind.[31]" Wie und ob die LehrerInnen an evangelischen Schulen dieser Qualifikation entsprechen können, muss gefragt werden.

---

[27] Vgl. Anhang.

[28] Pollitt / Leuthold 2007, S. 48. Ein solches Verständnis wird auch von manchen Theologen durchaus begrüßt. K.E. Nipkow geht den beispielsweise den Weg, evangelische Schulen als Verständigungsräume zu betrachten. Hier ist dann weniger das „evangelische" selbst entscheidend, sondern die daraus resultierende Offenheit, vgl. Nipkow, Karl Ernst, „Theologische und pädagogische Begründungszusammenhänge evangelischer Schulen" in Scheilke / Schreiner 1999, S. 19-22.

[29] Pollitt / Leuthold 2007, S. 74 f. Sehr unklar wird es hier, wenn einerseits gefordert wird, dass keine „missionarische oder frömmlerischen Tendenzen" entstehen sollen, aber andererseits das Evangelische nicht verschwiegen werden soll. Vgl. ebd., S. 76 f.

[30] Hier muss auch beachtet werden, dass an evangelischen Schulen nur ein geringer Anteil der SchülerInnen überhaupt evangelisch ist vgl. ebd., S. 83 f.

[31] Ebd., S. 71.

Meiner Ansicht nach tut sich hier eine Kluft auf: Einerseits besteht der Anspruch, eine evangelische Schule zu sein. Auch die Ansprüche der VertreterInnen der Kirche sind hier ziemlich hoch und breitgefächert angelegt[32]. Andererseits finden sich bei den SchülerInnen keine Anhaltspunkte für ein gestärktes evangelisches / christliches Bewusstsein.

Auf der Schulhomepage finden sich folgende Zeilen: „Als christliche Schule ist uns neben dem religiösen Angebot die Herzens- und Geistesbildung unserer Kinder ein besonderes Anliegen. Spezielle fächerübergreifende Projekte bieten auf vielfache Weise die Möglichkeit diakonisches und caritatives Arbeiten kennen zu lernen und sich praktisch zu engagieren.[33]“ Konkret wird hier vor allem die diakonische Seite beschrieben, „Herzens- und Geistesbildung" werden als besonderes Anliegen bezeichnet, das „religiöse Angebot" wird nicht ausgeführt. Dies legt die Vermutung nahe, dass möglicherweise eine gewisse Unsicherheit darüber herrscht, wie evangelische Glaubensinhalte konkret in das Schulgeschehen eingebracht werden können und stattdessen eher auf die praktische Vermittlung (durchaus christlich motivierter) Werte gesetzt wird. Begünstigt wird diese Unsicherheit sicherlich auch durch die Minderheitensituation der Evangelischen in Österreich: Da empirisch gesehen auch an einem evangelischen Gymnasium die Mehrheit der LehrerInnen (!) und SchülerInnen katholisch ist, fällt es natürlich umso schwerer, an dieser Schule ein konkret „evangelisches" Profil zu entwickeln und zu leben[34].

Ich nehme an, dass hier der Ball aber nicht nur bei der Schule liegt: Auch die evangelischen Kirchen müssen sich hier klarer werden, welche (evangelischen) Glaubensinhalte und –kompetenzen" sie im Rahmen einer evangelischen Schulausbildung einfordern wollen.

Eine persönliche Erfahrung, die ich hier nicht ganz außen vor lassen möchte: Als ehemaliger Schüler einer römisch – katholischen Privatschule konnte ich selbst erleben, dass Glaube, Spiritualität, Gottesdienst sehr wohl in Schulveranstaltungen, Projektwochen, Schulgottesdiensten etc. eine große und gut vermittelte Rolle spielen kann. Ich denke, dass uns Evangelischen ein bisschen katholische „Unverschämtheit" in Bezug auf die Vermittlung und alltägliche Einbeziehung unseres Glauben sicher nicht schaden kann[35].

---

[32] Vgl. ebd., S. 73 ff.

[33] http://www.evangelischesgymnasium.at/schulprofil/index.html am 26.2.2011.

[34] Vgl. ebd., S. 83 ff.

[35] Vgl. Pollitt / Leuthold 2007, S. 56 – Aussage Direktor/Direktorin: „Ja,ja, es hat mich interessiert, warum das eine evangelische Schule ist. Worin definiert sich das? An einer katholischen Schule kann ich das anders orten. Da gibt es viele kirchliche Werte, die ich hier nicht orten kann."

Hohes Leistungsniveau

Da es sich beim Evangelischen Gymnasium um eine Privatschule handelt, ist natürlich auch die Frage interessant, ob dort das Leistungsniveau – den Erwartungen gemäß – als besonders hoch wahrgenommen wird.

Eltern

Die Eltern sind an dieser Stelle relativ stark davon überzeugt, dass das Leistungsniveau an der Schule eher sehr hoch ist (90,6 %), wobei etwas mehr (50 %) eher zustimmen als voll zustimmen. Niemand stimmt nicht zu und nur 9,4 % stimmen eher nicht zu.

SchülerInnen

Die SchülerInnen sind hier deutlich skeptischer als die Eltern: Zwar stimmt auch hier beinahe die Hälfte (48,8 %) eher zu, jedoch stimmen nur 11,6 % voll zu, etwa ein Drittel stimmt eher nicht zu und immerhin 7% stimmen gar nicht zu. Zwar ist hier die Tendenz immer noch recht positiv (Mittelwert: 2,35), aber weit von der überaus positiven Einschätzung der Eltern entfernt (Mittelwert Eltern: 1,69).

Deutung

Hier wird eine sehr unterschiedliche Wahrnehmung von Eltern- und SchülerInnenseite deutlich, wie diese Grafik veranschaulicht:

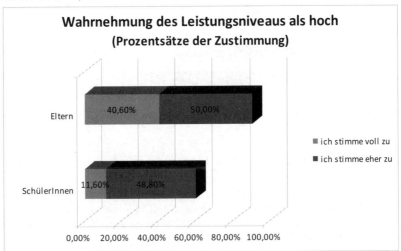

Die unterschiedliche Bewertung des Leistungsniveaus durch Eltern und SchülerInnen kann mit verschiedenen Dingen zu tun haben, ein Punkt ist in der statistischen Analyse jedoch sehr deutlich: Es besteht eine sehr starke Korrelation zwischen den Elternantworten bei den Fragen „Das Leistungsniveau an der Schule ist sehr hoch" (1) und „Mir ist es wichtig, dass mein Kind eine Privatschule besucht" (2). Die Irrtumswahrscheinlich für diese Korrelation liegt bei 1,6%, ist also statistisch sehr signifikant[36]. So stimmen 100% der Eltern, die Aussage (2) voll zustimmen, auch Aussage (1) eher oder voll zu. Auf der anderen Seite stimmen 84% der Eltern, die Aussage (1) voll zustimmen auch Aussage (2) voll oder eher zu[37]. Überspitzt gesagt: Bei Eltern, denen es wichtig ist, dass ihre Kinder eine Privatschule besuchen, ist die Wahrnehmung des Leistungsniveaus durchschnittlich höher als bei Eltern, denen das nicht so wichtig ist. Es könnte sich also hier durchaus um einen Fall von „Ich sehe, was ich sehen will" handeln.

Hohe Kostenbeiträge

Der letzte Block des Fragebogens beschäftigte sich mit den Kostenbeiträgen der Eltern und ging außerdem der Frage nach, welche Verbesserungen die Eltern als so wertvoll erachten würden, dass sie bereit wären, dafür auch mehr zu bezahlen. Dass Kostenbeiträge eine Selektion in Bezug auf den Wohlstand der Eltern darstellen, steht wohl außer Frage. Leider lässt sich dieser Punkt nicht im Rahmen dieser Umfrage behandeln, denn die Eltern der SchülerInnen an diesem Gymnasium finden offensichtlich Wege, um die nötigen Mittel aufzubringen.

Aus Sicht der Eltern

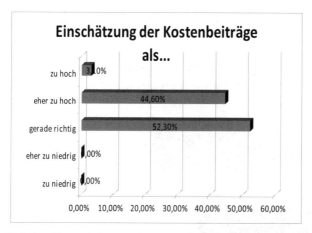

Bei den Kostenbeiträgen konnten die Eltern auch eine fünfte neutrale Option („gerade richtig") auswählen und mussten sich nicht – wie bei den anderen Fragen – zwischen vier Optionen entscheiden. Diese neutrale Option wurde auch von knapp über der Hälfte (52,3 % gewählt).

---

[36] Eine leichte Einschränkung entsteht auch hier durch die nicht besonders hohe Stichprobengröße.
[37] Siehe Anhang.

248

Erwartungsgemäß gab es keine Eltern, die meinten, es sollten höhere Kostenbeiträge eingehoben werden. Ganze 44,6 % werteten die Kostenbeiträge als eher zu hoch, nur sehr wenige wählten „zu hoch" (3,1 %).

Die Bereitschaft, für eine bessere Infrastruktur mehr zu bezahlen, ist bei den Eltern eher gering (Mittelwert: 2,86, Standardabweichung: 1,05), aber bei immerhin einem Drittel zumindest teilweise vorhanden. Zwei Drittel aller Eltern stimmten hier eher nicht zu oder nicht zu, lediglich 14,3 % stimmten hier voll zu. Immerhin 6 % machten keine Angaben. Die hohe Standardabweichung zeigt eine recht hohe Uneinigkeit bei dieser Frage.

Nur geringfügig höher ist die Bereitschaft der Eltern, für mehr Personal auch mehr Kostenbeiträge zu leisten (Mittelwert: 2,73), 7,5 % machen hier gar keine Angaben. 38,7 % stimmen der Frage aber eher oder voll zu, wobei lediglich 14,5 % voll zustimmen. Die größte Gruppe bilden mit 35,5 % die Eltern, die eher nicht zustimmen.

Sehr gering ist die Bereitschaft der Eltern, für geringere Kostenbeiträge auch weniger Infrastruktur in Kauf zu nehmen. Lediglich eine Person stimmte hier voll zu und drei stimmten eher zu. Dagegen stimmten fast zwei Drittel nicht zu (65,6 %) und über ein Viertel eher nicht zu (28,1 %).

Sehr ähnlich wie bei der Frage nach der Infrastrukur würde die überragende Mehrheit der Eltern nicht weniger bezahlen und dafür weniger Personal in Kauf nehmen wollen. Hier sind es schon knapp drei Viertel der Eltern (71,9 %), die nicht zustimmen.

SchülerInnen

Wenn man die Wünsche der SchülerInnen berücksichtigt, so zeigt sich, dass die meisten SchülerInnen sich zumindest eher bessere Infrastruktur wünschen würden: Ganze 39,5 % stimmen voll zu, die wenigsten stimmen nicht zu (4,7 %). Immerhin 20,9 % stimmen eher nicht zu.

Wenn es um eine Erhöhung des Personals geht, so stimmen immerhin 41,9 % der SchülerInnen eher nicht zu. Zählt man die 11,6 % dazu, die nicht zustimmen, dann ergibt sich eine leichte Mehrheit derer, die hier nicht oder eher nicht zustimmen. Trotzdem stimmen immerhin knapp über ein Viertel der SchülerInnen (25,6 %) voll zu. An diesem Punkt ist also sichtlich wenig Einigkeit gegeben (Standardabweichung: 1,00 bei einem Mittelwert von 2,40).

An dieser Stelle stimmen immerhin 41,9 % eher nicht zu. Zählt man die 11,6 % dazu, die nicht zustimmen, dann ergibt sich eine leichte Mehrheit derer, die hier nicht oder eher nicht zustimmen. Trotzdem stimmen immerhin knapp über ¼ der SchülerInnen (25,6 %) voll zu. An diesem Punkt ist also sichtlich wenig Einigkeit gegeben. (Standardabweichung: 1,00 bei einem Mittelwert von 2,40)

Deutung

Den Eltern sind die Kostenbeiträge tendenziell zwar eher zu hoch, jedoch halten knapp mehr als die Hälfte diese Beiträge für genau angemessen. Dass niemand die Beiträge für zu gering einstufen wollte überrascht nicht, da eine solche Untersuchung ja auch dazu gebraucht (bzw. missbraucht) werden könnte, eventuelle Beitragserhöhungen zu erklären.

Interessant ist hier dennoch, dass immerhin ein Drittel der Eltern eher mehr für bessere Infrastruktur und fast 40 % für eine Aufstockung des Personals mehr zahlen würden. Bessere Infrastruktur entspricht auch dem deutlichen Wunsch der Schüler, von denen fast drei Viertel mehr an Räumlichkeiten, technischer Ausstattung, Möblierung etc. begrüßen würden. Interessanterweise ist der Wunsch nach mehr Personal bei den SchülerInnen nicht besonders ausgeprägt.

Hier könnte man also nachdenken, ob eine bessere Ausstattung im Sinne der SchülerInnen wirklich sinnvoll und machbar wäre. Mehr Personal wäre von den Eltern zwar erwünscht, aber es stellt sich die Frage, ob die SchülerInnen hier einen deutlichen Mehrwert erkennen könnten.

Abschließende Bewertung

Vorteil bei der Kommunikation

Sowohl Eltern als auch SchülerInnen bekunden in dieser Studie eine sehr gelungene Kommunikation mit den LehrerInnen als auch mit der Schulleitung. Hier kann man von einem klaren Vorteil sprechen.

Mitspracherecht der Eltern: Vorteil oder Nachteil?

Das Mitspracherecht der Eltern ist nicht nur für die Schule selbst eine zwiespältige Angelegenheit: Augenscheinlich tun sich auch die Eltern selbst schwer, hier zu einem eindeutigen Bild beizutragen. Die Umfrageergebnisse gehen zwar in eine leicht positive Richtung, jedoch scheint dieser Punkt nicht ganz spannungsfrei zu sein. Hier wäre es eventuell angebracht, die Elternwünsche inhaltlich zu analysieren und auch die Seite der LehrerInnen genauer zu betrachten.

Atmosphäre: Klar vorteilhaft

Die Atmosphäre wird sehr durchgängig positiv beurteilt. Hier kann klar von einem Vorteil gesprochen werden, denn sowohl Eltern als auch SchülerInnen bewerten hier wirklich positiv. Sowohl das Klima des Umgangs als auch die Räumlichkeiten werden gut bis sehr gut bewertet.

Individualität: Möglicherweise ausbaufähiger Vorteil

Bei der Individualität zeigt sich sowohl von Eltern- als auch von SchülerInnenseite überwiegende Zustimmung. Allerdings ist diese Zustimmung etwas verhalten, es würde sich daher auch hier vielleicht lohnen, genauer hinzuschauen, ob mögliche Vorstellungen der Eltern und SchülerInnen realisierbar und sinnvoll sind.

Glaube und Werte: Die Gretchenfrage

Sowohl Eltern als auch SchülerInnen haben das Gefühl, dass auf der Schule gute Werte vermittelt werden. Wenn es allein um die Werte geht, kann man sicherlich von einem Vorteil sprechen.

Bei den sozialen Fähigkeiten ist das Bild hingegen ambivalent: Die Eltern bewerten sehr positiv, die SchülerInnen des Werkschulheims geben hier deutlich weniger Zustimmung. Da diese Gruppe in der Oberstufe die überragende Mehrheit bildet, ist zu fragen, ob hier entsprechend des Schulprofils vielleicht Handlungsbedarf zur Verbesserung dieser Lage besteht.

Am schwierigsten sticht das Thema Glaube hervor: Hier klaffen einerseits Elternmeinung und SchülerInnenmeinung sehr stark auseinander und andererseits haben die SchülerInnen hier insgesamt sehr schlecht bewertet.

Grundsätzlich muss vermutlich gefragt werden, was denn überhaupt die wichtigen Glaubensinhalte sind, die an einem evangelischen Gymnasium vermittelt werden sollen.

Bischof Michael Bünker antwortete in einem Interview durch SchülerInnen des evangelischen Gymnasiums auf die Frage „Was zeichnet das evangelische Gymnasium als evangelisch aus" mit „Das Evangelische steht für ein bestimmtes Verständnis: Wie verstehen wir einander? Auf Grund der biblischen Überlieferung als Ebenbilder Gottes. Einander mit Achtung und Respekt begegnen, in gegenseitiger Anerkennung einander als Partner wahrnehmen, Lehrende und Lernende gleichermaßen, Freiheit in Gemeinschaft und gegenseitiger Verantwortung zu leben und zu erleben, das ist auch evangelisch."[38] Diese Aussage ist natürlich zu bejahen, allerdings ist diese Sichtweise des anderen als Ebenbild Gottes und die Art des Umgangs miteinander nicht nur „typisch evangelisch", sondern auch typisch katholisch, orthodox und jüdisch. Es ist daher wichtig, dass diese „gelebten, evangelischen Werte" durch die explizite Thematisierung „evangelischer" Inhalte aus Bibel und Kirchengeschichte ergänzt werden[39]. Anderenfalls besteht die Gefahr, dass Glaubensinhalte oder das „Evangelische" zu stark in der gelebten Ethik aufgehen. Die Konsequenzen dessen zeigt die Untersuchung in aller Deutlichkeit: Die grundlegenden Werte werden zwar von den SchülerInnen bejaht, der Glaube gewinnt dadurch jedoch keine wahrnehmbare Relevanz und die Botschaft scheint daher nur bedingt anzukommen.

Hier besteht noch eindeutig Klärungs- und Handlungsbedarf[40].

---

[38] Annemarie Mladek (Red.) / Marianne Greber, *Schule Leben: Das Evangelische Gymnasium Wien*, Wien 2009, S. 20.

[39] Vgl. Leuthold / Pollitt 2007, S. 50.

[40] Vgl. Leuthold / Pollitt / Preis in *Evangelisches Schulprofil: 25 Jahre Schulfach Religion*, Schulfach Religion 26/2007 Nr. 1-2, Hg. Roland Kadan u. a., Wien 2007, S. 59.

An dieser Stelle möchte ich Mut zu offensiverem „Evangelisch-Sein" machen, denn ich denke, dass wir evangelischen ChristInnen befreiende Glaubensinhalte und lebendige Spiritualität sowohl in der Bibel als auch in der Kirchengeschichte vorfinden. Der reiche Schatz des Evangeliums muss meiner Ansicht nach unter dem Titel „evangelisch" auch nicht nur moralisch, sondern auch inhaltlich deutlich hervorleuchten.

Leistungsniveau: Bleibt unklar

Hier fällt die Entscheidung, ob „Vorteil" oder nicht relativ schwer. Einerseits wird es von den Eltern relativ hoch bewertet, andererseits ergeben sich bei den Eltern relativ hohe Unterschiede, die mit der Bewertung des Schultyps korrelieren. Es ist auch zu fragen, ob hier Vergleiche mit anderen Schulen so einfach möglich wären, da das Realgymnasium mit Werkschulheim eine sehr eigenständige Schulform darstellt.

LehrerInnen: Ein deutlicher Vorteil

Es zeigt sich deutlich, dass die LehrerInnen durchaus positiv wahrgenommen werden, wenn auch hier Eltern- und SchülerInnenwahrnehmung nicht parallel verlaufen. Es wurden zwar nicht so häufig die besten Bewertungsmöglichkeiten gewählt, jedoch sind vergleichende Wertungen wohl auch nicht allen der Ausfüllenden möglich gewesen. Dabei spricht es für sich, dass die Eltern, die deutlich mehr Erfahrung mit anderen Schulen haben dürften, hier deutlich positiver bewerteten als die SchülerInnen.

Kostenbeiträge: Doch kein Nachteil?

Dieser Punkt ist in der Umfrage etwas unklar. Einige Eltern enthielten sich dabei ihrer Stimme. Etwas überraschend halten von den übrigen mindestens die Hälfte die Kostenbeiträge für angemessen. Eine nicht geringe Zahl der Eltern wäre sogar bereit, für mehr Personal noch mehr zu bezahlen. Für die befragten Eltern scheint es sich hier großteils nicht um einen entscheidenden Nachteil zu handeln. Die Hypothese scheint sich hier für die befragten Eltern nicht zu bestätigen.

Ein kurzes Fazit

Die Punkte Kommunikation, Individualität, Atmosphäre und LehrerInnen wurden von den LehrerInnen und SchülerInnen recht übereinstimmend positiv gewertet und können klar als Vorteile genannt werden, die Hypothesen werden also bestätigt.

Der Nachteil „Kostenbeiträge" wird nicht durchgängig als solcher wahrgenommen, wobei hier natürlich die Limitierungen einer solchen internen Umfrage sehr deutlich zum Vorschein kommen: Die Hypothese hat sich nicht bestätigt, wenn auch zu bedenken gegeben werden muss, dass Menschen, die sich die Kostenbeitrage wirklich nicht leisten (können) natürlich nicht unter den befragten waren.

Bei der Mitsprache, der Atmosphäre und besonders beim Leistungsniveau bleiben noch Fragen offen, weswegen die entsprechenden Hypothesen nicht gänzlich bestätigt werden können.

Der Punkt Glaube und Werte wirft schließlich die größten Fragen auf, die meiner Meinung nach einer gründlichen Klärung bedürfen. Ich denke, dass eine klarere Profilierung beim Thema „Glaube" hier noch einen entscheidenden Vorteil einer evangelischen Schule ans Licht bringen könnte.

Literatur:

Evangelisches Schulprofil: 25 Jahre Schulfach Religion, Schulfach Religion 26/2007 Nr. 1-2, Hg. Roland Kadan u. a., Wien 2007.

Kauer, Robert / Kneucker Raoul u. a., *Das Recht der Evangelischen Kirche in Österreich*, Wien 2010.

Klemm, Klaus / Krauss-Hoffmann, Peter, „Evangelische Schulen im Spiegel von Selbstdarstellung und Elternurteil" in Scheilke, Christoph / Schreiner Martin (Hg.), Handbuch Evangelische Schulen, Gütersloh 1999, S. 60-80.

Mladek, Annemarie (Red.) / Marianne Greber, *Schule Leben: Das Evangelische Gymnasium Wien*, Wien 2010.

Nipkow, Karl Ernst, „Theologische und pädagogische Begründungszusammenhänge evangelischer Schulen" in Scheilke, Christoph / Schreiner Martin (Hg.), Handbuch Evangelische Schulen, Gütersloh 1999, S. 13-23.

Pollitt, Helmar-Ekkehart / Leuthold, Margit u. a., Wege und Ziele evangelischer Schulen in Österreich: eine empirische Untersuchung, Schule in evangelischer Trägerschaft 7, Münster 2007.

Schreiner, Martin, „Evangelische Schulen als öffentlicher Handlungs- und Verantwortungsbereich der Kirche" in Scheilke, Christoph / Schreiner Martin (Hg.), Handbuch Evangelische Schulen, Gütersloh 1999, S. 24-35.

Wünch, Hans-Georg, „Evangelikale Bekenntnisschulen in Deutschland" in Scheilke, Christoph / Schreiner Martin (Hg.), Handbuch Evangelische Schulen, Gütersloh 1999, S. 49-59.

BEWERTUNG VON LEHRPLAN- UND SCHULBUCHINHALTEN MIT DER QUALITATIVEN INHALTSANALYSE NACH PHILIPP MAYRING

Julia Spichal

Dieser Beitrag führt anhand von praktischen Beispielen in die Qualitative Inhaltsanalyse nach Philipp Mayring ein. Konkret angewandt wird diese qualitativ-empirische Methode zurzeit in einem Dissertationsprojekt zur Bewertung von Lehrplan- und Schulbuchinhalten in Bezug auf die Darstellung des Judentums im christlichen Religionsunterricht, weshalb die praktischen Beispiele auf diese Thematik fokussiert sind. Ebenso kann dieser Aufsatz nicht die gesamte Bandbreite der Qualitativen Inhaltsanalyse darstellen, sondern beschränkt sich lediglich auf die sogenannte *skalierende Bewertungsanalyse* mit deduktiver Kategorienanwendung.

1. Grundlegende Aspekte der Qualitativen Inhaltsanalyse

1.1 Theoretische Grundlagen

Die Qualitative Inhaltsanalyse nach Philipp Mayring erfährt aufgrund ihrer regelgeleiteten Vorgehensweise eine hohe Akzeptanz. Gütekriterien der empirisch-quantitativen Forschung, d.h. Objektivität, Reliabilität und Validität, sind auch bei dieser qualitativen Methode von hoher Bedeutung. Dadurch ist gewährleistet, dass die Analyse wiederholbar und somit nachvollziehbar und überprüfbar gestaltet ist. Damit begegnet Mayring dem Vorwurf der Beliebigkeit seitens der Anhänger quantitativer Methoden.

Zu beachten ist jedoch, dass bei qualitativer Forschung die Validität Vorrang vor der Reliabilität besitzt, da qualitative Forschung in erster Linie theoriegeleitet ist und demnach leichte methodische Ungenauigkeiten weniger ins Gewicht fallen, solange theoretische Stringenz gewahrt wird.[1] Um theoretische Stringenz zu ge-

---

[1] Vgl. Philipp Mayring, Qualitative Inhaltsanalyse. Grundlagen und Techniken, Weinheim

währleisten, ist folglich eine präzise theoriegeleitete Formulierung von Frage-stellungen unabdingbar und der erste Schritt einer Inhaltsanalyse. Auf der Grundlage bestimmter Fragestellungen und theoretischer Hintergründe wird als Kern der regelgeleiteten Analyse von Datenmaterial ein Kategoriensystem er-stellt, um das vorliegende Material bezüglich der Fragestellung bewerten zu können. Die genannten Komponenten *Regelgeleitetheit, Gütekriterien* und *Ka-tegorien* sind Prinzipien quantitativer inhaltsanalytischer Verfahren, die Mayring in seinem Ansatz der Qualitativen Inhaltsanalyse beibehält. Dabei ist zwischen einer induktiven Kategorienentwicklung und einer deduktiven Kategorienan-wendung zu unterscheiden.

In der vorliegenden Analyse wird ein bereits entwickeltes und in früheren Lehr-plan- sowie Schulbuchanalysen verwendetes Kategoriensystem auf das zu unter-suchende Material angewandt. So haben Helga Kohler-Spiegel sowie Martin Rothgangel in ihren Lehrplan- und Schulbuchanalysen zu Judentum und Anti-semitismus mit dem Kategoriensystem von Peter Fiedler gearbeitet.[2] Um eine Vergleichbarkeit mit diesen früheren Studien zu erreichen, ist es somit notwen-dig, trotz einiger Unzulänglichkeiten dieses Schema auch für die aktuell durch-geführte Analyse zu verwenden.

Wie bereits erwähnt, ist es für qualitative Analysemethoden von besonderer Wichtigkeit, die Kategorien an einer bestimmten Fragestellung theoriegeleitet zu entwickeln. Aus diesem Grund hat Fiedler für das qualitative Analyseverfahren Folgendes vorausgesetzt:

„1. daß dem Judentum das (auch anderen Weltreligionen zugebilligte) Recht zu-steht, im katholischen Religionsunterricht sachgemäß dargestellt zu werden. Dies erfordert, es als eigenständige lebendige Größe zur Geltung kommen zu lassen. Das Selbstverständnis des Judentums leitet sich aber nun von der Bibel (christlich gesprochen: vom Alten Testament) her und beansprucht bei allen ge-schichtlich bedingten Wandlungen eine Kontinuität von den Anfängen bis zur Gegenwart;

2. daß das Christentum in einer exklusiven Beziehung zum Judentum steht, die seine Beziehungen zu anderen (Welt-) Religionen wesentlich übersteigt. Die Behandlung des Judentums im katholischen Religionsunterricht ist für das christliche Selbstverständnis von größter Wichtigkeit: Zunächst ist Jesus als Ju-de aufgewachsen und öffentlich aufgetreten. Das Christentum ist und bleibt da-

---

u.a. [10]2008, S. 45.

[2] Vgl. Helga Kohler-Spiegel, Juden und Christen. Geschwister im Glauben. Ein Beitrag zur Lernplantheorie am Beispiel Verhältnis Christentum Judentum, Lernprozess Christen Ju-den, Band 6, Freiburg / Basel / Wien 1991; Martin Rothgangel: Antisemitismus als religi-onspädagogische Herausforderung. Eine Studie unter besonderer Berücksichtigung von Röm 9-11, Freiburg / Basel / Wien [2]1997; Peter Fiedler, Das Judentum im katholischen Religionsunterricht. Analyse, Bewertung, Perspektiven, Düsseldorf 1980.

rüber hinaus von Ostern an und vom Neuen Testament her an das Judentum als theologische Größe verwiesen."[3]

Diese Voraussetzungen bilden die Grundlage für die weitere Kategorienentwicklung, aus denen Fiedler drei Hauptkategorien, sogenannte ‚Dimensionen‘, ableitet:[4]

1. Das biblische und nachbiblische Judentum in seinem Selbstverständnis
2. Jüdische Herkunft Jesu
3. Verhältnis (Ur)Christentum-Judentum

Diese Dimensionen sind in zahlreiche weitere Kategorien gegliedert, die Fiedler zufolge deduktiv und induktiv gewonnen wurden, indem man z. B. jüdische Sachverständige befragte oder Ergebnisse relevanter Fachwissenschaften zu Rate zog.[5] So sind bezüglich der Dimension ‚Jesu Judesein‘ beispielsweise folgende Kategorien aufgestellt worden:[6]

- 1.0 Jüdische Herkunft Jesu
- 1.1 Wirken im Horizont des zeitgenössischen Judentums
- 1.2 Jesu Ethik im alttestamentlich-jüdischen Horizont
- 1.3 Jesus und (die) Pharisäer
- 2.0 Autorität Jesu
- 2.1 Messianischer Anspruch Jesu
- 3.0 Verantwortung für Jesu Tod

Fiedler liefert außerdem zu jeder dieser Kategorien eine Bewertungsskala mit den Attributen ‚sachgemäß‘, ‚unausgewogen‘, ‚tendenziös‘ sowie ‚sachlich falsch‘. Detaillierte inhaltliche Beschreibungen zu jedem dieser Skalenpunkte ermöglichen eine Zuordnung und somit eine Beurteilung des Materials. An dieser Stelle können nur einige Ausschnitte des Analyseinstrumentes beispielhaft aufgeführt werden, da das Kategoriensystem sehr umfangreich gestaltet ist und somit den hier zur Verfügung stehenden Raum sprengen würde. Daher ist es notwendig, in diesem Beitrag den Fokus auf einen ausgewählten Problembereich zu lenken: Das Verhältnis Jesu zu den Pharisäern ist vor allem im Zusammenhang mit Jesu Botschaft ein zentraler neuralgischer Punkt im Unterricht. Aus diesem Grund wird die Bewertungsskala bezüglich der Einschätzungsdimension ‚Jesus und (die) Pharisäer‘ mit ihren Kategorienbeschreibungen in diesem Beitrag detailliert dargestellt. Sie lautet:

---

[3] Fiedler 1980 (wie Anm. 2), S. 36.
[4] Vgl. ebd.
[5] Vgl. ebd., S. 39.
[6] Vgl. ebd., S. 38.

„1. Sachgemäß ist es, zu sagen,

a) daß die pharisäische Bewegung im Neuen Testament weitgehend tendenziös dargestellt wird: pauschale Abqualifizierung (*die* Pharisäer als Negativ-Typen, oft auch deshalb, weil sie nach dem Jahr 70 die religiöse Führung des Judentums übernommen haben; außerdem zur Geißelung innerkirchlichen ‚Pharisäertums‘), apologetische bzw. polemische (Ver-)Zeichnung (z.B. Anschläge auf das Leben Jesu, obwohl sie nach den evangelischen Passionsdarstellungen mit seiner Auslieferung an die Römer nichts zu tun haben): darum sind Angriffe wie solche in Mt 23 nicht einfach als historisch zu werten;

b) daß zu einer sachgemäßen Beurteilung das pharisäische Selbstverständnis unter der Einbeziehung der Selbstkritik zu berücksichtigen ist (religiöse Erneuerungsbewegung: Heiligung Israels);

c) daß es sich bei Auseinandersetzungen zwischen Pharisäern und Jesus (und noch dem frühen Judenchristentum in Israel) zunächst um innerjüdische ‚Familienkonflikte‘ handelte;

d) daß Jesus – von Johannes dem Täufer abgesehen – keiner Gruppe des damaligen Judentums so nahe stand wie der pharisäischen Bewegung (vgl. z.B. nur im Auferstehungsglauben, in der Zentrierung der Tora auf das Liebesgebot; dazu das entsprechende Wort Hillels, zu dem in verschiedener Hinsicht Parallelen gezogen werden können);

e) daß erst und nur unter der Anerkennung solcher geistiger Verwandtschaft Unterschiede ohne Gefahr einer Verfälschung festgestellt werden können, z.B.: Jesus sammelte nicht wie ein Gelehrter Schüler zum Torastudium um sich, sondern er zog mit Jüngern und Jüngerinnen im Land umher und verkündete in prophetischer Kritik an der Auslegung der Tora(praxis) seine Auslegung des Gotteswillens; dabei wich er etwa in Fragen der Reinheitspraxis, des Fastens, der Praktizierung des Sabbatgebotes vom pharisäischen Verhalten ab (als Nichtmitglied war Jesus an pharisäische Auslegungen nicht gebunden);

f) daß ein beachtlicher Unterschied in Jesu Zuwendung zu Menschen besteht, die allgemein als Sünder galten, was in der nachdrücklichen Akzentuierung des Gottesbildes durch Jesus gründet: Gott als der der menschlichen Schuld jeweils durch seine Barmherzigkeit schon zuvorgekommene; damit greift Jesus auf die prophetische Heilsverkündigung zurück: entsprechende Auffassungen in der pharisäisch-rabbinischen Überlieferung müssen beachtet werden.

2. Unausgewogen ist es,

wenn c-f außer Betracht bleiben.

3. Tendenziös ist es,

wenn man außerdem 1a und b übergeht.

4. Sachlich falsch ist es,

was von 1a-f abweicht oder dazu – ausdrücklich oder einschlußweise – widersprüchlich ist."[7]

Bei der Analyse wird das zu untersuchende Material dieser Skala zugeordnet und dadurch bewertet, was natürlich in gleichem Maße auch für die Skalen anderer Kategorien gilt.

Der nächste Abschnitt dieses Beitrags schildert das konkrete Vorgehen nach Mayring, das allerdings zugleich für die Erfordernisse der vorliegenden Studie modifiziert ist.

1.2 Konkrete Analyseschritte

Es handelt sich bei dieser Studie um eine skalierende Bewertungsanalyse mit deduktiver Kategorienanwendung, die sich nach Mayring in folgende Schritte gliedert: [8]

1. Schritt: Definition der Analyseeinheiten

Aus welchen Gründen bestimmte Textstellen für die Analyse herangezogen und in welchem Kontext sie bewertet worden sind, muss angegeben werden. Dadurch ist gewährleistet, dass die Analyse nachvollziehbar gestaltet und überprüfbar ist. Diese Transparenz leistet die Definition von Analyseeinheiten zu Beginn einer Untersuchung, worunter die sogenannte Auswertungseinheit, die Kontexteinheit sowie die Kodiereinheit zu fassen sind.

In dieser Studie ist in erster Linie die Bestimmung der Auswertungseinheit relevant. Sie gibt an, welches Material aufgrund der Fragestellung für die Analyse überhaupt herangezogen werden soll. In Bezug auf die konkrete Forschungsfrage der Dissertation, inwieweit sich die Darstellung des Judentums in ausgewählten Lehrplänen und Schulbüchern Deutschlands und Österreichs im Vergleich mit früheren Lehrplan- und Schulbuchanalysen verändert hat, stehen die Themen Passion und die Verantwortung für Jesu Tod, Jesu Verhältnis zu den Pharisäern, die Tora bzw. das jüdische Gesetzesverständnis, das Alte Testament als Jüdische Bibel, die jüdische Geschichte zwischen 70 n. Chr. und der Schoah sowie die Staatenbildung Israels im Fokus, da diese in früheren Studien als neuralgische Punkte identifiziert wurden.[9] Daher sind als Auswertungseinheit die Textstellen zu definieren, die diese neuralgischen Punkte thematisieren.

Die Reihenfolge der zu bewertenden Textteile richtet sich nach der in den Lehrplänen und Schulbüchern festgelegten natürlichen Gliederung. In Anlehnung an Fiedler werden auch die Textpassagen in Lehrplänen und Schulbüchern als Auswertungseinheit festgelegt, die das christlich-jüdische Verhältnis in Bezug

---

[7] Fiedler 1980 (wie Anm. 2), S. 65f.
[8] Vgl. Mayring 2008 (wie Anm. 1), S. 95-99.
[9] Vgl. Kohler-Spiegel 1991; Rothgangel 1997 (wie Anm. 2).

auf die oben genannten neuralgischen Punkte zwar nicht explizit thematisieren, eine Erwähnung allerdings aufgrund der Thematik zu erwarten wäre.[10]

Die sogenannte Kontexteinheit gibt an, welche größtmögliche Einheit einer Kategorie zugeordnet werden kann. In dieser Studie wird ein Themenbereich als Kontexteinheit festgelegt, der in den Lehrplänen üblicherweise als Paragraf gekennzeichnet ist und in den Schulbüchern als Kapitel.

Eine Kodiereinheit gibt an, welche kleinstmöglichen Textbestandteile in eine Kategorie fallen können. Für die Schulbücher gelten syntaktische Einheiten als kleinste Kodiereinheit, in Lehrplänen bereits ein einziges Substantiv, da die Ausführungen zu einem Thema teilweise derart knapp gehalten sind. Wichtig ist eine Unterscheidung zwischen Kontext- und Kodiereinheit dann, wenn beispielsweise in einem Kapitel Textstellen zu finden sind, die in eine andere Kategorie einzuordnen sind als das Gesamtkapitel.

2. Schritt: Bestimmung der Einschätzungsdimensionen

Um die Hauptfragestellung hinsichtlich bestimmter variabler Ausprägungen für die Analyse zu operationalisieren, werden nach Mayring Einschätzungsdimensionen definiert. Diese Ausprägungen werden dann im nächsten Schritt durch eine Bewertungsskala festgehalten.

Die Bestimmung der Einschätzungsdimensionen leistet bereits das Kategoriensystem von Peter Fiedler durch die theoriegeleitete Definition der sogenannten ‚Dimensionen‘ sowie ihre Ausdifferenzierung in Kategorien. Somit können die bei Fiedler aufgeführten Kategorien als Einschätzungsdimensionen bezeichnet werden.

3. Schritt: Festlegung der Ausprägungen

Die Definition der Ausprägungen zu den Einschätzungsdimensionen ist ebenfalls bereits im Kategoriensystem von Peter Fiedler theoriebasiert erfolgt. In seinem Raster legt Fiedler für jede der oben genannten Einschätzungsdimensionen die Ausprägungen anhand der Skalenpunkte ‚sachgemäß‘, ‚unausgewogen‘, ‚tendenziös‘ sowie ‚sachlich falsch‘ fest. Zu jedem dieser Skalenpunkte liefert er zudem Kategorienbeschreibungen, anhand derer das Untersuchungsmaterial zu bewerten ist.

4. Schritt: Kategoriedefinitionen, Ankerbeispiele und Kodierregeln

Dieser Schritt stellt den Kern der Qualitativen Inhaltanalyse dar, wenn die Kategorien induktiv entwickelt werden. Da in dieser Analyse das Kategoriensystem von Fiedler angewendet wird, entfällt hier dieser Schritt.

---

[10] Vgl. Fiedler (wie Anm. 2), S. 43.

5. Schritt: Fundstellenbezeichnung

In einem ersten Materialdurchgang werden alle Textstellen markiert, die mit dem Kategoriensystem von Fiedler bewertet werden können. Dabei ist auf die Definition der Auswertungseinheit zu achten.

6. Schritt: Einschätzung

In diesem Schritt erfolgt die Einschätzung des Materials pro Auswertungseinheit anhand des Kategoriensystems von Fiedler. Bei Zuordnungsproblemen muss eine Entscheidung getroffen werden. Es ist zu beachten, dass die Einschätzung nach bestimmten Vorannahmen geschieht, die dargelegt werden müssen, um die Regelgeleitetheit und somit die Güte der Analyse zu gewährleisten.

7. Schritt: Überarbeitung

Die Überarbeitung des Kategoriensystems ist in der vorliegenden Analyse ein Teil der Ergebnisaufbereitung.

8. Schritt: Ergebnisaufbereitung

In diesem Schritt werden die Ergebnisse dargestellt und diskutiert. Eine Diskussion der Ergebnisse ist in dieser Studie erforderlich, da die oben genannten früheren Analysen gezeigt haben, dass eine strikte Anwendung der Qualitativen Inhaltsanalyse mit dem Analyseinstrumentarium von Peter Fiedler nur unzureichend möglich ist.[11] Der Hauptgrund für diese Problematik liegt drin, dass das Analyseraster lediglich für die gymnasiale Oberstufe konzipiert ist. So werden Darstellungen des christlich-jüdischen Verhältnisses in Lehrplänen und Schulbüchern unausgewogen oder tendenziös bewertet, wenn diese aus entwicklungspsychologischen Gründen nicht thematisiert werden können. Diese Problematik zeigt sich auch in der vorliegenden Analyse. Für die Primarstufe und die Sekundarstufe I sind aufgrund unterschiedlicher entwicklungspsychologischer Voraussetzungen andere Bewertungsmaßstäbe unerlässlich. Dies erfordert eine Überarbeitung des Kategoriensystems, die im Anschluss an die Analyse und den Vergleich mit den früheren Studien bezüglich ausgewählter neuralgischer Punkte in der Dissertation vorgenommen werden soll, in diesem Beitrag aber nicht zur Sprache kommt.

2. Analysebeispiele

Die Lehrpläne für den evangelischen Religionsunterricht an Allgemeinbildenden höheren Schulen in Österreich sind aufgrund der allgemeinen Formulierung der Kernbereiche nicht dazu geeignet, mit dem detaillierten Kategoriensystem von Fiedler analysiert zu werden, denn in den Ausführungen werden keine neuralgischen Punkte angesprochen, sondern lediglich sehr allgemeine Ziele des RU. Dies ist natürlich auch ein interessanter Befund, allerdings für die Zielsetzung dieses Beitrags nicht förderlich, weshalb darauf an dieser Stelle nicht weiter ein-

---

[11] Vgl. beispielsweise Rothgangel 1997 (wie Anm. 2), S. 135.

gegangen werden kann. Worum es an dieser Stelle gehen soll, ist die Veranschaulichung der Untersuchungsmethode. Daher wird beispielhaft die Analyse des gymnasialen Lehrplans in Bayern sowie für die Schulbuchanalyse die Reihe ,Religion entdecken-verstehen-gestalten' angeführt, die auch in Österreich zugelassen ist.

2.1 Analyse des bayerischen Lehrplans für Gymnasien

Die bayerischen Lehrpläne für das achtjährige Gymnasium, die im Jahr 2009 eingeführt wurden, benennen fast ausschließlich verbindliche Vorgaben für den Religionsunterricht, wobei Wahlmöglichkeiten gesondert gekennzeichnet sind. Die Lehrpläne für das neunstufige Gymnasium werden in dieser Analyse nicht berücksichtigt, da diese auslaufen und somit nur noch kurze Zeit gültig sind.

Im Lehrplan für die Schulstufe 5 gehört der Themenbereich ,Begegnung mit der Bibel' zur Auswertungseinheit, da er den neuralgischen Punkt ,das Alte Testament als Jüdische Bibel' behandelt.[12] Da es sich beim Alten Testament um die Heilige Schrift des Judentums handelt, ist der oben zitierte Inhalt nach der Einschätzungsdimension ,Heilige Schrift' in Fiedlers Kategoriensystem zu analysieren.[13] Demzufolge gilt die Darstellung als unausgewogen, wenn bereits einer der folgenden Aspekte unberücksichtigt bleibt:

„c) daß das Alte wie das Neue Testament die eine Botschaft von Gottes Wirken zum Heil des Menschen beinhaltet und deshalb das gegenseitige Verhältnis nicht abwertend als dasjenige etwa von ,Gesetz und Gnade/Evangelium' bestimmt werden kann;

d) daß die Beschäftigung mit der heiligen Schrift und ihrer Auslegungstradition (besonders im Talmud) das Leben des Judentums prägt (Schriftstudium als Begegnung mit Gott, Lebensweisung);

e) daß das Alte Testament als Wort Gottes auch den Christen sein eigenes Wort unverkürzt zu sagen hat (Israel als Gottes Volk; ,Welthaftigkeit' des Glaubens und anderes mehr. [sic!]

f) daß die von der jüdischen abweichende (ur)christliche Schrift (= Altes Testament)-Deutung auf dem Christusglauben beruht; [...]"[14]

Da der Lehrplan keine der hier genannten Gesichtspunkte erwähnt, ist die Darstellung in den betreffenden Textstellen als unausgewogen zu beurteilen. Eine tendenziöse Bewertung kommt an dieser Stelle nicht in Frage, da die oben auf-

---

[12] Vgl. Staatsinstitut für Schulqualität und Bildungsforschung München (ISB) (Hg.), Lehrplan des achtjährigen Gymnasiums. Jahrgangsstufe 5. Evangelische Religionslehre, München 2009., S. 2.

[13] Vgl. Fiedler 1980 (wie Anm. 2), S. 72.

[14] AaO.

geführten Aspekte aus Fiedlers Kategoriensystem im Lehrplan nicht implizit geleugnet werden.[15] So heißt es dort:

„Manchen Kindern ist die Bibel immer noch weitgehend ein fremdes Buch. Ihre Bedeutung für das eigene Leben und den persönlichen Glauben gilt es zu erschließen. Die Schüler sollen erkennen, dass und wie biblische Texte Menschen in ihrem Leben begleitet haben und noch begleiten. Hier und in den Themenbereichen 5.4 und 5.5 können in einfacher Weise auch literarische und historische Zugänge zu biblischen Texten angebahnt werden. Der Umgang mit der Bibel wird eingeübt.

- die Bedeutung der Bibel wahrnehmen: Gelegenheiten, bei denen Bibelzitate oder Anspielungen auf die Bibel verwendet werden, z. B. im Gottesdienst, in der (Alltags-) Sprache, in Kunst, Film, Musik oder Literatur
- Bibeltexte, die Menschen begleiten können, wie Ps 23, der Taufspruch, eine biblische (Lieblings-)Geschichte
- Bedeutung der Bibel als Buch des Glaubens
- mit der Bibel als Buch vertraut werden [→ Ku 5.2]
- Inhalt und Einteilung, Alter und Entstehung der Bibel
- unterschiedliche Bibelversionen, z. B. Familien-, Kinder-, Online-Bibeln, verschiedene Übersetzungen; eventuell Projekt „Bibelausstellung"
- Einübung im Umgang mit der Lutherbibel: Texte finden, Register benützen usw."[16]
- In der 6. Schulstufe findet sich unter dem Themenbereich ‚Jesus von Nazareth und seine Botschaft' der Inhaltsbereich „das Judentum als religiöse Heimat Jesu kennen lernen"[17] mit dem Einzelinhalt „ - verschiedene Gruppen des Judentums und ihre Frömmigkeit (im Überblick), u.a. ihre Messiaserwartung"[18]. Dieser Einzelinhalt thematisiert den neuralgischen Punkt ‚Jesu Verhältnis zu den Pharisäern', da sie zu den verschiedenen Gruppierungen des Judentums gehören und daher mit Sicherheit im Unterricht behandelt werden. Somit gehört die genannte Textstelle zur Auswertungseinheit. Die Bewertung erfolgt nach der Einschätzungsdimension ‚Jesus und (die) Pharisäer'.

Fiedler zufolge gilt eine Darstellung erst dann als unausgewogen, wenn die oben zitierten Aspekte c) – f) in ihrer Gesamtheit nicht zur Sprache kommen. Nach der oben aufgeführten Einschätzungsskala ist der betreffende Inhalt als sachgemäß zu bewerten, da Jesu Judesein thematisiert wird und somit, sollten Konflikte angesprochen sein, diese als innerjüdische ‚Familienkonflikte' dargestellt werden. Der Gesichtspunkt c) ist somit erwähnt. Im Lehrplan heißt es nämlich:

---

[15] Vgl. aaO.
[16] ISB (Hg.) 2009 (wie Anm. 12), S. 2.
[17] Vgl. ebd.
[18] Vgl. ebd.

„Dabei lernen sie damalige religiöse, geschichtliche, politische und soziale Verhältnisse sowie Gesprächspartner, spätere Anhänger und Gegner Jesu (vgl. Ev 6.2 und Ev 6.3) kennen.

[…]

- das Judentum als religiöse Heimat Jesu kennenlernen
- Elemente des jüdischen Alltagslebens und religiöser Feste, die in neutestamentlichen Texten erwähnt werden
- verschiedene Gruppen des Judentums und ihre Frömmigkeit (im Überblick), u. a. ihre Messiaserwartung"[19]

Diesem durchaus positiven Befund steht allerdings in derselben Schulstufe eine problematische Darstellung. Ein besonderes Augenmerk gilt in diesem Zusammenhang der Lernzielformulierung: „Anhand neutestamentlicher Überlieferungen von Jesus sollen die Schüler das Neue und Provozierende der Botschaft Jesu […] erfahren"[20], die ebenfalls unter dem Themenbereich ‚Jesus von Nazareth und seine Botschaft' aufgeführt ist. Diese Formulierung verweist indirekt auf die Kritiker Jesu, unter denen vor allem Pharisäer im Vordergrund stehen. Somit thematisiert diese Textstelle implizit das Verhältnis Jesu zu dieser religiösen Gruppierung. Aus diesem Grund werden die Inhalte des genannten Themenbereichs ebenfalls nach der Einschätzungsdimension ‚Jesus und (die) Pharisäer' bewertet.

Danach ist die genannte Textstelle als sachlich falsch zu bewerten, da sie dem bei Fiedler genannten Gesichtspunkt widerspricht, dass Jesus keiner religiösen Gruppe so nahe stand wie den Pharisäern.[21] So bestehen beispielsweise hinsichtlich des Auferstehungsglaubens und der Zentrierung der Tora auf das Liebesgebot deutliche Parallelen.[22] Diesbezüglich lehnt sich seine Botschaft an bereits bestehende jüdische Traditionen an und beinhaltet folglich keine vollkommen neuen Glaubenssätze. Zwar sind auch einige Unterschiede zur pharisäischen Lehre festzustellen – so ruft vor allem seine Zuwendung zu Sündern Kritiker auf den Plan – doch damit greift Jesus auf prophetische Heilsverkündigung zurück und vertritt folglich auch hier keinen neuartigen Ansatz, sondern bewegt sich im Horizont der jüdischen Tradition.[23] Sachgemäß wäre die Darstellung des Lehrplans, wenn diese Aspekte berücksichtigt und zudem die oben zitierten Gesichtspunkte c) und e) erwähnt werden.[24]

Die oben aufgeführte Analyse hat gezeigt, dass im bayerischen Lehrplan für Gymnasien Leerstellen bestehen, die antijüdische Vorurteile begünstigen kön-

---

[19] ISB (Hg.) 2009 (wie Anm. 17), S. 2.
[20] Ebd.
[21] Vgl. Fiedler 1980 (wie Anm. 2), S. 66.
[22] Vgl. ebd.
[23] Vgl. ebd.
[24] Vgl. ebd.

nen. So führt der Lehrplan unter dem Themenbereich ‚Begegnung mit der Bibel‘ nicht auf, dass das Alte Testament die Heilige Schrift des Judentums darstellt, die losgelöst von der christlichen Deutung auch in der jüdischen Tradition ausgelegt wird. Für eine sachgemäße Darstellung des Judentums ist dies allerdings grundsätzlich erforderlich. Diese Leerstelle könnte dazu führen, dass das Alte Testament lediglich als Verweis auf das Christusgeschehen hin gedeutet wird und es somit als Negativfolie für das Neue Testament dient.

Ebenso problematisch ist eine Leerstelle hinsichtlich des Verhältnisses Jesu zu den Pharisäern in der 6. Schulstufe. Nach Angaben des Lehrplans beinhaltet Jesu Botschaft Neues und Provozierendes, das Kritiker auf den Plan ruft. Dieser Inhalt ist sachlich falsch, denn er widerspricht der Tatsache, dass Jesu Lehre nicht in einem luftleeren Raum entstand, sondern auf seiner jüdischen Sozialisation beruht. Die geistige Verwandtschaft Jesu gerät, trotz einiger Unterschiede, die durchaus bestanden haben, auf diese Weise völlig aus dem Blick, obwohl derselbe Themenbereich auch Jesu Judesein als Unterrichtsgegenstand aufführt.

2.2 Analyse der Schulbuchreihe ‚Religion entdecken-verstehen-gestalten‘

Den neuralgischen Punkt des Verhältnisses Jesu zu den Pharisäern thematisiert auch der Band 5/6 der Schulbuchreihe ‚Religion entdecken-verstehen-gestalten‘ unter dem Kapitel ‚Gesucht: Ein Mensch namens Jesus‘. Das Unterkapitel ‚Menschen, denen Jesus begegnet ist‘ liefert Informationen zur religiösen Gruppe der Pharisäer.[25] Dort heißt es:

„Pharisäer sind oft Lehrer in Synagogen, denn die religiöse Bildung des Volkes liegt ihnen sehr am Herzen. Auch Jesus hat ihnen nahe gestanden. Manche Wissenschaftler meinen sogar, dass er selbst ein Pharisäer gewesen sei. Heftige Streitgespräche und Diskussionen waren unter Pharisäern üblich, sie waren eine gute Schulung bei der Suche nach Lösungen.“[26]

Diese Darstellung des Verhältnisses Jesu zu den Pharisäern ist nach der gleichnamigen Einschätzungsdimension bei Fiedler als sachgemäß zu bewerten. Wie das Zitat verdeutlicht, stellt das Schulbuch nämlich heraus, dass es sich bei Jesu Streitgesprächen mit den Pharisäern um einen innerjüdischen Konflikt handelte, dass Jesus keiner anderen Gruppe derart nahe war sowie, dass ihre Differenzen in der durchaus üblichen unterschiedlichen Auslegung der Tora begründet sind.[27]

Das christlich-jüdische Verhältnis nach der Schoah thematisiert der Band 9/10 dieser Schulbuchreihe in dem Kapitel ‚Zukunft braucht Erinnerung – Juden und Christen‘.[28] Für die Bewertung der Inhalte zu diesem neuralgischen Punkt ist der

---

[25] Vgl. Gerd-Rüdiger Koretzki / Rudolf Tammeus (Hg.), Religion entdecken-verstehen-gestalten. 5./6. Schuljahr, Göttingen 2008, S. 79.

[26] Ebd.

[27] Vgl. Fiedler 1980 (wie Anm. 2), S. 66.

[28] Vgl. Gerd-Rüdiger Koretzki / Rudolf Tammeus (Hg.), Religion entdecken-verstehen-

Text ‚Ansätze zum christlich-jüdischen Gespräch' zentral. Die Einschätzung des ersten Abschnitts dieses Textes erfolgt nach der bei Fiedler aufgeführten Einschätzungsdimension ‚Verfolgung im ‚Dritten Reich''. Danach ist die Darstellung als sachgemäß zu bewerten, denn das Schulbuch stellt an dieser Stelle heraus, dass die Schoah den Höhepunkt des Antijudaismus bildet und dieses Verbrechen durch christliche antijüdische Denkmuster mit verantwortet ist.[29] Ebenso benennt der Text die Konsequenzen der Schoah für die christliche Theologie, indem es heißt:

„Eine christliche Theologie, die von Auschwitz berührt ist, wird Israel als Volk Gottes bejahen und würdigen, dass Juden und Christen unterwegs sind zu demselben Ziel, wenn auch auf verschiedenen Wegen."[30]

Darüber hinaus thematisiert dieser Text auch den neuralgischen Punkt ‚Altes Testament als Jüdische Bibel'. Aus diesem Grund werden die Inhalte nach der Einschätzungsdimension ‚Heilige Schrift' bewertet, wonach die Darstellung als sachgemäß gilt, da die Bedingungen für eine Bewertung als unausgewogen, tendenziös oder gar sachlich falsch nicht gegeben sind. So stellt das Schulbuch heraus, dass das Verhältnis von Altem und Neuem Testament nicht als ein Gegensatz von ‚Gesetz und Gnade/Evangelium' definiert werden kann,[31] indem es schreibt:

„Es wird immer wieder vom christlichen Gebot der Nächstenliebe gesprochen. Auch dieses steht im Alten Testament, im dritten Buch Mose (Lev 19,18). Die neutestamentlichen Evangelien stellen sehr klar heraus, dass dieses Gebot von Jesus aus der Schrift zitiert wird, also aus der Bibel Israels, und in einem Gespräch mit einem Schriftgelehrten als das größte Gebot genannt wird (Mk 12,28-34)."[32]

Wie die Analyse der Schulbuchreihe ‚Religion entdecken-verstehen-gestalten' verdeutlicht, ist dort die Darstellung des Verhältnisses Jesu zu den Pharisäern vorbildlich gelungen. Auch das christlich-jüdische Verhältnis nach der Schoah kommt hier ebenso sachgemäß zur Sprache, wie die Inhalte zum Alten Testament als Jüdische Bibel.

3. Zusammenfassung

Die in diesem Beitrag aufgeführten Ausschnitte aus der aktuellen Analyse ausgewählter Lehrpläne und Schulbücher zur Darstellung des Judentums im christlichen Religionsunterricht sollten das Grundanliegen der Qualitativen Inhaltsanalyse verdeutlichen. In der Praxis zeigt sich, dass im Falle der deduktiven Kategorienanwendung, wie sie in dieser Studie vorgenommen wurde, die Begrün-

---

gestalten. 9./10. Schuljahr, Göttingen 2010, S. 214.

[29] Vgl. Fiedler 1980 (wie Anm. 2), S. 62.

[30] Koretzki / Tammeus (Hg.) 2010 (wie Anm. 29), S. 214.

[31] Vgl. Fiedler, Judentum, 72.

[32] Koretzki / Tammeus (Hg.) 2010 (wie Anm. 29), S. 214.

dung von Kategorienzuordnungen den Dreh- und Angelpunkt bildet. Ohne diese Begründung, die sich auf theoretische Kenntnisse stützt, mangelt es einer Analyse an Nachvollziehbarkeit und büßt somit Qualität ein.

Wie bereits angedeutet, ist das verwendete Analyseinstrumentarium an einigen Stellen nicht oder nur sehr eingeschränkt auf das vorliegende Material anwendbar, vor allem aufgrund seiner Konzeption für die gymnasiale Oberstufe. Allerdings kann diese Problematik auch in der Konzeption der Lehrpläne begründet liegen, die die genannten neuralgischen Punkte entweder völlig aussparen oder inhaltlich nur sehr knapp darstellen. Auch diese Erkenntnis ist durchaus fruchtbar, vor allem für die Weiterentwicklung des Kategoriensystems, doch ebenso als Kritik an den Lehrplänen, die inhaltlich sehr knapp gestaltet sind und durch diese Leerstellen womöglich ungewollt antijüdische Vorurteile begünstigen.

Gegen letzteren Punkt ist durchaus einzuwenden, dass Lehrkräfte selbst entscheiden sollen und können, welche Aspekte sie individuell abgestimmt auf ihre Lerngruppe thematisieren wollen. Es ist allerdings zu überlegen, ob nicht trotz dieser Wahlfreiheit ein bestimmter inhaltlicher Rahmen vorgegeben werden sollte, um mögliche Fallen zu meiden. Wie dies konkret aussehen kann, ist Teil der Überarbeitung des Kategoriensystems, die in der Dissertation im Anschluss an die Analyse vorgenommen wird, in diesem Beitrag jedoch aufgrund der Zielsetzung nicht erwähnt ist.

Resümierend lässt sich festhalten, dass trotz der Unzulänglichkeiten des verwendeten Kategoriensystems, die Qualitative Inhaltsanalyse aufgrund ihrer regelgeleiteten Vorgehensweise das Instrumentarium erster Wahl darstellt, wenn es um die Bewertung von Lehrplan- und Schulbuchinhalten geht. Denn diese Methode ermöglicht theoretische Stringenz, die das Gütekriterium qualitativer Forschung darstellt.

DAS EVANGELISCHE KIRCHENLIED.
GESCHICHTE UND GEGENWÄRTIGE ANSÄTZE UND KONZEPTE.
FACHBEREICHSARBEIT IN RELIGION EVANGELISCH

Thomas Nanz

Betreuer: Johannes Wittich BGRG VIII, Albertgasse 2011/12

Ich erkläre, dass ich diese Fachbereichsarbeit selbst verfasst und ausschließlich die angegebene Literatur verwendet habe.

Protokoll

28. Juni 2011:	Einführung in der Bibliothek
Juni 2011:	Einlesen zum Thema Stellung der Reformatoren
27. September 2011:	Besprechung, Überblick über Material zu den Reformatoren
11. Oktober 2011:	Besprechung; Literaturliste; Erste Kapitel bis 15. November
28. Oktober 2011:	Fertigstellung der Kapitel über Luther, Zwingli und Calvin
11. November 2011:	Besprechung; Originalzitate zurückverfolgen, Zusammenstellung der Liste der Interviewpartner
17. November 2011:	Bibliothek, Suche nach Originalzitaten
16. Dezember 2011:	Versendung der Interviewfragen
03. Jänner 2012:	Auswertung der Fragebögen
11. Jänner 2012:	Interview mit Martin Wadsack
13. Jänner 2012:	Fertigstellung des Textes
20. Jänner 2012:	Besprechung; Anmerkungen zu Text, Vorwort und Zusammenfassung
27. Jänner 2012:	Fertigstellung des Vorwortes, der Zusammenfassung und des Titelblattes
14. Februar 2012:	Abgabetermin

Vorwort

Schon Mitte der siebenten Klasse war mir klar, dass ich eine Fachbereichsarbeit schreiben möchte. Allerdings war ich mir noch nicht sicher zu welchem Thema. Als wir in Musikerziehung Johann Sebastian Bach besprachen, erinnerte ich mich daran, wie gut mir die Aufführung von „Nun komm, der Heiden Heiland" damals in der Markuskirche in Ottakring gefallen hat. So wuchs langsam der Gedanke in mir, meine Fachbereichsarbeit über das Thema Kirchenmusik zu schreiben. In erster Linie interessierte ich mich für die Überlegungen hinter dem Einsatz von Musik im Gottesdienst. Also entschloss ich mich, in meiner Arbeit die Stellung der Reformatoren zu dem Thema und aktuelle Ansätze und Gedanken dazu zu behandeln.

Die Literatursuche gestaltete sich problemlos und auch die meisten Interviewpartner antworteten schnell auf die Mail mit dem Fragebogen. Das Auswerten der Antworten war etwas schwieriger, weil die unterschiedlichen Meinungen möglichst prägnant und übersichtlich zusammengefasst werden mussten. Vor allem nach dem ausführlichen Interview mit Martin Wadsack stellte sich die schwierige Frage, welche Theorien und Ansätze eingebaut werden können, ohne den Rahmen der Arbeit zu sprengen.

Danksagung

An dieser Stelle möchte ich noch allen danken, die mich beim Verfassen dieser Arbeit unterstützt haben:

Zuerst muss ich mich bei meinen Interviewpartnern Roland Kadan, Mareen Osterloh, Klaus Hehn, Matthias Krampe und besonders Martin Wadsack für ihre Zeit und hilfreichen Antworten bedanken.

Ein besonderer Dank gilt all denen, die in der Markuskirche an der musikalischen Gestaltung der Gottesdienste beteiligt sind, dafür, dass sie mir gezeigt haben, wie gut Kirchenmusik auf Menschen wirken und Gesagtes unterstützen kann.

Vielen Dank an Johannes Wittich für die gute Betreuung und Beratung während meiner Arbeit.

Einleitung

„Der Glaube kommt aus dem Hören der Botschaft"[1], schreibt schon Paulus den Römern. Die evangelische Kirche ist eine Kirche des Wortes und auch das Hören des Wortes hat eine zentrale Stellung. Aber Hören ist nicht gleich Hören. Musik ist ein wesentlicher Bestandteil fast aller Kulturen und auch Religionen. Viele Feiern und Rituale des Menschen werden seit jeher von Musik begleitet. Sie hat einen großen Einfluss auf uns und unsere Gefühle – im Guten wie auch im Schlechten. Deshalb ist es wichtig, sich Gedanken über ihren Einsatz im Rahmen der Kirche zu machen.

Definition

Zuerst ist es wichtig, die Begriffe Kirchenmusik und Kirchenlied zu definieren. Kirchenlieder sind Glaubenslieder und geistliches Singen ist für Gott bestimmt und hat eine lösende Wirkung, es hilft sich von Trauer und Not loszusingen. Eigentlich handelt es sich bei dem Begriff „Lied" um einen sehr scharf abgegrenzten Terminus, bei dem die Melodie eine musikalisch geschlossene Form sein muss und Strophen existieren müssen. Allerdings wird der Begriff häufig sehr unscharf verwendet.

Es gibt verschiedene Ansätze, um Kirchenmusik zu definieren. Entweder sie ist „Musik, die in der Kirche erklingt"[2], dann wird aber keinerlei Wert auf ihre Beschaffenheit gelegt, oder sie ist „Musik, die die Kirche hervorbringt und praktiziert."[3] Kirchenmusik kann aber auch als Musik, die für die Kirche bestimmt ist, definiert werden.

Schon die Vielfalt an Definitionen lässt die Vielzahl an Möglichkeiten der Interpretation und Verwendung von Kirchenmusik erkennen. Es gibt eine Unmenge an verschiedenen Zugängen und somit ist es nicht verwunderlich, dass auch die unterschiedlichen christlichen Konfessionen verschiedene Standpunkte vertreten. Bianconi hat die Unterschiede folgendermaßen zusammengefasst: „Der Katholik in der Kirche hört ohne zu singen; der Calvinist singt ohne zu hören; der Lutheraner singt und hört – gleichzeitig!"[4]

Inwiefern diese Zusammenfassung der Einstellung der drei bekanntesten Reformatoren – Luther, Zwingli und Calvin – beziehungsweise der heutigen Meinung entspricht, versuche ich in den folgenden Kapiteln darzulegen.

---

[1] Röm 10,17.
[2] TRE, 649.
[3] *ebd.*
[4] *Bianconi*, 134; "The Catholic, in church, listens without singing; the Calvinist sings without listening; the Lutheran both listens and sings – simultaneously!".

Reformationszeit

Die Reformation

Um die Rolle des Kirchenliedes, welche die Reformatoren ihm zugewiesen haben, zu verstehen, muss man sich die Situation in der Reformationszeit vor Augen führen.

Frühe Reformbewegungen

Seit dem Spätmittelalter gab es, aufgrund der zahlreichen Missstände in der Kirche, vor allem wegen der Käuflichkeit kirchlicher Ämter und des oft ausschweifenden Lebenswandels der Geistlichen, die eigentlich als Vorbilder für die einfachen Menschen dienen sollten, Bemühungen um eine Kirchenreform. Die frühen Reformbewegungen, die unter anderem vom englischen Theologen John Wyclif (1320 – 1384) und dem Tschechen Jan Hus (1370 – 1415) ausgingen, scheiterten allerdings und die Anhänger der neuen Lehren wurden verfolgt und viele starben auf dem Scheiterhaufen.

Aber nicht nur in der Kirche wünschten sich die Menschen Reformen, auch die Gesellschaft war im Umbruch. Es gab zahlreiche Konflikte zwischen dem Landadel und den Bauern, Unruhen in den Städten und einen heftigen Machtkampf zwischen den Reichsständen und Kaiser Karl V. um eine Reichsreform. In dieser unruhigen Zeit verfassten nun Martin Luther, Huldrych Zwingli und später auch Johannes Calvin ihre Schriften, um die Kirche zu verändern.

Martin Luther

Martin Luther wurde am 10. November 1483 in Eisleben in Thüringen geboren.

Martin Luther

Als er auf einem offenen Feld von einem Gewitter überrascht wurde und direkt neben ihm ein Blitz einschlug, gelobte er, Mönch zu werden. Er brach sein Jurastudium ab, trat im Juli 1505 dem strengen Bettelorden der Augustinereremiten bei und wurde zwei Jahre später zum Priester geweiht. Er studierte Theologie in Erfurt und wurde durch die Übernahme des Lehrstuhles für Biblische Theologie mit den pastoralen Problemen der Menschen konfrontiert. Durch seine kirchenkritische Haltung kam er zu der Gewissheit, dass der Mensch allein aus göttlicher Gnade erlöst werde und nicht durch gute Taten: Seine Theologie, die auf *sola scriptura, sola gratia, sola fide*[5] basierte, trat somit an die Stelle der

rechtigkeit". Luther kritisierte den Ablass in seinen berühmten 95 Thesen. Seine Meinung, dass „wer dem Sinne der Heiligen Schrift auch als Amtsinhaber wi-

---

[5]   [Erlösung] allein durch die Schrift, allein durch Gnade, allein durch Glaube.

derspreche, habe keinen Anspruch auf Gehorsam"[6] bedeutete, dass auch Papst und Kurie irren können. Deshalb wurde er 1521 exkommuniziert. Am Reichstag 1521 wurde Luther gefragt, ob er bereit sei, seine Schriften zu widerrufen. Er berief sich auf sein durch Gott geleitetes Gewissen und sagte, er sei bereit seine Schriften zu widerrufen, wenn ihm mit Hilfe der Heiligen Schrift ein Irrtum nachgewiesen werden könne. Im Anschluss an den Reichstag verhängte Karl V. die Reichsacht über Luther, der anschließend von Friedrich dem Weisen auf der Wartburg versteckt wurde, wo er mit seiner Bibelübersetzung begann. Er starb 1546 in Eisleben.

Huldrych Zwingli

Auch für Huldrych Zwingli (*1. Januar 1484 in Wildhaus) war die Bibel die höchste Autorität und er betonte die „alleinige Mittlerschaft Christi zwischen Gott und den Menschen."[7] Zwingli kritisierte die Heiligenverehrung und stellte das Fegefeuer und die kirchliche Hierarchie in Frage. In diesen Punkten erhielt er volle Unterstützung durch den Rat der Stadt Zürich, der Anfang 1523 eine öffentliche Disputation organisierte. Dazu verfasste Zwingli 67 Artikel, die sogenannten *Schlussreden*. Im Gegensatz zu Luther war er der Überzeugung, dass jede Obrigkeit, die ihre Aufgabe nicht erfüllt, abgesetzt werden müsse. Beim Marburger Religionsgespräch 1529 traf er mit Luther zusammen. Die beiden waren in den meisten Punkten einer Meinung, aber die unterschiedliche Auffassung

Huldrych Zwingli

der Abendmahllehre[8] führte schließlich zur Trennung des Protestantismus. Zwinglis Reformbemühungen führten zu Konflikten innerhalb der Eidgenossenschaft und zum Konfessionskampf. Zwingli starb am 11. Oktober 1531 in der Schlacht bei Kappel.

Johannes Calvin

Am 10. Juli 1509 in Noyon geboren beschäftigte sich Johannes Calvin eingehend mit Luthers Schriften, den er zeitlebens sehr achtete. Sein theologisches Denken war von Strenge und Faszination des Gesetzes geprägt. 1535 floh er aus Frankreich und wollte nach Basel. Auf Drängen Guillaume Farels blieb er allerdings in Genf und begann dort die Kirche mit anderen Genfer Predigern zu verändern. Calvin verließ Genf aufgrund eines Streites mit dem Rat der Stadt um die Durchsetzung der Kirchenzucht in Richtung Straßburg, wo er auf Martin

---

[6] *Schorn-Schütte*, 33.
[7] *Ebd.*, 44.
[8] Luther war der Überzeugung, dass Brot und Wein Leib und Blut Christi *sind*, während Zwingli den symbolischen Charakter des Abendmahles betonte.

Bucer und Philipp Melanchthon traf. Er kehrte bald wieder zurück und führte seine Reformbemühungen weiter. Calvins Theologie wurde durch den Humanismus und die Verfolgung und Unterdrückung seiner Glaubensgenossen ge-

prägt. Der Glaube und die Erkenntnis Gottes kommen durch das Wort Gottes, allerdings nicht nur das Lesen, sondern auch das Hören der Botschaft Gottes spielt eine zentrale Rolle. Dort, wo laut gepredigt wird, befindet sich für den Reformator die wahre Kirche. Ebenfalls von Bedeutung ist der Blick auf das zukünftige Leben. „Über der Not und Anfechtung des gegenwärtigen Lebens leuchtet der Gedanke an den Tag des kommenden Reiches auf."[9] Calvin prägte die Prädestinationslehre.

Johannes Calvin

Die Kirche besteht aus allen, die von Gott erwählt worden sind, allerdings ist es eine verborgene Erwählung. Obwohl es gewisse Kennzeichen gibt, kann man nie mit letzter Gewissheit sagen, ob man zu den Erwählten gehört. Außerdem legte Calvin viel Wert auf eine strenge Kirchenzucht. Der Lebenswandel jedes einzelnen Mitglieds wird überprüft. Bei Fehltritten, kann man vom Abendmahl ausgeschlossen oder sogar aus der Stadt verwiesen werden. Für Calvin war die Disziplin essentiell für den Zusammenhalt innerhalb der Gemeinde.

Stellung der Reformatoren zur Kirchenmusik

Die Reformatoren haben sich im Zuge der von ihnen angestrebten Veränderungen in der Kirche auch Gedanken über die Kirchenmusik gemacht. Ihre wichtigsten Überlegungen sind auf den folgenden Seiten zusammengefasst.

Martin Luther

Mit über 30 Liedern ist Martin Luther, vor allem als Textdichter, stark im Evangelischen Gesangbuch vertreten. Diese relativ große Anzahl ist keineswegs überraschend, gilt er doch als „Vater des deutschen evangelischen Kirchenliedes"[10] und als „Schöpfer des deutschen evangelischen Gesangbuches"[11]. Diese Bezeichnungen trägt er mit Recht, denn er hat sich, aus mehreren Gründen, stark für den Gemeindegesang im Gottesdienst eingesetzt. Obwohl er nicht mehr als 37 Lieder verfasst hat und sie damit nur einen kleinen Teil seines Gesamtwerkes darstellen, sind sie auch heute noch weit verbreitet in Gottesdiensten zu finden und bieten auch Anstoß für viele weitere Werke, wie zum Beispiel bei Johann Sebastian Bach. Um die Bedeutung dieser Lieder zu verstehen, muss man sich mit der Aufgabe, die Luther dem Gottesdienst und der Musik in jenem zugewiesen hat, auseinandersetzen.

---

[9] *Link,* 52.
[10] *Jenny,* 1983, 38.
[11] ebenda.

Der Reformator teilt die Funktionen des Gottesdienstes auf drei unterschiedliche Formen auf:

Die lateinische Messe ist eine Gemeindefeier zur Verkündung des Wort Gottes und zum Lob Gottes. Die musikalische Gestaltung soll dabei das gesprochene Wort unterstützen.

Die deutsche Messe ist für die noch zu Belehrenden. Hier sind deutsche Lieder nötig, damit die Menschen zum Wort Gottes geführt werden.

Für Luther dient der eigentliche Gottesdienst für diejenigen, die mit Ernst Christen sein wollen, der persönlichen Andacht und Verinnerlichung des Glaubens, wofür keine Musik benötigt wird.

Allerdings hat Luther den dritten Typ wieder fallen gelassen, weil er niemanden gefunden hatte, mit dem er diesen verwirklichen konnte. Bei den andern beiden Typen ist die Musik ein wichtiger Bestandteil, damit die Messe ihre Funktion erfüllen kann. Eine wichtige Aufgabe des Kirchenliedes liegt somit auf der Hand: Der Gesang soll das einfache Volk zum Wort Gottes hinführen. Es gibt mehrere Kriterien, wie Kirchenlieder sein müssen, damit sie diese Aufgabe erfüllen können.

Erste Veröffentlichung von „Eine feste Burg ist unser Gott"

Die Lieder müssen muttersprachlich sein, weil sie für das einfache Volk bestimmt sind. Luther wünscht sich, möglichst viele Lieder zu haben, „die das Volk während der Messe singen könnte [...]. Aber uns fehlen die Dichter."[12] 1524 sind die ersten Gesangbücher mit den Liedern Luthers erschienen, zuerst das *Achtliederbuch* in Nürnberg, in dem vier von Luthers Liedern enthalten sind, und schließlich das *Geystliche Gesangk Buchleyn* mit 24 Liedern des Reformators. Nach Erscheinen dieser Gesangbücher hat die Liederdichtung in der reformatorischen Bewegung stark zugenommen und es sind viele weitere Gesangbü-

---

[12] WA Briefwechsel 3, Nr 698.

cher erschienen. Innerhalb der nächsten zwanzig Jahre sind fast 1500 Kirchenlieder in Deutschland komponiert worden.

Die Bibel ist auch für Luthers Lieder der wichtigste Bezugspunkt, sie ist Quelle oder Grundlage vieler seiner Liedtexte. Einerseits übersetzt Luther die Psalmen des Alten Testaments. Hierbei hält er sich meist sehr genau an die lateinische Vorlage, weshalb oft ungelenke Übersetzungen entstehen. Manchmal, wie zum Beispiel bei „Eine feste Burg ist unser Gott", hält sich Luther aber nicht so genau an den lateinischen Text. Eine weitere Quelle sind die lateinischen Hymnen, die das älteste Liedgut der Kirche darstellen und auf Bibelstellen basieren. Oft sind diese bereits im 14. oder 15. Jahrhundert übersetzt worden. Neben biblischen Texten bearbeitet Luther aber auch deutsche Lieder des Mittelalters. Im Großen und Ganzen hält sich Luther an dieses alte, sehr populäre Liedgut, ergänzt aber häufig ein paar Strophen.

Dieser Rückgriff auf bekanntes Liedgut zeigt eine weitere Aufgabe, die Luther der Musik zuspricht: Die Verbreitung seiner Lehre. Die Lieder hat jeder gekannt und deshalb ist es einfach gewesen mit ihrer Hilfe neue Ideen im Land zu verbreiten, denn zwei oder drei Strophen sind schnell ergänzt und verbreitet, vor allem, weil sie auf Flugblättern erschienen sind. Die Jesuiten haben schnell erkannt, dass Luther damit Erfolg hat, denn sie sind der Meinung gewesen, dass seine Lieder „mehr Seelen umgebracht [hätten], als seine Schriften und Reden."[13]

Besonders hervorzuheben ist das Bekenntnislied „Ein neues Lied wir heben an". Luther verfasst es 1523, nachdem im Jahr davor Heinrich Vos und Johannes von den Esschen auf dem Scheiterhaufen der Inquisition gestorben sind, weil sie die Ideen Luthers vertreten haben. Das kämpferische Lied lehrt „Standhaftigkeit im rechten Glauben, trotz aller vom Gegner ins Feld geführten Mittel; trotz Lüge, List und Verleumdung setzt man absolutes und fröhliches Vertrauen auf Gott im Leiden."[14]

Die Lieder dienen aber nicht nur dazu, sich zu Gott zu bekennen, sondern sollen auch eine Möglichkeit sein, Gott und Christus zu loben und zu preisen. Das gemeinschaftliche Singen und Loben von Gott ist Teil des Dialoges zwischen Gott und der Gemeinde. Gott „spricht" durch die Heilige Schrift und die Gemeinde „antwortet" durch Gebete und Lobgesang.

Prinzipiell könnte man Menschen auch ohne Musik zum Wort Gottes hinführen, man könnte ohne Lieder die Lehre Luthers verbreiten und erklären, man könnte ohne Gesang Gott loben und preisen. Man bräuchte für all das nur Worte. Allerdings dient die Musik zur „Tiefenwirkung und zur dynamischen Entfaltung des

---

[13] *Blume, 27.*
[14] *Veit, 75.*

Wortes."[15] Die Musik wirkt stärker auf den Menschen als das gesprochene Wort, sie soll den Text unterstützen. Sie „ist Herrin und Lenkerin der menschlichen Affekte"[16] und „die wirksamste Waffe im Kampf gegen die Versuchung durch den Teufel."[17] Daraus folgt, dass die Musik für Luther wichtig ist, damit die Botschaft, die er den Menschen zu vermitteln versucht, gut aufgenommen und verstanden wird. Ein gesprochener Text wirkt viel schwächer auf die Gemeinde als ein gemeinsam gesungenes Lied. Die Musik ist dazu da, den Menschen die Botschaft Gottes leichter verständlich zu machen und ihnen eine Möglichkeit zu geben, auf diese angemessen zu antworten.

Besonders gut zeigt folgender Ausspruch Luthers Stellung zur Musik: „Ich wollt alle Künste, sonderlich die Musika, gerne sehen im Dienst des, der sie gegeben und geschaffen hat"[18] und „Ich gebe der Musik den ersten Platz nach der Theologie."[19] Luthers tiefe Liebe zur Musik wurzelt in seiner Zeit als Mönch. Es ist ihm wichtig, dass die Menschen die Lieder auswendig können, damit sie Einzug in den Alltag des Volkes halten und „Gottes Wort und die christliche Lehre auf allerlei Weise getrieben und geübt werden."[20] Tatsächlich sind die teilweise wenig anspruchsvollen Texte auch zum Vergnügen gesungen worden, was ganz in Luthers Sinne gewesen ist.

Huldrych Zwingli

Im Gegensatz zu Luther wird Zwingli häufig als Feind der Kirchenmusik dargestellt. Zwingli ist keineswegs grundsätzlich gegen Musik im Gottesdienst, sondern hat nur eine andere Auffassung von Sinn und Zweck des Gottesdienstes und somit auch von der Musik in dessen Rahmen.

Genauso wie Luther stört ihn die Kirchenmusik des späten Mittelalters, weil die liturgischen Gesänge meist lateinisch und mehrstimmig gewesen sind und deshalb unverständlich. Allerdings lehnt er den Gemeindegesang keinesfalls prinzipiell ab und zu volkssprachlichen Kirchenliedern und Liedpsalmen hat er sich ausdrücklich positiv geäußert.

Um Zwinglis Einstellung zu verstehen, muss man seine Auffassung über den Sinn und Zweck des Gottesdienstes kennen. Ein Gottesdienst ist für Zwingli eine öffentliche Gemeindeversammlung, die zur biblischen Wahrheit führen soll, daher wird viel Wert auf die Predigt gelegt. Er hat zuerst versucht die Form der Messe zu erneuern, damit sie seinen Ansprüchen gerecht werde. Dies ist ihm allerdings nicht gelungen und so haben die Pfarrer die Möglichkeit gehabt, die

---

[15] *Knolle, Theodor:* Lutherischer Gottesdienst. In: Luther, 17, (1935), 137; zitiert nach *Veit*, 31
[16] WA 50, 371, 1-2: „Musicam esse [...] domina et gubernatrix affectuum humanorum."
[17] Vgl. WA Tischreden 1, Nr.194: „Satan est spiritus ideo non potest ferre laetitiam, ideo longissime abest a musica."
[18] Vorrede 1524; WA 35, 474.
[19] WA 30 II 696: „Proximum locum do Musicae post Theologiam."
[20] Vorrede 1524; WA 35, 474.

Gottesdienstordnung nach ihren Vorstellungen zu ändern. Um eine gewisse Einheit zu schaffen, hat der Reformator die Form des Prädikantengottesdienstes übernommen, eine lose Folge von sich um die Predigt herum gruppierenden liturgischen Stücken.

Diese Struktur verwendete Zwingli für den sonntäglichen Predigtgottesdienst. Beim Gottesdienst geht es für den Reformator um die Verinnerlichung der Andacht und die Predigt ist die Hinführung dazu.

Beim reformierten Gottesdienst stehen die Kanzel und die Predigt im Mittelpunkt.

Die öffentlichen Gemeindegottesdienste dienen der Stärkung des individuellen Glaubens und sind Anleitung zum eigentlichen Gottesdienst: der privaten Andacht jedes Christen zuhause. Diese Auffassung kommt Luthers Idee des eigentlichen Gottesdienstes sehr nahe. Dafür ist Musik nicht zwingend notwendig, denn, im Gegensatz zu Luther, gehört für Zwingli das öffentliche Lob Gottes nicht zu den Kennzeichen einer Kirche.

Für Zwingli ist das wichtigste die stille Andacht, „die Beziehung zwischen Mensch und Gott im Glauben."[21] Diese Andacht muss möglichst innerlich sein, alle Äußerlichkeiten, wie etwa Gesang und Instrumentalmusik, werden abgelehnt. Jegliches Werk von Menschen ist mit dem Gedanken an irdischen Lohn verbunden und deshalb im Bereich des Äußeren. Dieser hat aber nichts mit Gott zu tun, denn nur das Innere ist der Bereich des Glaubens. „Der wahrhafte Verkehr zwischen Mensch und Gott ist wortlos."[22] Schon das gesprochene Wort ist menschliches Werk und unterliegt deshalb dem Gedanken an Lohn, welcher im Widerspruch zum Glauben an Gott steht. Der Gesang verweltlicht das Wort noch mehr und ist „ein verdienstliches Werk und darum kindisch, sinnlos und nutzlos."[23]

---

[21] *Knellwolf*, 55.
[22] *ebd.*
[23] *Jenny*, 1966, 10.

Diese Äußerungen wecken den Eindruck, dass Zwingli ein Gegner jeglicher Musik gewesen sei. Das entspricht aber nicht der Wahrheit, denn er ist ein guter und begeisterter Musiker gewesen. Er hält, genauso wie Luther, an der mittelalterlichen Musikauffassung fest, dass geistliche und weltliche Musik eine Einheit bilden. Instrumente haben für ihn ihren Platz in der häuslichen Musikpflege und er trennt scharf zwischen privater Musik und öffentlicher, gottesdienstlicher Musik. Desweiteren hat er die pädagogische und politische Bedeutung der Musik erkannt.

Nun stellt sich die Frage, warum hat Zwingli diese Möglichkeiten nicht genutzt, um die Gläubigen dem Wort Gottes näher zu bringen, wie es Luther getan hat? Der Rat in Zürich, dessen Entscheidungen für den Schweizer Reformator bindend gewesen sind, hat seinem Vorschlag, Teile des Gottesdienstes von der Gemeinde, im Wechsel zwischen Männern und Frauen, sprechen zu lassen, abgelehnt. Zwinglis Absicht ist eine aktive Beteiligung der Gemeinde am liturgischen Geschehen gewesen. Hätte der Rat erlaubt, diese Texte von der Gemeinde auf einem Ton rezitieren zu lassen, wäre Zwingli wahrscheinlich zu der Einsicht gekommen, „befriedigender als das gemeinsame Sprechen wäre das gemeinsame Singen."[24]

Zusammenfassend kann man sagen, dass Zwingli lediglich „den mittelalterlichen liturgischen Gesang bekämpft und abgeschafft hat und den evangelischen Kirchengesang nicht eingeführt hat."[25] Ihn als prinzipiellen Gegner jeglichen Gesangs im Gottesdienst darzustellen, wäre ungerechtfertigt. Musik ist für ihn kein unentbehrlicher Bestandteil des Gottesdienstes und deshalb kann er als „mahnendes Gewissen der Kirchenmusik dienen."[26]

Johannes Calvin

Auch der jüngste der drei Reformatoren ist sich der Kraft der Musik bewusst, sowohl im Guten als auch im Schlechten. Er ist überzeugt, Gott habe alles zu dem Ziel geschaffen, dass die Menschen Gottes Namen loben.[27] Ohne Gebete ist der Glaube leblos und ohne Gesang sind die Gebete kalt. Aber alles, das vom Glauben ablenkt, muss aus dem Gottesdienst entfernt werden, dazu zählt auch die Musik, die „in ihre Schranken verwiesen werden"[28] muss.

---

[24] *Jenny,* 1966, 30; Ehrensperger bedauert ebenfalls die Entscheidung des Rates von Zürich, bezeichnet Jennys Theorie aber als „offene Mutmaßung". Er hält auch Jennys Vermutung, Zwingli habe lediglich zu wenig Zeit gehabt den Kirchengesang einzuführen, für nicht vertretbar, sondern verweist vielmehr darauf, dass Zwingli bei der „von ihm der Liturgie zugewiesenen Funktion keinen Gesang und keine Musik brauchte" Desweitern bestätigt er, dass Gesang für den Reformator im Gottesdienst nicht unbedingt notwendig sei. *(Ehrensperger, 26ff).*

[25] *Jenny* 1983, 175.

[26] *Jenny* 1966, 44.

[27] *Selderhuis* 61.

[28] *Wilson-Dickson* 65.

Genfer Psalter

Diese wichtigen Grundsätze haben den Reformator dazu veranlasst, die richtigen Lieder für die gläubige Gemeinde zu suchen. Die Texte fand Calvin in der Bibel, in den alttestamentlichen Psalmen, wegen seiner Überzeugung, man könne nichts singen, das Gott würdig ist, wenn man es nicht von diesem empfangen habe. Also müssen die Psalmen ins Französische übersetzt und bereimt werden. Die erste kleine Ausgabe solcher bereimter Psalme ist 1539 erschienen. Um 1550 haben Theodore de Beza und Clément Marot alle 150 biblischen Psalme ins Französische übersetzt und bereimt.

Louis Bourgeois, Guillaume Franc und Maitre Pierre haben sie vertont und somit ist 1562 der *Genfer Psalter* erschienen. Calvin hat strenge Anforderungen an die Komponisten gestellt. Die Melodien bestehen überwiegend aus zwei Notenwerten, heutzutage durch Viertel und Halbe wiedergegeben, es gibt nur sehr selten punktierte Noten und jede Zeile beginnt und endet mit einer langen Note. Außerdem wird nie mehr als eine Note gegen eine Silbe gesetzt und der Gesang ist einstimmig. Diese strengen Regeln führen zu meist gut singbaren Melodien und Calvin hat damit einen Psalmengesang geschaffen, der es ermöglicht „Gott mit Gewicht und Würde zu preisen."[29]

Calvin hat auch einen speziellen und persönlichen Zugang zu den Psalmen gehabt. Sie sprechen ihm aus dem Herzen, erzählen von seinem Leben und geben ihm die Energie zum Glauben. Er hat die Sprache der Psalmen geliebt. Calvin identifiziert sich mit den Psalmen und mit David. Es gibt für ihn keine bessere Weise zu Gott zu beten, als mit Hilfe von Psalmen. „Das aufrichtige Gebet geht hervor erstlich aus der Empfindung unserer Not, dann aber auch aus der Zuversicht auf die Verheißung."[30] Die Psalmen und auch der *Genfer Psalter* machen auf die Not der Menschen aufmerksam und machen gleichzeitig Hoffnung. Mit ihnen wird Gott gelobt und außerdem zeigen sie, wie die Gläubigen leben sollten. Sie leiten die Menschen dazu an sich selbst und Gott zu erkennen und begleiten die Gemeinde auf ihrem schwierigen Weg. Für Calvin ist der Psalter ein Schatz zum Nutzen aller Gläubigen, er wollte etwas erschaffen, das der Erbauung der Kirche dient.

---

[29] *Ebd.*, 66.
[30] *Schützeichel*, 12.

Somit verwundert es keineswegs, dass sich die Übersetzung von Ambrosius Lobwasser von 1573 schnell im deutschsprachigen Raum verbreitet hat und gut angenommen worden ist.

Zusammenfassung

Für alle drei Reformatoren war die Musik ein wichtiges Thema. Allerdings war keiner von ihnen mit der damals existierenden, katholischen Kirchenmusik einverstanden. Denn diese machte eine Beteiligung der Gemeinde an den musikalischen Elementen des Gottesdienstes fast unmöglich, weil sie lateinisch und technisch auf einem hohen Niveau war und deshalb unverständlich. Somit blieb dem Katholiken nichts anderes übrig, als nur zuzuhören. Damit festigte die katholische Kirche ihre Rolle als Vermittler zwischen Mensch und Gott. Calvins Ansatz schuf eine leicht singbare Musik, die auf den ins Französische übersetzen Psalmen beruhte. Somit war es der Gemeinde möglich sich auch musikalisch am Gottesdienst zu beteiligen. Kunstmusik hatte in diesem Konzept allerdings keinen Platz. Für Luther war der Gemeindegesang ein zentrales Element der Kirchenmusik. Die Gemeindelieder sollten ein Teil des alltäglichen Lebens werden und dies gelang auch. Ob nun die einfachen Melodien des *Genfer Psalters* oder die populären Melodien, die Luther verwendete, besser für den Gottesdienstgebrauch geeignet sind, ist abhängig von der Aufgabe, die man der Musik im Gottesdienst zuweist. Auf jeden Fall ermöglichten die beiden Reformatoren der Gemeinde das Mitsingen im Gottesdienst.

Aktuelle Diskussion

In der Reformationszeit sollte die Kirche erneuert und verändert werden. Dabei haben sich die Reformatoren natürlich auch viele Gedanken über die Kirchenmusik gemacht und haben teilweise sehr verschiedene Ansätze vertreten. Allerdings hat die Diskussion über Kirchenmusik keineswegs nach dem Tod jener aufgehört, sondern wurde weitergeführt. Genauso wie die Theologie muss sich auch die mit ihr verbundene Musik ändern, damit Kirche lebendig bleibt. In den letzten Jahrzehnten ist die Diskussion wieder aufgelebt und es gibt mehr Theorien und Ansätze als jemals zuvor.

Bedeutung der Musik in der Kirche

Kirchliches Singen ist ein „Ausweis der jeweiligen religiösen und konfessionellen Identität"[31] und Zeichen einer lebendigen Kirche und Gemeinde. Deshalb spielt Kirchenmusik eine wichtige Rolle im Leben. So zum Beispiel im christlichen Familienleben, indem sie hilft zu lernen aufeinander zu hören und gemeinsam etwas zu vollbringen oder bei Auftritten im Gemeindeleben, bei denen sie andere erfreut und damit diakonisches Handeln und „musikalische Seelsorge"[32] ermöglicht. Es ist leicht mit Musik ein starkes Gemeinschaftsgefühl herzustel-

---

[31] *Bubmann,* 4.
[32] *Ebd.* 5.

len, die Botschaft des Evangeliums zugänglich zu machen oder mit meditativer Musik „einen inneren Raum der Stille [...] für die Begegnung mit Gott"[33] zu öffnen. Dadurch ist es möglich, das ganze Leben der Christen im kirchlichen Singen auszudrücken. Die Musik bereichert jeden Gottesdienst durch ihre gemeinschaftsstiftende Wirkung. Der Gottesdienst hat die Musik schon einige Male verbannt, denn gottesdienstliche Musik ist nicht immer unproblematisch. Aber weil die kommunikative Kraft der Musik sehr groß ist, verlangt Schuberth, dass der Gottesdienst „in seiner Gestalt genügend elastisch und aufnahmefähig gehalten"[34] wird, damit er für neutrale Musik offen ist.

Möglichkeiten und Probleme der Musik

In den folgenden Absätzen sind nun einige der Möglichkeiten und Probleme, die Kirchenmusik mit sich bringt, zusammengefasst.

Musik als Konsumartikel

Eines der großen Probleme, mit dem sich Kirchenmusik generell konfrontiert sieht, ist, dass Musik in unserer heutigen Gesellschaft zu einem Konsumartikel geworden ist. Dank der modernen Computertechnik ist es möglich, Aufnahmen nachzubearbeiten und damit eine ungeahnte Klangvielfalt zu erzeugen. Außerdem schlägt der nahezu perfekte Klang, der uns täglich umgebenden Musik bei vielen Menschen auf die Lust am Singen. Desweiteren ist die Gesangsausbildung an Schulen mangelhaft und nur wenige Menschen sammeln in jungen Jahren Singerfahrung. Aber ohne Gemeindesingen kann es keine erfolgreiche Kirchenmusik geben, denn die Gemeinde soll durch ihr Singen Kirchenmusik mitgestalten.

Wirkung der Musik

Seit langer Zeit wissen die Menschen von der Kraft der Musik und wie wichtig sie ist, um Stimmungen und Gefühle zum Ausdruck zu bringen. Allerdings entfaltet sie so, wie sie in den Gottesdiensten praktiziert wird, nur selten ihre volle Wirkung. Anstatt den Besuchern beim Singen zu helfen, zum Beispiel indem die Melodien vorgesungen werden, erklingt die Musik weit entfernt und unpersönlich von der Orgel aus. Die Besucher werden alleingelassen mit der ihnen oft unvertrauten Musik. Dadurch kann die Musik nur wenige erreichen. Damit die Musik wirken kann, muss man die Menschen zum Singen motivieren und das Gemeindesingen fördern, denn der Gemeindegesang ist ein wichtiger Bestandteil der Musik im Gottesdienst.

Hörsituationen

Beim Singen muss es auch Hörsituationen geben, damit der Glaube, der über die Musik den Menschen nähergebracht werden soll, auch auf diese wirken kann.

---

[33] *Ebd.*, 6.
[34] *Schuberth*, 661.

Die Gemeinde könnte sich beim Singen abwechseln, die einen singen den ersten Teil, die anderen den zweiten und dann singen wieder alle gemeinsam. Schon zu Luthers Zeit ist es üblich gewesen, dass sich Gemeinde und Chor beim Singen abwechseln. Dadurch kann jeder nach seinen Fähigkeiten am Gottesdienst mitwirken. Wenn sich nun Gemeinde und Chor abwechseln, hat jeder auch Zeit zuzuhören. Die Zuhörer lassen, solange die Musik erklingt, den Inhalt des Liedes auf sich beruhen und auf sich wirken, ohne nachzufragen. Damit stellt die Musik „eine ‚Ordnungsleistung' dar, die unverzichtbar ist für die Bereitschaft, sich auf Unwahrscheinliches einzulassen."[35]

Atmosphäre

Jeder Gottesdienst hat eine bestimmte Atmosphäre, welche von der Musik maßgeblich beeinflusst wird. Die christliche Kirchenmusik vermittelt bis heute eine festliche und ernste Stimmung. Allerdings wird die Bedeutung der richtigen Atmosphäre bei einem religiösen Ereignis wenig beachtet und häufig unterschätzt. Wichtig bei religiösen Atmosphären ist, dass sie unverwechselbar sind und anziehend auf die Menschen wirken. Hauschildt behauptet, dass, weil wir in einer Erlebnisgesellschaft leben, in der auch Religion ein Erlebnis sein muss, die Kirchenmusik immer wichtiger für die Wahl der Religion wird, denn sie „gibt religiösen Erlebnissen Form und Ausdruck."[36] Bei manchen Momenten in der Kirche machen alle Menschen das Gleiche und dabei wird die Gleichheit aller Menschen vor Gott sichtbar. Zu diesen rituellen Kernszenen, wie dem Abendmahl und dem Weihnachtsgottesdienst, gibt es rituelle Erkennungsmelodien, wie „Christe du Lamm Gottes" und „O du fröhliche". Hierbei symbolisiert und stiftet Musik Gemeinschaft und es wäre gut, wenn es mehr solche Erkennungsmelodien gäbe. Diese Melodien können mit Leichtigkeit die richtige Atmosphäre erzeugen, weil die Menschen sie kennen und sich dadurch gut auf das, das auf sie zukommt, einstellen können.

Musik als Gottesdienst

Weil Religion mehr und mehr subjektiv erlebt wird, spielen die Gefühle eine immer größere Rolle und somit auch die Musik. Diese ist nun nicht mehr nur Dienerin des Wortes Gottes, sondern verselbständigt sich immer mehr. Der erlebnisarme, wortorientierte evangelische Gottesdienst wird von den Menschen zunehmend als abstoßend empfunden. Sie suchen nach anderen spirituellen Formen und entdecken dabei die Kirchenmusik. Kirchliche Traditionen lassen sich am leichtesten mit Musik kirchenfremden, konfessionslosen Menschen näherbringen. Das zeigt sich daran, dass musikalisch reich ausgestaltete Gottesdienste deutlich besser besucht sind, als der traditionelle Predigtgottesdienst am Sonntag. Durch die Betonung des Wortes im Gottesdienst ist es zu einer Verarmung der Musik gekommen. Manche Menschen sehen Musik als den eigentli-

---

[35] *Erne*, 36.
[36] *Hauschildt*, 87.

chen Gottesdienst an. Aber wenn die Kirchenmusik isoliert und als eigentlicher, besserer Gottesdienst verstanden wird, besteht die Gefahr, dass nur noch auf Professionalität bei der Musik gesetzt wird. Als Teil des Gottesdienstes ist sie aber eine große Bereicherung, die hilft mehr Menschen für Kirche zu begeistern. Ratzmann erwähnt aber noch weitere Probleme: Zum einen, dass die Orgelmusik bei weitem nicht alle Gottesdienstbesucher anspreche und es deshalb wichtig sei, verschieden Stile zu verwenden, um ein breiteres Publikum zu erreichen. Außerdem vermittelt die rein harmonische Musik ein Bild eine „Religiosität der Harmlosigkeit"[37]. Aber zum Beispiel zum Kyrie, bei dem die Gemeinde Gott um Hilfe und Zuwendung bittet, passen keine rein harmonischen Klänge. Allerdings kommt diese harmonische Musik den Menschen mehr entgegen als dissonante Klänge.

Kompositionen für die Kirche

Die große Breite der Kirchenmusik macht aber auch noch heute der Gemeindegesang aus, der in der Regel aus Liedgesang mit Orgelbegleitung besteht. Bei den vielfältigen Anforderungen, die an die Kirchenmusik gestellt werden, braucht man auch neue Lieder. Allerdings gibt es auch beim Vertonen von Bibeltexten Schwierigkeiten. Für Eibach ist die Intention des Künstlers die wichtigste Frage dabei. Beachtet die Vertonung das 1. Gebot oder wird die Musik oder der Künstler vergöttert? Die Intention des Musikgebrauchs muss bibelgemäß sein, das heißt sie darf nicht manipulativ sein.[38] Dann kann die Musik die Bibeltexte erlebbar machen und die Menschen für das Wort Gottes öffnen. Bubmann betont, dass die Musik geprüft werden muss, denn es gebe auch „verlogene, ‚unwahre' Musik",[39] die zum Zwecke der Gewinnmaximierung die Zuhörer manipuliere. Prinzipiell dient sie aber zur Annäherung an Religion und dafür sind viele verschiedene Stile möglich, aber nicht gleich förderlich für die Gemeinschaft. Durch die gesellschaftliche Vielfalt entwickelt sich auch stilistisch vielfältige Kirchenmusik. Dadurch entsteht allerdings die Gefahr, dass das Christentum in unterschiedliche kulturelle Milieus zerfallen könnte. Deshalb fordert Bubmann die Erstellung einer Kernliederliste, die einen Grundbestand von Kirchenliedern festlegt.

Predigt und Musik

Es gibt verschiedene Aufgaben, die der Musik in Hinblick auf die Predigt zugewiesen werden: Entweder dient sie nur dem Predigtinhalt und tritt somit in den Hintergrund oder sie wird als eigentliche, bessere Predigt gesehen. Bei diesen beiden Modellen stehen sich Predigt und Musik als Konkurrenten gegenüber. Das muss aber nicht so sein. Sie können auch zusammen gemeindepädagogisch arbeiten und die Menschen zum Mitwirken anregen oder sie versuchen gemein-

---

[37] *Ratzmann,* 140.
[38] *Eibach,* 153.
[39] *Bubmann,* 10.

sam das „Ganze des Lebens"[40] erfahrbar werden zu lassen und somit den Glauben, der aus dem Hören kommt, zu fördern. Dieses vierte, von Meyer-Blanck favorisierte Modell widerspricht somit der Idee von der Musik als „Vorbereitung" oder „Antwort" auf die Predigt, sowie „einer ‚Autonomie' der Kunst, die nur auf sich selbst verweist."[41]

Interviews

In der Literatur findet man Unmengen an Theorien und Vorschlägen, wie Kirchenmusik gestaltet werden soll. Um einen besseren Einblick zu erhalten, was Kirchenmusiker in Österreich über ihren Tätigkeitsbereich denken, habe ich Interviews mit Martin Wadsack, Roland Kadan, Mareen Osterloh, Klaus Hehn und Matthias Krampe geführt.

1.   Wann ist ein Musikstück „geistlich" oder „kirchlich"? Welche Voraussetzungen muss es dazu erfüllen?

Bei dieser Frage gehen die Meinungen auseinander. Einerseits sind Musikstücke, die einen geistlichen Text als Grundlage haben oder sich mit dem Glauben auseinandersetzen, a priori geistlich. Ob ein Lied geistlich ist, hängt in diesem Fall von dem Inhalt ab. Andererseits besteht auch die Meinung, dass (fast) jede Musik geistlich sein kann. Allerdings nur dann, wenn sie in den richtigen Kontext gestellt wird und ihr Einsatz reflektiert wird. Entscheidend ist also nicht die Absicht des Komponisten[42], sondern, ob das Musikstück elementare religiöse Erfahrungen, wie Geborgensein, Dankbarkeit, Schönheit, Klage, Rettung aus Bedrohung, ermöglicht. Wadsack zieht eine, für den Gottesdienst wichtige, Grenze zwischen „Kirchenmusik" und „liturgischer Musik". Liturgische Musik eignet sich für den Einsatz im Gottesdienst. Sobald ein religiöser Inhalt vertont wird, handelt es sich um Kirchenmusik. Diese muss aber nicht auch für einen Gottesdienst geeignet sein. Zum Beispiel Händels Oratorium „Der Messias", das für Konzertauf-führungen komponiert wurde. Man kann aber ein Stück aus diesem Werk herausnehmen und es im Gottesdienst einsetzen, wenn es zu den Texten passt. Aber auch im sogenannten „Neuen Geistlichen Liedgut"[43] gebe es viele „fromme, religiöse Wald-und-Wiesen-Lieder", die inhaltlich kaum einen Gottesdienstbezug aufweisen und deshalb für den Gebrauch im Gottesdienst ungeeignet sind.

2. ..... Kann auch Musik ohne Text „geistlich" oder „kirchlich" sein?

Auf diese Frage gab es von allen Kirchenmusikern ein klares Ja. Im richtigen

---

[40] *Meyer-Blanck,* 145.
[41] *ebd..*
[42] Im Gegensatz zu Eibachs Einstellung S.292.
[43] Darunter sind religiöse Lieder zu verstehen, die durch Popularmusik beeinflusst wurden.

Kontext kann auch Musik ohne jeglichen Textbezug geistlich *sein*.[44]

3. *Was sind die Aufgaben von Musik im Gottesdienst?*

Eine wichtige Aufgabe von Musik ist die Verkündigung,[45] dabei soll die Musik gleichberechtigt mit dem gesprochenen Wort sein und auch zum Weiterdenken anregen. Außerdem ist sie wichtig zur Ausgestaltung des Gottesdienstes, um für Abwechslung und eine aktive Beteiligung der Gemeinde am Geschehen zu sorgen. Da die Musik eine starke emotionale Wirkung hat und somit stärker als das gesprochene Wort wirkt, wird sie auch zur Seelsorge eingesetzt. Dies geschieht vor allem bei Trauergottes-diensten, aber auch bei fröhlichen Anlässen, wie Trauungen oder Taufen, weil sich die Anwesenden mit bestimmter Musik oft wohler fühlen. Durch die Affektbezogenheit[46] der Musik können Lob und Dank, aber auch Sorgen und Nöte besser ausgedrückt werden und eine rationalistische Engführung auf Kopf und Wort vermieden werden. Außerdem hilft die Musik, dass eine Feierstimmung im Gottesdienst aufkommt.[47]

4. *Welche Aspekte sind beim Einsatz von Musik im Gottesdienst zu beachten?*

Das wichtigste, damit Musik im Gottesdienst wirken kann, ist, dass die Zielgruppe und der Anlass geklärt sind. Danach kann dann entschieden werden, welche Musik eingesetzt wird, damit sie auch zum Gottesdienst passt. Es gibt auch einen pädagogischen Aspekt bei der Musikauswahl: Welches Liedrepertoire soll in der Gemeinde verankert werden und welche Lieder helfen der Band oder dem Chor sich weiterzuentwickeln? Außerdem sollte man darauf achten, wann der Gottesdienst im Kirchenjahr ist und dass die Musik zu den Lesungstexten passt. Ein weiterer wichtiger Punkt ist die Länge der Musikstücke und die sollte die Gemeinde zu jedem Gottesdienst selbst bestimmen.

5. *Wie muss Musik sein, damit sie in einem Gottesdienst eingesetzt werden kann? Welche Musik ist Ihrer Meinung nach unpassend für einen Gottesdienst und warum?*

Musik im Gottesdienst darf nicht zu schwer sein, so dass die Gemeinde überfordert wird. Allerdings darf sie ein gewisses Niveau nicht unterschreiten, wie zum Beispiel Schlagermusik. Jede Musik, deren Text dem Reich Gottes nicht entspricht, wie zum Beispiel das Horst-Wessel-Lied oder sexistischer Hip-Hop, ist ebenfalls ungeeignet. Es ist wichtig, dass der Text theologischen und intellektuellen Tiefgang hat und die Melodie emotional anregend ist. Krampe weist darauf

---

[44] Zum Beispiel, wenn man beim Hören an die Schönheit von Gottes Schöpfung denkt. Hierzu nennt Osterloh die Alpensinfonie und Kadan die 6. Symphonie von Beethoven als Beispiele.

[45] s. S. 281f.: Luther: Das Kirchenlied soll das einfache Volk zum Glauben hinführen und seine Lehre verbreiten.

[46] Die „Macht der Musik" in Hinblick auf die menschlichen Gefühle, haben auch schon die Reformatoren erkannt. s. S. 281: Luther; s. S. 283f.: Zwingli und Calvin

[47] vgl. S. 219: Atmosphäre.

hin, dass auch in der musikalischen Provokation ein tiefer geistlicher Sinn liegen kann.[48] Schlechte Musik[49] ist prinzipiell ungeeignet, dennoch kann es seelsorgerliche und kommunikative Aspekte geben, die ihren Einsatz rechtfertigen. Somit ist die Frage, welche Musik passend ist, je nach Situation anders zu beantworten.

6. Wie definieren Sie das Verhältnis zwischen Text und Melodie bei Kirchenliedern?

Einerseits gibt es hier den Ansatz, dass die Musik Dienerin des Wortes Gottes sein soll.[50] Kadan ist der Meinung, dass Musik und Text zueinander passen und sich gegenseitig unterstützen müssen und die Gewichtung liegt für ihn bei etwa 50:50. Krampe verweist auf den Begriff „Weltsprache Musik" und betont, dass die Musik eine eigene Botschaft vermittelt. Nun ist es wichtig, dass diese musikalische Botschaft zum Text passt, weil, je nach Melodie, der Text unterschiedlich wirkt. Die Botschaft des Textes verändert sich mit der Musik und ist zu einem guten Teil von ihr abhängig. Allerdings kann im Normalfall die Melodie nicht mehr als die im Text vorhandene Stimmung wiedergeben, da bei einem Lied viele Strophen zu einer Melodie gesungen werden. Deshalb muss diese zu allen Strophen passen und kann nicht Wörter einer Strophe besonders hervorheben, weil es dann wieder Probleme mit dem Text der anderen Strophen gibt.

7. Was ist beim Komponieren von Liedern, die für den Gebrauch in der Kirche bestimmt sind, zu beachten?

Obwohl es eine Vielzahl an Kirchenliedern gibt, ist es wichtig, dass immer wieder neue hinzukommen, damit die Kirchenmusik lebendig bleibt. Ein Gemeindelied darf nicht zu schwierig sein, damit die Gemeinde nicht überfordert wird. Also sollte der Tonumfang eine Oktave nicht übersteigen und auf rhythmische Besonderheiten sollte ebenfalls verzichtet werden. Der Text muss inhaltlich passen[51] und Kadan verlangt auch, dass er verständlich und anspruchsvoll ist, also eine gewisse lyrische Qualität besitzt. Wenn man ein Stück komponiert, ist es wichtig auf die Situation, in der das Stück aufgeführt werden wird, zu achten. Man muss sich den Anlass des Gottesdienstes und die Position des Liedes in diesem vor Augen halten. Außerdem muss man an die Aufführenden denken und den Schwierigkeits-grad an die Fähigkeiten jener sowie an die zur Verfügung stehende Probenzeit anpassen. Ein weiterer wichtiger Aspekt ist der Text-

---

[48] Ein Beispiel für musikalische Provokation ist der Gottesdienst am 4. Advent 2009 der Jugend der Markuskirche. s. S. 299.

[49] Schlechte Musik ist für Krampe Musik, die undifferenziert ist, die unfrei macht, also manipulative Musik, wie Marschmusik oder Kitsch. Diese Musik lenkt von der Selbsterfahrung und ehrlichen Auseinandersetzung mit Gefühlen ab, sie ist also in der einen oder anderen Art „unwahr", nicht wahrhaftig.

[50] so Hehn; s. a. S. 284: Luthers Stellung: Die Musik dient dem Text, damit er besser auf die Menschen wirkt und sie hat den zweiten Platz hinter der Theologie.

[51] Im Sinne von Frage 5: Der Text darf dem Reich Gottes nicht widersprechen. s. S. 21.

bezug. Man muss versuchen, dem Text musikalisch bestmöglich gerecht zu werden und dabei spielt die Interpretation des Textes durch den Komponisten eine große Rolle. Wadsack veranschaulicht das anhand der Vertonung des Glaubens-bekenntnisses. Bei der Stelle „…und er wird wiederkommen in Herrlichkeit zu richten die Lebenden und die Toten. Seiner Herrschaft wird kein Ende sein."[52] gibt es mehrere Möglichkeiten. Man kann an der Oberfläche bleiben und „Lebenden" munter und lustig darstellen und „Toten" tief und dunkel oder man stellt die ganze Stelle düster und schrecklich dar, um auf die Strenge des Gerichts zu verweisen. Wadsack hingegen hat die Stelle im Sinne einer strahlenden Herrlichkeit vertont, weil er davon überzeugt ist, dass dieses Gericht überwältigend und herrlich sein wird.

Komponieren von Kirchenmusik

Um einen Einblick zu bekommen, wie die theoretischen Überlegungen der Kirchenmusiker in die Realität umgesetzt werden, habe ich Martin Wadsack, der regelmäßig Psalmen für Gottesdienste in der Markuskirche komponiert, getroffen.

Psalmvertonungen

Im Gegensatz zu Johannes Calvin, vertont Martin Wadsack die Psalmen nicht nur für die Gemeinde allein, sondern für die Gemeinde mit einem Vorsänger. Zuerst führte er mit dem Tenor Markus Puchberger Psalmvertonungen von Wolfgang Reisinger auf. Allerdings gibt es nur 26 und deshalb begann Martin Wadsack, eigene zu komponieren. Ein wichtiger Punkt für ihn ist es, die Gemeinde mit einzubeziehen. Dazu ist der Kehrvers eine gute Möglichkeit. Darum muss in diesem prägnant die gesamte Aussage, sowohl musikalisch als auch inhaltlich, enthalten sein. Außerdem muss er einprägsam sein, damit ihn die Gemeinde direkt nach dem ersten Hören auch nachsingen kann.

Eine neue Vertonung beginnt mit dem Studium des Psalms. Zuerst fasst Wadsack die Gesamtaussage im Kehrvers zusammen und danach studiert er den Psalm im Detail. Der Text hat eine eigene Dramaturgie und gibt dadurch die Melodie vor. Es ist wichtig möglichst viel aus dem Text herauszuholen und ihn mit der Melodie zu unterstützen. Ein Beispiel ist der 72. Psalm in dem es heißt: „…den Elenden, der keinen Helfer hat." Bei dieser Stelle singt der Solist ganz alleine, er hat „keine Helfer". Psalm 36 lobt Gottes Güte, die soweit wie der Himmel reicht. Wadsack dachte dabei an die Unendlichkeit und die Wolken, die in einem großen Kreis um die Erde geweht werden. Vom Kreis, der ebenfalls keinen Anfang und kein Ende hat, ist es kein großer Schritt mehr zum Quintenzirkel. Nun „kreiste" Wadsack bei der ersten Strophe einmal mit den Tonarten um den Quintenzirkel herum, um der Unendlichkeit eine musikalische Gestalt zu geben. Es ist wichtig diese Vorgaben, die der Text gibt, zu erkennen und zu

---

[52] Nach dem Glaubensbekenntnis von Nicäa/Konstantinopel.

nutzen. Selbstverständlich vertont jeder Komponist den Text anders, allerdings gibt der Text eine gewisse Richtung vor.

Osterkantate und CD „Chor der Markuskirche"

Es gibt mehrere Faktoren, die zu Entstehung der CD geführt haben. Einerseits soll mit der CD die Erweiterung der Orgelempore finanziert werden und andererseits ist sie ein Meilenstein in der Geschichte des Chores der Markuskirche und dient zu dessen Weiterentwicklung. Auf der CD befindet sich die Kantate zur Osterzeit „Freu dich, erlöste Christenheit" von Martin Wadsack, die am 10. Mai 2009 uraufgeführt wurde. Wadsack hat versucht mit der Kantate zeitgemäße Kirchenmusik zu schaffen, die sich zur Tradition bekennt und trotzdem klar als gegenwärtige Musik zu erkennen ist. Sie soll emotional berühren und einen gewissen intellektuellen Anspruch erfüllen. Es war ihm wichtig, dass die Musik „Liturgie gestalten und Worte verdeutlichen will, um so den Gottesdienst als großes Fest erlebbar zu machen und die in der Auferstehung Christi begründete Freude (…) auszudrücken."[53] Es war ihm ein Anliegen zu zeigen, dass sich die Orgel mit anderen Instrumenten gut vereinen lässt und man sie „auf keinen Fall als alt oder verstaubt abtun darf."[54] Außerdem war es ihm wichtig, dass die Kantate sowohl im evangelischen als auch im katholischen Kontext aufführbar ist.

CD des Chores der Markuskirche

Die drei weiteren Werke auf der CD – *Toccata in F-Dur* von Dietrich Buxtehude sowie *Dies sind die heilgen zehen Gebot* und *Trio über Allein Gott in der Höh sei Ehr* von Johann Sebastian Bach – wurden ausgewählt, da sie zur Grundstimmung der Osterkantate passen und zu den Lieblingswerken von Martin Wadsack zählen. Außerdem eignet sich die Orgel der Markuskirche vor allem für Musik aus der Barockzeit.

Anwendung von Musik im Gottesdienst

Um die Möglichkeiten der Musik in Gottesdiensten zu veranschaulichen werde ich nun zwei Beispiele aus der evangelischen Pfarrgemeinde A.B. Wien-Ottakring präsentieren und die dahinterstehenden Überlegungen darlegen.

Erweiterung der Predigt

---

[53] *Wadsack* 2011.
[54] Ebd.

Anhand Konfirmandengottesdienstes[55] von 2011 lassen sich zwei Möglichkeiten des Einsatzes von Musik im Gottesdienst gut darstellen. Die große Gruppe von 25 Konfirmanden wählte das Thema „Freundschaft". Einer der Konfirmanden konnte, dank der Unterstützung des Organisten, ein kurzes Musikstück von Bach an der Orgel spielen. So entschlossen sich die Konfirmanden mit diesem Stück einzuziehen. Das Präludium nahm somit keinen Bezug auf das Thema des Gottesdienstes, sondern sollte die Konfirmanden der Gemeinde „vorstellen". Die Predigt konzentrierte sich darauf, was einen guten Freund ausmacht und wie wichtig es ist aufeinander zuzugehen. Deshalb wurde das Lied „With a Little Help from My Friends" gewählt, um einen weiteren Aspekt einer Freundschaft, die gegenseitige Unterstützung, zu vermitteln. In diesem Fall sollte das Lied die Predigt erweitern.

Provokation

Den Gottesdienst zum vierten Advent 2009 gestaltete die Jugend. Als Thema wählten wir den Stress in der Vorweihnachtszeit[56] und wollten die Gemeinde dazu auffordern, sich Zeit für Weihnachten zu nehmen und über den Sinn des Festes nachzudenken. Wir diskutierten lange, wie wir den Stress im Gottesdienst präsentieren könnten. Ein Ansatz waren die selbstgeschriebenen Weihnachtsgeschichten der Lesung und ein zweiter das Präludium. Traditionell begann unser Organist mit „Wir sagen euch an den lieben Advent", währenddessen wurden, wie üblich, die Kerzen des Adventkranzes angezündet. Nach der vierten Strophe setzte das Klavier mit zwei Sängern und „Stille Nacht" ein. Etwas später kamen noch eine Gitarre mit einem weiteren Lied und zum Schluss ein CD-Spieler mit „Last Christmas" dazu. Zuerst wurden dem Organisten böse Blicke zugeworfen, weil er weiterspielte, dann merkte die Gemeinde aber, dass es so gewollt war. So verwandelte sich das anfangs beschauliche und allseits bekannte Präludium in eine schreckliche Kakophonie, welche die Gemeinde aufrüttelte und ihre Wirkung nicht verfehlte. Dadurch wurde die Harmonie und Idylle, die „Wir sagen euch an den lieben Advent" erzeugt hatte, zerstört und der Stress der Weihnachtszeit in die Kirche gebracht. Die verschiedenen, von allen Seiten gleichzeitig erklingenden Lieder erinnerten nicht mehr an einen Gottesdienst, sondern viel mehr an den Gang über eine weihnachtliche Einkaufsstraße, bei welchem aus jedem Geschäft ein anderes Lied ertönt.

Schlusswort

Musik hat große Macht über Menschen. Sie spricht Gefühle in einer Art und Weise an, wie es dem gesprochenen Wort unmöglich wäre. Schon in der Refor-

---

[55] In der Markuskirche ist es Tradition, dass die Konfirmanden kurz vor ihrer Konfirmation einen eigenen Gottesdienst gestalten, bei dem sie von den Mitarbeitern unterstützt werden. Dieser Gottesdienst wird auf einem 3 bis 4-tägigen Konfirmandenwochenende vorbereitet.

[56] Die Predigt und die Lesung, die aus kurzen, persönlichen Weihnachtsgeschichten bestand, wurden auf der Homepage der Markuskirche veröffentlicht. (http://www.markuskirche.com/homepage/textgalerie) Stand: 01.07.2012.

mationszeit wurden ihre Möglichkeiten erkannt und genutzt. Luther wollte den Menschen den Zugang zum Evangelium erleichtern, Calvin die Gebete der Menschen beleben. Für beide war der Gemeindegesang ein essentieller Bestandteil des Gottesdienstes und wichtig, um Gott und Jesus zu loben, zu preisen und zu danken.

Auch heute belebt und schmückt Musik den Gottesdienst, allerdings besteht die Gefahr, dass ihr Gebrauch zu wenig reflektiert wird. Predigt und Gemeindelied dürfen sich nicht als Konkurrenten gegenüberstehen, sondern müssen gemeinsam den Gottesdienst gestalten und die Botschaft Gottes den Menschen näher bringen. Musik und Wort haben unterschiedliche Möglichkeiten, die nicht gegeneinander ausgespielt werden dürfen, sondern gemeinsam für einen gelungenen Gottesdienst sorgen müssen. Dazu ist aber ein Dialog zwischen Liturgen und Musikern wichtig, damit alle Möglichkeiten ausgeschöpft werden können und gemeinsam wirken und Gottes Botschaft erfahrbar machen.

Neue Kompositionen für die Kirche sind wichtig, damit die Kirchenmusik lebendig bleibt. Genauso wenig, wie jeden Sonntag dieselbe Predigt erzählt werden sollte, sollte dieselbe Musik erklingen. Neue Lieder werden meist auf Basis bereits bestehender Texte, wie zum Beispiel neue Psalmvertonungen, komponiert. Dabei fällt der Melodie die Aufgabe zu den Text zu unterstützen und dessen Stimmung auszudrücken und beide müssen zusammenpassen, damit sie ihre Wirkung entfalten können.

Musik und gesprochenes Wort dürfen auf keinen Fall versuchen, sich gegenseitig in den Hintergrund zu drängen. Wenn die Musik im Vordergrund ist, besteht die Gefahr, dass nur noch auf Professionalität gesetzt wird und die eigentliche Botschaft aus den Augen verloren geht. Wenn allerdings das Wort betont wird, verarmt die Musik und der Gottesdienst ist gefährdet, leblos und schmucklos zu werden.

Anhang

Interviewpartner

Martin Wadsack

Martin Wadsack wurde 1987 in Wien geboren, begann mit 15 Orgel zu lernen und studierte Kirchenmusik. 2007 legte er die B-Prüfung in katholischer Kirchenmusik ab und begann seine Tätigkeit in der evangelischen Markuskirche in Ottakring. Dort ist er als Organist und Chorleiter tätig. 2008 wurden seine Missa „Ubi caritas et amor Deus ibi est" in Breitensee und 2009 seine Osterkantate „Freu dich, erlöste Christenheit" in der Markuskirche uraufgeführt.

Roland Kadan

Roland Kadan wurde 1961 in Wien geboren und studierte Lehramt Latein und Kombinierte Evangelische Religionspädagogik. Seit 1988 ist er Mitarbeiter im Organisationsteam für den Wiener Friedenstag und war von 1993 bis 1997 dessen Veranstalter. Außerdem komponiert er Lieder.

Mareen Osterloh

Mareen Osterloh ist in Norddeutschland aufgewachsen und ist nach bestandener A-Prüfung nach Österreich gekommen. Sie ist Diözesankantorin des Burgenlandes und seit Februar 2011 Obfrau des Verbandes für Evangelische Kirchenmusik in Österreich.

Klaus Hehn

Klaus Hehn wurde 1940 geboren und studierte an der Universität für Musik und darstellende Kunst in Wien Klavier, Komposition und Orgelspiel. Von 1970 bis 2005 war er Organist der Reformierten Stadtkirche und ist inzwischen in Pension.

Matthias Krampe

Matthias Krampe wurde 1966 geboren und studierte Kirchenmusik und zusätzlich Klavierkammermusik, Liedbegleitung und zeitgenössische Musik. 1990 bestand er die A-Prüfung Kirchenmusik und begann ein Konzertfachstudium Orgel und Cembalo in Wien. Seit 1993 ist er Landeskantor der Evangelischen Kirche A. und H.B. und gibt Konzerte als Organist, Chorleiter und Dirigent im In- und Ausland.

Literatur:

Bianconi, Lorenzo: Musik in the seventeenth century. – Cambridge University Press, 1987.

Blume, Friedrich: Geschichte der evangelischen Kirchenmusik. – Kassel: Bärenreiter-Verlag, 1965.

Bretschneider, Wolfgang; Massenkeil, Günther; Müller, Ludger; Jaschniski, Eckhard: Kirchenmusik. In: *Kapser, Walter* (Hg.): Lexikon für Theologie und Kirche Band 5. – Freiburg im Breisgau, Wien: Herder, 1995.

Bubmann, Peter: Musik in der Kirche – Chancen und Herausforderungen. In: Praxis der Kirchenmusik: Zeitschrift für Evangelische Kirchenmusik in Österreich. – Wien: Verband für Evangelische Kirchenmusik in Österreich, 1/2011.

Ehrensperger Alfred: Die Stellung Zwinglis und der nachreformatorischen Zürcher Kirche zum Kirchengesang und zur Kirchenmusik. In: Musik in der Evangelisch-Reformierten Kirche: eine Standortbestimmung. – Zürich: Theologischer Verlag, 1989.

Eibach, Martin; Eibach-Danzeglocke, Swantje: Kirchenmusik als Bibelgebrauch. In: *Fermor, Gotthard* (Hg.): Kirchenmusik als religiöse Praxis: praktisch-theologisches Handbuch zur Kirchenmusik. – Leipzig: Evangelische Verlagsanstalt, 2006.

Erne, Thomas: Rhetorik. In: *Fermor, Gotthard* (Hg.): Kirchenmusik als religiöse Praxis: praktisch-theologisches Handbuch zur Kirchenmusik. – Leipzig: Evangelische Verlagsanstalt, 2006.

Fritsch-Oppermann, Sybille C.: Kirchenmusik und Poesie. In: *Fermor, Gotthard* (Hg.): Kirchenmusik als religiöse Praxis: praktisch-theologisches Handbuch zur Kirchenmusik. – Leipzig: Evangelische Verlagsanstalt, 2006.

Grössing, Joachim: Mich an einen wenden, der größer ist als ich...– *Kyrie eleison/Herr, erbarm dich unser* im Gottesdienst. In: Praxis der Kirchenmusik: Zeitschrift für Evangelische Kirchenmusik in Österreich. – Wien: Verband für evangelische Kirchenmusik in Österreich, 2/2011.

Hauschildt, Eberhard: Kirchenmusik in der Erlebnisgesellschaft. In: *Fermor, Gotthard* (Hg.): Kirchenmusik als religiöse Praxis: praktisch-theologisches Handbuch zur Kirchenmusik. – Leipzig: Evangelische Verlagsanstalt, 2006.

Henkys, Jürgen: Kirchenlied III. In: *Krause, Gerhard* (Hg.): Theologische Realenzyklopädie (TRE) Band 18. – Berlin: von Gruyten, 1984.

Jahrbuch für die Geschichte des Protestantismus in Österreich Band 126. – Leipzig: Evangelische Verlagsanstalt, 2010.

Jenny, Markus: Luther, Zwingli, Calvin in ihren Liedern. – Zürich: Theologischer Verlag, 1983.

Jenny, Markus: Zwinglis Stellung zur Musik im Gottesdienst. – Zürich: Zwingli, 1966.

Knellwolf, Ulrich: Die Musik im reformierten Gemeindegottesdienst. In: Musik in der Evangelisch-Reformierten Kirche: eine Standortbestimmung. – Zürich: Theologischer Verlag, 1989.

Kunstmann, Joachim: Atmosphäre. In: *Fermor, Gotthard* (Hg.): Kirchenmusik als religiöse Praxis: praktisch-theologisches Handbuch zur Kirchenmusik. – Leipzig: Evangelische Verlagsanstalt, 2006.

Kurzke, Hermann: Kirchenlied interdisziplinär: hymnologische Beiträge aus Germanistik, Theologie und Musikwissenschaft – Frankfurt am Main, Wien: Lang, 2002.

Kurzke, Hermann; Fuchs, Guido; Schepping, Wilhelm: Kirchenlied. In: *Kapser, Walter* (Hg.): Lexikon für Theologie und Kirche Band 5. – Freiburg im Breisgau, Wien: Herder, 1995.

Link, Christian: Johannes Calvin: Humanist, Reformator, Lehrer der Kirche. – Zürich: TVZ, Theologischer Verlag, 2009.

Lölkes, Herbert: Huldrych Zwingli. In: *Herbst, Wolfgang* (Hg.): Komponisten und Liederdichter des Evangelischen Gesangbuchs. – Göttingen: Vandenhoeck & Ruprecht, 1999.

Luther, Martin: Dr. Martin Luthers Werke Weimarer Ausgabe (WA) Kritische Gesamtausgabe. – Weimar: Böhlau; Graz: Akademische Druck und Verlagsanstalt, 1883ff.

Meyer-Blanck, Michael: Kirchenmusik und Predigt. In: *Fermor, Gotthard* (Hg.): Kirchenmusik als religiöse Praxis: praktisch-theologisches Handbuch zur Kirchenmusik. – Leipzig: Evangelische Verlagsanstalt, 2006.

Ratzmann, Wolfgang: Kirchenmusik als Gottesdienst. In: *Fermor, Gotthard* (Hg.): Kirchenmusik als religiöse Praxis: praktisch-theologisches Handbuch zur Kirchenmusik. – Leipzig: Evangelische Verlagsanstalt, 2006.

Rößler, Martin: Martin Luther. In: *Herbst, Wolfgang* (Hg.): Komponisten und Liederdichter des Evangelischen Gesangbuchs. – Göttingen: Vandenhoeck & Ruprecht, 1999.

Schorn-Schütte, Luise: Die Reformation – Vorgeschichte, Verlauf, Wirkung. – München: Beck, 1996.

Schuberth, Dietrich: Kirchenmusik. In: *Krause, Gerhard* (Hg.): Theologische Realenzyklopädie (TRE) Band 18. – Berlin: von Gruyten, 1984.

Schützeichel, Heribert: Der Herr mein Hirt: Calvin und der Psalter. – Trier: Paulinus, 2005.

Selderhuis, Herman J.: Gott in der Mitte: Calvins Theologie der Psalmen. – Leipzig: Evangelische Verlagsanstalt., 2004.

Teichmann, Wolfgang: Populäre Kirchenmusik. In: *Fermor, Gotthard* (Hg.): Kirchenmusik als religiöse Praxis: praktisch-theologisches Handbuch zur Kirchenmusik. – Leipzig: Evangelische Verlagsanstalt, 2006.

Veit, Patrice: Das Kirchenlied in der Reformation Martin Luthers – Eine thematische und semantische Untersuchung. – Stuttgart: Steiner-Verlag Wiesbaden, 1986.

Wadsack, Martin: Chor der Markuskirche – Kantate zur Osterzeit. – Wien: 2011.

Wilson-Dickson, Andrew: Geistliche Musik: ihre großen Traditionen; vom Psalmengesang zum Gospel. – Giessen: Brunnen-Verlag, 1994.

Internet

Freudenberg, Matthias: Calvin und die Psalmen. http://www.reformiert-info.de/3864-0-0-20.html, 30.09.2011.

Calvin singt. http://www.ekd.de/calvin/psalter.php, 30.09.2011.

Mag. Matthias Krampe. http://etfpt.univie.ac.at/team/mag-matthias-krampe/, 13.01.2012.

Dr. Roland Kadan. http://etfrp.univie.ac.at/team/roland-kadan/, 13.01.2012.

Bilder

Titelseite: Orgel: http://www.andreas-warler.de/images/orgel.jpg 27.01.2012.

S6: Martin Luther:
   http://portrait.kaar.at/Deutschsprachige%20Teil%201/images/martin_luther.jpg
   17.01.2012.

S6: Huldrych Zwingli:
   http://portrait.kaar.at/Deutschsprachige%20Teil%201/images/ulrich_zwingli.jpg
   17.01.2012.

S7: Johannes Calvin: http://www.rvc.cc.il.us/faclink/pruckman/phil/calvin.gif
   17.01.2012.

S10: Eine feste Burg ist unser Gott:
   http://4.bp.blogspot.com/_x8knnjd_aDQ/TJKNUpSBNII/AAAAAAAAAHs/J_H_S
   557Hm4/s1600/EinFesteBurg%5B1%5D.jpg 17.01.2012.

S12: Reformierter Gottesdienst: http://gabrieleweis.de/3-geschichtsbits/histo-surfing/4-
   neuzeit1/4-2-renaissance/synopsenbilder/ref-gottesdienst.jpg 25.01.2012.

S14: Genfer Psalter: http://spindleworks.com/music/hugo/psautier.htm 17.01.2012.

S27:   CD: http://www.markuskirche.com/homepage/images/stories/Chor-CD.jpg
   17.01.2012

REZENSIONEN

Szagun, Anna-Katharina

Ist Gott ein Dreieck oder doch ein Elefant? mit Illustrationen von Dorothea Berndt und Zoe Szagun, Jena 2011, ISBN 978-3-941854-57-4.

Man sieht sie richtiggehend vor sich, wie sie ihren Enkeln vorliest und versucht, ihnen Anfänge religiöser und christlicher Tradition zu erschließen: Anna-Katharina Szagun, emeritierte Rostocker Professorin für Religionspädagogik, Mutter von 5 Kindern und begeisterte Großmutter. Ihr kleines 2011 in Jena erschienenes 65-seitiges Büchlein „Ist Gott ein Dreieck oder doch ein Elefant?" atmet durchgängig nicht nur den religionspädagogischen, sondern vor allem auch den reichen großmütterlichen Erfahrungsschatz und den aktuellen Sitz im dörflichen Leben. Existentiell authentische Kost ist angesagt, wenn den Eltern in unbekümmerter theologischer Positionierung Antworten auf die religiösen Fragen ihrer Kinder angeboten und erzählt werden. Dabei geht A.-K. Szagun davon aus, dass den Eltern – und damit auch ihren Kindern – die „kulturelle Tapete" des Christentums, seine „Sprachbilder" und vor allem das (Fremd-)Wort Gott „weitgehend unbekannt" ist. Dem möchte, wie die „Vor-Worte an die ,Großen'" am Schluss bekunden, das Büchlein abhelfen; es will den Eltern „Hilfestellung leisten", wenn ihre Kinder religiös fragen: wenn sie „nach dem Ursprung und Ende des Lebens und – in unserem Kulturkreis – auch nach Gott, nach Ewigkeit, Himmel und Hölle, Engeln und Teufeln u.s.w." fragen (59).

Narrativ gefällig verpackt in einem Besuch von Lisa und Peter bei ihrer Oma werden viele dieser Fragen und Vorstellungen der beiden aufgeweckten, stets interessierten und unternehmungslustigen Kinder bei sich bietenden Gelegenheit angesprochen, aufgegriffen und gut verständlich beantwortet. Aufmerksam und sensibel werden frag-würdige Alltagssituationen genutzt, um kindlich passfähige religiöse Gespräche zu führen und Geschichten zu hören. Ausgehend vom „profanen" Essensritual im Kindergarten wird etwa zum Mittags- und Abendgebet geführt und über die von der Großmutter geschickt inszenierte und erklärte Gebetspraxis schrittweise hingeleitet zu Gott, diesem auch für Erwachsene so schweren Wort. Der große Theologe Gerhard Ebeling hätte seine Freude gehabt! Und die Großmutter drückt sich nicht; tapfer bekennt sie vor den wissbegierigen Enkeln, „was ich Gott nenne": jene „unsichtbare große Kraft hinter und in allem, was es gibt auf der Welt", aus der für mich alles kommt (15). Und als sie ob dieser ihrer theologisch mächtigen Gottesdefinition die ,verständnistrüben' Gesichter ihrer Enkelkinder sieht, versucht es die erfahrene Religionspädagogik mit Bildern für Gott …! „Peter und Lisa wird es fast schwindlig bei der Vorstellung, dass etwas gleichzeitig ein bisschen wie Luft und Wind, Wasser und wie ein Netz sein kann. Das ist schon zum Staunen. Darüber müssen sie noch nachdenken." (17)

Beinahe genial, wie hier gleichsam en passant zwei Grundelemente christlichen Glaubens, Staunen und Nachdenken, kindlich artikuliert und markiert werden, die das in diesem Büchlein verfolgte religionspädagogische Konzept christlicher Früherziehung so sympathisch machen. Ein Gang auf den Friedhof zu Opas

Grab folgt und gibt Gelegenheit, die neu gewonnenen (Er-)Kenntnisse über Gott und das Beten in anderem Kontext und Lebensraum zu bedenken und zu bewähren. Auf seine besondere Weise geschieht das auch am Sonntagmorgen; da gehen Lisa und Peter mit Oma in die Kirche, wo sie angeblich (bei einem christlich sozialisierten Vater!?) noch nie waren. Mit aufmerksamer Neu-Gier erleben die beiden Enkel den Gottesdienst, die Orgel, den Pfarrer im Talar mit Beffchen, den Altar, das „gruselige" Bild von dem „Mann am Kreuz", das unbekannte Bibelbuch, die Kanzel, den Gesang, das „Vater unser" und endlich den Schluss mit Segen, Orgelnachspiel und Glockenklang. Wo möglich, antwortet die Oma in sachlicher Kürze und kundiger Geduld auf die Fragen ihrer klugen Enkel. Nur das „Rätselbild" in der Kirche, „das große Dreieck mit einem Auge in der Mitte", der Gekreuzigte und der gespenstische „Heilige Geist" werden erst nach dem Mittagessen ausführlich erklärt. Jetzt erfahren die Enkel, was ihre Großmutter „dazu denkt", und das geschieht mittels eines gebastelten dreiseitigen Dreiecks, mit dem die theologisch gebildete Oma den Kindern das kirchliche Trinitätsdogma zu erschließen sucht: in seiner didaktischen Umsetzung bemerkenswert und lesenswert! Die trinitarische Bastelarbeit des ‚Dreieck-Gottes' mit Auge mündet einmal mehr in das genuin „theologische" Nachdenken von Enkeln und Großmutter über das menschlich begrenzte „Verstehen von Gott", narrativ gekrönt durch die bekannte Geschichte vom Elefanten und den blinden Gelehrten. Erfreulich, wie sich dieses scheinbar anspruchslose Büchlein vom Titel bis zu den letzten Seiten so theologisch und didaktisch ansprechend mit der Gottesfrage, dem fundamentalen Proprium religiöser Erziehung und Bildung, auseinandersetzt!

Von daher kann Szaguns erzählte Aufklärung durchaus eine erste „Hilfestellung" sein für Eltern, die gerade gegenüber den religiösen Fragen ihrer Kinder „Hilflosigkeit" spüren. Sie können die Geschichte in kurzer Zeit selbst lesen, können den Kindern vorlesen und sollten darüber vor allem mit ihnen ins Gespräch kommen, die beigefügten kindgemäßen Tuschzeichnungen gemeinsam betrachten und mit den gemachten (Bastel-)Vorschlägen kreativ umgehen. Dann könnte daraus, wie es sich die Autorin in ihren ‚Nach-Vor-Worten' wünscht, ein echtes „‚Mitmach-Buch' für Erwachsene und Kinder" werden. Warum nicht? Die schlichte ‚story' dürfte aufgeweckte Kinder interessieren und – was besonders wichtig ist – ihnen eine gediegene religionsdidaktisch bedachte christliche Grundbildung vermitteln, aus der sich ein mündiger Gottesglauben entwickeln könnte. Dank der begnadeten Großmutter und Religionspädagogin!

Rainer Lachmann

„Kinderbibeln in der Aufklärungszeit"

Eine Auseinandersetzung mit Katja E. A. Eichlers Arbeit zur Religionspädagogik über „Biblische Geschichten bei Rudolph Christoph Lossius und Kaspar Friedrich Lossius" (ARP 44), Göttingen 2011

In seinem epochalen Werk „Die Sokratik im Zeitalter der Aufklärung" (Breslau 1900, 185f.) schreibt Martin Schian: *„Die biblische Geschichte spielt als Unterrichtsgegenstand / keine selbständige, überhaupt keine hervorragende Rolle in der Sokratik."* „*Bibelkenntnis*" werde nur selten ausdrücklich als Unterrichtsgegenstand genannt und wenn doch – wie etwa bei Dinter – so zeige das „eigentlich schon eine neue Bahn" an, die nicht mehr auf der Spur sokratischer Aufklärung liegt. Und in der Tat: auf den ersten Blick scheint Schian mit seinem Urteil recht zu haben. Von den führenden Philanthropen liegen keine wegweisend neuen biblischen „Titel für Kinder" vor; ein stark reduzierter und aufklärerisch domestizierter Bibelgebrauch ist für ihre „fortschrittliche" Religionsdidaktik nicht zu leugnen.[1] Und selbst Christian Gotthilf Salzmann, der sich mit seinem entschiedenen Plädoyer für das Erzählen als wirksamstem Mittel des Religionsunterrichts deutlich von der sokratischen Lehrart als der „Modemethode" der Aufklärung absetzt, macht hier keine Ausnahme. Auch bei ihm findet sich kein Beitrag über biblische Geschichten im Unterricht, auch er hat uns leider keine Kinderbibel hinterlassen. Doch das stimmt nicht ganz, denn 1784 schreibt er eine ausführliche „Vorrede zu Rudolph Christoph Lossius ,Die ältesten Geschichten der Bibel für Kinder in Erzählungen auf Spaziergängen'" (Erfurt 1784)! Also entgegen Schians Urteil bei Lossius doch eine Art „Kinderbibel in der Aufklärungszeit", noch dazu im philanthropischen Geist Chr. G. Salzmanns?

Genau hier setzt die verdienstvolle Forschungsarbeit von *Katja E. A. Eichler* an, wenn sie die „Biblische(n) Geschichten bei Rudolph Christoph Lossius und Kaspar Friedrich Lossius" als „Kinderbibeln in der Aufklärungszeit" analysiert – sicherlich ein längst überfälliges Forschungsdesiderat, das frag-würdiges Studieren und Diskutieren verspricht. Inwieweit haben wir es bei den Arbeiten der Gebrüder Lossius wirklich mit Kinderbibeln der Aufklärung in aufklärerischer Programmatik und Zielsetzung zu tun? Oder deutet vielleicht der Untertitel „Eine Analyse zu Kinderbibeln *in* der Aufklärungszeit" einen differenzierenden und distanzierenden Vorbehalt im Schian'schen Sinne an? Dann könnten zeitlich vorgängig etwa auch Johann Peter Millers „Erbauliche Erzählungen der vornehmsten biblischen Geschichten zur Erweckung eines lebendigen Glaubens und der wahren Gottseligkeit"[2], die sicher nur sehr bedingt aufklärerischen Geist atmen, oder nachgängig Dinters biblische Arbeiten als „Kinderbibeln *in* der

---

[1] vgl. jetzt Chr. Reents/Chr. Melchior, Die Geschichte der Kinder- und Schulbibel. ARP 48, Göttingen 2011, 227.
[2] Helmstädt 1753.

Aufklärungszeit" verhandelt werden. Schauen wir uns unter dieser Fragestellung Katja Eichlers Analyse der Lossius'schen „Kinderbibeln in der Aufklärungszeit" referierend, rezensierend und kritisierend etwas genauer an.

Die 360seitige Untersuchung gliedert sich, wie sich das für eine wissenschaftliche Dissertation gehört, in unverkürzter Differenzierung in VII Kapitel: Nach einem relativ kurzen Kapitel zur „Forschung" handelt das II. Kapitel von der „Sozialisationsstruktur und Erziehung in der Aufklärungszeit" und dann das III. Kapitel sinnvollerweise vom „Historischen Kontext zum Leben von Kaspar Friedrich und Rudolph Christoph Lossius", ehe im IV. Kapitel die „Analyse der Geschichten der Bibel von Rudolph Christoph Lossius" und im V. Kapitel die „Analyse der Moralischen Bilderbibel von Kaspar Friedrich Lossius" folgen. Mit knapp 150, bzw. 80 Seiten hat die Arbeit in diesen beiden Kapiteln nicht nur vom Umfang her ihren eindeutigen Schwerpunkt, denn hier werden nicht nur die jeweils kinderbiblisch ausgewählten Geschichten recht ausführlich und anschaulich dargestellt, sondern gleichzeitig auch kritisch analysiert und kommentiert und, wo für nötig erfunden, durch Exkurse bereichert. Die Studie findet ihren Abschluss im VI. Kapitel mit einigen wenigen „Rezensionen und Beurteilungen der ‚Biblischen Geschichten' und der ‚Moralischen Bilderbibel'" sowie mit dem VII. Kapitel, das last, but not least „Zusammenfassende Ergebnisse aus der Analyse der Biblischen Historien" bietet. Mit diesem vergleichsweise etwas kurz geratenen Schlusskapitel werden in elementarisierter Konzentration die erarbeiteten Analyseergebnisse präsentiert und müsste es sich angesichts der aufgezeigten Charakteristika der Lossius'schen Kinderbibeln eigentlich zeigen, ob es sich bei ihnen um genuin aufklärerische Kinderbibeln handelt oder ‚nur' um „Kinderbibeln in der Aufklärungszeit"! Der eifrig neugierige Leser kann durchaus mit Eichlers Zusammenfassung beginnen, um dann – da bin ich mir ziemlich sicher – motiviert und provoziert zu den kinderbiblischen Konkretionen der Analyse zurückzublättern und zu lesen.

Eichlers Forschungsinteresse ist primär historisch ausgerichtet; bedingt natürlich durch den „Forschungsgegenstand": das dreibändige Werk von *Rudolph Christoph Lossius* „Die ältesten Geschichten der Bibel für Kinder in Erzählungen auf Spaziergängen" (1784) und „Die ältesten Geschichten der Bibel in Erzählungen für Kinder an Feierabenden" (1787) und „Die neuesten Geschichten der Bibel oder das Leben Jesu in Erzählungen für Kinder" (1789) sowie die Bände eins und fünf der „Moralischen Bilderbibel" von *Kaspar Friedrich Lossius.* Das historische Interesse wird nicht näher bestimmt, und auch die Forschungsmethode bleibt sehr unspezifisch. Deutlich aber wird, dass besonders hinsichtlich der Werke von K. F. Lossius, die bisher kaum berücksichtigt wurden, aber auch im Blick auf R. Chr. Lossius' Kinderbibeln, die in der einschlägigen Forschung vergleichsweise häufiger genannt werden, echter Forschungsbedarf besteht. In unserem Zusammenhang ist bemerkenswert, dass in den Forschungen zu den „Ältesten Geschichten der Bibel [...] auf Spaziergängen" stets Salzmanns bereits genannte „Vorrede" – gleichsam als integraler Bestandteil der folgenden Lossius'schen biblischen Erzählungen – mit genannt und behandelt wird. Darin könnte man durchaus einen Fingerzeig für die Auffassung sehen, es in dieser Lossius'schen Kinderbibel mit einer vom aufklärerisch philanthropischen Geist geprägten Bibel für Kinder zu tun zu haben.

In konzentrischer Vorgehensweise klärt das II. Kapitel „Sozialisationsstruktur und Erziehung in der Aufklärungszeit" (23-64) zunächst den Kontext, in dem die Kinderbibeln der Gebrüder Lossius entstanden sind. Berechtigterweise beheimatet die Verfasserin diese Werke im weiten vielgestaltigen Feld der „Volksaufklärung" und ihrer Kinder- und Jugendliteratur, zu der in religiöser Perspektivierung auch die Gattung der Kinderbibeln zu zählen ist. Zur thematischen Einstimmung und Vorfeldbereitung werden dabei aus dem Bereich protestantischer Kinderbibel-Literatur drei bekannte Beispiele „im Spiegel ihrer Zeit" vorgeführt. Das ist einmal „Martin Luthers Passional (1529)", das hier einmal mehr zu dem ‚katechetischen Fehlschluss' verführt, dass die Bibel mit der Reformation „zur grundlegenden Lektüre im protestantischen Haushalt und in der Schule" wurde (50), anhand derer die Kinder das Lesen lernten (31). Nicht die Bibel aber, sondern der Katechismus, Luthers Kleiner Katechismus, war das Buch, das in den beiden ersten Jahrhunderten nach der Reformation relativ unbestritten die religiöse Lernlandschaft des Protestantismus in Theorie und Praxis bestimmte. Noch Johann Hübner, dessen „Zweimal zwey und funffzig Auserlesene Biblische Historien (1714)" Katja E. A. Eichler als zweites bekanntes Kinderbibel-Beispiel vorstellt, muss in seiner „Vorrede" wortreich begründen, warum er außer dem „lieben Kinder-Catechismum" den Kindern noch „Biblische Historien" zumuten will!

Besondere Relevanz für die Beschäftigung mit den Lossius'schen Kinderbibeln haben die eine Generation früher erschienenen „Erbauliche(n) Erzählungen der vornehmsten biblischen Geschichten (1753)" von Johann Peter Miller, jenem Göttinger Theologen, dessen Werk – nicht zuletzt in religionspädagogischer Hinsicht – immer noch einer wissenschaftlich eingehenden Erschließung und Würdigung harrt. Eichlers kurze Einlassungen zu Millers biblischen Geschichten könnten das bestätigen und lassen vor allem hinsichtlich der theologischen Positionierung Millers großen Forschungsbedarf erkennen. Unter unserer Fragestellung zeigen die präsentierten „erbaulichen Erzählungen" Millers zwar unverkennbar bereits Elemente eines „aufklärerischen Standpunkts", sind aber auf's Ganze gesehen doch eher „übergangs theologisch" und vor allem pietistisch gefärbt. Wie Verfasserin mit ‚unzitiertem' Bezug auf Christine Reents mit Recht herausstellt, belegt besonders die „Betonung von Erweckung und innerer Herzensfrömmigkeit [...] eine Verwandtschaft zum Pietismus hallescher Prägung" (62), und man liegt sicher nicht falsch, wenn man Miller auch mit seinen „Erbaulichen Erzählungen der vornehmsten biblischen Geschichten" „der vorphilanthropischen Phase" zuordnet.[3] Was anfangs angesprochen, würde so auf Millers kinderbiblische Erzählungen zutreffen: zwar in der frühen Aufklärungszeit

---

[3] R. Wild, 62; vgl. auch Chr. Reents/Chr. Melchior, aaO. 192ff.

geschrieben, aber noch keine genuin aufklärerische Kinderbibel, noch keine Kinderbibel *der* Aufklärung. Das macht neugierig auf die Kinderbibeln aus den Federn von Kaspar Friedrich und Rudolph Christoph Lossius.

Mit deren historisch-biographischem Kontext befasst sich das III. Kapitel (65-97). Ihn bildet einmal die wechselvolle Geschichte Erfurts um die Wende vom 18. zum 19. Jahrhundert, die für die beiden Brüder zum äußerst bildungsträchtigen Feld ihrer Entwicklung und Sozialisation wurde. Dafür stand diese Stadt mit ihrem berühmten Ratsgymnasium und einem „strengen lutherisch-orthodoxen Pfarrhaus", in das 1753 Kaspar Friedrich Lossius und 1760 sein Bruder Rudolph Christoph hineingeboren wurden. Ihr familiärer Hintergrund rekrutierte sich aus einer großen Zahl honoriger Vorfahren und einem reichen Kindersegen in allen Generationen. Allein die beiden Lossius-Brüder hatten je sechs Geschwister und lebten in einem nicht leicht durchschaubaren Verwandtschaftsgeflecht, das die Arbeit – so weit möglich und nötig – aufzuarbeiten sucht. Mit den Lebensläufen der Geschwister führt das dann in den Kernbereich der Untersuchung. Vergleichsweise ausführlich wird über das „Leben ‚Kaspar Friedrich Lossius'" berichtet, das sich, nur unterbrochen durch das Jenaer Theologiestudium 1773/74, vorwiegend in Erfurt abspielte. Interessant an dieser ‚ämterlich' und literarisch so reichen Biographie waren die Berührungen und Überschneidungen mit dem Wirken Christian Gotthilf Salzmanns: Kaspar Friedrich L. machte nicht nur seine ersten Predigtversuche in Rohrborn, Salzmanns erster Pfarrstelle, sondern erlebte Pfarrer Salzmann auch als Leiter einer Diskussionsrunde junger Theologen und wurde schließlich sogar noch Nachfolger Salzmanns an der Erfurter Andreaskirche, als dieser an das Philanthropin nach Dessau wechselte. Dass Salzmanns neologische Theologie und besonderer philanthropischer Geist Kaspar Friedrich L. „literarische Tätigkeit" nicht unbeeinflusst ließ, liegt auf der Hand und sollte sich auch an seiner 1805 erschienenen „Moralischen Bilderbibel" erkennen lassen.

Äußerst spärlich fallen dagegen die biographischen Daten aus, die Katja E. A. Eichler über den jüngeren Bruder von Kaspar Friedrich, Rudolph Christoph Lossius, seines Zeichens ebenfalls Pfarrer, zu vermelden hat. Das gilt auch für die Angaben zu Rudolph Christoph Lossius' „literarischer Tätigkeit", und da vor allem für die „Geschichten der Bibel", über deren Entstehenshintergrund man so gut wie nichts erfährt. Wie bei seinem Bruder begegnen Namen und Werk Christian Gotthilf Salzmanns auch bei Rudolph Christoph L. und zwar nicht nur mit Salzmanns „moralischem Elementarwerk" als Ausgangspunkt für das dreibändige „nützliche Lesebuch" „Meister Liebreich", das Lossius von 1800 bis 1802 herausbrachte (96), sondern thematisch fundamental vor allem in der eingangs bereits erwähnten „Vorrede" zu Rudolph Christoph Lossius' „ältesten Geschichten der Bibel für Kinder in Erzählungen auf Spaziergängen".

Mit dem IV. Kapitel (99-[177]246) beginnt die ausführliche Analyse der Lossius'schen Kinderbibeln als dem eigentlichen Forschungsgegenstand der historischen Untersuchung. Dabei geht es 1. um die von Rudolph Christoph Lossius als 1. Teil 1784 in Erfurt konzipierten und veröffentlichten „ältesten Ge-

schichten der Bibel für Kinder in Erzählungen auf (neunzehn) Spaziergängen",
angefangen mit der Schöpfungsgeschichte bis zu Josephs Tod – „für Kinder des
Großbürgertums im Alter von 8 bis 11 Jahren" vom Lehrer frei zu erzählen.
Konzeptionell „völlig neu" ist daran nach Eichler die Präsentationsweise der Erzählungen auf Spaziergängen, die – immer wieder durch Ausrufe, Fragen und
Anmerkungen der Kinder aufgelockert – zu einer „Art des sokratischen Dialogs"
werden, welcher „der Ein-übung des richtigen Denkens" dienen soll (101f.).

Nach den knappen vierseitigen Bemerkungen zu Titel, Gestaltung und
Adressatenbezug der „ältesten Geschichten" folgt ein fast vierzigseitiger „Exkurs zu Christian Gotthilf Salzmann, eben dem Verfasser der Vorrede zu den
‚Ältesten Geschichten'. Das macht unübersehbar deutlich, welche Bedeutung
Katja E. A. Eichler Salzmann und seiner philanthropischen Religionspädagogik
für Lossius beimisst: mit Recht beimisst, wie der Rezensent – bezogen auf seine
Arbeit „Die Religions-Pädagogik Christian Gotthilf Salzmanns" (Jena 2005),
der die Verf. in ihrem Exkurs über weite Strecken folgt – bereits hier im Vor-
griff zustimmend konstatieren will. Zwar hätte der Exkurs durchaus etwas kür-
zer und ‚elementarer' ausfallen können, markiert dessen ungeachtet aber mit
seinen Ausführungen gerade zu Salzmanns „Vorrede" so wichtige didaktische
und methodische Aspekte und Rahmenvorgaben für die „Ältesten Geschichten",
dass daran eine Analyse schlechterdings nicht vorübergehen kann. Denn wenn
Lossius sich mit seinen Erzählungen wirklich an das gehalten hat, was Salzmann
in seiner Vorrede etwa über die Ungeeignetheit mancher biblischer Geschichten
für Kinder, die Beachtung des historischen Zeitverständnisses oder die Kritik an
der Musterrolle biblischer Personen gesagt hat (133ff.), dann hätten die „Ältesten Geschichten", wie sie von Rudolph Christoph Lossius erzählt werden, wirklich aufklärerische Qualität und würden sein Werk zu einer echten Kinderbibel
der Aufklärung machen!

Die Werkanalysen, die Katja E. A. Eichler unter IV.1 „zu den ‚Ältesten Geschichten der Bibel' von 1784 (137ff.), und dann als deren Fortsetzung unter
IV.2 zu den „Ältesten Geschichten der Bibel in Erzählungen für Kinder an Feierabenden, zweiter Theil, welcher die Geschichten der Juden von Moses bis auf
Christum enthält, Erfurt 1787" (177 ff.) und schließlich unter IV.3 zu den „Neuesten Geschichten der Bibel oder das Leben Jesu in Erzählungen für Kinder, erster Theil, von dem Verfasser der ältesten Geschichten der Bibel, Erfurt 1789"
(205 ff.) in beinahe ausschweifender Ausführlichkeit dem Leser bietet, vermitteln einen guten Einblick in Lossius´ ‚Kinderbibel-Trilogie'. Darin liegt ohne
Frage der Vorteil dieser analytischen Präsentation mit ihrer ausholenden Breite
und Länge, dass sie die Analyse durchgehend mit gut gewählten Erzählbeispie-
len und markanten Textausschnitten der Originale durchsetzt. Das steigert nicht
nur das Lesevergnügen, sondern vermittelt auch einen anschaulichen Eindruck
von dem Werk und erlaubt eben dem Leser auch ein erstes relativ fundiertes Urteil über die vorgestellten Kinderbibeln, ohne sie unbedingt im ungekürzten Ori-
ginal gelesen zu haben. Dazu trägt sicher auch die durchgängig kommentierende
Vorstellung der erzählten biblischen Geschichten mit ihrer integrierten Kritik

und Meinungsäußerung bei, die wichtige Merkmale und Eigenheiten der Lossius'schen Kinderbibelarbeit anmerkt, erklärt und anfragt.

Leider vermisst man Zusammenfassungen je in direktem Anschluss an die analytischen Konkretionen der Einzelteile des Bibelwerks. Unbeschadet der „zusammenfassenden Ergebnisse" im VII. Kapitel begibt sich die Autorin hier fruchtbarer Möglichkeiten, um nicht nur positionelle Charakteristika bereits im konkreten biblischen Kontext zu markieren, sondern dadurch und darüber hinaus auch auf aktuelle wirkungsgeschichtliche Bezüge und Fragen aufmerksam zu machen, die bis in unsere Zeit hinein die Arbeit an Kinderbibeln nachhaltig bestimmen: Bibeltreue oder Freiheit in kindgerechter Sprache? / aufklärerisch ‚entwundertes' Gottessprechen und Engelhandeln im und durch Gewitter? / „ganzheitliche Bildung" durch Verknüpfung „religiöser Wissensvermittlung mit dem naturwissenschaftlichen Gebiet der Mathematik"? (192f.) / „Historienbibel" im Sinne durchgängig eindimensional ‚gestrickter' Fakten-Geschichte(n) (von der Schöpfung an)? (143) / aufklärerische Toleranz und elende Diskriminierung im Hinblick auf die Juden? (208ff./237) / Einfügung der Psalmen Davids in die „Historien"? (199/205) / Bergpredigt-Geschichten als dominantes Zentrum der neutestamentlichen Kinderbibel? (236ff.) / Anweisung an die Kinder, selbst und „direkt in der Bibel zu lesen"? (235) ... wahllos herausgegriffene frag-würdige Sentenzen, die ahnen lassen, was an kinderbiblisch motivierendem Potential in den ältesten und neuesten Geschichten der Bibel steckt, die Rudolph Christoph Lossius den Kindern und Jugendlichen der Aufklärungszeit erzählt haben will.

Der ältere Bruder Kaspar Friedrich Lossius bekommt von Katja E. A. Eichler in ihrer zweigipfeligen Werkanalyse bewusst einen nachgeordneten Platz zugewiesen, was sicher nicht nur an den späteren Erscheinungsjahren 1805 und 1812 liegt. Eher ist es die besondere Gattung und Gestaltungsart, die Kaspar Friedrich Lossius' „Moralische Bilderbibel mit Kupfern nach Schubertschen Zeichnungen und mit Erklärungen" auszeichnen, denn sie sprengt – anders als die Geschichten von Rudolph Christoph Lossius – den konventionellen Rahmen der herkömmlichen Bibeln für Kinder in mancher Hinsicht. Das beginnt schon, wenn man so will, mit einem ‚Etikettenschwindel', denn von den fünf Bänden der „Moralischen Bilderbibel" beschäftigen sich nur der erste und letzte Band mit biblischen Geschichten, denen folglich auch die Analyse im V. Kapitel (247-325) vorrangig gilt. Des Weiteren ist die von Kaspar Friedrich L. gewählte Gattungsbezeichnung „Moralische Bilderbibel" ebenso ungewöhnlich wie zugleich ‚gewöhnlich': Ungewöhnlich in der Ausstattung „mit Kupfern nach Schubertschen Zeichnungen mit Erklärungen", die Ausgangs- und Mittelpunkt der Bilderbibel sein sollen; aufklärerisch ‚gewöhnlich' aber in der erklärten Zielsetzung, die „Leser zu moralisch tugendhaften Menschen" bilden zu wollen. Wenn allerdings dann die Bibel als „Bildungsbuch" bezeichnet wird, ist Kaspar Friedrich L. „zentrales Anliegen" bemerkenswerterweise nicht mehr zuerst und alleine moralische Bildung, sondern jetzt „die Vermittlung von kulturhistorischem Wissen". Das aber bedeutet für Lossius „Mythologie, Geschichte der antiken Welt und Heilgeschichte zu einem Werk in weltgeschichtlichem Horizont"

zu verknüpfen. Für die biblischen Geschichten folgt daraus eine „historisch orientierte Bibelanordnung", wonach durch „eine genaue Angabe von Daten [...]
die biblischen Vorkommnisse in einen historischen Rahmen" eingeordnet werden (247ff.). Was bei seinem Bruder bereits angedeutet war, wird bei Kaspar
Friedrich zu einem konzeptionellen Merkmal, das nicht nur „sein aufklärerisches
Denken" sichtbar werden lässt, sondern als Produkt der Spätaufklärung schon
neue geistesgeschichtliche Entwicklungen an sich trägt. Die tabellarische Übersicht über die ausgewählten alttestamentlichen Historien (255) bleibt mit ihren
Geschichten weitgehend im gängigen Rahmen, ordnet ihnen als Bilderbibel die
einschlägigen 13 Kupfer zu und bietet in abschließender konzeptioneller Mar-
kierung das „chronologische Register zum ersten Theile" seiner moralischen
Bilderbibel: Von Adam bis Noah, bis Moses, bis Daniel. Anschauliche Beispiele
mit hilfreichen Kommentaren und korrelierenden Bilderklärungen vermitteln
einen guten Eindruck von Kaspar Friedrichs Erzählart, seinem besonderen Umgang mit den ausgewählten und teils bebilderten Historien und seinem unübersehbar ‚moral-historistischen' Aufklärungsinteresse. Man lese nur, wie Kaspar
Friedrich Lossius sich mit der – unverzichtbar zum Kanon kinderbiblischer Historien gehörenden – „Geschichte der (Nicht-)Opferung Isaaks" abmüht
(272ff./301), und man bekommt eine kostbare Kostprobe aufklärungstypischer
Bibelauslegung. Das regt an und auf und lässt einmal mehr die scheinbar so drö-
ge Forschung historischer Religionspädagogik zum gefragten religionsdidaktischen ‚Gewinnspiel' werden.

Mit dem „Fünften Band" setzt Kaspar Friedrich Lossius 1812 seine „Moralische
Bilderbibel", mit 15 Kupfern illustriert, fort und führt sie wiederum in drei Teilen von Daniel bis Johannes dem Täufer über das Leben Jesu bis zur Geschichte
des Todes Jesu und „darauf folgenden wichtigen Begebenheiten" zu Ende. Auch
hier geht es Kaspar Friedrich wieder vorrangig um die Vermittlung (kultur-
)historischen Wissens, allerdings gepaart mit dem philanthropischen Erzie-
hungsziel der Glückseligkeit und Vervollkommnung des Menschen, worin Katja
E. A. Eichler mit Recht eine starke Nähe zu Salzmann und seinem Menschenbild sieht. Das gilt auch für die starke Orientierung der bilderbiblischen Geschichten an Leben und Lehre Jesu, die er – wie sein Bruder noch völlig unbeeinflusst von der aufkommenden historisch-kritischen Bibelwissenschaft – in der
Art einer Evangelienharmonie und Geschichtsdarstellung erzählt. Eine ununter-
brochen fortlaufende Erzählgestalt unterstreicht das und verleiht dieser Kinderbibel durchaus einen eigenen, von den bis dahin gängigen Historienbibeln ab-
weichenden Charakter. Ein augenfälliges Beispiel dafür ist etwa die von K. L.
Lossius erzählte Weihnachtsgeschichte, welche die bekannte lukanische Ge-
burtserzählung weitgehend ausblendet und sich primär an Matthäus orientiert
(317ff.).

In festem Verbund mit Salzmanns philanthropisch-neologischer Auffassung
zeigt sich der ältere Lossius-Bruder auch mit seiner Aus-Zeichnung Jesu als
Lehrer, als „Idealbild eines Lehrers". Vorbereitet schon in der – natürlich auch
bei den Lossius-Gebrüdern nicht fehlenden – Geschichte vom „12jährigen Jesus

im Tempel", mit der Kaspar Friedrich „den gebildeten Verstand Jesu" herausstellt und Jesus als „vollkommenen Schüler" ‚vorbildet', rückt Lehrerschaft und Lehre Jesu mit der Bergpredigt in den Fokus kinderbiblischer Betrachtung und Bedeutung. Wie sein Bruder gibt er damit der Bergpredigt als dem beglückenden Konzentrat der christlichen Lehre die Ehre und Würde, die ihr nach der neologischen Theologie vor allen Dogmen und Unterscheidungslehren zukommt. Auch wenn die beiden Brüder sich in der Art und Weise, wie sie didaktisch und methodisch mit der Bergpredigt im kinderbiblischen Verwendungszusammenhang umgehen, beträchtlich unterscheiden (321ff.), sind sie doch gemeinsam fest davon überzeugt, dass der Bergpredigt für ihre eigenen Kinderbibeln ein fundamentaler Stellenwert zukommen muss. Das ist durchaus keine gängige Auffassung in den herkömmlichen Kinderbibeln; der berühmte Johann Hübner lässt z.B. die Bergpredigt in seinen zweiundfünfzig neutestamentlichen Historien nicht zu Worte kommen – ein deutlicher Ausweis für eine Kinderbibel *der* Aufklärung? Den könnte man auch in „den wichtigen Begebenheiten" sehen, mit denen Kaspar Friedrich Lossius seine Bilderbibel enden lässt: Unter Verzicht auf alle dogmatisch orthodoxe Interpretation und Spekulation werden hier nämlich Tod und Auferstehung Jesu geschildert und im Verfolg des Lossius'schen historiographischen Anspruchs die biblische Geschichte weitererzählt bis „zum ersten Märtyrer Stephanus, zur Bekehrung des Paulus und zur Ausbreitung des Christentums" (326).

Nach kurzen wirkungsgeschichtlichen Einlassungen, die vorhandene Rezensionen und Reaktionen auf die Kinderbibeln der Gebrüder Lossius vorstellen, schließt die Untersuchung im VII. Kapitel mit den vor Ort vermissten „zusammenfassenden Ergebnissen" (339-354). Hier darf man in elementarer Konzentration eine Antwort auf die uns durchgängig begleitende Frage erwarten, ob wir es denn nun entgegen dem Urteil von Martin Schian bei den Kinderbibeln von Rudolph Christoph und Kaspar Friedrich Lossius um biblische Geschichten „auf der Spur sokratischer Aufklärung" zu tun haben.

Was wir bereits in der Einzelanalyse verschiedentlich feststellen konnten, bestätigt sich in Bezug auf die Zielsetzung auch als zusammenfassende Beobachtung: Nicht nur der „Erwerb von Bibelwissen", sondern das „Streben nach einem glücklichen Leben" mithilfe einer „vernünftigen Moralität" auf möglichst unterhaltsame Weise – das atmet zweifellos aufklärerischen Geist pur! Besonders Rudolph Christoph Lossius setzt das mit seinem völlig neuen Konzept der „Biblischen Geschichten auf Spaziergängen" bewusst kindorientiert um und kommt mit seinem „durchstrukturierten und anhaltenden Dialogstil" im Kontext des Erzählens auch der sokratischen Lehrart nahe, die eben auch ganz wesentlich vom „Erfahrungsaustausch zwischen dem Lehrer und den Kindern" lebt. Theologisch partizipieren die Brüder Lossius mit ihren Bibelgeschichten in vollem Umfang an der Neologie der Aufklärung mit ihrer Reduktion dogmatischer Inhalte zugunsten erziehungsrelevanter Tugenden. Didaktisch bedeutsam ist von daher, dass sich die Lossius'schen Kinderbibeln nicht mehr vom Programm bibelorthodoxer Stofffülle leiten lassen, sondern das auswählen, was sie für Christenkinder „als wichtig und notwendig zu kennen" erachten. Das bedingt die zentrale Stellung der Lehre Jesu und seiner Bergpredigt im Kinderbibel-Kanon der Lossius-Brüder und, damit zusammenhängend, die aufklärerisch bestimmte „christliche Vereinnahmung des Alten Testaments". Das Prinzip der Selbsttätigkeit, auf das besonders die Philanthropen großen Wert legten, treibt schließlich bei den Gebrüdern Lossius noch eine besondere Blüte: die Empfehlung an die Kinder, „selbst in der Lutherbibel zu lesen" – sicher auch das eine kinderbibeldidaktische Aufforderung mit nachhaltiger Wirkungsgeschichte!

Katja E. A. Eichlers Schlussbemerkung, dass „beide Werke" der Lossius Brüder „der Literatur des Philanthropismus" zuzuordnen seien und diese in besonderem Maße dem religionsdidaktischen Konzept Christian Gotthilf Salzmanns folgen (353), kann aufgrund vorliegender und vorgestellter „Analyse zu Kinderbibeln in der Aufklärungszeit" als erwiesen gelten! Zweifelsohne haben wir es bei diesen Kinderbibeln und Bilderbibeln für Kinder mit echten Früchten aufklärerischer Bibeldidaktik zu tun, und muss von daher Schians Urteil zumindest relativiert werden – freilich nur relativiert, weil Salzmann als „philanthropischer" Gewährsmann der Lossius-Brüder kein ‚linientreuer' Sokratiker im Sinne Schians war! Mit seinem Engagement für das Erzählen als wirksamstem Mittel, Kindern Religion beizubringen, entfernte Salzmann sich – je älter und erfahrener umso mehr – von der Sokratik und vertrat eine eigenständige Religionsdidaktik, in der über das Erzählen als didaktisch bevorzugter Methode auch im aufklärerischen Kontext wieder ein Fenster aufgetan und ein Raum eröffnet war, um kinderbiblische Erzählungen aufklärerisch akzeptiert und qualifiziert im Religionsunterricht zu platzieren. Das bedeutete für Salzmann und seine Anhänger beileibe keine Distanzierung von der Aufklärung, wohl aber eine ‚moderne' Religionsdidaktik, die im Schnittfeld aufklärerischer „Kinderkenntnis" und neologischer Aufklärungstheologie religionspädagogisch wirkte und wirksam wurde. Die „Geschichten der Bibel für Kinder in Erzählungen" ebenso wie die „Bilderbibel" können solchermaßen als mehr oder weniger gelungener Versuch gewertet werden, der überkommenen Gattung der Kinderbibel unter dem Vorzeichen populärer Aufklärung neue Gestalt und originellen Gehalt zu geben. Schade, dass Salzmann selbst keinen Kinderbibel-Versuch gestartet hat. Umso mehr Anerkennung verdienen Rudolph Christoph und Kaspar Friedrich Lossius für ihre Kinderbibel-Arbeit, die uns lesenswerte kinderbiblische Zeugnisse aufklärerischer Bibeldidaktik beschert und hinterlassen haben.

Dieser Hinterlassenschaft hat sich Katja E. A. Eichler mit ihrem Beitrag zur historischen Kinderbibelforschung wissenschaftlich angenommen und damit erstmals – jetzt erwiesenermaßen! – *echte* Kinderbibeln der Aufklärung einer eingehenden Analyse unterzogen, die zur Kenntnis genommen werden will und in kritischer Fragwürdigkeit bis in den aktuellen Umgang mit heutigen Kinderbibeln weitergeführt werden kann. Die Quellenangaben und die ausgewählte Sekundärliteratur auf den letzten Seiten des Buches weisen aus, welches die wissenschaftliche Basis ist, auf der die Kinderbibel-Forscherin Katja E. A. Eichler ihre verdienstvollen Lossius-Forschungen betrieben hat. Bei einer wünschenswerten zweiten Auflage der Studie sollten die verhältnismäßig vielen (Druck-) Fehler getilgt werden und nicht nur Klafki mit dem richtigen Vornamen bedacht werden, sondern auch einige Fehlinformationen im Salzmann-Exkurs beseitigt werden (S. 104: S. gründete nicht „1762 die sogenannte ‚Rosenschule'" / S. 108: Das Gegenstück zum „Krebsbüchlein" ist nicht das „Ameisenbüchlein", sondern „Conrad Kiefer oder Anweisung zu einer vernünftigen Erziehung der Kinder" / S. 115: „Dieser Roman [Conrad Kiefer] knüpfte an das ‚Krebsbüchlein' an, in welchem Salzmann eine Erziehung der Erzieher [das wäre das „Ameisenbüchlein"] schildert. Die ‚Conrad *Sch*iefer'-Schrift...").

Unbeschadet dieser tilgbaren ‚Schönheitsfehler' bleibt Katja E. A. Eichlers historische Untersuchung zu den „Biblische(n) Geschichten bei Rudolph Christoph Lossius und Kaspar Friedrich Lossius" eine dankenswerte Forschungsleistung auf dem ‚lang und breit' gefächerten Gebiet wissenschaftlicher Kinderbibel-Arbeit. Auch wenn diese sich im vorliegenden Lossius-Fall ausschließlich im historischen Rahmen der Aufklärungszeit bewegt und sich leider keinen Ausflug in das aktuelle kinderbiblische Diskussionsfeld erlaubt, ist für den Interessentenkreis der Kinderbibelforschung ein spannendes Buch entstanden, das mit Recht gewürdigt wurde, als 44. Band in die altverdiente Wissenschaftsreihe „Arbeiten zur Religionspädagogik" aufgenommen zu werden.

Rainer Lachmann

Christine Reents / Christoph Melchior

Die Geschichte der Kinder- und Schulbibel. Evangelisch – katholisch – jüdisch, Arbeiten zur Religionspädagogik 48, Göttingen: Vandenhoeck & Ruprecht unipress 2011

Wer sich mit Kinderbibeln, Kirchengeschichte und Kinderliteratur auseinandersetzt, wird gerne zu diesem ausgesprochen ansprechenden Buch greifen. Dieses hilft zu begreifen, wie viele und vielfältige Kinderbibeln seit der Reformationszeit existier(t)en und ihre theologischen, historischen und literarischen Spuren hinterließen.

Ein vielfältiges, voluminöses Werk

Das Autoren-Duo Christine Reents (emeritierte Religionspädagogin an der Kirchlichen Hochschule Wuppertal) und Christoph Melchior (Geschäftsführer des Evangelischen Bibelwerks im Rheinland, Wuppertal) geht auf den fast 700 Seiten sämtlichen Aspekten historischer Kinderbibel-Forschung nach und zeigt auf, wie facettenreich die Fragen rund um Kinderbibeln sind: neben Gesichtspunkten wie Bebilderung und Auswahl oder freie Erzählung oder Bibelparaphrase tauchen auch spezielle Fragestellungen wie das Verhältnis von Altem und Neuem Testament auf, aber auch spezielle Herausforderungen einzelner Bibelpassagen und die Rolle des konfessionellen Backgrounds. Sowohl die Kinder als Rezipienten als auch die Autoren sind besonders im Blickfeld der Darstellung, die oftmals kritisch-konstruktiv problematische Punkte auf den Punkt bringt – wie etwa zur „Kinderbibel" von Jörg Zink, bei der die Eselin und die Rahmenerzählung gegenüber biblischer Betrachtung dominieren, eine existentiale Interpretation von Wunder- und Auferstehungserzählungen einzig zu zählen scheint und sämtliche Jesus-Darstellung vermeidet: „Gutenachtgeschichten für Kinder und Esel" (S. 496).

Leselust dank leichtfüßigen Stils und klarer Gliederung

Hervorzuheben ist der Humor und die sprachspielerische Ausdrucksweise in diesem monumentalen Buch – nicht zuletzt dadurch wird die Lektüre zu einem leichtfüßigen Gang durch die Glaubens- und Frömmigkeitsgeschichte, der einem immer wieder ein Lächeln und Schmunzeln abverlangt, ohne je an Ernsthaftigkeit zu verlieren. Dieser Gang wird durch klare Wegweiser erleichtert, die in kleinen Schritten die Lesenden an der Hand führen.

In neun Kapiteln, die zuverlässige Zwischenbilanzen und Zusammenfassungen enthalten, wird man aufmerksam gemacht auf:

- den volkssprachlichen Bibelgebrauch im Spätmittelalter
- die Vielfalt der Bibelangebote für Kinder und Laien
- die Bibeltreue als Leitmotiv im konfessionellen Zeitalter
- die Tendenz vom Heiligen Buch zur biblischen Erzählung für Kinder
- die Restaurationstendenzen im 18. Jahrhundert

- den Trend zu illustrierten Bibelparaphrasen
- die Bibel als Kinder- und Jugendbuch im zeitgenössischen Pluralismus
- die jüdischen Kinder- und Schulbibeln
- die gegenwärtigen Herausforderungen

Solide und sorgfältige Studien

Die Einsichten, Einschätzungen und Einblicke sind außerordentlich sorgfältig, solide und spannend dargestellt in einer kenntnisreichen Auseinandersetzung mit religionspädagogischer, literaturwissenschaftlicher und literaturhistorischer Quellen- und Sekundärliteratur. Hierbei kommt es auch zu klaren Korrekturen unzutreffender Vorstellungen beispielsweise zu den Vorläufern von Kinderbibeln, die eben nicht in der „biblia pauperum" des Mittelalters zu suchen sind. Diese klare persönliche Positionierung erfolgt durch teils penible Belege und räumt damit mit falschen Tradierungen auf. Bei einigen Einschätzungen kann man zwar sicherlich anderer Meinung sein und eine stärkere Einbeziehung zeitgeschichtlicher Faktoren wünschen – doch gerade für einen fachwissenschaftlichen Diskurs bietet dieses vorbildlich verfasste Werk eine gute Grundlage!

Die Darstellung der jüdischen Kinder- und Schulbibeln durch Christoph Melchior ist einzigartig in dieser Komplexität und Konzentration. Auf 75 Seiten zeichnet er wesentliche Stationen und Werke von der Haskala bis heute nach und findet interessante Parallelen und Differenzen zu christlichen Aufbereitungen für Kinder. Ein christlich-jüdischer Dialog, der seiner Bezeichnung gerecht werden will, sollte diese beachtlichen Beobachtungen bedenken und seine Behauptung des zeitlichen Dogmas („Seit Auschwitz kann man nicht mehr …") überdenken.

Ein letztes Kapitel erörtert leider nur knapp die Erwartungen an Kinderbibeln aus den historischen Erkenntnissen heraus und im Hinblick auf gegenwärtige Herausforderungen. Zwar werden keineswegs Kriterien zur Kinderbibel-Beurteilung verschwiegen, aber eine konkrete Abwägung, welche Aspekte hervorzuheben oder eher zu vernachlässigen sind, bleibt letztlich aus. So bleibt der Eindruck, dass eine Einschätzung eine letztlich sehr subjektive Angelegenheit ist und Objektivität weder zu erreichen noch zu fordern ist: Gibt es eine Art „Kinderbibelkanon"? Sollte es eine solche Sammlung an wesentlichen Bibelgeschichten überhaupt geben? Wie kann eine Kinderbibel dem besonderen spirituellen Charakter der Bibel überhaupt gerecht werden? Sollte die Ideologie des Gender-Mainstreaming in die Gestaltung von Kinderbibeln Einfluss nehmen? Das weite Feld multimedialer (Kinderbibel-CD-ROMs) und filmischer Aufbereitungen (z.B. „Verbotene Geschichten") oder Verfremdungen (z.B. die hochproblematische Zeichentrickserie „ChiRho") wird leider nicht berücksichtigt, was den Rahmen dieses Buches sicherlich gesprengt hätte und weiteren Studien vorbehalten bleiben muss.

Bildungsbiographie und Beurteilung von Bibelbearbeitungen

Das Werk gibt in den einleitenden Abschnitten wie auch im Dank deutliche Hinweise auf persönliche Hintergründe und Erfahrungen, die die Einschätzungen und Beurteilungen des Autoren-Duos zumindest mit-geprägt haben. Auch hierin sehe ich eine Stärke dieses fast 700 Seiten starken Buches: die in gutem Sinne gegebene Rechenschaft über eigene Anschauungen, Anfragen und Annahmen sowie über deren bildungsbiographische und theologische Grundlagen. Wer die Nachkriegszeit unter dem Aspekt des Mangels erlebt hat, kommt vermutlich zu anderen Ansichten als jemand, der die Masse an Kinderliteratur tagtäglich vor Augen hat. Wer die Zeit des hermeneutischen Religionsunterrichts als Befreiung von der Evangelischen Unterweisung oder Katechetik empfunden hat, wird anders mit Konzepten Kanonischer Theologie umgehen als jemand, der das Ende der historisch-kritischen Methode(n) als Befreiung von einer problematischen Bevormundung erfahren hat und die Bibel als Wort des lebendigen Gottes in Anspruch und Zuspruch ernst nimmt, ohne zwischen vermeintlichem Menschenwort und Gotteswort unterscheiden zu müssen.

Großzügige Gestaltung mit CD-ROM

Bemerkenswert sind die Bebilderungen, Skizzen und Veranschaulichungen, die das Buch von vorne bis hinten immer wieder zu einer illustren bzw. illustrativen Freude werden lassen. Hierdurch wird nicht nur der Lesefluss angenehm unterbrochen, sondern Inhalte intensiv in Szene gesetzt und veranschaulicht. Da etliche Kinderbibeln insbesondere aus den vergangenen Jahrhunderten kaum noch öffentlich zugänglich sind, gebührt dem Verfasser-Duo sowie dem Verlag für diese aufwändige Gestaltung des Buches mit einer Fülle an Farbreproduktionen ein besonderer Dank, die auch letztlich den sehr hohen Preis erklären kann und rechtfertigt.

Ein ausführliches Namen-Register rundet ein rundum gelungenes Buch ab. Aber ein Verzeichnis von Sachaspekten, Orten und Bibelstellen hätte noch mehr den Charakter eines Handbuches hervorheben können. Viele Literaturangaben finden sich in den Fußnoten. Eine ausführliche Bibliographie mit hervorragender Suchfunktion befindet sich auf der dem Buch beigefügten CD-ROM, deren Verwendung völlig problemlos ist.

Somit ist dem Autoren-Duo ein überragendes, überaus empfehlenswertes Grundlagen- und Handbuch zur Geschichte der Kinder- und Schulbibeln gelungen! Sowohl die deutende Darstellung als auch das lesefreundliche Layout lassen das Herz jedes Kinderbibelliebhabers höher schlagen, werden zu neuen Vorschlägen für die Gestaltung von Kinder- und Schulbibeln führen und ein neues Kapitel der Kinderbibelforschung aufschlagen.

Reiner Andreas Neuschäfer

Barbara Rauchwarter

Genug für alle – Biblische Ökonomie.- Klagenfurt/Celovec: Wieser, 2012.
ISBN: 978-3-99029-015-6, 14,80 €.

Wer liest die Wirtschaftsseiten der Zeitungen? Wer versteht sie überhaupt? Viele klappen gewissermaßen bereits die Ohren zu, sobald sie nur die Wörter „Ökonomie" oder „Wirtschaft" hören. Dass die Bibel aber zu diesem vermeintlich sperrigen Thema Dinge zu sagen hat, die gerade nicht trocken und lebensfern sind, sondern von existenzieller Wichtigkeit – und zwar auch für uns heute –, beweist Barbara Rauchwarter mit ihrem Buch.Wie der prägnante Titel „Genug für alle" bereits andeutet, geht es darin um „Gottes ermutigende Parteinahme für die Kleingemachten gegen die Unterdrücker" (S. 10); die Unterdrückung besteht heute nicht mehr etwa im System der Sklaverei(wie in der Antike), ist aber, wenn Sklaverei definiert wird als „nicht selbstbestimmte Arbeit in unüberwindbaren Abhängigkeitsverhältnissen" (S. 27)doch ein ganz aktuelles Problem.

Als Ziel des Buches lässt sich wohl das anführen, was auf S. 181 als typisch für Jesu weisheitliche Eschatologie beschrieben wird: „in der Bindung an das Erbarmensrecht der Tora selbst Schritte zur Befreiung aus den wie übermächtig erscheinenden Zwängen zu versuchen." Das Christentum hat nun aber in seiner Geschichte die meiste Zeit eben dies nicht getan (sondern sich eher in frommer Duldsamkeit geübt), weswegen die folgende Klarstellung unerlässlich ist: „Die Versuche, mitten im Falschen sich aus der Botschaft Jesu etwas wie Seelentrost zu retten, müssen [...] fehlschlagen" (S. 107); oder, wie es auf S. 202 heißt: „Die Bekehrung zum Evangelium – der `guten Nachricht von der Güte Gottes´ - meint aber nicht nur die Bekehrung der Herzen, sondern es geht auch um den Willen zur Umgestaltung von Strukturen zugunsten von Gerechtigkeit und Teilhabe nach Gottes Willen." (Es wäre aber unredlich, von einem Buch dieses Umfangs auch eine umfassende Diskussion möglicher Alternativen zu erwarten, etwa im Kapitel über das Zinsverbot; dass das Geschriebene vielen Lesern und Leserinnen – davon ist der Rezensent überzeugt – die Augen öffnen wird, ist beeindruckend genug).

Das Buch umfasst – symbolträchtigerweise? – vierzehn Kapitel, in denen obiges Ziel, oft ausgehend von Abschnitten aus der hebräischen und der griechischen Bibel, durchbuchstabiert wird (Exodus, 16, Lukas 16, Markus 12 etc.), u.a. unter folgenden Überschriften: Gewinnmaximierung oder Schuldenerlass, Arbeitsstrich, Geiz ist geil, Gewalteskalation, Brot und Fische – Brot und Spiele.

Unter den zitierten AutorInnen sind, wie dies auch im Vorwort auf S. 12 geschieht, vor allem Jürgen Ebach und Luise Schottroff hervorzuheben; die beeindruckende Vielfalt alles dessen, was für dieses Werk gelesen und bedacht wurde, hätte sich in einem Literaturverzeichnis (dies einer der wenigen Wünsche, die dieses Buch offen lässt) freilich noch besser dargestellt.

Die von der Autorin getroffene Auswahl der Zitate lässt sich nicht anders als kongenial bezeichnen, aber das Buch ist viel, viel mehr als eine „Zusammenfassung", wie es im Vorwort auf S. 7 – in zu großer Bescheidenheit – formuliert wird. Dies belegt u.a. der eindrucksvolle Abschnitt auf S. 108ff.: „Ich wohne in einer Kleinstadt nahe Wien.", der auch zeigt, dass es sich hier nicht um das blutleere Produkt abgehobener Schreibtischtätigkeit handelt, sondern um tiefe, echte Überzeugungen. Nicht zuletzt fallen immer wieder besonders gelungene Formulierungen auf, so etwa auf S. 89, wo die Seligpreisungen als „Visa für das Reich Gottes" bezeichnet werden, oder auf S. 155, wo es – im Kontext von Markus 12,13ff. – heißt: „Der Tempel gilt als Symbol und Ort für das Beziehungsfeld Gottes. Dort haben die kleinen Münzenkaiser nichts zu suchen."

Das Interesse der Autorin an Sprachlichem zeigt sich auch darin, dass z.B. im Kapitel „Zinsen" nicht nur das entsprechende hebräische Wort erläutert wird, sondern der Leser bzw. die Leserin mit der Einsicht beschenkt wird, dass das deutsche „Wucher" ursprünglich die Bedeutung „Ertrag, Frucht, Gewinn" hat, „also letztlich gefährlich positiv konnotiert" ist (S.44). Ähnlich anregend die Überlegungen zu griechisch *agapein* (lieben), das mithilfe des englischen *to like* bzw.seiner deutschen Entsprechung „leiden" erklärt wird: „‚Jemanden leiden können' bezeichnet sehr deutlich, dass Nähe zulassen auch so etwas wie Schmerz aushalten bedeutet [...]" (S. 206).

Keineswegs eine Selbstverständlichkeit ist das überaus sorgfältige Lektorat; die ganz raren Ausnahmen fallen kaum auf: „herausfordert" (S.63) statt „herausgefordert", „zoon politicon" (S. 160) statt „zoon politikon", sowie „theologia gloria" (S. 172) statt „theologia gloriae".

Im Zuge der Lektüre musste ich mehrfach, gerade weil sich dieses Buch so wohltuend davon abhebt, an den von Ludwig Marcuse stammenden Satz denken: „Es gibt zwei Wege, mit der Sprache nicht fertig zu werden: die Phrase und die Verschwierigung." Der letztgenannten Versuchung erliegen gerade akademisch gebildete AutorInnen mitunter, im schlimmsten Fall, um einem durch und durch banalen Gedanken durch eine Fassade von Wörtern höhere Würden zu verleihen: das genaue Gegenteil davon gelingt B. Rauchwarter, indem sie sich einer Sprache bedient, die nicht nur auf InsiderInnen abzielt, sondern allen Interessierten Verstehen möglich macht (genug für alle!). Einige wenige unverzichtbare Fachausdrücke („Synoptiker", „kontextuelle Theologie") sind im Text mit einem Sternchen * versehen und verweisen so auf das lesenswerte Glossar (S. 199-212). So ist „Genug für alle" auch für den Religionsunterricht und für Schülerinnen und Schüler im Vorfeld der Reifeprüfung bzw. für die sogenannte Vorwissenschaftliche Arbeit bestens geeignet.

Das handliche Format (16,5x11,5 cm) lädt dazu ein, das Buch auch unterwegs dabei zu haben, um immer wieder darin zu lesen: das wäre für seine – hoffentlich möglichst zahlreichen – Leserinnen und Leser mit Sicherheit ein – nein, ich schreibe jetzt doch nicht das Wort „Gewinn" hin, sondern führe stattdessen den Satz an, mit dem Barbara Rauchwarter ihr Buch enden lässt (S. 198): „Ich bin sicher, dass Jesus uns zur Seite sein wird bei unseren Versuchen, dass er uns seine Unerschrockenheit und seine Unbestechlichkeit und vor allem seine Lebensfreude über alle Tode hinweg lehren wird."

Roland Kadan

Anke Holl

Orientierung von Lehrerinnen und Lehrern an Schulen in evangelischer Trägerschaft. Eine qualitativ-rekonstruktive Studie. Münster: Waxmann Verlag 2011, 144 S.

Die Dissertation von Anke Holl ist als Band 13 in der Reihe „Schulen in evangelischer Trägerschaft" im Waxmann Verlag erschienen. Die Verfasserin möchte mit der Bearbeitung des Themas ein Forschungsdefizit beheben. Dabei stehen nicht die individuellen, sondern die kollektiven Überzeugungen, Wertehaltungen und Einstellungen, die im Lehrerkollegium einer Schule orientierend wirken, im Mittelpunkt.

Diese empirische Studie ist in doppelter Hinsicht von Interesse und vermag Aufschlüsse zu geben:

- *Zum einen* im Blick auf Erwartungen und normative Forderungen an Lehrkräfte, die seitens der Träger im Blick auf die Gestaltung und Ausprägung des evangelischen Schulprofils bestehen;
- *Zum andern* im Blick auf den in der Forschung bestehenden Mangel an empirischen Untersuchungen zu den Orientierungen von Lehrkräften an Schulen in evangelischer Trägerschaft.

Mit Hilfe eines qualitativ-rekonstruktiven Verfahrens werden die handlungsleitenden religiösen und pädagogischen Orientierungen und Vorstellungen von Lehrerinnen und Lehrern an Schulen in evangelischer Trägerschaft in Deutschland untersucht.

Fragestellung und Methode der Untersuchung

Die Autorin geht in den ersten beiden Kapiteln auf die Fragestellung der Untersuchung, den wissenschaftlichen Referenzrahmen sowie ihre methodische Vorgehensweise ein. Dabei werden

- das Praxisfeld von Lehrkräften an Schulen in evangelischer Trägerschaft,
- das evangelische Bildungsverständnis,
- Konzeptionen zur Rolle von Lehrer/innen
- und bisherige empirische Forschungen

eingehend erörtert.

Die Erhebung der Daten geschieht durch Gruppendiskussionen, deren Dauer zwischen 45 und 120 Minuten liegt. Es wurden sieben Gruppen mit jeweils drei bis fünf Lehrkräften gebildet. Das Sample berücksichtigt die unterschiedlichen

Schultypen, Trägerarten und Regionen. Mit Hilfe der dokumentarischen Methode wurden die Gruppendiskussionen ausgewertet (Bohnsack, Loos/Schäffer).[4]

Dieses Verfahren ermöglicht es nicht nur den thematischen Sinngehalt der Orientierungen (Was-Fragen), sondern auch die nicht bewussten, latenten, habitualisierten handlungsleitenden Vorstellungen und Strukturen (Wie-Fragen) transparent zu machen. Mit einer sinngenetischen Typenbildung werden drei Gruppen konstruiert, die im Hinblick auf ihre handlungsleitenden Orientierungen unterschiedliche Typen von Lehrergruppen bestimmen.

Die Ergebnisse der Untersuchung werden im dritten Kapitel dargestellt. In Kurzporträts werden die sieben Gruppen und die Themen der Gruppendiskussionen jeweils einzeln beschrieben. Drei exemplarische Fallanalysen stellen die im Interpretationsprozess herausgearbeiteten handlungsleitenden Orientierungen von Lehrerinnen und Lehrern vor. Die fallübergreifenden Analysen haben die folgenden sieben Dimensionen für den Orientierungsrahmen ergeben:

- Das Miteinander,
- die pädagogischen Vorstellungen,
- die Bedeutung des Evangeliums,
- der erwartete Bildungsertrag der Schülerinnen und Schüler,
- die Dialektik von Freiheit und Sicherheit,
- die Situierung der Schule im gesellschaftlichen Umfeld
- und das Verhältnis zum Träger.

In diesen Bereichen zeigen sich das evangelische Profil und die sich daraus ergebende Orientierung der Lehrkräfte. Sie bilden die Vergleichshorizonte für eine sinngenetische Typenbildung. Anhand dieses Orientierungsrahmens hat die Autorin drei Idealtypen von Lehrerkollegien identifiziert, die ihre Handlungspraxis auf unterschiedliche Art und Weise gestalten:

- Typ 1: Das sozial-kompensatorische, bedürfnisorientierte Lehrerkollegium.
- Typ 2: Das missionarische, glaubensorientierte Lehrerkollegium.
- Typ 3: Das familiale, reformpädagogisch orientierte Lehrerkollegium.

Mit einer ausführlichen Charakterisierung dieser drei Typen wird das dritte Kapitel abgeschlossen.

Im vierten Kapitel werden die Ergebnisse noch einmal zusammenfassend gebündelt und im Vergleich mit bisherigen Forschungsergebnissen diskutiert. Themenfelder der zusammenfassenden Diskussion sind dabei:

---

[4] Bohnsack, R.: Dokumentarische Methode. Theorie und Praxis wissenssoziologischer Interpretation. In: Hug, T. (Hg.): Wie kommt Wissenschaft zu Wissen? Bd. 1, Einführung in die Methodologie der Sozial- und Kulturwissenschaften. Hohengehren 2001, S. 326-345; Bohnsack, R. / Nentwig-Gesemann, I. / Nohl, A.-M. (Hg.): Die dokumentarische Methode und ihre Forschungspraxis, Wiesbaden [2]2007; Loos, P. / Schäffer, B.: Das Gruppendiskussionsverfahren. Theoretische Grundlagen und empirische Anwendung. Opladen 2001.

- Die unterschiedlichen Versuche der Lehrkräfte, sich mit dem evangelischen Schulprofil zu identifizieren,
- die religiösen Kompetenzen der Lehrer/innen und darunter die Kompetenz, Religion zu kommunizieren,
- der Umgang mit Heterogenität und Vielfalt,
- die unterschiedlichen Vorstellungen von Freiheit und das daraus resultierende Verständnis von Verantwortung.

All diese Themen fordern Forschung, Schulträger und Einzelschulen, sowie die Lehrkräfte an evangelischen Schulen zu weiteren Bemühungen um eine bewusste und reflektierte Profilschärfung, zur weiteren Arbeit an der Frage der Lehrerprofessionalität, sowie zur kritischen Beschäftigung mit den persönlichen religiösen Orientierungen und Wertebildungen heraus.

Ertrag der Untersuchung. Die Untersuchung bietet insgesamt einen informativen und spannenden Einblick in die religiösen und pädagogischen Einstellungen von Lehrerkollegien an deutschen Schulen in evangelischer Trägerschaft. Sie bereichert damit deutlich unser Wissen. Es ist redlich, dass im fünften Kapitel auch die Grenzen einer empirischen Untersuchung benannt werden. Es ist aber ebenso gut und hilfreich, dass die Autorin eine Reihe von konkreten Anregungen für die weitere wissenschaftliche Forschung und für die weiteren Bemühungen im Praxisfeld evangelischer Schulen selbst als Ertrag der Untersuchung formuliert hat.

Denn die Untersuchung hat gezeigt und bestätigt, dass im untersuchten Arbeitsfeld sehr deutliche Zusammenhänge und Wechselwirkungen zwischen der Professionalität der Lehrkräfte und der Profilbildung der Schulen bestehen. Darum ist ein wesentlicher Hinweis der Untersuchung auch darin zu sehen, dass der Aufbau eines systematischen und professionellen Unterstützungssystems für die Lehrkräfte erforderlich ist. Die Verfasserin hat mit ihrer empirischen Untersuchung einen wichtigen, praxisrelevanten Beitrag zur Weiterentwicklung des Profils von Schulen in evangelischer Trägerschaft und zur Diskussion um die Professionalität ihrer Lehrkräfte hinsichtlich der Werteorientierungen und Überzeugungen erbracht. Es ist zu wünschen, dass die Einsichten nicht nur zur Kenntnis genommen, sondern auch aufgegriffen werden.

Mónika Solymár

Autoren- und Autorinnenverzeichnis

Mag. Benjamin Battenberg ist Pfarrer in der evangelischen Pfarrgemeinde Schwechat.

Hon.-Prof. Dr. Michael Bünker ist Bischof der Evangelischen Kirche A.B. in Österreich sowie Vorsitzender des Evangelischen Oberkirchenrates A.u.H.B. in Österreich.

Dr. Katja Eichler ist evangelische Religionslehrerin in Wien und unterrichtet an der Kirchlich-Pädagogischen Hochschule Wien-Krems.

DI Petra Jens arbeitet im Bereich Öffentlichkeitsarbeit und Bildung bei der Diakonie Österreich.

Dr. Roland Kadan unterrichtet Evangelische Religion und Latein an einem Wiener Gymnasium und ist Lektor an der Evangelisch-Theologischen Fakultät der Universität Wien. Er schreibt und komponiert Lieder.

Mag. Karin Kirchtag ist Militärkurat beim Streitkräfteführungskommando, zuständig für Salzburg, Tirol und Vorarlberg.

Dr. Dr. habil. Dr. h.c. Rainer Lachmann ist emeritierter Professor für Evangelische Theologie mit Schwerpunkt Religionspädagogik und Didaktik des Religionsunterrichts an der Universität Bamberg.

Thomas Nanz war im Schuljahr 2011/12 Maturant am BGRG VIII in Wien.

Dr. Reiner Andreas Neuschäfer ist Pfarrer und Dozent am Religionspädagogischen Institut Loccum.

Mag. Peter Pröglhof ist Fachinspektor für den evangelischen Religionsunterricht in Salzburg, Nordtirol und Vorarlberg.

Mag. Barbara Rauchwarter ist evangelische Theologin in Wien.

Dr. Robert Schelander ist Universitätsdozent für Religionspädagogik an der Evangelisch-Theologischen Fakultät der Universität Wien.

Mag. Ruth Schelander-Glaser unterrichtet evangelische Religion und Ethik an einem Gymnasium in Wien und ist Bildungsreferentin bei der Diakonie Wien.

Dr. Mónika Solymár ist wissenschaftliche Assistentin am Institut für Religionspädagogik der Evangelisch-Theologischen Fakultät der Universität Wien und Pfarrerin der Ungarisch-Evangelischen Gemeinde A.B. in Österreich, Evangelische Kirche in Österreich.

Julia Spichal ist Assistentin in Ausbildung und Dokorantin am Institut für Religionspädagogik der Evangelisch-Theologischen Fakultät der Universtität Wien.

Dr. Thomas Weiß ist Assistent am Institut für Religionspädagogik der Evangelisch-Theologischen Fakultät der Universität Wien

Mag. Stefan Welzig unterrichtet Biologie und Umweltkunde und katholische Religion am Bundesgymnasium Bachgasse in Mödling.

Johanna Zeuner ist evangelische Theologin, Religionslehrerin und Autorin in Wien.

Schulfach Religion

hrsg. von der Arbeitsgemeinschaft der evangelischen Religionslehrer*innen* an
Allgemeinbildenden Höheren Schulen in Österreich und dem Institut für Religionspädagogik
der Evangelisch-Theologischen Fakultät der Universität Wien

Robert Schelander (Hg.)

Der Religionspädagogik auf der Spur

Festgabe für Gottfried Adam zum 70. Geburtstag

Robert Schelander (Hg.)
Der Religionspädagogik auf der Spur
Festgabe für Gottfried Adam zum 70. Geburtstag
Der vorliegende Band ist eine Festgabe für Gottfried Adam zu seinem 70. Geburtstag. Sein langjähriger
Freund, Weggefährte und Mitautor vieler gemeinsamer Publikationen Rainer Lachmann ehrt ihn dabei
ebenso wie sein Wiener Kollege Robert Schelander.
Den Hauptteil bildet jedoch das Verzeichnis der Publikationen, welche Gottfried Adam bisher veröffent-
licht hat – ein reicher Schatz sowohl dem Umfang nach als auch gemessen an der Vielfalt der Themen.
Bei der Durchsicht fällt auf, dass er eine Vielzahl seiner Werke im Team publiziert bzw. noch häufiger im
Team Bände herausgegeben und so eine beachtliche Anzahl von zentralen religionspädagogischen Werken
produziert hat.
Bd. Sondernummer, 2009, 128 S., 12,90 €, br., ISBN 978-3-643-50124-0

LIT Verlag Berlin – Münster – Wien – Zürich – London

Auslieferung Deutschland / Österreich / Schweiz: siehe Impressumsseite

Protestantische Identität
Gender und Gewalt im Religionsunterricht

SCHULFACH RELIGION
Jahrg. 28/2009 Nr. 1-4

LIT

Protestantische Identität. Gender und Gewalt im Religionsunterricht

Die religionspädagogische Zeitschrift „Schulfach Religion" wird von der Arbeitsgemeinschaft der evange-lischen Religionslehrerinnen an Allgemeinbildenden Höheren Schulen in Österreich gemeinsam mit dem Institut für Religionspädagogik der Evangelisch-Theologischen Fakultät der Universität Wien herausgege-ben.

Das erste Schwerpunktthema des vorliegenden Doppelbandes, „Protestantische Identität", wird in ver-schiedene Richtungen entfaltet: Neben historisch orientierten Beiträgen einerseits zum Reformationsjahr-hundert zu Johannes Calvin, andererseits zum 18. und 19. Jahrhundert zum „Raxkönig" Georg Hubmer sowie zum 19./20. Jahrhundert zu „Protestantischen Gestalten" und ihrer Bedeutung für die kulturelle Entwicklung Österreichs im 19. und 20. Jahrhundert und über Robert Bernardis, einem österreichischen Protestanten im Widerstand, findet sich ein Beitrag zum „Evangelischen Schulprofil".

Das zweite Schwerpunktthema, „Gender und Gewalt im Religionsunterricht", ist eine Dokumentation des im Jahr 2009 stattgefundenen Seminars in Mariazell und umfasst folgende Beiträge zum Thema Gender: „Geschlechtergerecht (Religion) unterrichten – aber wie?", „Theologische Männerforschung im Kontext geschlechterbewusster Theologie" sowie „Gender und Religionsunterricht". Das Thema Gewalt wird im Zusammenhang von Kommunikation in mehrfacher Hinsicht entfaltet.

Bd. 28/1–4, 2010, 360 S., 12,90 €, br., ISBN 978-3-643-50148-6

LIT Verlag Berlin – Münster – Wien – Zürich – London
Auslieferung Deutschland / Österreich / Schweiz: siehe Impressumsseite